ERFOLGS FAKTOR ZUFALL

Christian Busch

ERFOLGS FAKTOR ZUFALL

Wie wir Ungewissheit und unerwartete Ereignisse für uns nutzen können

MURMANN

INHALT

»Ich bin immer überrascht, wenn ich Leute sehe, die erfolgreich waren, denn sie denken immer, dass sie so schlau waren. Und ich sage immer, na ja, ich habe hart gearbeitet und ich habe ein gewisses Talent, aber es gibt eine Menge hart arbeitender, talentierter Menschen da draußen. Aber es gibt dieses Element des Zufalls, der Serendipität ... vielleicht kann man herausfinden, wie man das auf andere Menschen übertragen kann.«

Barack Obama,
44. Präsident der Vereinigten
Staaten von Amerika

Einleitung

Wir alle mögen das Gefühl, dass wir unser Schicksal selbst in der Hand haben: dass wir die Kontrolle über unsere Zukunft haben, dass wir wissen, wie wir unsere Ziele und Ambitionen erreichen werden. Kurz gesagt, wir alle haben gerne einen Plan.

Dieser offenbar angeborene menschliche Wunsch, unsere Zukunft zu planen, spiegelt sich in fast jedem Aspekt des modernen Lebens wider. Organisationen, Regierungen und jede/r Einzelne von uns strukturiert ihre/seine Aktivitäten anhand von Plänen, Strategien und Zielen, die wir formulieren. Wir konstruieren Routinen, Regeln und Prozesse – vom Stellen des Weckers bis zur Organisation nationaler Wahlen –, um sicherzustellen, dass diese Pläne verwirklicht werden.

Aber wie viel Kontrolle haben wir wirklich über unser Leben? Trotz aller Planung, Konzeption und Strategie scheint ein weiterer Faktor sehr wichtig zu sein: das Unerwartete. Tatsächlich sind unvorhergesehene Ereignisse, zufällige Begegnungen oder scheinbar bizarre Zufälle nicht nur kleine Ablenkungen oder Streuverluste in unserem Leben. Der Zufall ist oft der entscheidende Faktor, die Kraft, die den größten Unterschied für unser Leben und unsere Zukunft ausmacht.

Vielleicht haben Sie Ihren Ehe- oder Lebenspartner »zufällig« kennengelernt, sind »unerwarteterweise« auf Ihren neuen Job oder Ihre neue Wohnung gestoßen, haben Ihren Mitgründer oder Investor »aus heiterem Himmel« getroffen oder haben »unversehens« eine Zeitschrift in die Hand genommen, um genau das zu finden, was Sie zur Lösung eines Problems wissen mussten! Wie haben derartige Momente, ob groß oder klein, Ihr Leben verändert? Wie hätte Ihr Leben verlaufen können, wenn alles nach Plan gegangen wäre?

Was auch immer wir im Leben anstreben, wir sind anfällig für den Zufall. Selbst in der wissenschaftlichen Forschung ist die Macht des Unerwarteten (fast) immer mit im Spiel. Studien zufolge sind etwa 30 bis 50 Prozent der großen wissenschaftlichen Durchbrüche das Ergebnis von Unfällen oder Zufällen: Eine Chemikalie läuft in eine andere über oder Zellen verbinden sich in schmutzigen Petrischalen.[1]

Läuft also Erfolg überwiegend auf »blindes Glück« hinaus – auf Erfolg oder Misserfolg, das einfach durch bloßen Zufall und nicht durch eigenes Handeln herbeigeführt wird? Nein. Intuitiv realisieren wir, dass auch das nicht stimmt. Wir wissen zwar, dass die größten Wendepunkte und Veränderungen in unserem Leben oft zufällig zustande kommen, aber manche Menschen scheinen einfach mehr Glück und damit mehr Erfolg und Freude zu haben als andere.

Dies ist nicht nur ein modernes Phänomen: Der amerikanische Präsident Thomas Jefferson war überzeugt, dass er umso mehr Glück hatte, je härter er arbeitete, und der römische Schriftsteller und Staatsmann Seneca glaubte, dass Glück eine Frage der Vorbereitung sei, die auf eine Gelegenheit treffe. Ihre Überzeugungen spiegeln die Idee wider, dass der Zufall zwar eine reale Kraft ist, dass es aber im Leben mehr als blindes Glück gebe. Selbst alltägliche Redewendungen wie: »Jeder ist seines Glückes Schmied« weisen auf die Vorstellung hin, dass der Erfolg im Leben von einem Zusammenspiel – einer Synthese – zwischen reinem Zufall und menschlicher Anstrengung abhängt.

Was geschieht hier wirklich? Sind manche Menschen besser in der Lage, Bedingungen zu schaffen, damit positive Zufälle häufiger eintreten als andere? Sind sie besser in der Lage, diese Momente zu erkennen, zu nutzen und sie in positive Ergebnisse umzuwandeln? Können unsere Ausbildung und unsere Herangehensweise in Job und Alltag uns befähigen, das Unerwartete zu lenken und das für uns passende Glück zu kreieren?

Dies ist ein Buch über das Zusammenspiel von Zufällen und menschlichem Handeln. Es ist ein Buch über *Serendipity* – Serendipität, einen Begriff, der im Englischen gebräuchlicher ist als im Deutschen. Er lässt sich am besten definieren als unerwartetes Glück, das sich aus ungeplanten Ereignissen ergibt, in denen unsere Entscheidungen und unser Handeln zu positiven Ergebnissen führt. Serendipität ist die verborgene Kraft in der Welt, und sie ist überall um uns herum zu finden, von den kleinsten alltäglichen Ereignissen bis hin zu lebensverändernden und manchmal weltverändernden Durchbrüchen. Sie ist der »Erfolgsfaktor Zufall«.

Doch nur wenige von uns – darunter viele der Menschen, die Sie in diesem Buch kennenlernen werden – haben das Mindset entwickelt, das notwendig ist, um das Unerwartete in einen Erfolg zu verwandeln. Sobald wir erkennen, dass es sich bei Serendipität nicht nur um bloßen Zufall handelt, der uns einfach so begegnet, sondern um einen Prozess des Erkennens und Verbindens von Punkten, beginnen wir Brücken zu sehen, wo andere Gräben sehen.[2]

Wenn es geschieht, verwandelt sich das Unerwartete von einer Bedrohung in eine ständige Quelle der Freude, des Staunens, der Sinnhaftigkeit – und des anhaltenden Erfolgs. In einer Welt, die von Kampf-oder-Flucht-Reaktionen charakterisiert ist, in der Angstmacherei, Populismus und Unsicherheit die Oberhand gewonnen haben, funktionieren die gewohnten Denkweisen und Strukturen einfach nicht mehr. Die Entwicklung des Erfolgsfaktors Zufall und die Gestaltung der damit verbundenen Bedingungen werden zum Lebensmotor für uns selbst, für unsere Kinder und unsere Organisationen.

Stellen Sie sich eine Welt vor, die von Neugier, neuen Möglichkeiten und einem Gefühl menschlicher Verbundenheit angetrieben wird, statt von Angst, Knappheit und Neid. Eine Welt, in der enorme Herausforderungen, wie Klimawandel und soziale Ungleichheit, mit mutigen Lösungen angegangen werden. In einer sich schnell verändernden Welt sind viele der aufkommenden Probleme so komplex, dass ein Großteil unserer Zukunft von Unerwartetem bestimmt werden wird. Die Entwicklung eines Serendipitätsdenkens ist daher eine evolutionäre Notwendigkeit und eine Gelegenheit, eine tiefere Begeisterung für das Leben zu entwickeln.

Serendipität ist ein beliebtes Thema – Millionen von Websites verweisen auf das englische Wort »*Serendipity*«. Viele der erfolgreichsten Menschen der Welt betrachten sie als das Geheimnis ihres Erfolgs.[3] Aber wir wissen erstaunlich wenig darüber, welche konkreten, wissenschaftlich fundierten Methoden wir anwenden können, um in unserem Leben die Bedingungen für Serendipität zu schaffen. Und wir wissen wenig darüber, wie sich dies in verschiedenen Lebensbereichen auswirkt.

»Erfolgsfaktor Zufall« füllt diese Lücke. Auf der Grundlage wissenschaftlicher Untersuchungen, die erklären, wie sich der Erfolgsfaktor Zufall entfalten kann, sowie anekdotischer Berichte und inspirierender Beispiele aus der ganzen Welt, die zeigen, wie wir die zugrunde liegende Serendipität bei uns selbst und bei anderen fördern können, bietet dieses Buch einen Rahmen und Übungen, die Ihnen bei Ihrem Bestreben helfen werden, unerwartetes Glück eher erleben zu dürfen. Diese aktive Sichtweise der Serendipität – eines »aktiven Glücks«, wenn Sie so wollen – unterscheidet sich vom »Losglück«, dem »einfachen« oder »blinden Glück«, das uns ohne Anstrengung widerfährt (beispielsweise in eine gute Familie hineingeboren zu werden). Wenn Sie Ihre eigene Zukunft und die Zukunft der Menschen um Sie herum gestalten wollen – auch wenn diese Zukunft nicht vorhersehbar ist –, dann ist dieses Buch genau das Richtige für Sie. Es bietet einen ganzheitlichen Einblick in die Art und Weise, wie glückliche (und unglückliche) Zufälle gefördert und genutzt, aber niemals wirklich nachgeahmt werden können. Es ist die erste umfassende, wissenschaftlich fundierte Methodik zur Entwicklung des Serendipitätsdenkens und der damit verbundenen Bedingungen.

Serendipität ist sowohl eine Lebensphilosophie, der sich viele der erfolgreichsten und glücklichsten Menschen der Welt zugewandt haben, um ihr Leben sinnvoll zu gestalten, als auch eine Denkweise und Fähigkeit, die jeder von uns entwickeln kann.

Neben Gesprächen mit Personen, die ich als Zufallsaktivistinnen und -aktivisten bezeichnen würde, ist dieses Buch das Ergebnis jahrzehntelanger Erfahrung als Forscher, Unternehmensberater, Universitätsprofessor, Co-Direktor am Innovationsinstitut der London School of Economics (LSE) und am Global Economy Programm der New York University (NYU), sowie von fünfzehn Jahren, in denen ich den Erfolgsfaktor Zufall in meinem eigenen Leben kultiviert habe. Diesem Interesse bin ich als Mitbegründer des Sandbox Networks nachgegangen, eines Netzwerkes inspirierender junger Menschen, das in mehr als zwanzig Ländern aktiv ist, sowie von Leaders on Purpose, einer Organisation, die Führungskräfte und politische Entscheidungsträger weltweit zusammenbringt. Durch meine beratende Tätigkeit für ein breites Spektrum von Organisationen und Einzelpersonen – von einem der größten Unternehmen Chinas bis hin zu kleinen gemeinnützigen Organisationen auf der ganzen Welt – hatte ich Zugang zu einer Vielzahl von Menschen sowie die Möglichkeit, den Erfolgsfaktor Zufall in den unterschiedlichsten Situationen und Umgebungen zu erleben. Das Leben in einer Vielzahl von Kontexten – von Heidelberg und Moskau bis Mexiko-Stadt – hat mir ein tiefes Verständnis für die unterschiedlichen Facetten vermittelt, die in diesem Buch diskutiert werden.

»Erfolgsfaktor Zufall« stützt sich auf meine eigene Forschung mit Kollegen an der New York University, der London School of Economics, der Harvard University, der Strathmore Business School und der Weltbank sowie die neuesten Studien aus den Bereichen Wirtschaft,

Neurowissenschaften, Psychologie, Kunst, Physik und Chemie. Das Buch basiert auf Hunderten von wissenschaftlichen Arbeiten und über 200 Interviews und Gesprächen mit den unterschiedlichsten Menschen aus allen Teilen der Welt. Es bietet inspirierende Geschichten und Erfahrungen aus erster Hand von Menschen aus allen Lebensbereichen – von ehemaligen Drogenabhängigen, die zu Lehrern in Kapstadts verarmtem Stadtteil Cape Flats wurden, bis hin zu mehr als einem Dutzend der weltweit erfolgreichsten CEOs.[4] Obwohl jede dieser Geschichten, in denen das Unerwartete genutzt wird, sehr unterschiedlich ist, sind die Muster – wie wir später sehen werden – sehr ähnlich.

Eine Kollision mit dem Schicksal

Auch wenn ich heute Serendipität unter verschiedenen Gesichtspunkten diskutieren kann, begann meine Reise mit einem persönlichen Vorfall, bei dem jugendliche Hybris auf ziemlich viel Pech traf. Mit achtzehn Jahren raste ich mit meinem Auto mit über 50 Stundenkilometer in mehrere geparkte Fahrzeuge. Glücklicherweise überlebte ich, aber die Autos, in die ich krachte, wurden erheblich beschädigt, ebenso mein eigenes. Ich hatte nie an Geschichten über Nahtoderfahrungen geglaubt, aber im Bruchteil einer Sekunde vor dem Aufprall, als mein Auto außer Kontrolle geraten war, zog mein Leben in der Tat an meinem inneren Auge vorbei, und ich fühlte mich absolut machtlos und war sicher, dass ich sterben würde.

In den folgenden Tagen stellte ich mir ziemlich viele Fragen. »Wenn ich gestorben wäre, wer wäre dann zu meiner Beerdigung gekommen?«; »Wen hätte es eigentlich interessiert?«; »War das Leben wirklich lebenswert?« Mir wurde klar, dass ich einige der wichtigsten Dinge im Leben vernachlässigt hatte, wie zum Beispiel tiefe und dauerhafte Beziehungen zu pflegen und stolz darauf zu sein, etwas Relevantes und Sinnvolles getan zu haben. Dem Tod nochmals von der Schippe gesprungen zu sein, veranlasste mich nachzudenken, was mein Tod in Bezug auf die verpassten Gelegenheiten bedeutet hätte: die Menschen, die ich nicht getroffen hätte; die Ideen und Träume, die ich nie erprobt hätte; die (zufälligen) Ereignisse und Begegnungen, die ich verpasst hätte. So begann meine Suche nach dem, worum es im Leben eigentlich geht.

Ich wuchs in Heidelberg auf, einer romantischen Stadt, die zwar wunderschön, aber etwas verschlafen ist, wenn man als Teenager herausfinden will, was es mit dem Leben auf sich hat. Seit ich mich erinnern kann, hatte ich immer das Gefühl, dass ich nicht dazugehörte. Da meine Familie öfters umgezogen war, war ich im Kindergarten und in der Schule oft ein Außenseiter. Mein Rückzugsort war ein Café, in dem ich mit 16 zu arbeiten begonnen hatte. Durch die Arbeit als Kellner lernte ich viel über menschliches Verhalten und Gruppendynamik. Ich lernte den Wert von Service kennen und was es heißt, von acht Uhr morgens bis 21 Uhr abends ohne Pause zu arbeiten. Mein Chef war ein echter Unternehmer, und schon bald half ich ihm bei allen möglichen Projekten, vom Verkauf importierter T-Shirts bis hin zum Ausliefern von Kuchen, nachdem ich meine Fahrprüfung bestanden hatte. Zu dieser Zeit fing ich auch an, nebenbei für ein Marktforschungsunternehmen zu arbeiten und die Leute in der Heidelberger Hauptstraße zu fragen, welche Wurst sie am liebsten kaufen würden und warum.

In meinen Teenagerjahren spürte ich viel Energie in mir, wusste aber nie so richtig, was ich damit anfangen sollte. Um sie zu kanalisieren, testete ich alle möglichen Grenzen aus und schwankte zwischen Extremen: Einerseits verbrachte ich Zeit in einer Gruppe linker Aktivisten (während meiner Reggae-Band-Groupie-Phase), andererseits investierte ich mein Gehalt in Aktien – meine Eltern zögerten zwar, gaben aber der Bank schließlich die Erlaubnis, dass ich als Minderjähriger aktiv sein konnte. Das Ende vom Lied: Ich verbrachte mehr Zeit mit dem Kauf und Verkauf von Aktien als im Klassenzimmer.

Natürlich trug meine Lebensführung nicht zu meinen Noten bei. Ich war ein unmöglicher Schüler, musste ein Jahr wiederholen, und mir wurde sogar »die Möglichkeit eröffnet, die Schule zu wechseln« – mit anderen Worten, ich flog von der Schule. Die nächste Schule zeigte sich glücklicherweise aufgeschlossener.

Als ich 18 Jahre alt wurde, bekam ich mein erstes Auto. Ich war begeistert – übertrug allerdings meine hedonistische und überoptimistische Einstellung auch auf meinen Fahrstil. Noch immer halte ich vermutlich den inoffiziellen Stadtrekord für die Anzahl von Strafzetteln, die ein Fahrer in einer Woche kassierte.

Ich hatte das Gefühl, mein Leben und mein Schicksal selbst in der Hand zu haben. Und dann, eines Tages, ging ich zu weit. Der Autounfall erschütterte mein Selbstvertrauen und das Gefühl, mein Leben im Griff zu haben.

Meine Freunde und ich waren unterwegs, um etwas Essen zu besorgen. Wir fuhren in zwei Autos, und ich wollte das Auto meines Freundes überholen. Ich erinnere mich noch, wie ich zu ihm hinübersah, als ich ihn überholte, und er mir hektisch zuwinkte und auf die Verkehrsinsel in der Mitte der Straße deutete, die ich übersehen würde. Und dann der Crash: Um die Verkehrsinsel nicht zu treffen, schlug ich das Lenkrad stark ein. Das Auto drehte sich ein paar Mal, und ich prallte in eine Reihe geparkter Fahrzeuge.

Die doppelwandigen Türen meines Volvos retteten mir das Leben. Die Beifahrerseite war völlig zerstört. Später erfuhr ich, dass mich jeder andere Aufprallwinkel höchstwahrscheinlich getötet hätte. Mein Freund, der als Beifahrer im anderen Auto saß, wollte ursprünglich mit mir mitfahren, erinnerte sich aber, dass er seine Jacke im anderen Auto vergessen hatte, und änderte seine Meinung in buchstäblich letzter Sekunde. Wenn er das nicht getan hätte, hätte er auf dem Beifahrersitz gesessen – und wäre höchstwahrscheinlich tot.

Ich weiß noch, wie ich aus dem Auto stieg und erstaunt war, dass ich noch laufen konnte. Meine Freunde und ich wechselten ein paar ungläubige Worte, als wir versuchten, zu begreifen, was passiert war. Was sollten wir der Polizei sagen? Meinen Eltern?

Während wir auf das Eintreffen der Polizei warteten, setzte ich mich schwindelig und erschöpft zurück hinter das Steuer. Der Polizeibeamte, der am Unfallort eintraf und das Wrack begutachtete, war verblüfft, dass ich noch lebte und abgesehen von einem leichten Schleudertrauma so gut wie keine Verletzungen aufwies.

In dieser Nacht schlenderte ich durch die Stadt, in einem seltsam süß-bitterlichen Zustand und wollte nicht nach Hause gehen. Ich hatte überlebt, aber es peinigte mich: Wenn ich gestorben wäre, hätte ich meiner Familie das Leben zur Hölle gemacht? Wäre mein Freund mit mir gefahren, hätte ich ihn jetzt auf dem Gewissen? Wie um alles in der Welt hatte das passieren können? Wie um Himmels willen hatte ich das zulassen können?

Der Unfall half mir in der Folge, mein Leben umzukrempeln, und gab mir eine neue Richtung. Ich bewarb mich bei Dutzenden von Universitäten (angesichts meiner miserablen schulischen Leistungen erhielt ich bei mehr als 40 Bewerbungen lediglich vier Zusagen). Ich begann, meine Energie in mein Studium, meine sozialen Beziehungen und meine Arbeit zu stecken. Ich fing an, bei Projekten mitzuarbeiten, die Menschen ein sinnvolles Leben zu ermöglichen hofften.

Diese Projekte waren oft selbst das Ergebnis von zufälligen Begegnungen. Je aktiver ich wurde, desto mehr erkannte ich die Muster in meinem eigenen Leben, im Leben anderer Menschen, und später auch in meiner Forschung.

Im Jahr 2009 begann ich meine Promotion an der LSE. Der Fokus meiner Forschung lag auf der Frage, wie Individuen und Organisationen ihre soziale Wirkung steigern können. Zu meiner Freude (und Überraschung!) tauchte die Idee des Erfolgsfaktors Zufall immer wieder auf. Viele der erfolgreichsten und glücklichsten Menschen, die ich für meine Forschung befragte, schienen intuitiv ein Kraftfeld – ein »Serendipitätsfeld« – zu kultivieren, das ihnen ermöglichte, positivere Lebensergebnisse zu erzielen als andere, die unter den gleichen Bedingungen begannen.

Heute macht mich nichts glücklicher, als den Funken zu sehen, der überspringt, wenn zwei Ideen oder Personen unerwartet »Klick« machen. Ich habe die Erfahrung gemacht, dass es eine wunderbare Möglichkeit ist, Menschen dabei zu unterstützen, ihr wahres Potenzial zu entfalten und zu erkunden, was in einer Welt möglich ist, in der wir viele verschiedene Lebensentwürfe verfolgen könnten. Darum geht es bei der Kultivierung von Serendipität: Menschen auf ihrem Weg zu unterstützen, ihr Potenzial bestmöglich zu erschließen.

Beim Serendipitätsdenken geht es darum, zu erkennen, dass wir uns für das Unerwartete öffnen können. Und es geht darum, vorbereitet und frei von Vorurteilen zu sein, die bedingen, dass wir Opfer oder Nutznießer von Zufällen (ob gut oder schlecht) sind. Wir können dieses Mindset nähren, formen und zu einem Werkzeug der Lebensgestaltung machen. Ja, wir können das Glück sogar einfangen und in unserem Sinne beeinflussen.[5] Das bedeutet, dass wir unser Lernen, unsere Fähigkeiten und unsere Aus- und Weiterbildungsprogramme darauf ausrichten können, diesen Prozess zu beeinflussen und zu meistern.

Es geht darum, von einem passiven Empfänger zu einem aktiven Gestalter unseres eigenen Glücks zu werden – darum, uns darauf einzustellen, unerwartete Veränderungen als Möglichkeit für Erfolge zu nutzen und Sinn und Freude darin zu finden. Der nächste Schritt besteht darin, in unseren Familien, Communitys und Organisationen Bedingungen zu schaffen, die es ermöglichen, den Erfolgsfaktor Zufall zu fördern und anzuwenden, um neue Möglichkeiten und Wertschöpfung zu schaffen.

Dieses Buch führt Sie Schritt für Schritt durch den Prozess des Entschlüsselns, Erschaffens und Kultivierens des Erfolgsfaktors Zufall. Es geht um das, was wir kontrollieren können, also darum, wie wir Zufälle für uns und andere nutzen können. Dieser effektive Ansatz zur Freisetzung menschlichen Potenzials beinhaltet nicht nur, dass (aktives) Glück die Vorbereiteten begünstigt, sondern auch, dass es (wissenschaftlich untermauerte) Wege gibt, wie wir Serendipität in unserem Leben beschleunigen, fördern und nutzen können. Wir können die Bedeutung des Unerwarteten im Leben oder im Beruf niemals abschaffen, aber dieses Buch wird Ihnen helfen, diese von unkontrollierbaren Kräften, die unsere Pläne in Gefahr bringen, in Werkzeuge zu verwandeln, die Sie für Ihr persönliches oder das Gemein-Wohl einsetzen können.

Natürlich haben wir alle viel zu tun, und nur wenige von uns haben die Zeit, ihr Leben von einem auf den anderen Tag komplett zu ändern. Deshalb ist das Buch gespickt mit Beispielen für kleine zielgerichtete Anpassungen, die sich direkt auf Ihren Alltag auswirken und Ihnen helfen, ein sinnerfüllteres, freudigeres und erfolgreicheres Leben zu führen.

①

MEHR ALS NUR PURER ZUFALL

»So demütigend diese Erkenntnis
für den menschlichen Stolz auch
sein mag, so müssen wir doch
erkennen, dass wir den Fortschritt
und sogar die Erhaltung der Zivilisation
einem Maximum an Zufällen zu
verdanken haben.«

Friedrich Hayek,
Träger des Nobelpreises für
Wirtschaftswissenschaften 1974

Eine kurze Geschichte der Serendipität

Als König Giaffer, Herrscher des antiken Landes Serendip (ein altpersischer Name für Sri Lanka), sich Sorgen machte, dass seine drei Söhne zu behütet, privilegiert und unvorbereitet für die Herausforderungen des Herrschens im Königreich waren, beschloss er, sie auf eine Reise zu schicken, auf der sie einige wichtige Lektionen für das Leben lernen sollten.

Eines Tages trafen die Prinzen einen Händler, der ein Kamel verloren hatte. Aufgrund von Beobachtungen, die sie während der Reise gemacht hatten, beschrieben sie das Kamel so genau, dass der Händler glaubte, sie müssten es gestohlen haben. Der Händler führte sie daraufhin zum lokalen Herrscher, der sie fragte, wie sie das Kamel so genau beschreiben könnten, wenn sie es nie gesehen hätten. Sie erklärten, dass sie wüssten, dass das Kamel lahmte, weil sie die Abdrücke von drei Füßen und eines vierten Fußes, der hinterhergeschleift wurde, gesehen hatten. Und dass sie wüssten, dass es auf der einen Seite Butter und auf der anderen Seite Honig trug, weil Fliegen von der Butter und Ameisen vom Honig angezogen worden wären. Der Verdacht, dass die Prinzen das Kamel gestohlen haben könnten – weil sie es detailliert beschreiben konnten – wurde schließlich entkräftet, als ein anderer Reisender bestätigte, er habe ein solches Kamel gefunden.

Als sie ihre Beobachtungen machten, wussten die Prinzen noch nicht, dass ein lahmes Kamel mit Honig im Gepäck vermisst wurde. Aber als sie erfuhren, dass dies der Fall war, brachten sie diese Information mit dem in Verbindung, was sie zuvor beobachtet hatten. Sie stellten eine Verbindung her – sie »verknüpften die Punkte«.

Im Jahr 1754 schrieb der britische Schriftsteller und Politiker Horace Walpole an einen Freund über eine unerwartete Entdeckung, die er mit der Geschichte der drei Prinzen verglich. Indem er dies tat, prägte er das Wort »*Serendipity*« und beschrieb die Prinzen als Menschen, die »immer wieder durch Zufall und Scharfsinn Entdeckungen machten, nach denen sie nicht gesucht hatten«. Auf diese Weise fand das Wort Eingang in die Sprache, und obwohl es von vielen auf die Bedeutung »Glück« reduziert wurde, ist es klar, dass Walpole seine subtilere Bedeutung erkannt hatte.

Es gibt auch andere Definitionen von Serendipität, aber die meisten verstehen das Phänomen als das Zusammenkommen von Zufall und menschlichem Handeln, das zu einem (in der Regel positiven) Ergebnis führt – das ist die Definition, die ich hier anwende.[1] Diese handlungsorientierte Perspektive ermöglicht es, uns zu verstehen, wie wir einen Entdeckungsraum entwickeln können, in dem Serendipität passieren kann.

Bei der Serendipität geht es darum, zu sehen, was andere nicht sehen, zufällige Beobachtungen bewusst wahrzunehmen und sie in Möglichkeiten zu verwandeln. Es erfordert eine gewisse Anstrengung – diese Momente, in denen scheinbar unzusammenhängende Ideen oder Ereignisse vor einem zusammenkommen und ein neues Muster bilden, herbeizuführen und zu nutzen. Einfacher ausgedrückt: Es geht darum, »die Punkte zu verbinden« (»to connect the dots«).

Von Vulkanen zu Weltmeistern

An einem sonnigen Samstag im April 2010 gelangte ein Vulkan mit dem unaussprechlichen Namen Eyjafjallajökull in die Schlagzeilen, nachdem eine Aschewolke Tausende von Flügen in Europa storniert hatte. Am selben Morgen tauchte eine unbekannte Nummer auf meinem Handy auf. In der Leitung war ein Fremder, der selbstbewusst zu sprechen begann: »Hallo, Christian. Wir kennen uns noch nicht, aber ein gemeinsamer Freund hat mir deine Nummer gegeben. Ich würde dich gerne um einen Gefallen bitten.« »Erzähl mir mehr«, antwortete ich.

So trat Nathaniel Whittemore, ein Unternehmer und Blogger, in mein Leben. Nathaniel erklärte mir, dass sein Flug von London nach Südkalifornien gerade gestrichen worden war und er in London festsaß, zusammen mit vielen Teilnehmern des Skoll World Forum, einer großen jährlichen Konferenz für Sozialunternehmer und Vordenker an der Universität Oxford. Die meisten von ihnen kannten nicht viele Leute in London und hatten für das Wochenende einen leeren Terminkalender. »Warum also nicht eine Veranstaltung organisieren, um sie alle zusammenzubringen und das Beste aus der Situation zu machen?«, fragte Nathaniel. Zu diesem Zeitpunkt hatte er bereits eine E-Mail an das TED-Team geschrieben.

Innerhalb von 36 Stunden organisierte Nathaniel die Konferenz TEDxVolcano, eine spontane Version der beliebten TED-Konferenz. Ohne Budget, an einem Wochenende und mit geringer Vernetzung in London verwandelte Nathaniel eine schwierige Situation in eine Veranstaltung mit 200 Teilnehmern, Hunderten auf der Warteliste, spannenden Rednern, wie dem ersten Präsidenten von eBay, Jeff Skoll, und einem aufgezeichneten Livestream, der von mehr als 10 000 Menschen verfolgt wurde.

Das erstaunte mich, und die beiden Fragen, die sich mir stellten, waren: 1. Wie hat er das hinbekommen? und 2. Was können wir daraus lernen?

Nathaniel war, wie wir alle, auf etwas Zufälliges und Unerwartetes gestoßen – in diesem Fall einen unvorhergesehenen längeren Aufenthalt in London. Aber er hatte den Scharfsinn, die Wahrnehmungsfähigkeit, die Kreativität und die Energie, um daraus etwas Positives zu machen. Viele von uns hätten den potenziellen Serendipitätsauslöser in einer solchen Situation vielleicht nicht erkannt. Nathaniel erkannte nicht nur, dass außergewöhnliche Menschen in London festsaßen, sondern auch, dass ihre Erfahrungen großartige Geschichten sein könnten, die man im Rahmen von TED erzählen könnte. Er überzeugte eine Co-Working-Location, einen Raum für die Veranstaltung zur Verfügung zu stellen, nutzte Sandbox (die von mir mitbegründete Innovationscommunity) um Freiwillige zu rekrutieren, und gewann Spitzenleute, wie den ehemaligen Geschäftsführer von Google.org (Googles karitativem Arm), Larry Brilliant, für Kurzvorträge.

Nathaniels Fähigkeit, die Punkte miteinander zu verbinden, führte innerhalb von eineinhalb Tagen zu einer Veranstaltung von Weltrang – ohne Budget, und das in einer Stadt, in der er kaum Leute kannte. Diese Zusammenfassung ist nur die Hälfte der Geschichte, auf die ich später in diesem Buch zurückkommen werde, aber der wichtige Punkt ist, dass solche Sachen häufiger vorkommen, als uns bewusst ist.

Ein anderes Beispiel ist Nico Rose, ein deutscher Organisationspsychologe, der 2018 auf einer Geschäftsreise war, als er im Fitnessstudio eines Bostoner Hotels auf den ehemaligen Schwergewichtsweltmeister (und derzeitigen Bürgermeister von Kiew) Wladimir Klitschko traf. Obwohl er das Fitnessstudio nur aufgesucht hatte, um den Jetlag zu bekämpfen, erkannte ein müder und verwirrter Nico gleichwohl Klitschko, eines seiner Idole. Er eilte zurück in sein Zimmer, um sein

Handy zu holen und Klitschko um ein Selfie zu bitten, ohne dessen Trainingsprogramm zu unterbrechen.

Der ideale Moment kam, als Klitschkos Manager das Fitnessstudio betrat und ihn auf Deutsch ansprach. Nico erfuhr, dass die beiden nicht wussten, wo genau im Hotel das Frühstück serviert wurde. Er nutzte die Gelegenheit, um ihnen den Weg dorthin zu erklären, machte ein Selfie mit ihnen, und jeder setzte selbständig sein Training fort. Als sie fertig waren, konnte Klitschko den Aufzug nicht finden, sodass Nico ihn begleitete und sie sich weiter unterhielten. Schließlich fragte Klitschko Nico, ob er an der Universität, an der Nico beschäftigt war, einen Gastvortrag halten könnte. Nico wiederum erzählte ihm von seinem Buchprojekt, für das Klitschko letztlich das Vorwort schrieb.

Hatte Nathaniel erwartet, auf eine Aschewolke zu treffen? Hatte Nico erwartet, auf sein Idol zu treffen? Hatten sie damit gerechnet, ein globales Event in London zu organisieren oder in einer Hotelhalle in Boston einen der weltbesten Sportler als Autor für das Vorwort seines Buches zu finden? Sicherlich nicht – aber beide hatten den Grundstein für ein derartiges Ereignis weit im Voraus gelegt.

Ist Erfolg wirklich eine Frage des Glücks?

Vieles im Leben macht nur Sinn, wenn man Ereignisse rückblickend betrachtet und sie im Nachhinein miteinander verbindet. Wenn wir das tun, verwandeln wir oft zufällige Lebensentscheidungen und Zufallsereignisse in eine überzeugende und logische Dramaturgie, die wir anderen erzählen.

Wer von uns hat nicht schon mal seinen Lebenslauf so präsentiert, als sei sein oder ihr Leben ein schlüssiger, durchdachter Plan gewesen? In Wahrheit hatten wir vielleicht keinen klaren Plan für unsere Karriere. Die Realität war oft durch Zufälle und Zufälligkeiten geprägt, durch eine unerwartete Idee, eine Begegnung oder ein Gespräch.

Was aber, wenn wir lernen könnten, Punkte nicht nur im Nachhinein, sondern auch im Voraus zu verbinden? Was wäre, wenn wir den Boden bereiten könnten, um Zufälle zu nutzen und ein Feld zu schaffen, auf dem sie keimen und gedeihen können? Was wäre, wenn wir wüssten, wie wir sie fördern und kultivieren können? Und vor allem, was wäre, wenn wir dafür sorgen könnten, dass sie zu besseren Ergebnissen führen?

Nur wenige von uns können ein Erdbeben oder ein Treffen mit einem Superstar herbeiführen – aber wir können Ergebnisse (mit-)gestalten, indem wir uns auf das Unerwartete einstellen und es nutzen.

Was wir oft nicht erkennen, ist, dass erfolgreiche Menschen nicht nur »blindes Glück« hatten, selbst wenn es scheint, dass ein zufälliges Ereignis eine wichtige Rolle bei ihren Erfolgen gespielt hat. Vielmehr haben erfolgreiche Menschen bewusst oder unbewusst die notwendige Vorarbeit geleistet, um die Bedingungen für Glücksfälle zu schaffen.

Nicht nur die Richard Bransons, Oprah Winfreys, Bill Gates' und Arianna Huffingtons dieser Welt haben Glück und können ein ebenso glückliches Umfeld für andere schaffen – jeder von uns kann den Erfolgsfaktor Zufall für sich selbst und für andere nutzen.

Serendipität ist allgegenwärtig

Erfindungen, wie Nylon, Klettverschlüsse, Viagra, Post-its, Röntgenstrahlen, Penicillin und Mikrowellenherde, haben alle mit Serendipität zu tun. Präsidenten, Superstars, Professoren, Geschäftsleute – darunter viele der weltweit führenden CEOs – schreiben einen großen Teil ihres Erfolgs der Serendipität zu.

Aber diese ist nicht nur eine treibende Kraft bei großen wissenschaftlichen Entdeckungen, wirtschaftlichen Erfolgen oder diplomatischen Durchbrüchen. Sie ist auch in unserem täglichen Leben präsent, in den kleinsten Momenten und den größten lebensverändernden Ereignissen.

Stellen Sie sich vor, Ihre Nachbarin mietet ein Gerüst, um einige überhängende Äste in ihrem Garten abzuschneiden. Sie sehen sie bei der Arbeit und erinnern sich plötzlich an den losen Ziegel auf Ihrem Dach. Es ist nichts Ernstes, also wollten Sie sich nicht die Mühe machen, es zu reparieren, aber hey ...

Sie gehen nach draußen, kommen mit ihr ins Gespräch und helfen ihr, die Äste wegzuschleppen. Sie laden sie auf ein Bier ein und steigen danach auf das Gerüst, um die losen Ziegel zu reparieren (natürlich, bevor Sie das Bier getrunken haben). Außerdem stellen Sie fest, dass die Dachrinne lose ist und herunterzufallen droht. Sie wissen jetzt, dass Sie einen Fachmann mit der Reparatur beauftragen müssen.

Vielleicht waren Sie selbst kürzlich in einer ähnlichen Situation? So etwas passiert immer wieder. Ein zufälliges Ereignis taucht in unserem Leben auf, wir bemerken es, schenken ihm Aufmerksamkeit und verknüpfen es mit einem anderen Sachverhalt, der uns ebenfalls bewusst ist. Wir stellen eine Verbindung zwischen beiden her und gehen dann entschlossen weiter, was zu einer Lösung für ein Problem führt, von dem wir nicht einmal wussten, dass wir es haben.

Man könnte womöglich behaupten, dass auch die Liebe ein Kind der Serendipität ist. Ich habe fast alle meine Freundinnen in Cafés oder auf Flughäfen kennengelernt, oft wegen eines verschütteten Kaffees oder eines Laptops, auf den man aufpassen musste, was ein Gespräch zur Folge hatte, das gemeinsame Interessen ans Licht brachte. Viele der berühmtesten Liebesgeschichten – darunter die von Michelle und Barack Obama, die sich kennenlernten, als der junge Barack verspätet in Michelles Anwaltskanzlei kam und ihr als Mentee zugeteilt wurde – hatten einen unerwarteten Verlauf. (Und wie wir später sehen werden, ist Ausdauer oft entscheidend, um potenzielle Serendipität in ein positives Ergebnis zu verwandeln: Als Michelle zunächst von Barack Abstand hielt, indem sie ihm zu verstehen gab, dass sie als seine Mentorin nicht mit ihm ausgehen könne, deutete er an, dass er bereit sei, zu kündigen – es gab ein Hin und Her – der Rest ist Geschichte.)

Wenn Sie in einer Beziehung sind, wie haben Sie Ihren/Ihre Partner/in kennengelernt? Selbst wenn Sie sie/ihn »zufällig« kennen gelernt haben, war es wahrscheinlich nicht nur bloßer Zufall. Das würde ja bedeuten, dass Sie überhaupt keinen Anteil daran hätten. Es mag eine zufällige Begegnung gewesen sein, aber Sie haben weiter daran gearbeitet. Sie haben Wege gefunden, wie Sie sich gegenseitig ergänzen und inspirieren können. Sie haben ein zufälliges Ereignis genutzt, die Chance beim Schopf gepackt und daraus etwas gemacht. Das war nicht nur purer Zufall. Es war der Erfolgsfaktor Zufall.

Arten der Serendipität

Jeder Fall von Serendipität ist einzigartig, aber die Forschung hat drei Haupttypen herausgearbeitet.[2] Bei allen dreien gibt es einen anfänglichen Auslöser (etwas Unerwartetes), aber sie unterscheiden sich je nach der ursprünglichen Absicht und dem Ergebnis. Dabei geht es um zwei grundlegende Fragen:

Haben Sie bereits nach etwas gesucht?
und
Haben Sie gefunden, wonach Sie gesucht haben, oder haben Sie etwas völlig Unerwartetes entdeckt?

Was sind nun diese drei Arten von Serendipität?

Archimedes-Serendipität: ein unerwarteter Weg zur Lösung des Problems, das wir lösen wollten

Dieser Typus tritt auf, wenn ein bekanntes Problem oder eine bekannte Herausforderung (etwa eine beschädigte Badewanne oder der Versuch, einen Traumjob zu bekommen) gelöst wird, die Lösung aber von unerwarteter Seite kommt. Nehmen wir die Geschichte, in der König Hiero II. von Syrakus den griechischen Mathematiker Archimedes bittet, herauszufinden, ob ein Goldschmied einen Teil des Goldes für die Krone des Königs durch Silber ersetzt hat. Die Krone hat das richtige Gewicht, aber wie kann man feststellen, ob sie aus reinem Gold ist?

Da er keine Lösung für das Problem findet, begibt sich der ratlose Archimedes in ein öffentliches Bad, um zu entspannen und beobachtet gedankenlos, wie der Wasserspiegel steigt und sich über den Rand ergießt, während er ins Becken steigt. Und dann – Heureka! – stellt er fest, dass eine Krone, die mit Silber vermischt ist, das leichter als Gold ist, voluminöser sein müsste, um das gleiche Gewicht zu haben. Daher würde sie, wenn sie ins Wasser getaucht wird, mehr Wasser verdrängen als eine reine Goldkrone mit demselben Gewicht.

Bingo, diese Art von Serendipität ist sowohl in unserem persönlichen Leben als auch in Unternehmen jeder Größe üblich. Für Unternehmer ist es vielfach selbstverständlich, ihren Kurs aufgrund von Zufallsbegegnungen oder unerwarteten Feedback-Prozessen zu ändern.

David Taylor, CEO des Konsumgüterunternehmens Procter & Gamble, sagte mir in einem Interview, dass er es mag, wenn sich unerwartet ein Ansatz ändert, weil sich dadurch Möglichkeiten eröffnen, die sein Team vorher oft nicht gesehen hat. In seinen Worten: »Es löst immer noch das Problem, das wir lösen wollten, aber es tut es auf eine andere Weise, als wir es uns vorgestellt haben. Man kann nicht alles planen, aber man muss eine Vorstellung davon haben, was man zu lösen versuchen will. Darin liegt ein Zauber, und der entsteht oft, wenn man Zugang zu unterschiedlichen Erfahrungen hat, zu Menschen, die sich in das Problem verlieben und offen für das Unerwartete sind.«

Einer der ersten Zufallsaktivisten, denen wir in diesem Buch begegnen, ist Waqas Baggia. Er arbeitet heute als Verkaufsberater bei Mercedes-Benz Canada. Der gebürtige Kanadier war mit seiner Frau in jungen Jahren nach Großbritannien gezogen und später wieder zurück nach Toronto. Dort arbeitete er im Einzelhandel. Mit der Zeit hatte er sich bei verschiedenen Unternehmen beworben und ein halbes Dutzend Vorstellungsgespräche absolviert, wobei er es nie in die Endauswahl geschafft hatte. Seine Freunde fragten ihn immer wieder, warum er so hart arbeitete. Sein Prinzip sei, antwortete er, dass er alles, was er tat, mit ganzem Herzen tat.

Eines Tages half er wie üblich einem Kunden mit großem Enthusiasmus. Beeindruckt erkundigte sich der Kunde nach seinem Werdegang, und Waqas erzählte ihm, dass er diesen Job nur tue, bis er eine Stelle im Verkauf von Luxusautos gefunden habe. Der Kunde war zufällig der Geschäftsführer eines Mercedes-Benz-Autohauses und bot Waqas sofort ein Vorstellungsgespräch an. Waqas wurde daraufhin der erste Verkaufsberater ohne Erfahrung im Kfz-Verkauf, den das Autohaus einstellte.

Post-it-Zettel-Serendipität: Eine unerwartete Lösung für ein anderes Problem als das, welches Sie lösen wollten

Die sogenannte Post-it-Zettel-Serendipität tritt ein, wenn Sie sich mit einem bestimmten Problem befassen und dabei auf eine Lösung für ein völlig anderes oder sogar bisher unerkanntes Problem stoßen. Ihre

Reise geht dann in eine völlig andere Richtung, führt Sie aber dennoch an ein erfreuliches Ziel. Haben Sie sich jemals gefragt, wer auf die Idee mit den Post-its gekommen ist? In den späten 1970er-Jahren versuchte Spencer Silver, ein Forscher des Konsumgüterunternehmens 3M, einen stärkeren Klebstoff zu finden. Das Ergebnis war eine Substanz, die nicht besonders gut klebte. Aber dieser schwache Klebstoff war perfekt für eine neue Produktlinie, die 3M »Post-it-Zettel« nannte.[3]

Ein weiteres Beispiel stammt von dem niederländischen Nahrungsmittel- und Chemiekonzern DSM, der Schwierigkeiten hatte, eine Beschichtung für Bilderrahmenglas zu verkaufen, die das Licht durch das Glas lässt und so verhindert, dass es reflektiert wird. Das Produkt funktionierte gut, aber das Unternehmen konnte keinen Markt dafür finden. Der Projektleiter war kurz davor, die Idee aufzugeben, als er durch ein zufälliges Gespräch mit einem Kollegen aus einer anderen Abteilung auf die Idee kam, dass die Technologie für Solarpaneele, die so viel Licht wie möglich absorbieren müssen, sehr wirkungsvoll sein könnte. Diese unerwartete Lösung für ein anderes Problem als das ursprünglich gedachte, brachte den Geschäftsbereich Solar bei DSM in Schwung. Wir werden später sehen, warum Feike Sijbesma, der Vorstandsvorsitzende von DSM, Recht hatte, als er sagte: »Jemand anderes wird sagen: ›Das ist pures Glück.‹ Aber das ist Serendipität.«

In unserer Offenheit für unerwartete Lösungen landen wir oft an Orten, die wir kaum vorhersehen konnten. Peter Agnefjall, von 2012 bis 2017 CEO von IKEA, erzählte meinem Forschungsteam in einem Interview, dass er uns ausgelacht hätte, wenn wir ihm vor fünf Jahren gesagt hätten, dass IKEA Windpark- und Solaranlagen besitzen würde. »Aber wenn ich zurückblicke, ist es das, was wir jetzt tun!«

Blitzschlagserendipität: eine Lösung für ein unerwartetes oder unerfülltes Problem

Die Blitzschlagserendipität tritt ein, wenn kein bewusster Problemlösungsprozess im Gange ist. Sie folgt auf etwas völlig Unerwartetes, wie ein Blitz am Himmel, und eröffnet eine neue Möglichkeit oder löst ein zuvor unbekanntes oder ungelöstes Problem. Wir verlieben uns oft auf diese Weise, und viele neue Ideen und Ansätze entstehen aus dieser Art von Serendipität.

Sofar Sounds, eine globale Bewegung zur Neugestaltung von Live-Musikveranstaltungen, ist ein gutes Beispiel. Als Rafe Offer, Rocky Start und Dave Alexander auf dem Konzert der Indie-Rock-Band Friendly Fires waren, ärgerten sie sich über Konzertbesucher um sie herum, die laut palaverten. Mit der Erkenntnis, dass die Zeiten, in denen sich Konzertbesucher ausschließlich auf die Musik konzentrierten, längst vorbei waren, beschlossen sie im Jahr 2009, einen privaten Auftritt in Rockys Wohnzimmer im Norden Londons zu organisieren, bei dem Dave seine Songs vor einem kleinen, handverlesenen Publikum vortrug.

Sie wiederholten das Wohnzimmererlebnis in anderen Teilen Londons sowie in Paris, New York und anderen Städten und erhielten Anfragen von Menschen aus aller Welt, die ähnliche Veranstaltungen durchführen wollten. Sofar Sounds (ein Akronym für »Songs from a Room«) war geboren. Seitdem hat Sofar Sounds Tausende von privaten Konzerten in Wohnungen in mehr als 400 Städten auf der ganzen Welt veranstaltet und ist dabei Partnerschaften, etwa mit Airbnb und der Virgin Group, eingegangen.

Aber nicht alles passt in eine Kategorie

Jeder Versuch, Serendipität zu kategorisieren, wird etwas subjektiv sein, und einige Beispiele werden Elemente von einer oder mehrerer der drei oben beschriebenen Arten kombinieren. Obwohl der Kern konstant ist – die Verbindung zwischen unerwarteten oder scheinbar nicht zusammenhängenden Ereignissen oder Fakten –, entziehen sich viele Geschichten solchen Kategorisierungsbemühungen.

Ein solches Beispiel, das die Welt zum Besseren veränderte, war die Entdeckung von Penicillin durch Alexander Fleming. Dieser forschte an dem Bakterium Staphylokokkus, das in verschiedenen Formen eine Vielzahl von Infektionen beim Menschen verursachen kann, von denen einige tödlich verlaufen können. Eines Morgens im Jahr 1928 kehrte er in sein Labor im Keller des St. Mary's Hospital in London zurück und stellte fest, dass eine seiner Petrischalen, die Proben der Bakterien enthielt, unbedeckt auf einer Fensterbank gestanden hatte. Doch etwas Unerwartetes war geschehen: In der Schale wuchs ein blaugrüner Schimmel. Noch merkwürdiger war, dass in dem Raum um den Schimmel herum die ursprünglich dort vorhandenen Staphylokokken-Bakterien verschwunden waren.

Der Schimmelpilz war Penicillium chrysogenum. So wurde Penicillin als ein Mittel entdeckt, das bestimmte Bakterien abtötet. Aus dieser Entdeckung entwickelten sich die Antibiotika, die Millionen von Menschenleben gerettet haben (übrigens wurde der Schimmelpilz, der eine dramatische Steigerung der Penicillin-Produktion ermöglichte, von Mary Hub entdeckt, einer Laborantin am Northern Regional Research Laboratory in den USA, die zufällig auf einen »goldenen Schimmelpilz« gestoßen war, der dutzendfach mehr Penicillin lieferte als der von Fleming).

Die wichtigsten Merkmale der Serendipität finden sich in dieser Geschichte wieder.[4] Eine zufällige Kontamination führte zu einem Schimmelpilz, der sich als lebensrettendes Medikament entpuppte. Aber um welche Art von Serendipität handelt es sich? Die Antwort hängt davon ab, was wir glauben, was Fleming erreichen wollte. Auf jeden Fall begann es mit einem Auslöser (der versehentlichen Kontamination einer Petrischale), aber der entscheidende Moment war Flemings Reaktion. Anstatt seine eigene Schlampigkeit dafür zu verfluchen, dass er die Schale hatte offen herumstehen lassen – und anstatt sie in den Müll zu werfen –, war er neugierig. Er zeigte die Schale seinen Kollegen und führte weitere Untersuchungen durch. Andere folgten über viele Jahre hinweg – und so begann der lange Prozess, der aus einem »Unfall« eine lebensverändernde Medizin machte.

Auch wenn Penicillin zufällig entdeckt wurde, wäre es falsch, die Entdeckung Flemings als »reinen Glücksfall« abzutun und zu behaupten, dass menschliches Handeln bei diesem Durchbruch keine Rolle spielte. Entscheidend ist, dass Fleming die wichtige Entscheidung traf, eine Verbindung herzustellen (»die Punkte zu verbinden«) – was als »Assoziation« bekannt ist. Es mag Jahre gedauert haben, bis er diese Entscheidung traf, aber hätte Fleming nicht das Mindset gehabt, um diese Verbindung herzustellen, wäre der grüne Schimmelpilz, der seine Petrischale verunreinigt hatte, nur ein weiteres vergessenes Missgeschick im Labor geblieben. Tatsächlich war der Antagonismus zwischen Schimmelpilzen und Keimen schon Jahrzehnte zuvor beobachtet worden, aber niemand hatte ihm die nötige Aufmerksamkeit geschenkt.[5]

Das Unerwartete nutzen

Serendipität ist nicht einfach etwas, das uns passiv widerfährt, sondern ein Prozess mit verschiedenen Merkmalen, und jedes dieser Merkmale kann in unserem Leben gefördert werden. Um den Prozess wirklich zu verstehen und ihn nicht als eine äußere Kraft, sondern als ein magisches, aber auch effektives Werkzeug zu sehen, müssen wir noch genauer hinsehen.

Um dies zu tun, können wir auf der Grundlage bestehender Forschung drei miteinander verbundene Kerneigenschaften differenzieren:[6]

1. Ein Mensch begegnet etwas Unerwartetem oder Ungewöhnlichem – sei es ein physikalisches Phänomen, etwas, das im Gespräch auftaucht, oder etwas anderes. Es gibt unzählige Möglichkeiten. Dies ist der »Auslöser«.
2. Die Person verknüpft diesen Auslöser mit etwas, das zuvor keinen Bezug hatte. Sie »verknüpft die Punkte« – stellt eine Verbindung her – und erkennt so den potenziellen Wert dieses scheinbar zufälligen Ereignisses. Diese Verknüpfung zuvor nicht zusammenhängender Fakten oder Ereignisse wird als »Assoziation« bezeichnet.
3. Entscheidend ist, dass der realisierte Wert – die Erkenntnis, die Innovation, die neue Art, etwas zu tun, oder die neue Lösung für ein Problem – nicht das ist, was erwartet wurde, und nicht das, wonach jemand gesucht hat, zumindest nicht in der Form, in der es auftrat. Sie ist unerwartet.

Ein zufälliges Ereignis ist zwar wichtig, aber nur der Anfang. Man braucht zusätzlich eine Person, die in der Lage ist, diese Zufallsfunde zu verstehen und etwas mit ihnen zu machen. Das bedeutet, Ereignisse, Beobachtungen oder Informationsfragmente kreativ neu zu kombinieren, wenn man (unerwartet) eine sinnvolle Verbindung erkennt. Oftmals entsteht Mehrwert aus der Verbindung zweier völlig unverbundener Ideen, die zuvor als »einander fremd« angesehen wurden.[7]

Bei Serendipität geht es um die Fähigkeit, den Wert von unerwarteten Begegnungen und Informationen zu erkennen und zu nutzen.[8] Sie kann in jedem Schritt erlernt und gefördert werden. Wir können ein

Mindset dafür entwickeln – die Fähigkeit, diese mächtige Kraft zu erkennen, zu begreifen und zu nutzen.

Während eine bestimmte zufällige Begegnung ein Ereignis oder ein Event ist, ist Serendipität ein Prozess. Zufall ist wichtig, aber nur als erster Schritt. Der wesentliche zweite Schritt besteht darin, die unerwartete Beobachtung zu verstehen und anderweitig zu nutzen (das heißt, eine Assoziation vorzunehmen). Wir müssen Verbindungen oder Brücken sehen, wo andere Gräben sehen. Und oft braucht es Scharfsinn – die Fähigkeit, zu filtern und den Wert zu erkennen – und die Ausdauer, etwas Neues durchzuziehen.[9]

Wenn wir allerdings Auslöser oder Assoziationen nicht sehen, können wir die Chance im Zufall verpassen. Stellen Sie sich nur die Momente vor, in denen Serendipität möglicherweise hätte passieren können, wir aber zu blind waren, um sie zu sehen (oder sie vielleicht sogar gesehen haben, aber nicht gehandelt haben)! Vielleicht hatten Sie kürzlich eine Situation in Ihrem Leben, in der es nur eines kleinen Anstoßes bedurft hätte, um etwas zu tun, aber Sie haben es nicht getan – und hinterher hatten Sie das Gefühl, dass »etwas hätte passieren können«? Zum Beispiel eine unerwartete Idee, die Sie im Meeting nicht erwähnt haben, oder eine zufällige Kollision mit einer spannenden Person, die sie nicht angesprochen haben?

Wir können auch die Bedingungen für Serendipität beeinflussen, zum Beispiel durch die Umstrukturierung unserer Organisationen, Netzwerke und physischen Räume. Serendipitätsdenken in Verbindung mit förderlichen Bedingungen bereitet den fruchtbaren Boden für ein Serendipitätsfeld, das wir wachsen lassen und ernten können.

Die folgende Abbildung veranschaulicht den Prozess und das entstehende Serendipitätsfeld. (Bitte beachten Sie, dass es sich hierbei um eine Vereinfachung handelt; oft finden der Auslöser und die Verknüpfung der Punkte gleichzeitig statt, und es gibt Feedback-Prozesse – wie wir später sehen werden, können anfängliche Bedingungen das Auftreten von mehr (oder weniger) Serendipität verstärken.)[10]

Vom Zufall zur Serendipität

In meiner Arbeit höre ich oft Dinge wie: »Wow, was für ein Zufall, dass XYZ passiert ist!« Aber wenn man im Nachhinein die Punkte miteinander verbindet, wird klar, dass das nicht immer die ganze Wahrheit

SERENDIPITÄTSFELD

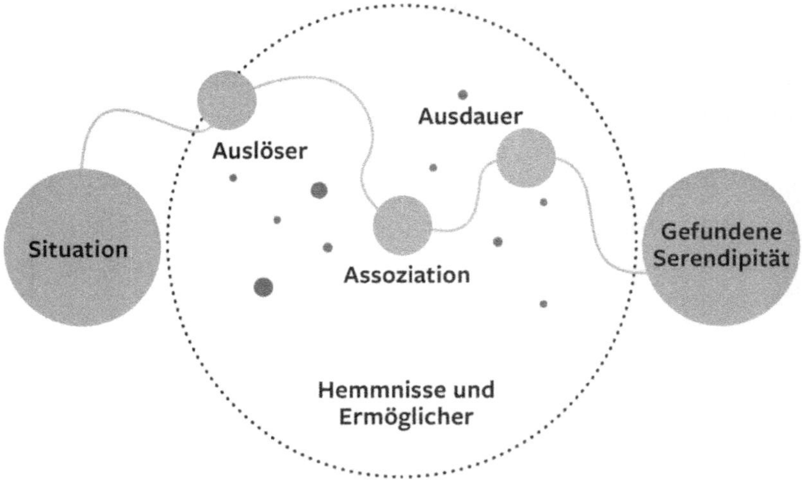

ist. Diese glücklichen Zufälle ereigneten sich, weil jemand (oder etwas) die Vorarbeit geleistet hat.

Wie wir gerade gesehen haben, ist Serendipität das Herzstück vieler wissenschaftlicher Studien, auch wenn Wissenschaft und Serendipität auf den ersten Blick nicht zusammenpassen mögen.

Nehmen wir zum Beispiel den Bereich der kombinatorischen Chemie, in dem die Wahrscheinlichkeit von glücklichen Zufällen im Mittelpunkt steht: Zehntausende von chemischen Verbindungen werden gleichzeitig hergestellt und dann im Hinblick auf wertvolle neue Anwendungen ausgewertet. Im Wesentlichen geht es bei der kombinatorischen Chemie darum, Tausende von Zufällen zu erzeugen und bereit zu sein, dass einer von ihnen eine bahnbrechende Möglichkeit darstellt. Die Chemiker, die neue Medikamente erkennen, sind gut darin, diese Experimente vorzubereiten, und indem sie die richtigen Ansätze und Personen einsetzen, machen sie es wahrscheinlicher, dass »zufällige positive Entdeckungen« gemacht werden – und dass sie, wenn sie geschehen, auch erkannt und genutzt werden. Definitionsgemäß können sie das genaue Ergebnis nicht kennen oder wissen, wann genau es passieren wird – aber sie können sich relativ sicher sein, *dass* etwas passieren wird.

Qualitative Forschungsmethoden wie die Grounded Theory suchen ebenfalls nach überraschenden oder unerwarteten Erkenntnissen.[11] In dieser Hinsicht haben Forscher viel mit Sherlock Holmes gemeinsam.

Angesichts der politischen, sozialen und ökologischen Veränderungen, mit denen die Welt konfrontiert ist, bestimmt das Unerwartete einen Großteil unserer Zukunft. Unter anderem bedroht es das Überleben von Organisationen. Unternehmen wie der weltweit führende Hersteller von Haushaltsgeräten, Haier, gehen damit um, indem sie nach den Worten ihres ehemaligen CEO Zhang Ruimin »uns disruptieren, bevor wir disruptiert werden«. Das Unternehmen hat die Wertschätzung des Unerwarteten zum zentralen Prinzip der Organisation erhoben. Wer hätte gedacht, dass chinesische Bauern Haiers Waschmaschinen zum Reinigen ihrer Kartoffeln verwenden würden?*

Dies spiegelt die Erfahrungen eines der weltweit führenden Finanzdienstleistungsunternehmen wider, dessen CEO mir seinen Ansatz schilderte: »Glaub nicht, dass dies alles ein Masterplan ist. Es geschah einfach auf dem Weg, und wir haben es ergriffen.« Er und sein Team gaben eine Vision, eine Kultur und Praktiken vor, die dazu beitrugen, einen Orientierungssinn zu vermitteln, und ließen den Rest entstehen, oft an unerwarteten Orten und auf unerwartete Weise. Sie halfen dabei, ein Serendipitätsfeld für die Menschen zu entwickeln, mit denen sie arbeiten.

In meiner Forschung darüber, was Menschen und Organisationen fit für die Zukunft macht, ist eine Erkenntnis immer wieder aufgetaucht: Viele der führenden Köpfe der Welt, oft unbewusst, haben die Fähigkeit entwickelt, mit dem Unerwarteten umzugehen. Für Tom Linebarger, CEO des Fortune-500-Unternehmens Cummins, ist die Kultivierung von Serendipität das Herzstück seines Tuns – er betrachtet sie als einen aktiven statt passiven Führungsansatz in Zeiten der Unsicherheit.

Einige werden sich fragen (und ich habe mich selbst gefragt): »Ist Serendipität noch Serendipität, wenn wir eine aktivere Rolle darin spielen?«

* Als Haier-Vertreter erfuhren, dass Landwirte Haiers Waschmaschinen auf andere Weise einsetzten, als sie es sich vorgestellt hatten, passten sie die Maschinen schnell an, um mit dem zusätzlichen Schmutz fertigzuwerden, den die Kartoffeln produzierten (und der die normalen Maschinen überforderte). Die »Kartoffelwaschmaschine« war geboren.

Die Antwort ist ein klares »Ja«, denn genau das ist der Unterschied zwischen Serendipität und einfachem, purem Glück. Serendipität zu kultivieren, bedeutet in erster Linie, die Welt mit offenen Augen zu betrachten und die Punkte zu verbinden. Es geht nicht nur darum, zur richtigen Zeit am richtigen Ort zu sein und etwas geschehen zu lassen, sondern vielmehr um einen Prozess, an dem wir aktiv beteiligt sein können.

Also ...

Serendipität ist »aktives« Glück, das von unserer Fähigkeit abhängt, die Punkte zu erkennen und zu verbinden. Die drei Arten von Serendipität, die wir oben diskutiert haben, basieren alle auf einem Auslöser. Die Entwicklung eines Serendipitätskonformen Denkens hilft uns, den Auslöser zu erkennen, die Punkte zu verbinden und die nötige Ausdauer zu entwickeln, um wertvolle Ergebnisse herbeizuführen.

Wir können auch die verschiedenen Ermöglicher und Hemmnisse beeinflussen, wie etwa in Communitys und Unternehmen. Im Zusammenspiel ermöglicht uns dies, das zu erschaffen, was ich ein Serendipitätsfeld nenne – all die Punkte, die wir selbst – oder andere – potenziell miteinander verbinden können – und potenziell etwas mit ihnen zu machen. So schaffen wir mehr Zufälle mit positiven Auswirkungen (»create meaningful accidents«) – und machen mehr Zufälle sinnvoll (»make accidents meaningful«). Aber womit können wir anfangen?

2

SERENDIPITÄTS-BARRIEREN ÜBERWINDEN

»Das Leben ist das,
was uns passiert, während wir
andere Pläne schmieden.«

Allen Saunders, amerikanischer
Schriftsteller, Journalist
und Karikaturist, 1957

Jedes Semester spiele ich im Rahmen meiner Lehrtätigkeit ein Spiel mit meinen neuen Studierenden. Ich frage sie: »Was glaubt ihr, wie groß ist die Wahrscheinlichkeit, dass zwei Personen in diesem Raum mit 60 Personen den gleichen Geburtstag haben?«

Normalerweise schätzen die Studierenden zwischen fünf und 20 Prozent. Das macht Sinn – das Jahr hat etwa 365 Tage, und so neigen wir logischerweise dazu, 60 (Menschen) durch 365 (Tage) zu teilen. Die Wahrscheinlichkeit, dass sich zwei Personen mit demselben Geburtstag im Raum befinden, ist nach dieser Logik sehr gering.

Dann bitte ich jede/n Studierende/n, kurz den Tag und den Monat seines/ihres Geburtstags zu nennen. Danach fordere ich die anderen Studierenden auf, für den Fall »Hier!« zu rufen, wenn sie ihren eigenen Geburtstag hören. Die Studierenden sind in der Regel schockiert, wenn nach etwa zehn Studierenden, die der Gruppe ihren Geburtstag verkündet haben, das erste »Hier!« aus einer Ecke kommt.

Dann noch eins und noch eins. In den meisten Veranstaltungen mit etwa 60 Studierenden habe ich festgestellt, dass sich oft drei bis sechs Geburtstagspaare bilden. Wie ist das möglich? Ist es Magie? Nein, das ist reine Statistik. Es handelt sich um eine exponentielle und nicht um eine lineare Problemstellung: Jedes Mal, wenn ein/e Studierende/r ihren/seinen Geburtstag erwähnt, gibt es viele mögliche »Paare«, die auftreten könnten. Studierende/r Nr. 1 hat zum Beispiel 59 andere Personen, die möglicherweise denselben Geburtstag haben wie er/sie; Studierende/r Nr. 2 hat immer noch 58 potenzielle Personen mit demselben Geburtstag (vorausgesetzt, der/die erste hatte einen anderen Geburtstag), und so weiter. Wenn wir alle diese möglichen Paare zusammenzählen, ergibt sich das sogenannte Geburtstagsparadoxon (siehe Abbildung S. 38).

Das Paradoxon besagt, dass bei 23 Personen bereits eine 50-prozentige (!) Wahrscheinlichkeit besteht, dass zwei Personen in einer Zufallsstichprobe denselben Geburtstag haben (da es 253 Möglichkeiten oder potenzielle Paare gibt).[1] Noch erstaunlicher ist, dass es bereits bei 70 Personen fast sicher ist (eine Wahrscheinlichkeit von 99,9 Prozent), dass zwei Personen denselben Geburtstag haben.

Was bedeutet diese Erkenntnis?

Sie ist ein Indikator dafür, dass wir das Unerwartete oft unterschätzen, weil wir linear denken – oft »nach Plan« – und nicht exponentiell (oder in Eventualitäten). Aber das Unerwartete passiert ständig, auch wenn wir entweder überrascht sind, wenn wir es »sehen«, oder wenn wir es überhaupt nicht mitbekommen.

Alles – von lebensverändernden Turnaround-Erfahrungen bis hin zu kleinen Verbesserungen im Alltag – ist möglich, wenn wir erkennen, dass jeden Tag, jede Sekunde Serendipität eintreten kann. Wie ich weiter unten darlege, neigen unsere natürlichen und erlernten Denkweisen dazu, Serendipität zu verdrängen, sodass es schwieriger ist, sie zu erkennen und noch schwieriger, sie nutzbar zu machen. Die größten Hindernisse sind unsere vorgefassten Meinungen über die Welt (Biases), die Vorurteile, die oft unbewusst unser Denken lenken. Und wenn Sie glauben, dass Sie keine haben, dann könnte das bereits Ihre größte Voreingenommenheit sein!

Unsere Biases können uns blind machen für (potenzielle) Serendipität und können sogar dazu führen, dass wir bereits eingetretene Serendipität falsch interpretieren. Wenn man sie bittet, ihren Erfolg zu erklären, erwähnen viele Menschen ihre »konsequente« Arbeitseinstellung und sorgfältigen Planungsschritte, aber auch ihr langfristiges Visions- und Strategiedenken, die unweigerlich zu Ruhm und Erfolg geführt haben. Manchmal ist das richtig, aber oft auch nicht. Die entscheidenden Wendepunkte im Leben sind oft Momente der Serendipität (oder manchmal auch nur pures Glück), die im Nachhinein

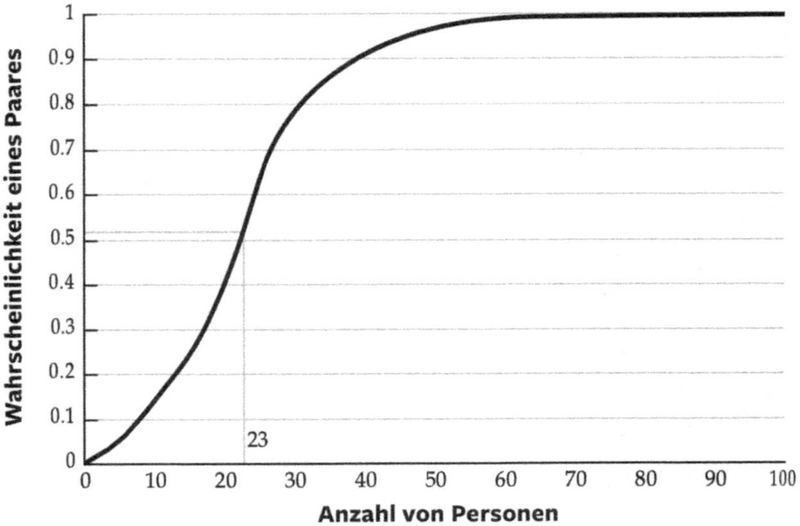

umgedeutet wurden, wie wenn Sie einem potenziellen Arbeitgeber Ihren Lebenslauf als eine stringente Reise von A nach B präsentieren.

Diese Biases können viele Formen annehmen, aber es gibt vier grundlegende Hemmnisse für Serendipität, die wir überwinden oder zumindest erkennen müssen. Ihre Bezeichnungen sind ein wenig technisch, aber was sie bedeuten, ist faszinierend: *Unterschätzung des Unerwarteten, Anpassung an die Mehrheit, Post-Rationalisierung und funktionale Gebundenheit.*

Wir unterschätzen das Unerwartete

Ein Schulfreund pflegte zu sagen: »Es ist sehr wahrscheinlich, dass etwas Unwahrscheinliches passieren wird.« Damals klang das geheimnisvoll, und erst im Laufe der Jahre begann ich wirklich zu verstehen, was er meinte. Das Unerwartete, das Unwahrscheinliche und sogar das ganz und gar Außergewöhnliche passiert immer wieder. Es kommt darauf an, ob wir es erkennen und aufgreifen können.

Ich habe ein Seminar für Verhandlungsführung unterrichtet, in dem eine der Übungen darin bestand, dass der Eigentümer einer unabhängigen Tankstelle diese an eine große Ölgesellschaft verkaufen wollte. Die Übung war so angelegt, dass ein Geschäft nicht zustande kommen konnte, wenn die beiden Partner bei ihrer ursprünglichen Position bleiben würden. Das Unternehmen wollte bis zu 500 000 Euro für die Tankstelle zahlen, die Mindestforderung des Eigentümers hingegen lag bei 580 000 Euro. Theoretisch gab es jetzt keinen Verhandlungsspielraum, kein Verhandlungsergebnis, das beide Partner akzeptieren konnten, wenn sie an ihren Positionen festhalten würden.

Dann bat ich die Studierenden – sowohl diejenigen, die den Tankstellenbesitzer spielen, als auch diejenigen, die die Vertreter/innen des Unternehmens darstellen –, ihre starren Positionen aufzugeben und offen dafür zu sein, die tatsächlichen Bedürfnisse und Interessen der/des Anderen zu erfassen. Sobald die Vertreter/innen der Ölgesellschaft anfingen, Fragen zu stellen, warum der Tankstellenbesitzer meint, 580 000 Euro zu brauchen, passierte etwas Unerwartetes: Der Tankstellenbesitzer erwähnte, dass er davon träumt, sich zur Ruhe zu setzen und mit seiner Frau segeln zu gehen, und dass dies der Betrag ist, den er zu brauchen glaubt, um dies tun zu können.

An diesem Punkt sagen Studierende etwas in der Art: »Oh, das habe ich nicht erwartet. Wir könnten euch das Benzin für eure Reise zur Verfügung stellen und unseren Namen auf euren Segeln anbringen. Wir wollten sowieso mehr solcher Sponsoringaktivitäten fördern« – oder andere unerwartete Ideen, die für das Unternehmen billig, für den Eigentümer aber wertvoll sind.

Sobald beide Seiten die den Positionen zugrundeliegenden »wahren Interessen« erkennen, ergeben sich unerwartete Möglichkeiten, wie sie die Situation lösen können. (Dies fällt Studierenden, die eine Win-win-Mentalität haben, leichter, da sie davon ausgehen, dass es Lösungen gibt, von denen beide Seiten profitieren können; Studierende, die mit der Einstellung: »Ich gewinne, du verlierst« beginnen, brauchen oft länger, um zu erkennen, dass es Möglichkeiten gibt, den »Kuchen zu vergrößern«, von denen beide Seiten profitieren. Diejenigen mit einer Win-win-Mentalität sind besser in der Lage, Vertrauen aufzubauen und Informationen über die tatsächlichen Interessen auszutauschen, und können wirksamer Prioritäten setzen als diejenigen, die davon ausgehen, dass ein Vorteil für den/die eine/n einen Verlust für den/die andere/n bedeutet.)

Dies hat wichtige Auswirkungen auf die Verbesserung der eigenen Verhandlungsstrategie, aber es ist wichtig zu erkennen, dass viele von uns das Unerwartete nicht »sehen«, weil wir nicht realisieren, dass es da ist. Der künstliche – und teure – Preis, den der Tankstelleneigentümer verlangt, verdeckt sein eigentliches Interesse – und es kommen spannende Möglichkeiten zum Vorschein, sobald er seine wahren Interessen artikuliert.

Diese Einsicht ist besonders wichtig in Bereichen wie Geschäftsverhandlungen: eine Führungskraft, die über eine neue Stelle verhandelt, oder eine angehende Hausbesitzerin, die ihr erstes Haus kaufen möchte. In diesen Situationen müssen oft unerwartete Punkte miteinander verbunden werden, um eine für beide Seiten akzeptable Lösung zu finden. Aber es geht weit darüber hinaus, und wenn wir erst einmal anfangen, die Punkte im Nachhinein zu verbinden, können wir erkennen, dass das Unerwartete oft einen Großteil unseres Lebens geprägt hat, von der Entwicklung unserer Karriere bis hin zur ersten Begegnung mit unserem/r späterer/n Lebenspartner/in.

Jede/r von uns hat eine typische Sicht auf die Welt entwickelt. Aufgrund dieser Voreingenommenheit neigen wir dazu, nur auf »das

Erwartbare« zu blicken. Aber was wäre, wenn wir das Spektrum dessen, was wir erwarten, ausweiten könnten? Dann werden wir zunehmend Zusammenhänge erkennen und begreifen, die überall um uns herum unwahrscheinliche Dinge nach sich ziehen, die nur darauf warten, genutzt zu werden.[2] Dies ist ein zentraler Bestandteil der Entwicklung unseres Serendipitätsdenkens.

Sie werden mir bestimmt zustimmen, wenn ich sage, dass wir jeden Tag auf das Unerwartete achten, aber meistens nur in Form eines Abwehrmechanismus. Wenn wir etwa einen Fußgängerüberweg an einer belebten Straße benutzen, erwarten wir, dass die Autos bei Rot anhalten. Aber viele von uns betrachten das keineswegs als selbstverständlich. Selbst wenn die Ampel rot wird und wir auf die Straße treten, schauen wir mit einem halben Auge auf den Verkehr, weil wir wissen, dass gelegentlich ein Fahrzeug bei Rot nicht anhält. In einer solchen Situation ist unser Blickfeld größer als sonst, und wir achten auf das Unerwartete, weil wir wissen, dass es fatal sein könnte, es zu übersehen.

Stellen Sie sich einmal vor, wir würden den gleichen Ansatz positiv wenden – ein breiteres Blickfeld einnehmen und auf unerwartet gute oder nützliche Dinge achten, die passieren könnten. Der britische Psychologieprofessor Richard Wiseman führte dazu ein faszinierendes Experiment durch: Er fand Menschen, die sich entweder als »extrem glücklich« oder als »extrem unglücklich« bezeichneten, und testete, wie sie die Welt wahrnehmen.[3] In einem Experiment wählte er zwei Testpersonen aus: eine, die sich selbst als Glückspilz ansah, und eine, die sich als Pechvogel betrachtete (zum Beispiel hatte sie das Gefühl, dass ihr oft schlechte Dinge passierten).

Das Forschungsteam bat die beiden Personen, ein Café zu besuchen (getrennt voneinander), eine Tasse Kaffee zu bestellen und sich zu setzen. Versteckte Kameras auf der Straße vor und im Café selbst filmten sie dabei. Jetzt kommt's: Die Wissenschaftler legten einen Fünf-Pfund-Schein auf den Bürgersteig direkt vor den Eingang des Cafés, sodass die Personen darüber laufen mussten. Außerdem stellten sie das Café so um, dass es nur noch vier große Tische gab, und setzten an jeden dieser vier Tische eine Person: drei davon waren Schauspieler, und einer war ein erfolgreicher Geschäftsmann. Dieser saß in der Nähe der Kaffeetheke. Die vier Personen wurden angewiesen, mit beiden Teilnehmern auf die gleiche Art und Weise zu interagieren.

Was glauben Sie, ist passiert?

Nun, die »Glückspilz«-Person ging in Richtung des Cafés, »sah« den Fünf-Pfund-Schein, hob ihn auf und ging hinein. Sie bestellte einen Kaffee und setzte sich neben den Geschäftsmann. Sie begannen ein Gespräch und freundeten sich an. Die »Pechvogel«-Person hingegen sah den Fünf-Pfund-Schein nicht. Auch diese Person setzte sich neben den erfolgreichen Geschäftsmann, schwieg aber bis zum Ende des Experiments.

Als Wisemans Team die beiden später fragte, wie ihr Tag verlaufen sei, erhielten sie zwei sehr unterschiedliche Antworten: Die »Glückspilz«-Person beschrieb, dass es ein großartiger Tag gewesen sei, dass sie Geld gefunden habe und ein tolles Gespräch mit einem erfolgreichen Geschäftsmann hatte. Die »Pechvogel«-Person sagte wenig überraschend, es sei ein »völlig ereignisloser« Morgen gewesen.

Beiden Personen boten sich genau die gleichen potenziellen Möglichkeiten – aber nur eine von ihnen »erkannte« sie. Offenheit für das Unerwartete ist nicht selten der Schlüssel zum Glück – und zum Erleben von Serendipität. »Glückspilze« haben aus mehreren Gründen oft Glück, aber einer der wichtigsten ist ihre Fähigkeit, das Unerwartete zu erkennen oder zu entschlüsseln. Dadurch wird das Unerwartete wahrscheinlicher – nicht unbedingt, weil es häufiger vorkommt, sondern weil wir es zu sehen beginnen, sobald wir es erwarten. Das kann uns »Glück bringen«, selbst wenn wir uns in genau der gleichen Situation befinden wie jemand anders, der/die das Unerwartete nicht erwartet.

Kennen wir nicht alle diese zufälligen Ereignisse in unserem Leben? Vielleicht, als wir unseren Partner kennenlernten, als wir diesen unerwarteten Job bekamen oder als wir auf diese eine Idee kamen? Aber was ist mit all den Gelegenheiten, bei denen wir den Erfolgsfaktor Zufall übersehen oder knapp verpasst haben?

Denken Sie an die Person im Café, die Ihnen aus Versehen Kaffee auf das Hosenbein geschüttet hat. Wenn Sie es sich recht überlegen, war sie doch irgendwie attraktiv, oder? Vielleicht war sie auch interessiert ... aber beide haben nicht auf diesen Funken reagiert. Es wurden keine Kontaktdaten ausgetauscht, um »die Rechnung für die Reinigung zu schicken«. Es hätte viel passieren können, aber am Ende geschah nichts. (Ich werde in diesem Buch noch auf die Frage zurückkommen, was wir aus kontrafaktischen Ereignissen lernen können, das heißt aus den möglichen »alternativen Lebensgeschichten«, die sich hätten entwickeln können.)

Die nächste Abbildung veranschaulicht, wie wir Serendipität verpassen können, wenn wir den Serendipitätsauslöser nicht erkennen, die Punkte nicht miteinander verbinden (das heißt, keine Assoziation vornehmen), oder nicht die Ausdauer haben, die Sache durchzuziehen.[4]

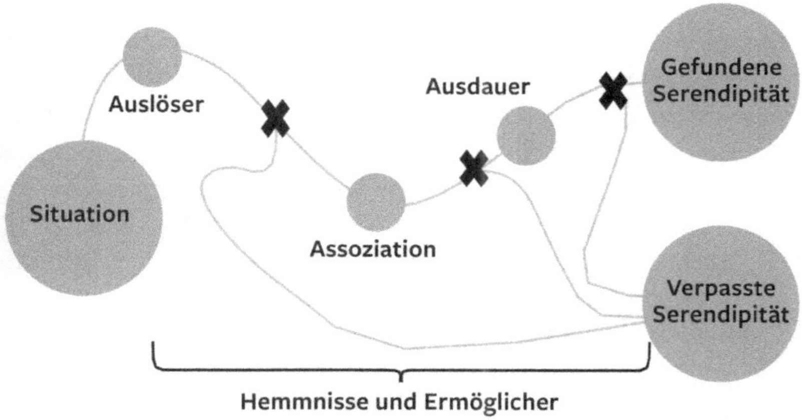

Wie können wir vermeiden, dass wir Serendipität verpassen? Es gibt eine Reihe von Strategien, die wir anwenden können (auf die ich später eingehen werde). Eines ist indes klar: Menschen, die sich des Unerwarteten bewusst sind, sind offen für Serendipität, weil sie in der Lage sind, nach dem verborgenen Wert in unerwarteten Daten und Ereignissen Ausschau zu halten. Daher denken Führungskräfte wie Anand Mahindra, der CEO eines der größten indischen Unternehmen, der Mahindra Group, darüber nach, im gesamten Unternehmen »Serendipitätsentdecker« zu installieren.

Nehmen wir folgenden Fall: Demnächst findet ein Branchendinner statt. Was erwarten Sie? Das Gleiche wie immer? Dass Sie neben einem langweiligen Menschen sitzen, seinem/ihrem langweiligen Vortrag halb zuhören und sich fragen, wie früh Sie gehen können, ohne jemandem auf den Fuß zu treten? Wenn das alles ist, was Sie erwarten, ist es wahrscheinlich, dass Sie genau das bekommen.

Zensieren Sie sich selbst?

Es gibt gute Gründe, warum so viele von uns dazu neigen, sich der Mehrheit anzupassen. Konsens bedeutet Sicherheit. Und eine große Zahl von Menschen kann überraschend genaue Entscheidungen treffen – oft besser, als es die klügsten Köpfe unter ihnen tun würden. Daniel Martin Katz und seine Kollegen verwendeten die Daten von FantasySCOTUS – wo seit 2011 mehr als 5000 Alltagsmenschen über 600 000 Vorhersagen über die Ergebnisse von mehr als 400 Entscheidungen des Obersten Gerichtshofs der USA gemacht haben – um zu zeigen, dass die »Weisheit der Masse« Entscheidungen des höchsten Gerichts der USA zuverlässig und genau vorhersagen kann.[5] Oder nehmen Sie Prognosen. Vorhersagen für komplexe Systeme, vom Wetter bis zur Wirtschaft, sind oft falsch, und fast immer sind sie im Detail falsch. Aber eine Schar von Prognostikern liegt oft eher richtig als ein Einzelner.[6]

Aber was ist mit der Querdenkerin, dem Genie, dem Prognostiker, die/der ein außergewöhnliches Ereignis richtig vorhersagt, das alle anderen übersehen haben? Nun, Menschen, die ein ungewöhnliches Ereignis erfolgreich vorhersagen, haben in der Regel eine schlechte Erfolgsbilanz, wenn man alle ihre Vorhersagen betrachtet. Mit anderen Worten: Eine einzige hervorragende Vorhersage macht noch keinen Propheten.

Untersuchungen der Verhaltenswissenschaftler Christina Fang und Jerker Denrell zeigen, dass diejenigen, deren Vorhersagen am meisten mit der herkömmlichen Sichtweise übereinstimmten, auch insgesamt am genauesten waren: Es ist in der Tat wahrscheinlicher, dass der Konsensus richtig ist. Der Druck, sich der Mehrheitsmeinung anzupassen, kann jedoch die Serendipität abtöten, vor allem, wenn er uns dazu bringt, die unerwarteten Momente des Lebens zu ignorieren oder zu verachten, oder wenn ungesunde Gruppendynamiken die Oberhand gewinnen.[7]

Die Erkenntnis, dass Gruppen tendenziell bessere Entscheidungen treffen, ändert sich nämlich, wenn Einzelpersonen nicht unabhängig handeln, sondern sich gegenseitig stark beeinflussen (wie in vielen Vorstandsetagen von Unternehmen) –, dann sind die Entscheidungen tendenziell schlechter als die von unabhängigen Einzelpersonen. Diese Herdenmentalität kann Serendipität zunichte machen. Die Mehrheit zu ignorieren birgt also ein gewisses Risiko, aber wir sollten die Mehrheitsmeinung immer hinterfragen. Viele von uns zensieren sich selbst, verwerfen oder begraben Gedanken oder Ideen, weil sie befürchten, dass ihre Idee oder Entdeckung nicht in den jeweiligen Kontext oder die bestehenden Überzeugungen passt.

Wann immer ich für ein Beratungsprojekt ein neues Unternehmen besuche, tue ich das, was ich den »Watercooler-Test« nenne: Ich setze mich an einen Ort, an dem offen geredet wird – sei es die Cafeteria, die Küche, das Café oder der Wasserspender selbst – und tue so, als würde ich an meinem Laptop arbeiten. Was ich tatsächlich tue, ist, den Gesprächen der Leute zuzuhören. Gelegentlich laufen die Gespräche in etwa so ab: »Lilly hat so eine blöde Idee vorgebracht. Ich glaube, sie versteht nicht, was hier los ist – warum sollten wir was ändern?« Wenn man sich einige Gespräche angehört hat, lässt sich ein Muster erkennen: Die Menschen neigen dazu, darüber zu sprechen, was in einer bestimmten Situation falsch gelaufen ist. In diesen Arbeitskulturen ist es schwieriger, eine Idee oder eine Einsicht mitzuteilen, da man schon morgen die/derjenige sein könnte, über die/den man spricht.

Aber selbst, wenn wir unsere Erkenntnisse oder Ideen teilen, haben wir vielleicht Angst zuzugeben, dass wir sie auf unkonventionelle Weise gewonnen haben. Viele wertvolle Entdeckungen werden später so dargestellt, als ob sie von Anfang an zielgerichtet und rational gewesen wären, um keine Unruhe zu stiften oder uns dem Vorwurf auszusetzen, wir hätten keinen rigiden Begründungsprozess durchlaufen.[8]

Damit sind wir beim nächsten Hemmnis der Serendipität angelangt: Post-Rationalisierung.

Das Wunder (und die Tücken) der Nachbetrachtung

Wie produzieren wir aus der Vergangenheit Sinn? Wir bedienen uns oft dessen, was Experten »Post-Rationalisierung« nennen. Bei der Post-Rationalisierung geht es darum, wie wir die Vergangenheit interpretieren. Um die Macht und die Risiken der Post-Rationalisierung zu verstehen, sollten wir uns aber zunächst ansehen, wie wir über die Zukunft denken.

Vorhersagen für komplexe Systeme sind meistens falsch, zumindest im Detail. Aber kluge Prognostiker sind sich der Grenzen ihrer

Arbeit und des Ausmaßes, in dem Prognosen von den tatsächlichen Ergebnissen abweichen, bewusst. Kein Wunder: Prognosen für den Absatz von schnelllebigen Konsumgütern, wie Getränken oder Toilettenartikeln, für die Einnahmen an den Kinokassen und für das Unternehmenswachstum haben oft Fehlerquoten von 50 bis 70 Prozent und liegen um Millionen von Euro daneben.[9] Die Gründe liegen auf der Hand: Die meisten Systeme und Situationen sind zu komplex, um jedes Detail genau zu modellieren. Erschwerend kommt hinzu, dass wir den Schmetterlingseffekt unterschätzen – kleine Veränderungen, die im Laufe der Zeit größere Auswirkungen haben.

Pläne sind im Grunde genommen wie Prognosen. Sie skizzieren, was wir tun wollen, welche Ziele wir erreichen wollen und welche Maßnahmen wir dafür ergreifen werden. Aber wenn man die soziale Dynamik eines Arbeitsplatzes, die offenkundigen Fehler, die Menschen machen, sowie unerwartete Ereignisse einbezieht, fallen die tatsächlichen Ergebnisse oft anders aus als erwartet.[10]

Wegweisende Forschungsarbeiten in den Bereichen Management und Wirtschaft haben gezeigt, dass bis zu 50 Prozent des Erfolgs auf das zurückzuführen ist, was Experten als »unerklärliche Varianz« bezeichnen. Mit anderen Worten: Erfolg lässt sich nicht einfach durch die Faktoren erklären, auf die sich Management- und Wirtschaftslehrbücher traditionell konzentrieren.[11] Der Erfolgsfaktor Zufall ist vielschichtiger.

Aber was hat das mit der Post-Rationalisierung zu tun? Wir tun, wenn wir ein Narrativ vergangener Ereignisse konstruieren, das, was Prognostiker tun: Wir erstellen ein Modell und vernachlässigen dabei Details und Zufallsereignisse. Post-Rationalisierung steht in engem Zusammenhang mit dem sogenannten »Rückschaufehler« – der Tendenz, Ereignisse als vorhersehbarer zu betrachten, als sie es tatsächlich waren. Wir spielen unvorhersehbare Ereignisse herunter oder schließen sie aus unserer Erzählung der Vergangenheit aus, weil zufällige Ereignisse, die vorbei sind, zu einem späteren Zeitpunkt nicht mehr unvorhersehbar sind. Im Nachhinein können sie sogar so aussehen, als wären sie unvermeidlich gewesen. Wir konstruieren logisch klingende Erzählungen.[12]

In unserem Kontrollbedürfnis neigen wir dazu, die Welt als erklärungsbedürftiger zu betrachten, als sie es ist. Wir glauben, überall ein Muster zu erkennen. Wir reagieren auf einen Impuls – etwa auf ein

Geräusch oder ein Bild –, indem wir nach einem vertrauten Muster oder nach einer uns bekannten Übereinstimmung fahnden. Oft finden wir eine Übereinstimmung, obwohl keine vorhanden ist – ein Phänomen, das als »Pareidolie« bekannt ist. Menschen hören undeutliche Stimmen im Rauschen von Ventilatoren oder Klimaanlagen, sie deuten verborgene Botschaften in rückwärts abgespielter Musik und manche sehen Gesichter von Tieren in Wolkenformationen.[13] Aus evolutionärer Sicht macht das Sinn: Unsere unbewusste Verarbeitung beschleunigt den Prozess des Erkennens und der Entscheidungsfindung, um uns einen Vorteil zu verschaffen, die Möglichkeit, präventiv anzugreifen oder schneller zu entkommen.

Das größere Phänomen, das sich jedoch dahinter verbirgt, nennt sich »Apophänie« – unsere Tendenz, Mustern oder wahrgenommenen Verbindungen, die keinen Bezug haben, eine Bedeutung zuzuschreiben.[14] Eines der faszinierendsten Beispiele dafür stammt von dem Verhaltenspsychologen B.F. Skinner. In einem Experiment wurde eine hungrige Taube in einen Kasten gesetzt. Dann wurden in völlig willkürlichen Abständen Futterkügelchen in die Kiste geworfen. Natürlich konnte die Taube nicht vorhersehen, wann die Kügelchen fielen, und sie konnte dies auch nicht beeinflussen. Aber die Taube begann, sich so zu verhalten, als ob sie es könnte. Wenn sie ein Futterkügelchen erhielt, während sie eine bestimmte Handlung ausführte (etwa im Kreis laufen oder den Kopf zur Seite drehen), begann sie, die zuvor ausgeführte Handlung zu wiederholen, bis das nächste Kügelchen erschien. Das Muster, in dem die Kügelchen fielen, war völlig zufällig, aber die Taube begann sich so zu verhalten, als ob es sich um ein vorhersehbares Ereignis handelte, über das sie eine gewisse Kontrolle ausüben konnte.

Diese Tendenz, nach erkennbaren Mustern oder Übereinstimmungen zu suchen, kann die Bedeutung von Zufallsereignissen verschleiern. Sie kann dazu führen, dass wir starre Erfolgsformeln aufstellen, selbst wenn es keinen Mechanismus gibt, der sie untermauert.

Kurz gesagt: Wenn wir den Zufall aus unseren Geschichten ausblenden, wird es viel schwieriger, (potenzielle) Serendipität zu erkennen, wenn sie auftritt. Dies ist besonders wichtig, da Serendipität ein Prozess und kein isoliertes Event ist. Es hat oft eine lange Inkubationszeit. Wir sind potenziell nicht immer bereit oder in der Lage, sie bis zu dem Moment zurückzuverfolgen, in dem sie ihren Ausgangspunkt hatte. Stattdessen versuchen wir, aus dem, was gerade passiert ist, uns einen Reim zu machen, und erzählen meist nur die Hälfte der Geschichte – oder sogar eine ganz andere Geschichte.

Eine Geschichte zu erzählen kann konstruktiv sein, aber wenn wir daraus lernen wollen, muss sie ehrlich sein, richtig hinterfragt werden, und der/die Erzähler/in muss offen für eine Neubewertung sein. Dies spielt auch in Organisationen eine Rolle. Um den hohen Erwartungen zu entsprechen, erzählen Führungskräfte oft von Meilensteinen oder Entscheidungen, als wären sie alle von Anfang an geplant und vorbereitet gewesen. Der Vorstandsvorsitzende eines der erfolgreichsten Unternehmen der Welt sagte mir, dass dies viel mit der Erwartung von Investoren und Mitarbeitern zu tun habe, die es nicht gutheißen würden, wenn er sagen würde: »Nun, das war Zufall, das war so nicht geplant« – weil es »außer Kontrolle« und willkürlich wirken könnte.

Wir sind darauf trainiert, eine geradlinige Geschichte zu erzählen und so zu tun, als ob wir alles unter Kontrolle hätten. Rückblickend passen wir die Geschichte dann so an, wie es am besten passt. Da diese Erzählung nicht der Realität entspricht, verpassen wir die Möglichkeit, zu erfahren, was ein bestimmtes Ergebnis wirklich ermöglicht hat – und damit auch den wahren Lernprozess zu rekapitulieren, der es uns ermöglichen könnte, ähnliche Erkenntnisse in Zukunft zu wiederholen.

Deshalb können beliebige Anekdoten mehr schaden als nutzen. Stellen Sie sich vor, eine Unternehmerin spricht auf einer Konferenz darüber, wie sie am Küchentisch auf ihre Geschäftsidee gekommen ist, oder ein Top-CEO spricht in einer Lehrveranstaltung darüber, wie er/sie sein/ihr Unternehmen zum Erfolg geführt hat. Manchmal glauben sie vielleicht sogar, dass die Geschichte, die sie erzählen, »die ganze Geschichte« ist. Aber jede Geschichte entstand in einem ganz bestimmten Kontext und unter ganz bestimmten Bedingungen, die für die Zuhörenden mit Sicherheit nicht dieselben sind.

Eine Heldengeschichte wie die von J. K. Rowling auf ihrem Weg zur erfolgreichsten Schriftstellerin der Welt einfach zu kopieren – und dabei mit ziemlicher Sicherheit viele der Ausgangsbedingungen oder Teile des Weges auszulassen –, kann sogar schädlich sein, weil es uns in die falsche Richtung führen könnte. Eine gute Geschichte ist oft unwahrscheinlicher als eine zufriedenstellende, und anstatt uns auf einzelne Geschichten zu verlassen, können wir stattdessen probieren, die tatsächlich zugrunde liegenden Muster zu verstehen. (In diesem Buch verwende ich Geschichten, um Muster systematisch zu untermauern, die sich bei unserer Forschung herauskristallisiert haben – aber nur, wenn sich diese Muster an verschiedenen Orten wiederholen und wenn sie einer tatsächlichen Erfahrung und nicht einer »offiziellen Erzählung« erwuchsen.)

Was sind die Muster, die in der Realität ablaufen? Meine *Leaders-on-Purpose*-Kollegin Leith Sharp, die Gründerin des Harvard Executive Education for Sustainability Leadership Program, hat in ihrer Lehr- und Forschungstätigkeit in Harvard gezeigt, dass das, was eigentlich eine geradlinige Geschichte werden sollte – unser ursprünglicher Plan – oft zu einer »Kringelgeschichte« mit unerwarteten Wendungen wird, wenn wir ehrlich sind. Aber dann erzählen wir die Geschichte so, als ob das Unerwartete nicht passiert wäre (siehe Abbildung).

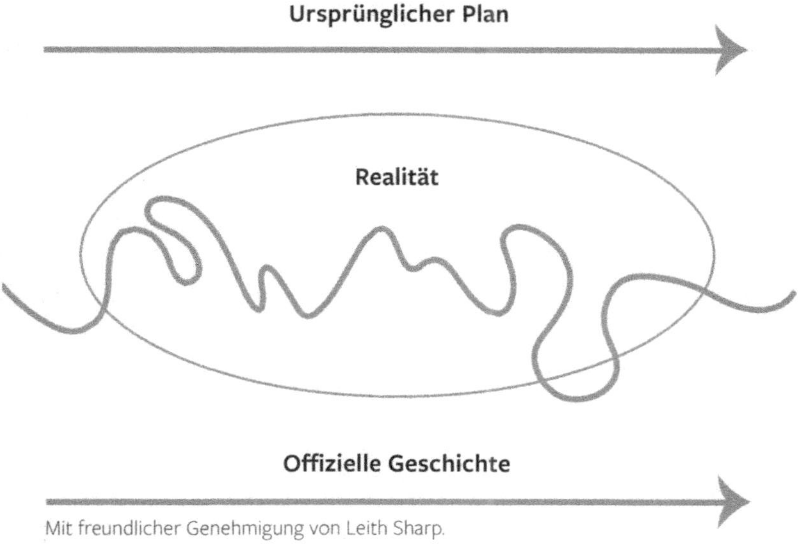

Mit freundlicher Genehmigung von Leith Sharp.

Oft ist es für uns angenehmer, sie als »Planungs«-Geschichte zu erzählen, auch wenn sie vielleicht eine »Entstehungs«-Geschichte mit vielen Wendungen war.[15]

Der CEO von Pearson, John Fallon, fasste es in unserer Leaders on Purpose 2018 CEO Study kurz und bündig zusammen: »Der Versuch, den ursprünglichen Plan und die offizielle Geschichte besser mit den tatsächlichen Erfahrungen in Einklang zu bringen, ist eine sehr befreiende und motivierende Angelegenheit. Es ist zwar hart, aber es ist der richtige Ansatz«.[16] Dies gilt auch für andere Bereiche, einschließlich des Schreibens von Büchern. Erfahrene Romanautoren, wie Deborah Levy, »entwerfen den Plan für ein Buch und lassen ihn dann los«, so ihre Worte.[17] Sie lassen zu, dass sich Handlungsstränge und Figuren im Laufe der Zeit entwickeln; sie planen und passen sich dann an. Sie lassen sich oft davon überraschen, wohin eine Geschichte sie führt – aber nur wenige Menschen (wie Deborah) sind offen dafür, sie so zu erzählen, wie sie ist, anstatt so zu tun, als wären alle so gelaufen wie von Anfang an geplant.

Sehen Sie überall Nägel? Die funktionale Gebundenheit

Wissen und Erfahrung sind sowohl Segen als auch Fluch, wenn es um Serendipität geht. Wenn Sie über ein profundes Wissen in einem bestimmten Bereich verfügen, ist es wahrscheinlicher, dass Sie Zusammenhänge erkennen, die andere vielleicht übersehen. Profundes, bereichsspezifisches Wissen kann aber auch zu »funktionaler Gebundenheit« führen.

Funktionale Gebundenheit bezieht sich auf die Art und Weise, wie Menschen, die eine Strategie oder ein Werkzeug in ihrem Alltag verwenden oder sie regelmäßig auf vertraute Weise eingesetzt sehen, gehindert werden, dasselbe Werkzeug auf neue Weise zu sehen oder zu verwenden.[18] Der alte Satz: »Wer als Werkzeug nur einen Hammer hat, sieht in jedem Problem einen Nagel« trifft zu – und die geistige Beweglichkeit oder Offenheit, das Werkzeug auf neue Weise zu sehen, ist essenziell, wenn wir unser Serendipitätsdenken entwickeln wollen.

Forschungsarbeiten haben gezeigt, dass Personen, die mit bestimmten Problemlösungsstrategien vertraut sind, oftmals nicht auf einfachere Strategien zurückgreifen, wenn dies angebracht wäre.[19] Viele von uns kennen die Tendenz, etwas auf »die harte Tour zu tun«, weil wir es so gewohnt sind. Kreativität entsteht jedoch, wenn wir gezwungen sind, die uns vertrauten körperlichen und geistigen Werkzeuge aufzugeben und neue Arbeits- oder Denkweisen zu finden. Menschen zeigen in der Regel das höchste Maß an Kreativität, wenn sie Problemlösungsansätze anwenden, die sie nicht routinemäßig nutzen.[20]

Unternehmen und Individuen sind zu Recht stolz auf ihre »Kernkompetenzen« – die tiefe Beherrschung einer Sache, die sie in die Lage versetzt, Wert zu schaffen – aber wir müssen aufpassen, dass sie nicht zu einer Kernverkrustung werden.

Genau wie etwa James Bond müssen wir nicht mit der Fähigkeit geboren werden, funktionale Gebundenheit zu überwinden – wir können es üben und uns dafür trainieren. Ungewöhnliche Situationen und neue Erfahrungen sind ein hervorragendes Trainingsterrain. Sie erhöhen unsere kognitive Flexibilität und helfen uns, diese funktionale Gebundenheit zu überwinden.[21]

Ein Beispiel ist die Arbeit der gemeinnützigen Organisation Ojos que Sienten (spanisch: »Augen, die fühlen«). Sie wurde von der mexikanischen Sozialunternehmerin Gina Badenoch gegründet und will das Leben und die Rolle der Sehbehinderten in der Gesellschaft verbessern. Sie tut dies, indem sie den Fokus nicht primär auf deren Behinderung, sondern auf deren Fähigkeiten legt. Sie lädt auch diejenigen, die nicht sehbehindert sind, ein, über ihre spezifischen Fähigkeiten nachzudenken, die erst dann zum Tragen kommen, wenn ihre Fähigkeit, zu sehen, infrage gestellt wird.

Die bekannteste Initiative von Ojos que Sienten ist »Essen im Dunkeln«, ein Erlebnis, das genau das ist, wonach es klingt. In einem dunklen Raum führen Blinde die Gäste zu ihrem Platz am Tisch, und die Teilnehmenden sitzen neben Menschen, die sie noch nie zuvor gesehen haben. Da die Gäste einander nicht sehen können, ist die Konversation anders, als es nicht-sehbehinderte Menschen gewohnt sind. Das Beisammensein im Dunkeln kann beitragen, eine Nähe aufzubauen, ohne dass beispielsweise das äußere Erscheinungsbild dominiert. Ich habe einige meiner wertvollsten Gespräche in solchen Umgebungen geführt, weil der Fokus auf dem Gespräch (und dem Essen!) lag. Bei einem dieser Abendessen saß ich neben einem Mann namens Yves. Wir gingen in die Tiefe und entdeckten viele Gemeinsamkeiten – manche davon erwartet, manche unerwartet – von denen ich vermute, dass sie bei einem traditionellen Abendessen nicht zum Vorschein gekommen wären. Yves entpuppte sich als Generaldirektor des Internationalen Komitees vom Roten Kreuz (IKRK), einer Organisation, die 15 000 Mitarbeitende in aller Welt beschäftigt. Hätten wir uns »bei Licht betrachtet« so offen unterhalten? Ich wage es zu bezweifeln.

Will sagen: Die funktionale Gebundenheit verschwindet, wenn man keine Ahnung hat, wozu ein bestimmtes Werkzeug gut ist. Wenn man keine Ahnung von einer bestimmten Lösung, Methode oder System hat, muss man keine Vorurteile »verlernen« und ist frei, ohne die Zwänge des starren Denkens innovativ zu sein.[22]

Gleichzeitig gibt es keine funktionale Gebundenheit, wenn es anfänglich kein Werkzeug gibt. Stellen Sie sich vor, jemand gibt Ihnen einen Nagel in die Hand und sagt, dass Sie das spitze Ende in einen Holzblock schlagen müssen. Sie oder ich würden wahrscheinlich sofort nach einem Hammer suchen (und vielleicht fluchen, wo wir ihn zuletzt liegengelassen haben!) Aber was ist, wenn Sie noch nie von einem Hammer gehört haben, wenn Sie noch nie einen gesehen haben und schon gar nicht gesehen haben, wie jemand einen Hammer benutzt, um einen Nagel in die Wand zu schlagen? Sie werden dann nicht nach einem Hammer suchen, und Sie werden nicht einmal merken, dass Ihnen das offensichtliche Werkzeug fehlt. Sie werden einfach nach dem ersten geeigneten schweren Gegenstand greifen, der den Nagel in die Wand kriegen könnte.

Das Fehlen komplexer Werkzeuge kann positive Veränderungen und Innovationen beschleunigen. Stellen Sie sich vor, eine Freundin bittet Sie, ihr 50 Euro zu leihen, und auf dem Weg zu ihrer Wohnung wollen Sie dieses Geld an einem nahegelegenen Geldautomaten abheben. Was aber, wenn der Geldautomat kein Bargeld mehr hat, außer Betrieb ist oder sogar geschlossen wurde? Sie würden sich vielleicht darauf konzentrieren, wie das System Sie im Stich gelassen hat. Sie könnten die Bank anrufen und sich beschweren.

Aber wenn Sie noch nie einen Geldautomaten in der Nähe hatten oder in einer Welt leben, in der es so etwas nicht gibt, kommt Ihnen eher die Kernfrage in den Sinn: Wie kann ich der Freundin die 50 Euro zukommen lassen?

Hier kommt MPesa ins Spiel, ein Geldtransfersystem in Kenia, das schon seit 2007 auf Telefon-Accounts basiert. Es erlaubt Menschen, Geld ähnlich wie eine SMS zu verschicken und auch Miete und Nebenkosten so zu bezahlen (ohne dazu eine »App« zu brauchen). In einer sich schnell entwickelnden Gesellschaft, die noch nie über ein zuverlässiges landesweites Geldautomatennetz verfügt hat, hat sich MPesa durchgesetzt und wird mittlerweile von Millionen Kenianern genutzt. Mit dem Wachstum der kenianischen Wirtschaft beteiligen sich immer mehr Menschen an Finanztransaktionen. Das landesweite Netz von Geldautomaten ist indes relativ dünn, und in den ländlichen Gemeinden gibt es nur wenige Bankfilialen. Kenia ging deshalb direkt zum Mobile Banking über und ist heute darin weiter fortgeschritten als viele sogenannte entwickelte Volkswirtschaften. Die Tatsache, dass es in den westlichen Industrieländern Tausende von Geldautomaten und Banken gibt – und viele damit zusammenhängende Vorschriften –, könnte tatsächlich ein Hemmnis für die schnellere Entwicklung neuer und besserer Bankproblemlösungen gewesen sein.

Es geht nicht darum, dass wir alle Geldautomaten und Bankfilialen schließen müssen, um die Akzeptanz des mobilen Bankings zu fördern (auch wenn einige vermuten, dass die Banken genau das tun). Der Punkt ist weiter gefasst: Wenn wir nicht auf ein bestehendes Instrumentarium für eine bestimmte Aufgabe fixiert sind, gibt es keine funktionale Gebundenheit, sodass der Raum offen ist für die Übernahme eines ganz anderen Instrumentariums.

Eine Möglichkeit, nicht in mentalen Modellen gefangen zu sein, die das, was wir für möglich oder wahrscheinlich halten, einschränken, besteht darin, für mehrere – womöglich potenziell konkurrierende – kognitive Modelle offen zu sein. Charlie Munger, stellvertretender Vorsitzender von Berkshire Hathaway und Warren Buffetts Ideen-Sparringspartner, ist für seinen Scharfsinn bekannt. Er ist überzeugt, dass es nicht sehr hilfreich ist, sich an isolierte Fakten zu erinnern. Stattdessen brauchen wir ein »Theoriegitter«, um Fakten zu verbinden und ihnen Sinn geben können. Dadurch wird vermieden, dass wir Probleme nur auf der Grundlage dessen lösen, was wir bereits wissen – unserer *Verfügbarkeitsheuristiken.*

Wie Munger betont, funktioniert der Verstand ein wenig wie ein Spermium und ein Ei: Die erste Idee dringt ein, und dann schließt er sich. Aber unsere Tendenz, uns mit ersten Schlussfolgerungen zufrieden zu geben, führt oft dazu, dass wir viele falsche Ergebnisse akzeptieren und aufhören, Fragen zu stellen. Munger schlägt daher vor, verschiedene – und potenziell konkurrierende – Modelle im Kopf zu haben.[23] Dieser Ansatz weist viele Parallelen zu einem Ansatz auf, der mich fasziniert hat, seit ich als Teenager an dem Haus seines Erfinders in meiner Heimatstadt Heidelberg vorbeiging: Hegels Prozess der Dialektik.

Georg Wilhelm Friedrich Hegel betrachtete den Fortschritt von Ideen als eine Dialektik – was bedeutet, dass wir mit einer Perspektive (einer These) beginnen, von der wir bald feststellen, dass sie fehlerhaft ist. Dieser These stellen wir dann eine alternative Perspektive (eine Antithese) entgegen, die ihrerseits Mängel aufweist. Aus diesem Zusammentreffen von Gegensätzen entsteht jedoch eine neue Perspektive (eine Synthese), die eine neue Sichtweise schafft, indem sie die besten Elemente sowohl der These als auch der Antithese integriert. Die Synthese wird zur neuen These, der eine neue Antithese gegenübergestellt wird, und der Prozess geht weiter und weiter.

Ein solcher Prozess würde zusammenbrechen, wenn wir verharren und uns weigern würden, die Antithese zu berücksichtigen. Aber es ist offensichtlich, dass wir für eine gewisse Zeit, bevor die Synthese entstanden ist, die beiden widersprüchlichen Perspektiven irgendwie gleichzeitig im Kopf behalten müssen, um die Dinge nicht als sich gegenseitig ausschließend zu betrachten. Das widerspricht der Art und Weise, wie viele von uns über die Welt denken. Aber viele der erfolgreichsten Menschen, die ich für dieses Buch näher betrachtet habe, haben tatsächlich ständig verschiedene Ansätze und Ideen im Kopf, die sie fortgesetzt gegeneinander abwägen.

Denkmuster können auf zweierlei Weise wirken: Sie können ein Hindernis für Serendipität sein, wenn sie uns für Anomalien blind machen oder wenn sie uns dazu bringen, unerwartete Dinge, die nicht in unser Weltbild passen, zu verdrängen oder einfach zu übersehen. Dies äußert sich oft in einschränkenden Glaubenssätzen, die uns blockieren können. Sie können es uns aber auch ermöglichen, Wissen und Informationen zu ordnen und zu interpretieren. Ähnlich wie beim Muskelgedächtnis gibt es auch Denkmuster, die wir lernen – und verlernen – müssen, um wirklich voranzukommen. Wichtig ist, dass jeder und jede von uns in der Lage ist, Außenbedingungen zu nutzen, anstatt ihnen zu erlauben, uns zu benutzen.*

* Es gibt eine Reihe von Systemen, die helfen können, aus der funktionalen Gebundenheit und den damit verbundenen einschränkenden Überzeugungen auszubrechen. Auf diese gehe ich in späteren Kapiteln ein. Aber oft sind es die einfachen Dinge, wie z.B. derartige Perspektivwechsel: Ein Kerngedanke des russischen Formalismus bestand darin, dass wir lernen sollten, uns mit alltäglichen Dingen, die wir für selbstverständlich halten, wieder vertraut zu ma-

Das Schreiben dieses Buches war für mich eine Gelegenheit, um über meine eigene funktionale Gebundenheit nachzudenken – über das, was ich in meinem eigenen Leben für selbstverständlich halte. In der Anfangsphase des Schreibens traf ich mich mit meiner guten Freundin Sophie auf einen Kaffee. Ich kam gerade von einem tollen Treffen mit meinem Verleger, der meinte, es wäre gut, mehr persönliche Geschichten in das Buch zu integrieren. Also fragte ich Sophie, ob sie schöne Liebesgeschichten kenne, die auf Serendipität beruhen.

»Unsere!«, rief sie aus.

Ich lachte und sagte: »Aber wir sind nicht mehr zusammen!«

Was sie als Nächstes sagte, veränderte meine Auffassung davon, was ich als »Erfolg« begreife, egal ob es sich dabei um eine Liebesgeschichte oder ein neues Geschäftsvorhaben handelt.

Sophie hatte sich immer als introvertierte Persönlichkeit betrachtet, die sich in einem Menschen versteckt, der wie ein Extrovertierter wirkt. Obwohl sie in ihrem Privatleben sehr risikofreudig ist, ist sie in ihrem Arbeitsumfeld eher risikoscheu. Als Sophie nach London zog, dauerte es nicht lange, bis sie sich fragte, ob sie einen Fehler gemacht hatte. Sie wollte an einer der dortigen Universitäten einen Master-Abschluss in Psychologie erwerben, und ihr war geraten worden, nach London zu ziehen, bevor sie sich bewarb.

chen. Tolstoi zum Beispiel wandte diese Technik in seinen Werken an – in »Der Leinwandesser« ist ein Pferd der Erzähler, der die Welt aus der Sicht des Pferdes betrachtet (Crawford, 1984; Shklovsky, 2016). Ein weiteres Beispiel ist TRIZ, ein vom russischen Erfinder Genrich Altshuller entwickeltes Instrumentarium. Basierend auf dem Studium zahlloser früherer Erfindungen, Ideen und Durchbrüche ist die Kernidee, dass sich grundlegende Arten von Problemen und Lösungen in allen Wissenschaften und Branchen wiederholen. Oft scheint das Problem intransparent zu sein, weil eine Änderung in einem Aspekt eines Systems einen Kompromiss in einem anderen erfordert. Es scheint keine Rolle zu spielen, welchen Hebel man betätigt, das Problem verschwindet entweder nicht oder wird durch ein anderes Problem ersetzt. TRIZ bietet ein System für Problemlöser, um systematisch Möglichkeiten »auszuprobieren«, die sie sonst vielleicht nicht in Betracht gezogen hätten – Lösungen, die nicht nur das Ziehen der bestehenden Hebel beinhalten. Mit anderen Worten, es zwingt die Benutzer dazu, Ansätze und Möglichkeiten in Betracht zu ziehen, die sie aufgrund ihres vorhandenen Wissens über das System andernfalls vielleicht ignorieren oder nicht einmal in Betracht ziehen würden.

Eines Tages, als sie sich besonders verloren fühlte, ging sie zu einer Starbucks-Filiale, um sich für einen Job zu bewerben. Sie landete, wie sie sagt, »neben einem Mann [mir], der für mehr als ein Jahr mein Lebensgefährte werden sollte und der mich in eine neue Welt einführte – die Welt des Sozialunternehmertums«. Obwohl wir miteinander ausgingen, wurde letztlich klar, dass Sophie und ich besser als Freunde denn als Paar zusammenpassten. Aber als wir später darüber sprachen, wurde Sophie bewusst, dass sie und ich uns nicht kennengelernt hätten, wenn sie an diesem Tag nicht zu genau diesem Starbucks gegangen wäre, und dass ihr (und mein) Leben eine ganz andere Richtung eingeschlagen hätte.

Sie sagte: »Du hast mich mit ›The Hub‹ [einem lokalen Co-Working-Space in London] bekannt gemacht, wo sich Menschen mit Leidenschaft und Engagement für soziale Themen treffen. Mir wurde klar, dass ich zwar keine Unternehmerin bin, aber einen unternehmerischen Geist habe, und ich lernte Menschen kennen, die verstehen, wie wichtig es ist, persönliche Risiken einzugehen, die Komfort und Sicherheit für Leidenschaft und Träume opfern. Ich bin mir sicher, dass ich ohne unsere zufällige Begegnung niemals diese Community gefunden hätte.« In dieser Community, in der Sophie ihren nächsten Job fand, lernte sie auch ihren nächsten Lebensgefährten kennen, der ihr zu neuem Selbstvertrauen verhalf und heute einer der wichtigsten Menschen in ihrem Leben ist.

Mit diesem neuen Selbstvertrauen fing für Sophie eine Zeit neuer Begegnungen an. Noch wichtiger war jedoch, dass Sophie begann, sich von gesellschaftlichen Normen zu lösen, wie zum Beispiel der Idee, dass sie vor ihrem 30. Lebensjahr einen Ehemann finden müsse. Heute lebt Sophie ein Leben umgeben von interessanten Menschen und Entwicklungsräumen – und das alles, weil sie ihre Möglichkeiten beim Schopf gepackt hat. »Wo wäre ich heute, wenn es dieses Starbucks-Treffen nicht gegeben hätte?«, fragte sie. »Ich muss zugeben, dass ich es nicht weiß. Aber eine Liebesgeschichte kann ein Happy End haben, auch wenn die beiden Menschen nicht zusammenbleiben!« Was Sophie sagte, machte mir bewusst, dass auch ich durch die zufällige Begegnung mit ihr auf einen ganz anderen, wertvollen Weg gebracht wurde.

Wo führt uns das hin?

Es ist unmöglich, unsere Vorurteile und vorgefassten Meinungen ganz zu überwinden, und viele haben sich aus guten Gründen entwickelt. Wir können sie nicht vollständig beseitigen, aber wir können ihre Auswirkungen abmildern und uns bewusst bemühen, Platz für etwas anderes zu schaffen.

Sich unseren festgefahrenen Vorurteilen zu stellen und über die klassischen Modelle und Instrumente hinauszudenken, bedeutet nicht, alles dem Chaos oder dem puren Glück zu überlassen. Wenn wir uns von einfachen Erzählungen und Mustern lösen und die nonlinearen Wege von Menschen und Ideen untersuchen, erkennen wir, dass der Erfolgsfaktor Zufall eine große Rolle spielt. Mehr noch: Serendipität hat nichts mit Chaos oder purem Glück zu tun, sondern hat eine Form und eine Struktur – sie ist ein Prozess, den wir beeinflussen können.

Betrachtet man die Forschung – und Erfahrungen –, die meine Kolleg/innen und ich im letzten Jahrzehnt zusammengetragen haben, in Verbindung mit den Fortschritten in der Chemie, den Neurowissenschaften, der Soziologie, Psychologie, Wissenschaftsphilosophie, Ökonomie, den Managementwissenschaften und sogar der Kunst, wird deutlich, dass hinter der Serendipität klare Muster stehen.

In den nächsten Kapiteln erforschen wir diese Muster und zeigen, wie das Serendipitätsdenken progressiv in eine praktische Lebens- und Geschäftsphilosophie münden kann. Erst dann werden wir zu dem Schluss kommen, Glück als etwas zu betrachten, das »uns zustößt«, sondern wir werden selbst zum Akteur unseres eigenen und des (aktiven) Glücks anderer.

Also ...

In diesem Kapitel sind wir auf die wichtigsten Biases gestoßen, die die Serendipität behindern können, darunter die Unterschätzung des Unerwarteten und die Post-Rationalisierung von Ereignissen. Wir können versuchen, diese Voreingenommenheit zu überwinden, indem wir unsere Augen für das Unerwartete öffnen, indem wir erfassen und anerkennen, wie sich Entscheidungen tatsächlich entfalten, und indem wir unseren mentalen Werkzeugkasten um zusätzliche Werkzeuge erweitern.

Wenn wir uns unserer festgefahrenen Voreingenommenheit und unserer Neigung, mit Vorurteilen zu leben, bewusst sind und sie zähmen, ist der Anfang gemacht. Was sind kurze Übungen, die uns helfen können, unsere Biases zu überwinden und unseren Serendipitätsmuskel zu stärken?[24]

Serendipity Workout:
Entrümpeln Sie Ihren Geist

1. Legen Sie ein Serendipitätstagebuch an, in dem sie aufschreiben, was Ihnen beim Nachdenken über das Training unten – und in den folgenden Kapiteln – einfällt.
2. Denken Sie sorgfältig über die letzten sechs Monate Ihres Lebens nach. Was waren drei wichtige Serendipitätsmomente, die Sie in dieser Zeit erlebt haben? Was hatten sie gemeinsam? Gibt es etwas, das Sie von ihnen lernen können?
3. Schreiben Sie die zufälligen Begegnungen und die damit verbundenen Ideen auf, die Sie begeistert haben, die Sie aber nie weiterverfolgt haben. Sobald Sie die Liste abgearbeitet haben (das kann einige Zeit dauern – kein Grund zur Eile!), wenden Sie sich an eine Person, der Sie vertrauen, die als Filter fungieren kann, um zu besprechen, welche Begegnungen und Ideen es Wert sein könnten, sie weiterzuverfolgen. Wählen Sie Ihren Favoriten aus, und schlafen Sie darüber. Wenn die Idee oder der Gedanke Sie am nächsten Morgen immer noch begeistert, wenden Sie sich an eine Person in diesem Bereich und besprechen Sie, wie Sie die Idee umsetzen können. Scheuen Sie sich nicht, die Mühe auf sich zu nehmen – es wird sich auszahlen (und sei es nur, es später nicht zu bereuen, es nie ausprobiert zu haben).
4. Reflektieren Sie über Ihre täglichen Routinetätigkeiten, insbesondere über Meetings. Welche Meetings sind notwendig? Brauchen sie die Zeit, die ihnen eingeräumt wird? Wenn Sie die Kontrolle über diese Meetings haben, können Sie sie umstrukturieren?
5. Beginnen Sie, Ihre wichtigen Entscheidungen aufzuschreiben: Notieren Sie die Gründe dafür und die damit verbundenen Informationen, über die Sie zu dem Zeitpunkt verfügten, als Sie sie trafen.

Fragen Sie sich selbst: »Aufgrund welcher Annahme oder Überzeugung treffe ich diese Entscheidung?« und »Was würde mich bewegen, diese Entscheidung anders zu treffen?«, und schreiben Sie Ihre Antworten auf. Gehen Sie den Eintrag immer dann durch, wenn Sie Ihre Entscheidung bereuen oder wenn Sie (im Nachhinein) denken, dass Sie etwas von Anfang an wussten.

6. Wenn Sie jemandem einen Rat geben, legen Sie den Fokus nicht nur darauf, was bei Ihnen funktioniert hat – keine zwei Situationen oder Menschen sind gleich. Beginnen Sie stattdessen, die Person zu fragen, die Sie um Rat bittet: »Was sagt dir deine Intuition?« oder »Was denkst du, könnte das Problem lösen?« Oft steckt der beste Rat, den Sie geben könnten, bereits in der fragenden Person und ihrer Situation, und sie braucht nur jemanden, der ihr hilft, die Lösung zu artikulieren.
7. Wenn Ihnen jemand eine Geschichte erzählt, die verschiedene mögliche Vorgehensweisen beinhaltet – oder wenn Sie eine solche Geschichte erzählen –, fragen Sie sich selbst: »Was hätte stattdessen passieren können, wenn ich eine andere Option ergriffen hätte?« und »Was wäre, wenn ich anders gehandelt hätte?« Das Nachdenken über verschiedene Szenarien hilft Ihnen, die tatsächliche Situation zu verstehen und zu erkennen, wie wahrscheinlich oder unwahrscheinlich es war, dass sie eingetroffen ist.
8. Fragen Sie sich bei wichtigen Ereignissen: »Wie sind wir hierhergekommen?« Versuchen Sie, die »wahre Geschichte« zu rekonstruieren, indem Sie auf die Erinnerungen der beteiligten Personen zurückgreifen und E-Mails oder andere Notizen durchsehen. Versuchen Sie zu verstehen, was Sie von den anderen lernen können. Gab es einen bestimmten Auslöser? Hat jemand eine Verbindung hergestellt, der/die dafür nicht belohnt wurde?[25]

3

DER AUF-GESCHLOSSENE GEIST

»Der Zufall begünstigt
nur den vorbereiteten Geist.«

Louis Pasteur

Serendipitätsalarm

Menschen, die serendipitätsgemäß denken und handeln, werden nicht mit mehr Glück geboren als andere. Sie kultivieren es durch die Art und Weise, wie sie an das Leben herangehen. Als die britischen Forscher Peter Dunn, Albert Wood, Andrew Bell, David Brown und Nicholas Terrett mit ihren Forschungen zur Behandlung von Herzproblemen begannen, rechneten sie nicht damit, dass einige männliche Studienteilnehmer das Medikament (Sildenafil) behalten wollten. Die Forscher fragten nach und erkannten, dass das Medikament, das gegen Angina Pectoris helfen sollte, bei männlichen Patienten zu einer Erektion des Penis führte.

Die Forscher waren überrascht. Was tun? Es einfach als peinliche Nebenwirkung der Behandlung hinnehmen? Oder es ignorieren? Oder eine andere Methode entwickeln, die diese unbeabsichtigte Nebenwirkung vermied? Die drei Forscher taten nichts von alledem. Stattdessen fokussierten sie sich auf die Entwicklung eines Medikaments, das erektile Dysfunktionen beheben konnte: Viagra war geboren. Die Verknüpfung der Punkte durch die Forscher führte zu einer der erfolgreichsten Erfindungen aller Zeiten.

Noch einmal zu Louis Pasteurs Zitat von oben: »Der Zufall begünstigt nur den vorbereiteten Geist.« Damit liegt er gar nicht so falsch. Forschungsarbeiten in den Kognitions- und Wirtschaftswissenschaften haben gezeigt, dass Achtsamkeit der Schlüssel zum Erkennen unerwarteter positiver Ereignisse ist. Es geht darum, etwas zu entdecken, ohne danach zu suchen – und dabei zuvor übersehene Möglichkeiten zu erkennen.[1] Nehmen wir den Schoko-Cookie: Er wurde von der Hausfrau Ruth Graves Wakefield erfunden, als sie dem Plätzchenteig Schokoladenstückchen hinzufügte, weil ihr der Kakao ausgegangen war, und sie unfreiwillig eine millionenschwere Erfolgsstory auslöste.

Wenn wir aufmerksam und wachsam sind, verändert dies die Art und Weise, wie wir die Welt sehen und erleben. Das gilt für die Erfindung der Schoko-Cookies ebenso wie für unser tägliches Handeln. Die Art und Weise, wie wir die Welt betrachten und wahrnehmen – wie wir sie »framen« – ist ein entscheidender Faktor für unsere Fähigkeit, die Punkte zu erkennen und zu verbinden. Wir müssen auf einen potenziell bedeutsamen Serendipitätsauslöser achten und vorbereitet sein, ihm Sinn zu verleihen.[2] Ein unvorbereiteter Geist verwirft ungewöhnliche Begegnungen und übersieht die Serendipität.

Wenn wir nicht wachsam sind, wenn unser Verstand nicht vorbereitet ist, wertvolle Anomalien oder Erkenntnisse wahrzunehmen, verpassen wir nicht nur potenzielle Serendipität, sondern wir verändern die gesamte Art und Weise, wie wir die Welt um uns herum wahrnehmen – zum Schlechten.

Betrachten Sie das Leben als eine Reihe von Hindernissen oder von Möglichkeiten? Benutzen Sie Ausreden, um zu rechtfertigen, warum etwas nicht klappt? Oder sind Sie offen für potenzielle Serendipität, die so viel Freude und Erfolg in unser Leben bringen kann, selbst unter den schwierigsten Umständen?

Wir haben alle einen Bezugsrahmen

In den letzten zehn Jahren haben mein Forschungsteam und ich eine Reihe von Studien über ressourcenbeschränkte Umgebungen durchgeführt – Umgebungen, in denen ein Mangel an finanziellen Mitteln und formalen Qualifikationen und Fähigkeiten herrscht. Bei unseren Forschungen stießen wir auf viele Menschen, die trotz offensichtlicher Einschränkungen aktiv ihres eigenen Glückes Schmied waren.

Einer dieser Menschen ist Yusuf Ssessanga, der in Uganda geboren und aufgewachsen ist, und in seinen späten Teenagerjahren nach Tansania zog, einem Land, in dem die Mehrheit der Bevölkerung unterhalb der Armutsgrenze lebt. Die Chancen standen nicht gut für ihn: Verglichen mit den Maßstäben westlicher Industrieländer befand er sich materiell und perspektivisch in einer schwierigen Lage. Hinzu kommt, dass westliche Entwicklungshelfer/innen ihn und seine Community automatisch als potenzielle Hilfsempfänger oder als passive und machtlose Opfer ihrer Umstände betrachteten, was wiederum eine Almosenkultur förderte – ein Ansatz, den viele westliche Nichtregierungsorganisationen leider immer noch verfolgen.

Unterdessen ging das südafrikanische Sozialunternehmen Reconstructed Living Labs (RLabs) ganz andere Wege. Die Mitarbeitenden von RLabs konzentrierten sich nämlich auf zuvor unerkannte oder unterbewertete Ressourcen – wie den Einfallsreichtum und das Sozialkapital ehemaliger Drogendealer – und setzten sie ein, um Chancen neu zu definieren: von etwas, das den Menschen vor Ort nur passiv passieren könnte, zu etwas, das sie selbst mitgestalten können.[3] Durch eine Reihe von Treffen und Trainings wurde der Ansatz vertieft. Mit dem Ergebnis, dass Yusuf und sein Team fortan nach nicht genutzten lokalen Ressourcen und Partnern Ausschau hielten und dabei überlegten, wie diese genutzt werden konnten – zum Beispiel, indem sie verlassene Werkstätten als Trainingszentren nutzten. Hier geht es nicht nur um einen pragmatischen Ansatz, sondern auch um eine komplett neue Lebensweise.

In Yusufs Augen bestand das Problem mit den meisten externen Partnern darin, dass sie die Bedürfnisse der Einheimischen schon zu kennen vorgaben, und sobald er ihnen von den Vorzügen der Community erzählte, wollten sie keine Mittel mehr bereitstellen. Yusuf und sein Team haben von RLabs gelernt. Aus diesem Blickwinkel betrachtet, sieht die Welt für Yusuf ganz anders aus. Yusuf wurde zum Akteur seines eigenen Schicksals, indem er sein Glück selbst in die Hand nahm. Er trifft jetzt immer wieder »zufällig« auf neue Leute, die mit ihm an seinen Projekten zusammenarbeiten. Er hat Serendipitätsdenken internalisiert.

Wie hat RLabs ihn dazu gebracht? RLabs begann in Bridgetown, einem Teil des Kapstädter Stadtteils Cape Flats – heruntergekommene Häuser, hohe Kriminalitätsrate. Um den Bedarf der Community an emotionaler Unterstützung zu decken, entwickelte ein Team von Bewohner/innen Bridgetowns unter der Leitung des RLabs-Gründers Marlon Parker ein Netzwerk, das Mobiltelefone nutzte, um Menschen, die Beratung benötigten, mit anderen Einheimischen zu verbinden. Im Laufe der Zeit half RLabs der Community, mit wenigen Ressourcen zu arbeiten, und entwickelte einfache Trainingsmodule, die es ermöglichten, sich gegenseitig die positive Anwendung sozialer Medien beizubringen, ihre Geschichten mit einem Onlinepublikum zu teilen und sich mit Gleichgesinnten auf der ganzen Welt zu vernetzen.

Der Hauptsitz von RLabs besteht aus einem Trainingszentrum, das erschwingliche Kurse zur bestmöglichen Anwendung der Social Media und verwandter Themen anbietet, einem Unternehmensinkubator, der bei der Gründung und Unterstützung neuer Unternehmen hilft, und einer Beratungsabteilung, die sich auf die Beratung von Unternehmen und Regierungen zu Themen wie der Einbindung lokaler

Gemeinschaften konzentriert. Oft ergänzen die Organisationen ihre eigenen Dienstleistungen mit Komponenten des RLabs-Ansatzes und integrieren sie in ihre jeweiligen Standorte – sie bilden einen neuen »Hub«. Das einfache Ausbildungs- und Trainingsmodell von RLabs ist inzwischen an über 20 Standorten auf der ganzen Welt im Einsatz und bildet Hunderttausende von Menschen aus. Die Organisation nutzt die Neukombination von materiellen Ressourcen (etwa die Nutzung verlassener Werkstätten als Trainingszentren) und Talenten (wie die Integration von Menschen, die früher als »ungelernt« galten), um die Menschen vor Ort zu stärken.

Marlon Parker wuchs in Kapstadt in der Zeit strikter Apartheid auf, als Banden und die Kriminalität aufgrund hoher Arbeitslosigkeit und sozialer Ungleichheit in seiner Nachbarschaft zunahmen. Er lebte damals bei einem alleinerziehenden Elternteil und hatte einen jüngeren Bruder, der zu einer Gang gehörte. Das inspirierte Marlon dazu, an der Universität Informatik zu studieren, um sein Leben zu verbessern. Bald begann Marlon, seine Kommilitonen zu unterrichten, und nutzte das Geld, das er verdiente, um seine Familie zu unterstützen. Marlon erkannte im Laufe der Zeit, dass die Menschen bereits über Lösungen für viele ihrer Probleme verfügten, es aber nicht wussten.

RLabs hatte die Idee, das Leben der Menschen durch hoffnungsvolle Geschichten zu verändern und andere damit zu inspirieren. Die Organisation selbst ist zufällig entstanden. Als Marlons Schwiegervater, ein ortsansässiger Pfarrer, ihn bat, anderen Computerunterricht zu geben, erkannte Marlon, dass digitale Werkzeuge helfen können, inspirierende Geschichten zu erzählen.

Der Kerngedanke bestand darin, das Beste aus dem zu machen, was und wer auch immer zur Verfügung stand. Auf diese Weise wurden Menschen, die zuvor als »nicht beschäftigungsfähig« galten, zu wertvollen Mitarbeitern – es veränderte ihr Leben. Beispiele in den Cape Flats sind ehemalige Drogenabhängige und Dealer/innen, die zu nützlichen und hilfsbereiten Mitgliedern der Gemeinschaft wurden.

Das Ergebnis war ein Paradigmenwechsel in der Gemeinschaft: Der Fokus lag nicht mehr auf dem, was fehlte (Geld oder schulische Fähigkeiten), sondern auf den vorhandenen Ressourcen – und darauf, das Beste aus jeder Situation zu machen. Eine ehemalige Drogenabhängige kann sich plötzlich vorstellen, als Lehrerin zu arbeiten, nachdem sie gesehen hat, wie andere mit ähnlichem Hintergrund in den Beruf eingestiegen sind. Sie wird nicht mehr als Belastung empfunden, sondern als wertvolles Mitglied der Gesellschaft. Sie ist nun eine Person, die die Möglichkeit hat, ihr eigenes Glück zu schaffen. Serendipität ist für sie zum Greifen nah.

Eine RLabs-Partnerin fasste die Erkenntnis mit den Worten zusammen, dass die Menschen ihre Dinge selbst in die Hand nehmen können, was ihnen Inspiration und Würde verleiht. Für sie ist es das Gegenteil von Bedürftigkeit und davon, »ein Opfer zu sein.« Der Wechsel zu diesem möglichkeitsfokussierten Mindset ermöglicht bisher ungeahnte Gelegenheiten. Wenn man etwas Vorhandenes nimmt, es neu betrachtet und mit anderen Gegenständen, Fähigkeiten, Menschen oder Ideen kombiniert, führt es häufig zu noch mehr ungeahnten Ideen und Einsichten und, wie das Beispiel von RLabs zeigt, zu einem tiefgreifenden Wandel der Einstellung.

Der Erfolgsfaktor Zufall ist bei RLabs allgegenwärtig, und der Ansatz der Organisation wird inzwischen von Unternehmen und Regierungen in aller Welt angewandt. Eine große südafrikanische Bank zum Beispiel, die ursprünglich ihre Belegschaft abbauen und Büroräume verkaufen wollte, betrachtet nun ehemalige Kassierer/innen als potenzielle Finanzausbilder/innen und die Büroräume als potenzielle Trainingszentren. Aus Belastungen wurden Vermögenswerte. Bei meinen Recherchen bin ich vielen Menschen wie Yusuf und Marlon begegnet. Sie agierten zunächst auf einem sehr niedrigen »Basislevel« potenzieller Serendipität. Aber indem sie auf die Möglichkeiten um sie herum aufmerksam wurden, wandelten sie ihre Situation, die vorher von Passivität und Machtlosigkeit geprägt war, in eine Situation voller Aktivitäten und Möglichkeitsräume. (Wie ich unten diskutieren werde, heißt dies natürlich nicht, dass man nicht auch parallel daran arbeiten muss, die generelle Ausgangssituation von Menschen in Not zu verbessern.)

Umdenken oder untergehen

Es mag einfach klingen, aber das Mindset, das Menschen für den Erfolgsfaktor Zufall empfänglich macht, lässt sich oft nur schwer entwickeln, vor allem, wenn wir das Gefühl haben, dass unser Denken falsch sein könnte, oder wenn unser Umfeld neuen Ideen gegenüber ablehnend eingestellt ist. Doch trotz der Schwierigkeiten gibt es klare Schritte, die wir unternehmen können, um diesen serendipitätsverstärkenden Ansatz zu fördern und unseren Geist so umzuformen, dass er offen und vorbereitet ist.

In einem mehrjährigen Forschungsprojekt haben mein Forschungsteam und ich herausgefunden, dass RLabs eine Reihe einfacher Praktiken entwickelt hat, die die Denkweise erfolgreich verändern und Serendipität zum Blühen bringen.[4] Durch die Bereitstellung einfacher Faustregeln (»Heuristiken«), die die Partner befähigen, in ihrem jeweiligen Kontext zurechtzukommen, konnte RLabs mit einem kleinen Team arbeiten und gleichzeitig die Reichweite der Organisation vervielfachen. So lässt sich RLabs bei der Budgetierung neuer Projekte von Fragen wie: »Ist dieser Gegenstand wichtig?« leiten. Wenn ja, hat jemand hier Zugang zu diesem Gegenstand? Wenn nein, kennt jemand jemanden, der/die Zugang zu diesem Gegenstand haben könnte? Wenn nicht, gibt es eine Alternative, die weniger teuer ist? Erst wenn der/die Antragsteller/in diese Fragen beantwortet hat, sollte der Gegenstand gekauft werden. Diesem Ansatz liegt der Gedanke zugrunde, dass wir oft nach neuen Ressourcen suchen, obwohl wir längst Alternativen haben, die genauso gut funktionieren könnten.

RLabs ist ein leuchtendes Beispiel, und unsere Forschung zeigt, dass ähnliche Muster erfolgreich sind, egal ob es sich um einen Lehrer in Cape Town, einen Künstler in Deutschland oder die Vorstandsvorsitzende eines Großunternehmens in den USA handelt. Die Erkenntnisse lassen sich auf fast alle Bereiche übertragen, sei es auf unser eigenes Leben, Ausbildungsprogramme, Förderprogramme für Unternehmen, Gründerzentren oder sogar auf Unternehmen selbst.

Sobald wir aufhören, uns über unseren Mangel an Ressourcen Gedanken zu machen, und uns eher bemühen, Menschen zu befähigen und ihnen Würde zu geben, stellen wir fest, dass die Begünstigten nicht mehr so sehr auf unsere Hilfe hoffen oder die Angestellten sich Sorgen um ihre Budgets machen, sondern dass wir Menschen angeregt haben, ihr Glück selbst in die Hand zu nehmen.

»Reframing« trägt dazu bei, Serendipität zu schaffen, indem es Menschen in die Lage versetzt, potenziell wertschöpfende Ereignisse und Situationen zu »erkennen« und das Gefühl zu haben, dass sie in der Lage sind, darauf zu reagieren – die Auslöser zu erkennen und die entscheidenden Triggerpunkte zu verbinden. Im Kern geht es um Veränderungen im Denken und Handeln. Sobald wir nicht mehr warten, bis sich eine Gelegenheit lautstark ankündigt, erkennen wir, dass Möglichkeiten um uns herum sind, wenn wir unseren Geist von festgefahrenen Verhaltensmustern befreien.

Wenn wir Strukturen und Zwänge nicht mehr als gegeben hinnehmen, sehen wir die Welt mit anderen Augen. Wir beginnen, Brücken zu sehen, wo andere Gräben sehen. Wie können wir uns selbst trainieren, dies in unserem täglichen Leben zu tun?

Serendipität anstoßen

Es fängt oft mit kleinen Verhaltensänderungen an – zum Beispiel, indem wir jede Situation nicht als Problem, sondern als Lernchance begreifen. Viele von uns – mich eingeschlossen – haben in ihrem Leben schwierige Situationen erlebt, die sich im ersten Moment wie eine Krise anfühlten, die aber zu einem wichtigen Entwicklungspfeiler dessen wurden, was wir heute sind. Sie stellten uns vor die Herausforderung, in ihnen Möglichkeiten zu sehen und etwas daraus zu machen, anstatt sie nur als etwas Negatives zu betrachten, das uns zurückhält.

Wenn wir einen Autounfall als reines Pech ansehen, bleibt er genau das – Pech. Wenn wir eine schlechte Entscheidung als bestimmend für uns ansehen, wird sie uns für immer bestimmen.

Ich erinnere mich noch lebhaft an eine meiner größten Fehlentscheidungen im Leben: einer zusätzlichen Investition in eine der Organisationen, die ich mitbegründet hatte, zuzustimmen, entgegen der Meinung einiger meiner Mitbegründer. Damals sagte mir mein Verstand, ich solle dies machen, denn auf dem Papier sah es wie die einzige nachhaltige Option in einer finanziell und strategisch angespannten Situation aus. Doch mein Bauch sagte mir, dass ich es nicht tun sollte.

Nach einer zunächst positiven Phase stellte sich alsbald heraus, dass die Erwartungen zwischen Investoren und Mitgründern/Management nicht übereinstimmten, was zu einer schmerzhaften Trennung führte. Besonders schmerzhaft war es für die Mitgründer, die von Anfang an spürten, dass es nicht der richtige Weg war. Eine Zeitlang ließ mich diese Fehlentscheidung nicht mehr los. Ich versuchte zu vermeiden, darüber zu sprechen, da ich die kognitive Dissonanz, die ich empfand, als schwer begreifbar empfand. Ich bin immer noch nicht stolz darauf, und wenn ich nochmal die Wahl hätte, würde ich anders entscheiden. Mir wurde jedoch klar, dass dies eine der wenigen Situationen in meinem Leben war, in denen ich schmerzhaft erfahren musste, was ich heute am meisten schätze: dass ich das tun möchte, was sich »richtig anfühlt«, und nicht das, was in einer Excel-Tabelle als die bessere Option aussieht.

Was sich wie eine existenzielle Situation anfühlte – sowohl auf persönlicher als auch auf organisatorischer Ebene –, entpuppte sich als faszinierende Lernmöglichkeit. Es half mir, mehr Empathie für Menschen zu entwickeln, die vor ähnlichen Entscheidungen stehen, und ich erkannte, dass Entscheidungen oft nicht »schwarz oder weiß« sind. Es half mir, die Welt mit anderen Augen zu sehen. Wenn ich heute vor einer Krise stehe, denke ich an diese Situation zurück, versuche, alle Informationen zu sammeln, die ich bekommen kann, und vertraue auf das, was ich inzwischen als mein »tiefes Bauchgefühl« ansehe. Dadurch werde ich ruhiger, weil ich das Gefühl habe, dass sich die Dinge irgendwie regeln werden, auch wenn es sich im Moment nicht so anfühlt. Außerdem wurde mir klarer, was mich zu meinen Entscheidungen treibt, und dass ich leichter zu manipulieren bin, wenn ich mir über meine Ängste und Wünsche nicht im Klaren bin.

Oder wie Richard Wiseman es ausdrücken würde: »Wenn schlimme Dinge passieren, denke langfristig.« Nachdem ich erkannte, dass die schwierigsten Situationen oft die wahren Schätze des Lebens sind, frage ich mich jetzt in diesen Situationen: »Wird das in zehn Jahren wirklich noch eine Rolle spielen? Wenn nicht, warum machst du dir dann so viele Sorgen? Wenn ja, was kannst du jetzt beitragen, dass das, was gerade passiert, zu einer wertvollen Lernsituation wird?« Grace Gould, Mitgründerin von Touch Capital, pflegte mich mit ihrer eigenen Interpretation des berühmten Zitats (wechselweise Fernando Sabino, Oscar Wilde, und John Lennon zugeschrieben) aufzuheitern: »Am Ende wird alles gut – und wenn es nicht gut ist, ist es noch nicht das Ende!«

Ein ähnlicher Ansatz, den Wiseman vorschlägt, ist das kontrafaktische Denken – also die Frage, was alternativ hätte passieren können (wir werden in Kapitel 9 darauf zurückkommen). Der Autounfall hätte dazu führen können, dass ich gelähmt oder tot wäre. Wäre die Investition in unser oben beschriebenes Unternehmen nicht getätigt worden, wären wir vielleicht in größeren finanziellen Schwierigkeiten gelandet. Und so weiter.

Wiseman berichtet über ein interessantes Experiment. Sein Forschungsteam stellte Menschen, die sich selbst als Glückspilze und Pechvögel einschätzen, folgendes Szenario vor: Stellen Sie sich vor, Sie befinden sich in einer Bank, als ein/e bewaffnete/r Räuber/in eintritt und Ihnen in die Schulter schießt. Sie kommen mit einer Fleischwunde davon. Menschen, die sich selbst als »Pechvögel« bezeichnen, werden diese Situation als etwas betrachten, das in ihrem Leben immer wieder vorkommt. Dies wäre nur eine weitere schlechte Erfahrung in einer langen Reihe von schlechten Erfahrungen. Menschen, die sich selbst als »Glückspilze« bezeichnen, werden diese Situation als etwas bezeichnen, das schlimmer hätte sein können – wie zum Beispiel: »Die Kugel hätte mich töten können« oder »Ich hätte einen Kopfschuss bekommen können.«

Was passiert hier? Glückspilze neigen dazu, alternative kontrafaktische Optionen so zu formulieren, als ob Dinge schlimmer hätten kommen können (sodass sie »noch mal Glück hatten«), während Pechvögel sie so formulieren, als ob sie besser hätten kommen können (sie also »Pech hatten« – oft formuliert als »die Geschichte meines Lebens«.) Glückspilze neigen auch dazu, sich mit anderen zu vergleichen, die weniger Glück hatten (etwa mit der Person, die bei dem Raubüberfall getötet wurde), während Pechvögel sich eher mit denen vergleichen, die mehr Glück hatten (die Person, die überhaupt nicht verletzt wurde).

Dies wird entweder zu einem Teufels- oder Tugendkreis: Die Pechvogel-Person redet sich ins Unglück, indem sie sich mit denen vergleicht, denen es besser ergangen ist, während die Glückspilz-Person dazu neigt, sich mit diejenigen zu vergleichen, denen es schlechter ergangen ist – und so ihr Pech »mildert«. Raten Sie mal, wer wahrscheinlich mehr Serendipität im Leben erleben wird?

Wir sind, was wir sagen (und wie wir reden)

Wisemans Experimente zeigen auch, dass Pechvögel sich eher auf ineffektive Methoden verlassen, um nicht weiter vom Pech verfolgt zu werden, wie beispielsweise Aberglaube und der Gang zu Wahrsagern.[5] Glückspilze hingegen neigen dazu, die Kontrolle zu übernehmen und versuchen oft, die Ursache eines Problems zu verstehen, um aus der Situation zu lernen. Dieser Ansatz kommt in unserer Sprache zum Ausdruck: Wenn wir etwas sagen wie: »X ist mir passiert«, sehen wir es als passives Geschehen. Wir werden zu einem passiven Empfänger des Schicksals. Sobald wir uns jedoch auf die Elemente konzentrieren, die wir kontrollieren können, werden wir zu aktiven Gestaltern unseres eigenen (Un-)Glücks.

Es ist wichtig zu betonen, dass die Chancen durch Serendipität für ein Kind, das in eine privilegierte Familie hineingeboren wird, ganz anders sind als beispielsweise für ein Kind, das in eine Familie in den Favelas hineingeboren wird. Forschungsarbeiten haben aber auch gezeigt, dass Menschen in allen Kontexten, vom ehemaligen Drogendealer in Südafrika bis zu den führenden Politikern der Welt, ihre eigene Serendipität schaffen. Sie sind nicht »schlauer« als andere Menschen, aber sie gehen anders an das Leben heran, und wenn sie das tun, treffen sie bessere Entscheidungen und erleben mehr Serendipität. Daher ist die Art und Weise, wie wir eine Situation gestalten – insbesondere Situationen, die uns als »Pech« erscheinen könnten – von entscheidender Bedeutung.

Es gibt viele Möglichkeiten, die Grundlagen dafür zu entwickeln, sowohl auf emotionaler als auch auf kognitiver Ebene. Dazu gehören Ansätze wie Meditation, die Umwandlung einer abstrakten Herausforderung oder Angst in konkrete Handlungsschritte, oder die Konzentration auf die positiven Elemente einer Situation bei gleichzeitiger Abschwächung der Risiken der schlechten Elemente.[6] Wenn wir uns darauf konzentrieren, wie wir die Dinge zum Guten wenden können, dann wenden sie sich häufiger zum Guten – und auch das Gegenteil ist der Fall.

Serendipität gibt es im Überfluss – wenn wir das wollen

Es ist eine aktive Entscheidung, jede Situation – und insbesondere jedes Gespräch – als eine Gelegenheit zu sehen, Serendipität zu erleben. Wenn wir uns mit anderen unterhalten, können wir zum Beispiel darüber nachdenken, wie das, was sie sagen, mit unserem oder dem Interessengebiet anderer zusammenhängt, selbst wenn es weit entfernt zu sein scheint. Indem wir auf den Ideen anderer aufbauen, anstatt zu versuchen, mit ihnen zu konkurrieren, schulen wir uns darin, die Punkte miteinander zu verbinden, für uns selbst und für andere (siehe Kapitel 5).

Nehmen Sie nur Shaa Wasmund, erfolgreiche Geschäftsfrau und Bestsellerautorin. Sie wurde in Kalifornien geboren, studierte an der London School of Economics und gewann während ihres Studiums einen Wettbewerb, bei dem sie als Preis ein Interview mit dem britischen Boxweltmeister Chris Eubank führen durfte. Während des Interviews verstanden sich die beiden so gut, dass Eubank ihr unerwartet anbot, seine Öffentlichkeitsarbeit zu leiten. Sie nahm das Angebot an und machte im Laufe der Jahre eine äußerst erfolgreiche Karriere in der Box-PR – und das, obwohl sie zu Beginn keine Erfahrung in diesem Bereich hatte. Später gründete sie ihre eigene PR-Firma in London.

Ich habe diese Art von glücklichen Zufällen bei vielen erfolgreichen Menschen beobachtet: Sie gehen mit einer bestimmten Idee in eine Situation (in diesem Fall, einen Boxer zu interviewen), aber sie sind auch offen für das Unerwartete. Sie verbinden dann die Punkte, weil sie offen sind. Unsere Forschungen an der LSE und an der NYU haben gezeigt, dass für viele erfolgreiche Menschen und Organisationen ein umfassendes Ziel, ein Antrieb, ein Glaubenssystem oder eine »Leittheorie« von zentraler Bedeutung ist. Man könnte dies als »Nordstern« bezeichnen – die Vision, das Prinzip oder die Philosophie, die uns bewusst oder unbewusst in unserem jeweiligen Kontext leiten. Ohne diesen ist die Gefahr groß, dass wir uns treiben lassen.[7]

Ein Nordstern ist kein genauer Wegweiser. Er ist wichtig, aber er sollte nicht jeden spezifischen Schritt vorschreiben. Vielmehr fungiert er als Orientierungspunkt. Die genaue Route, die Abzweigungen, die Abkürzungen und die Umwege (von denen viele äußerst wertvoll sein können) machen dann die Serendipität aus. Paul Polman, CEO von Unilever von 2009 bis 2018, richtete in diesen Jahren eines der größten Unternehmen der Welt neu aus, um eine bessere gesellschaftliche Wirkung zu erzielen. Er berichtete mir, dass er so viele Interessen habe – Wirtschaft, Klimawandel, Armut und Nachhaltigkeit –, dass die Leute denken könnten, er sei nicht fokussiert, wenn er Projekte annimmt, die sich unerwartet ergeben. Aber er tut das, was er tut, sehr bewusst, nimmt eine Vielzahl von Projekten in Angriff, aber immer nur, wenn sie zu seinem Nordstern passen. Sein ganzes Leben lang war es seine Leidenschaft, Menschen zu helfen, die sich nicht selbst helfen können. Schon früh im Leben dachte er, dass er Arzt oder Priester werden würde. Zufälligerweise tat er es als CEO. Er schuf sich seinen eigenen Möglichkeitsraum.

Layla Yarjani ist Mitbegründerin der Bildungsorganisation Little Bridge, die weltweit Englisch unterrichtet. Menschen wie sie, die andere inspirieren, werden oft gefragt, wie sie das alles hinbekommen haben. Wie hat sie herausgefunden, was sich für sie richtig anfühlt, was sie gerne tut? Hat sie den »richtigen« beruflichen Hintergrund gewählt und die »richtigen« Lebenserfahrungen gemacht? Ganz und gar nicht. Bei Layla und vielen anderen ist der Antrieb die eigene Neugierde und der aufrichtige Wunsch, anderen zu helfen. Ihr Erfolg kommt nicht von dem Glauben, dass sie alles weiß. Für sie ist die Vorstellung, ihre »Bestimmung« oder »Purpose« herauszufinden, genau das: eine Vorstellung. Sie hält es für Zeitverschwendung, nach Rechtfertigungen zu suchen, warum andere die besseren Ressourcen, Verbindungen usw. haben, um das zu tun, was sie tun, und warum sie selbst dies aufgrund der eigenen Einschränkungen nicht machen kann. Layla ist nicht mehr oder weniger besonders als andere. Layla folgt ihrer Neugierde, und wenn sie auf etwas stößt, das sich richtig anfühlt, erforscht sie es als Nebenprojekt neben ihren anderen Aktivitäten. Sie spricht mit anderen darüber, probiert Ideen aus, die ihr in den Sinn gekommen sind, und ist offen dafür, zu sehen, wohin sie führen. Viele ihrer Projekte entstanden »zufälligerweise« in Cafés, und viele von ihnen sind jetzt, wie sie sagt, »sicher in einem Ordner abgelegt.« Das hat Layla mit Albert Einstein gemeinsam: Sie glaubt, dass sie kein besonderes Talent hat, sondern nur leidenschaftlich neugierig ist.

Erfolgreiche Menschen setzen auf mehrere Pferde – zum Beispiel neue Ideen oder Optionen, und entscheiden sich dann für diejenige, die sich für sie richtig anfühlt. Sie tun dies häufig, während sie noch in ihrem Vollzeitjob arbeiten, was ihnen die Stabilität gibt, in ihrer Freizeit zu experimentieren – was oft eine wichtige Absicherung gegen Unsicherheit ist.

Ich habe dies selbst getan, mit unterschiedlichem Erfolg. Fast nichts von meiner eigenen Reise war im Voraus geplant, und (fast) jeder große Schritt fühlte sich richtig an, als er passierte. Im Laufe meines Lebens habe ich auf mehrere Pferde gesetzt, und fast aus jeder einzelnen Fehlplatzierung etwas gelernt. Das Leben hätte für mich auch ganz anders verlaufen können. Aber wie es mein Mentor ausdrückte, als ich wieder einmal eine schwierige Entscheidung treffen musste: »Leute wie du denken immer, dass es den einen richtigen Weg gibt, einen Pfad, der dich dorthin führt, wo du sein willst. Aber es gibt viele Wege. Das Wichtigste ist, dass du dich auf den Weg machst. Und oft realisierst du dann, dass du sowieso wo ganz anders hinmöchtest, als du anfänglich dachtest.«[8] In der Tat brauche ich manchmal diese Erinnerung an die Äquifinalität – dass es mehrere Wege gibt, die uns nach Rom führen. (Und vielleicht realisieren wir dann sogar im Prozess, dass wir im Endeffekt gar nicht nach Rom wollen!)

Manchmal müssen wir spontan entscheiden

»Eine der grundlegendsten, aber immer noch unterschätzten Wahrheiten des menschlichen Daseins … ist diese: Jeder improvisiert, die ganze Zeit.«

Oliver Burkeman,
Journalist und Autor

Immer wenn einer Person des öffentlichen Lebens die Kontrolle entgleitet, zieht das Schlagzeilen nach sich. Politiker/innen, die sich nicht mehr an die wichtigsten Eckpunkte ihres Gesetzentwurfs erinnern können, Geschäftsführer/innen, die bei einer Pressekonferenz über kleine Details stolpern und den Faden verlieren, Regierungsprojekte, die scheitern, weil alles in letzter Minute in einem lauen Kompromiss strandet: alles Beispiele, dass auch Menschen, die Macht und Verantwortung tragen, oft nur improvisieren.[9]

Oliver Burkeman, Journalist und Autor, weiß, dass es im täglichen Leben nicht anders ist. Fast jeder fühlt sich in seinem Leben manchmal überfordert. Und während es viele von uns die meiste Zeit verbergen können, ist es gleichzeitig unmöglich, die Fiktion, alles gehe seinen geregelten Gang, aufrechtzuerhalten. Was wiederum für viele Menschen und Institutionen eine besorgniserregende Erkenntnis ist. Burkeman weiß außerdem, dass Institutionen viel Zeit und Geld investieren, um so zu tun, als sei alles immer perfekt und nicht nur kurzfristig zusammengezimmert. Legitimität, Autorität und sogar das Überleben von Unternehmen und Regierungen hängen auch von der Vorstellung ab, dass sie Antworten parat haben, nach dem Motto: Denn sie wissen, was sie tun. Leider eine Chimäre. Doch Entwarnung an dieser Stelle: Es nicht unbedingt ein Problem, nicht alle Antworten zu kennen. Improvisation ist in Ordnung; sie funktioniert gut, solange die Person, die improvisiert, in der Lage ist, sich an unerwartete Veränderungen anzupassen.

Wir können die Zukunft nicht immer vorhersagen – aber wir können sie bewältigen

Wir versuchen oft, nach außen Kompetenz auszustrahlen, während wir innerlich in Panik sind. Burkemans Einsicht erinnert uns daran, dass alle anderen das Gleiche tun. (Fast) jede und jeder fühlt sich bisweilen wie ein Hochstapler (»Imposter«) – diese nagende, anhaltende Angst, als »Betrüger« entlarvt zu werden. Ihre Ärztin weiß sicher, was sie tut, oder? Ihr Pilot hat immer alles unter Kontrolle, oder? Nun, selbst in Bereichen wie der Luftfahrt oder der Medizin, in denen wir davon ausgehen, dass Menschen wissen, was sie tun, muss improvisiert werden. Tatsache ist, dass Menschen – auch Expert/innen – in den kritischsten Momenten am ehesten improvisieren. Ein medizinischer Notfall während einer Operation oder ein Triebwerksausfall bei einem Flugzeug können genau jene Momente sein, in denen die Ärztin oder der Pilot improvisieren muss.

Ein Beispiel ist der Fall des US-Airways-Kapitäns Chesley Sullenberger, der 2009 nach dem Ausfall eines Doppeltriebwerks nur wenige Minuten nach dem Start eine erfolgreiche Wasserlandung im New Yorker Hudson River absolvierte. Das übliche Verfahren bei einem Ausfall von zwei Triebwerken besteht darin, das Flugzeug im Gleitflug zum nächstgelegenen Flughafen zu bringen, aber diese Lehrbuchlösung setzt voraus, dass sich das Flugzeug in einer viel größeren Höhe befindet als der US-Airways-Flug Nummer 1549. Während die Fluglotsen vorschlugen, die nächstgelegene Landebahn anzusteuern, erkannte Sullenberger richtig und schnell, dass dies bei seiner Höhe und Geschwindigkeit nicht funktionieren würde. Er würde es nicht schaffen. Also landete er im Hudson River und rettete so das Leben aller 153 Passagiere und Besatzungsmitglieder. Damit soll nicht gesagt werden, dass Wissen und Erfahrung nicht wichtig wären. Seine jahrelange Erfahrung und ein »tiefes Bauchgefühl« ermöglichten es ihm, etwas Unkonventionelles zu tun. Die meisten von uns werden natürlich nie mit einer derartig dramatischen Situation, in der so viel auf dem Spiel steht, konfrontiert werden. Aber in kleinerem Rahmen gehen alle so vor. Wirklich gefährlich sind nicht die Momente, in denen Menschen improvisieren, sondern die, in denen sie an festen Schemata festhalten und so tun, als ob alles in Stein gemeißelt wäre.

Selbstvertrauen und ein großes Ego können oft gut für den Erfolg sein. Ein zu großes Ego und ein Mangel an Situationsbewusstsein sind jedoch gefährlich. Sich ganz auf unsere bestehenden Modelle oder Verhaltensmuster zu verlassen, kann dazu führen, dass wir Risiken nicht erkennen oder nicht auf Unerwartetes vorbereitet sind. In einer Interviewserie mit 31 der weltweit erfolgreichsten CEOs, die ich zusammen mit einem Forscherteam von der Harvard University, Leaders on Purpose und der Weltbank durchgeführt habe, stellten wir fest, dass die meisten dieser Führungskräfte sich bewusst sind, dass sie die Zukunft nicht immer vollständig kontrollieren, geschweige denn vorhersagen können.[10]

Emmanuel Faber, ehemaliger CEO des Lebensmittelkonzerns Danone, sagte beispielsweise, er vertraue mehr einer Vision und der sich abzeichnenden Umsetzung, die den Weg ebnet, als einem exakten Masterplan. Warum? Weil sich die Welt so schnell verändert, dass es seiner Meinung nach keinen Sinn hat, sich an genauen Plänen festzuklammern – aber gleichzeitig brauche man eine Vision, um zu wissen, wohin es gehen soll. Diese Führungskräfte führen, indem sie einem starken Nordstern folgen, anstatt minutiöse Pläne zu erstellen, um ihren Teams zu ermöglichen, ihre eigenen Entscheidungen innerhalb dieses Rahmens zu treffen. Und sie sind transparent hinsichtlich der offensichtlichen Grenzen, was oft zu noch mehr interner Unterstützung führt, da Menschen dazu neigen, Führungskräften zu vertrauen, die mit ihnen gemeinsam über Lösungsansätze nachdenken.[11]

Von Sokrates zur Serendipität

In diesem Buch werden Sie viele Ansätze und Werkzeuge finden, die Ihnen helfen, Situationen auf der Grundlage eines Serendipitätsdenkens zu bewerten und (neu) zu gestalten. Lassen Sie uns zunächst einen Blick auf die sokratische Methode werfen – den fortwährenden fragenden Dialog. Sie ist eine der wirksamsten Methoden, um neues Denken anzuregen und vorgefasste Meinungen abzubauen.

Der griechische Philosoph Sokrates, einer der Begründer der abendländischen Philosophie, lehrte keine Glaubenssätze. Die sokratischen Dialoge, die uns durch Platon überliefert wurden, sind keine Vorlesungen, sondern Gespräche, in denen Sokrates Fragen stellt. In diesen Fragen erkannten seine Mitmenschen, dass ihre vorgefassten Meinungen oft nur Illusionen waren und sie neu zu denken beginnen mussten. Die sechs Arten sokratischer Fragen beziehen sich auf *Klärung:* »Warum sagst du das?«; *Annahmen:* »Was könnten wir stattdessen annehmen?« und »Wie kannst du diese Annahme überprüfen?«; *Beweismittel:* »Was wäre ein Beispiel?«; *alternative Standpunkte und Perspektiven:* »Was sind die Vor- und Nachteile?«; *Folgen und Konsequenzen:* »Was sind die Konsequenzen dieser Handlung?«; *Fragen zur Frage selbst:* »Warum stellen wir diese Frage überhaupt?«.

In den letzten Jahren habe ich Variationen dieser Fragen angewandt, wenn ich mit wichtigen Entscheidungen zu kämpfen hatte – vor allem in konfrontativen Situationen. Sobald wir gezwungen sind, unsere Annahmen zu klären, erkennen wir, dass unsere Position oft »festgefahren« ist. Weisheit besteht nicht darin, alle Antworten zu haben, sondern darin, die richtigen Fragen zu stellen. Sokrates – vom Orakel von Delphi als der weiseste Mensch der Welt bezeichnet – erklärte bekanntermaßen, dass er nichts zu lehren habe. Er stelle nur Fragen.

Serendipität: eine Ausbildung

Unsere Kindheit prägt unsere Weltsicht. Was hier beginnt, können wir ein Leben lang weiterentwickeln. Als Eltern oder Freund/innen können wir beeinflussen, wie unsere Kinder oder Freund/innen die Welt sehen. Mein Vater pflegte zu sagen: »Was auch immer passiert, mit der richtigen Einstellung werden wir es schaffen.« Das gab mir das Gefühl, dass alles gut werden würde, solange ich etwas dafür tue – und *dass* ich etwas tun kann. Und selbst wenn nicht alles so funktionieren sollte, wie ich es wollte, würde das Leben weitergehen. Schmerzhafte Lektionen würden sich als hilfreich erweisen, und Probleme wären Herausforderungen, die es zu lösen galt. Sie waren überwindbar.

Carol Dweck hat in ihrer inspirierenden Arbeit über das Wachstumsdenken (»Growth Mindset«) gezeigt, dass selbst kleine Veränderungen in unserer Sprache und unseren Unterhaltungen unsere Einstellung zum Leben verändern können. Sie schlägt vor Sätze wie, »Ich bin schlecht darin« oder »Das kann ich nicht« durch »Das kann ich *noch* nicht« zu ersetzen.[12] Tatsächlich hat die Forschung zur Gehirnplastizität gezeigt, dass das Gehirn nicht starr ist – genauso wenig wie unsere Einstellung und unsere Herangehensweisen.[13] Unser Gehirn ist, ähnlich wie unser Körper, wie ein Muskel, der trainiert werden kann. Der Glaube, dass wir (fast!) alles lernen und tun können, wenn wir uns darauf konzentrieren, ist unerlässlich, wenn wir auf eine zufällige Begegnung, ein unerwartetes Ereignis oder eine unvorhergesehene Verbindung vorbereitet sein wollen.

Denn ohne die Überzeugung, dass es in Ordnung ist, etwas zu wagen, dass wir in ständiger Interaktion mit der Welt stehen können und sollten, verpassen wir die Möglichkeit, Zufälle in echte Serendipität zu verwandeln. Jemandem das Selbstvertrauen zu schenken, dass die Dinge funktionieren werden, ist wahrscheinlich eines der größten Geschenke, das Eltern ihren Kindern machen können oder das ein/e Lehrer/in oder eine Führungskraft ihren Studierenden oder ihrem Team vermitteln können.

Leider liegt der Fokus der meisten Universitäten und insbesondere der Wirtschaftsstudiengänge immer noch auf der Vorstellung, dass die Zukunft planbar sei, was Menschen auf subtile Weise dazu anregt, so zu tun, als hätten sie jedes Resultat von Anfang an geplant. Es ist schön und gut, strategische Planung, Konzepte und Geschäftspläne zu lehren, aber das Leben (und die Geschäftswelt) ist oft sehr viel dynamischer.[14]

Nehmen Sie das Beispiel von Sandbox Network (»Sandkastennetzwerk«), einer 2008 von mir mitgegründeten globalen Community von rund 1500 jungen Innovatoren aus über 60 Ländern.[15] Sandbox identifiziert inspirierende junge Menschen in verschiedenen Bereichen (Design, Kunst, Wirtschaft, Recht, Unternehmertum) und bringt sie miteinander sowie mit externen Mentoren und Ressourcen zusammen. Wir waren der festen Überzeugung, dass es auf der Welt viele junge, inspirierende Macher/innen gibt, die bereits in ihren Zwanzigern innovative Dinge tun – aber wer nimmt diese Vorreiter/innen des Wandels ernst? Und wo können sie Gleichgesinnte in einem vertrauenswürdigen Rahmen treffen? Was wäre, wenn sich die Führungskräfte von morgen bereits mit 25 statt mit 55 Jahren treffen würden?

Wie würden sich ihre Freundschaften auf den (hoffentlich positiven!) Einfluss auswirken, den sie im Laufe ihres Lebens auf die Welt ausüben können?

Sandkastenfreund/innen sind Freund/innen, die man buchstäblich beim Spielen im Sandkasten kennenlernt und die manchmal zu lebenslangen Freund/innen werden. Wir wollten einen Spielplatz für Mittzwanziger schaffen, auf dem sie ungezwungen Ideen entwickeln und austauschen sowie sinnvolle Beziehungen aufbauen können. Die gut vernetzte Gemeinschaft ist dezentral organisiert: In mehr als 30 Städten auf der ganzen Welt – den sogenannten Hubs – identifizieren lokale Vertreter/innen (»Ambassadors«) potenzielle Mitglieder und organisieren informelle Abendessen und Veranstaltungen, wie »Demo Nights«, um den Mitgliedern bei der Lösung ihrer beruflichen und persönlichen Herausforderungen zu helfen. Die Mitglieder unterstützen sich gegenseitig auf vielfältige Weise, indem sie emotionale Unterstützung, Informationsaustausch, Feedback und Jobmöglichkeiten anbieten.

Sandbox' Entwicklung konnte von uns nicht vorhergesagt werden. Es war Ende 2008, der amerikanische Finanzdienstleister Lehman Brothers war gerade zusammengebrochen und die Weltwirtschaft lag in Trümmern. Auch wir waren betroffen. Der ursprüngliche Plan – die führenden Macher/innen zwischen 20 und 30 aus aller Welt auf einer inspirierenden Konferenz zusammenzubringen – schien nicht mehr realisierbar zu sein. Wir hatten ein Jahr lang mit potenziellen Sponsoren gesprochen und nach Standorten gesucht. Unternehmenspartner hatten zunächst ihr Interesse bekundet, aber mit dem Finanzcrash wurden schlagartig die Budgets gekürzt.

Gleichzeitig waren wir immer noch begeistert von der Idee, diese Gemeinschaft zu formen. Wir hatten damit begonnen, einige informelle Abendessen in Zürich und London zu veranstalten, und die Leute schienen es zu genießen, einander zu treffen. Wir begannen, mehr dieser kleineren Veranstaltungen zu organisieren, und merkten, dass sie ein wirkungsvolles Mittel waren, um mehr Mitglieder zu gewinnen und zu helfen – Schritt für Schritt und nicht auf einen Schlag.

Anfangs hatten wir uns ein Konferenzformat vorgestellt, doch dann erkannten wir, dass ein lokaler Ansatz finanziell tragfähiger sein könnte und mit der Zeit eine gesunde Mitgliederstruktur ermöglichen würde. Wir hatten unser großes Ziel – unseren Nordstern – nicht aus den Augen verloren, nämlich eine Community junger Macher/innen aufzubauen – nur den Plan, mit einer großen Konferenz zu starten, gaben wir auf. Wir ließen den Top-down-Ansatz, eine große Konferenz zu veranstalten, hinter uns und konzentrierten uns auf ein neues Modell. Ein einfacher, kostengünstiger Ansatz mit Veranstaltungen, die im kleinen Kreis und oft bei den Leuten zu Hause stattfanden. Mit der Zeit dehnten wir dieses Format auf regionale Veranstaltungen aus.

Als die erste globale Konferenz vier Jahre später in Lissabon stattfand, waren die Mitglieder vielfach und vielerorts bereits miteinander in Kontakt getreten (der Satz: »Schön, Dich endlich persönlich kennenzulernen!« war oft zu hören). Sandbox funktionierte, weil die Leute eine tiefe emotionale Verbindung zu den anderen Mitgliedern spürten. Im Nachhinein stellte sich heraus, dass die unerwartete Umstellung des Modells ein Segen war. Die globale Finanzkrise hätte den Untergang von Sandbox bedeuten können – aber obgleich sie uns sicherlich einige schlaflose Nächte bereitete, erwies sie sich als großartige Gelegenheit, unsere Ideen und unseren Ansatz neu auszurichten. Sie trug dazu bei, nicht nur eine Konferenz, sondern eine eng vernetzte globale Gemeinschaft auf der Grundlage lokaler Zusammenkünfte zu ermöglichen. Die Gesamtsituation war neu gestaltet worden (»reframed«).

Worum geht es hier? Die Entwicklung eines Mindsets, das uns und anderen hilft, unerwartete Chancen zu ergreifen, anstatt zu straucheln, wenn unsere starren Pläne durchbrochen werden. Um dies zu erreichen, müssen wir unsere Bildungs- und Ausbildungssysteme reformieren, und zwar weg von der Vermittlung reiner Fachkenntnisse hin zu einem Serendipitätsdenken, das es uns ermöglicht, das Unerwartete als Chance zu begreifen und zu nutzen.

Das Überraschende enträtseln

Erinnern Sie sich an ein Gespräch, in dem Ihnen jemand ein Stellenangebot unterbreitete, das Ihrer Meinung nach nicht zu Ihnen passte? Stellen Sie sich vor, Sie sind mit Ihrem derzeitigen Job zufrieden, warum sollten Sie einen anderen Job wollen – oder einen in einem komplett anderen Bereich? Doch einige Wochen später hat sich Ihr Leben verändert, und Sie haben das Gefühl, dass Sie bereit für etwas Neues sind. Sie erinnern sich an das Gespräch, und jetzt könnte die Stelle genau das sein, wonach Sie suchen! Was wäre, wenn Sie nicht zugehört hätten oder das »irrelevante« Geschwätz Ihrer/s Tischnachbar/in ignoriert und stattdessen über die Zutaten Ihrer Lasagne nachgedacht hätten? Sie hätten die Chance verpasst.

Neugier und vor allem Offenheit für ungefragte Informationen und Ereignisse erhöhen unsere Chancen, Serendipität zu erleben.[16] Was wiederum oft mit der Bereitschaft verbunden ist, eine Abweichung oder »Überraschung« in einer bestimmten Situation zu finden. Ein neugieriger, offener und hinterfragender Geist ist die Grundlage für zufällige Entdeckungen – und Serendipität.[17]

Eines der Bücher, die bis heute auf meinem Nachttisch liegen, ist *Der kleine Prinz* von Antoine de Saint-Exupéry. Die Geschichte handelt von einem kleinen Jungen, der seine Welt erforscht und sich über alles und jeden wundert. Es ist eine zeitlose Erinnerung an den Wert, immer Fragen zu stellen, auch (oder gerade), wenn sie kindisch erscheinen mögen. (Eine meiner Lieblingsstellen ist, als der kleine Prinz einen Geschäftsmann fragt, der damit beschäftigt ist, die Sterne zu zählen, die er zu besitzen glaubt: »Was nützt es dir, die Sterne zu besitzen?« »Es tut mir gut, mich reich zu fühlen.« »Und warum tut es dir gut, reich zu sein?« »Es ermöglicht mir, mehr Sterne zu kaufen, wenn welche entdeckt werden.« »Dieser Mann«, sagt der kleine Prinz zu sich selbst, »hat ein wenig Ähnlichkeit mit meinem armen Trinker.«) Wir werden später darauf zurückkommen.

Der Schriftsteller Walter Isaacson, ehemaliger Geschäftsführer des Aspen Institute, hat sich intensiv mit bedeutenden Persönlichkeiten, wie Albert Einstein und Leonardo da Vinci, beschäftigt. Ihr gemeinsamer Nenner war die Neugier über Disziplinen hinweg. Isaacson fasste dies in einem Gespräch mit Adam Grant zusammen, in dem er erklärte, wie Benjamin Franklin die Atlantikküste erforschte, um zu sehen, wie die Luftwirbel den Wirbeln der nordöstlichen Stürme ähnelten – und dadurch den Golfstrom entdeckte. Oder nehmen Sie Leonardo da Vinci, der tieferliegende Muster in der Natur erkannte. Oder Steve Jobs, der seine Produktpräsentationen immer mit dem Schnittpunkt von Kunst und Technologie beendete.[18] Ein Schnittpunkt – zwischen Idee, Beobachtung, Perspektive und Anwendung – ist der Ort, an dem Kreativität entsteht.

Erinnern Sie sich an die drei Prinzen aus dem altpersischen Märchen. Sie wurden zum Sinnbild dessen, was wir heute als Serendipität bezeichnen, nicht weil sie ein festes Weltbild hatten, sondern weil sie mit offenen Augen durch die Welt gingen. Ihre Neugier ermöglichte es ihnen, verschiedene Hinweise zu erkennen, wie etwa die Spuren des Kamels, die es ihnen im Nachhinein ermöglichten, die Punkte miteinander zu verbinden.

Dies weist auf die wichtige Tatsache hin, dass wir nicht unbedingt Vorwissen benötigen, damit Serendipität eintreten kann. Die Möglichkeiten, die in einem unerwarteten Ereignis oder einer unerwarteten Information stecken, sind nicht auf den ersten Blick erkennbar. Es kann Jahre dauern, bis sich ein weiteres Puzzleteil findet – ein neues Buch, das wir lesen, oder ein weiteres Gespräch. Neugier und Offenheit können allerdings auch hinderlich sein, wenn sie uns ablenken.[19] Tatsache ist, dass es eine passende Zeit und einen passenden Ort für Serendipität gibt. Untersuchungen in japanischen Unternehmen der Optoelektronik haben beispielsweise gezeigt, dass Serendipität zu Beginn der Explorationsbemühungen, wenn Wachsamkeit und Achtsamkeit höher sind, eine wichtigere Rolle spielt als in späteren Phasen eines Projektes, wo sich der Fokus auf die Ausführung verschiebt.[20] Dieses Buch ist zum Teil selbst ein Produkt der Serendipität, da Gedanken, Studien, Recherchen, Gespräche und Geschichten zusammenkamen und diese Punkte miteinander verbunden wurden. Aber in einer späteren Phase musste ich in den Ausführungsmodus wechseln: mich hinsetzen, meine Kopfhörer aufsetzen, mein Handy ausschalten, Konferenzen absagen – und einfach nur schreiben. Ich musste mich sozusagen der Serendipität verschließen, um das Buch fertigstellen zu können.

Im Allgemeinen sind kreative Bemühungen eher in den frühen Stadien von Wissenschafts- oder Produktlebenszyklen wichtig. In späteren Phasen des Prozesses kann Serendipität in den Hintergrund treten, und der Prozess wird oftmals stärker standardisiert und automatisiert. Effizienz tritt in den Vordergrund. Eine Kernfrage lautet hier also: Wo findet der kreative Prozess statt, und wann ist es wirklich wertvoll, kreativ zu sein?

Aber auch in schlechten Zeiten ist es wichtig, dass wir unsere Offenheit für Serendipität nie vernachlässigen. Es gibt zahllose Beispiele von Unternehmer/innen, die im Laufe ihrer Karriere mehrere Unternehmen gründen, von denen jedes das Ergebnis einer zufälligen Begegnung oder Erkenntnis war. Es gibt viele Menschen, die nach einer langen und erfolgreichen Karriere einen Moment der Serendipität erleben, ihren Job aufgeben und eine neue Richtung einschlagen. Aber oft müssen wir uns dazu bereit fühlen und die Chancen ergreifen, die sich aus unerwarteten Begegnungen und Gesprächen ergeben – und unserem Urteilsvermögen vertrauen. Wir werden darauf später im Buch zurückkommen.

Das Gespräch ist nie langweilig, wenn man weiß, worauf man achten muss

Kehren wir zu dem Gespräch beim Abendessen zurück, bei dem Ihr/e Freund/in Ihnen von einem Jobangebot erzählt, an dem Sie nicht interessiert sind. Sie stellen erst Wochen später fest, dass es genau die Stelle war, die Sie interessant finden könnten. Vielleicht hätten Sie die Erkenntnis beschleunigen können, wenn Sie gleich die richtigen Fragen gestellt hätten. Fragen wie: »Warum glaubt du, dass die Stelle zu mir passen würde?«; »Hast du vielleicht schon ein Problem oder eine gewisse Frustration bei meiner jetzigen Arbeit gesehen, die ich (noch) nicht erkannt habe?«

Das scheinbar langweiligste oder irrelevanteste Gespräch kann durch die richtigen Fragen eine andere Richtung bekommen. Allzu oft beklagen wir uns, dass wir auf einer Veranstaltung in einem Gespräch mit einem/r Langweiler/in gefangen waren. Wir sagen vielleicht, dass die Person »nichts zu sagen« hatte oder dass wir nichts gemeinsam hatten. Aber vielleicht sollten wir, anstatt die Person abzutun, darüber nachdenken, Fragen zu stellen, die das Gespräch interessanter machen und potenzielle Gemeinsamkeiten zum Vorschein bringen könnten. In den letzten 15 Jahren habe ich Hunderte von Abendessen auf der ganzen Welt veranstaltet. Ich habe mit den einleitenden Fragen experimentiert, in der Hoffnung, die Teilnehmenden dazu zu bringen, sich zu öffnen. Die interessantesten Gespräche finden in der Regel statt, wenn Menschen das Gefühl spüren, sie würden mehr oder weniger ihrem »wahren Selbst« näherkommen.

Ein erfolgreicher Gesprächsansatz besteht darin, Teilnehmende zu bitten, sich nicht mit ihrer Berufsbezeichnung vorzustellen, sondern mit ihrem aktuellen Gemütszustand, mit dem, was sie gerade bewegt, oder mit ihren aktuellen Herausforderungen. Wenn die Leute dann antworten – »Ich versuche gerade, mich in Richtung … zu verändern« –, stellt sich oft heraus, dass eine ganze Reihe der Anwesenden ähnliche Herausforderungen durchgemacht haben oder ähnliche Ziele anstreben. Und so kommen die verschiedenen Erfahrungen der Teilnehmenden zum Vorschein. Sie interagieren und helfen sich gegenseitig mit neuen Ideen, neuen Problemlösungen – und manchmal auch neuen Herausforderungen.

Fragen für eine spannende Konversation:

»Was fanden Sie am interessantesten an …?«

»Was bringt Sie hierher?«

»Was hat Sie dazu gebracht, xyz zu tun?«

»Was inspiriert Sie im Moment? Warum?«

»Welches Buch lesen Sie im Moment? Warum?«

»Was hat Sie bei dieser Präsentation am meisten inspiriert?«

Wenn Sie im Gespräch weiter fortgeschritten sind, können Sie tiefer gehen:

»Wenn Sie ein Buch schreiben würden, wovon würde es handeln? Warum?«

»Was begeistert Sie derzeit?«

»Welche Person hat den größten Einfluss auf Ihr Leben? Warum?«

»Was war ein Erlebnis, das dazu beigetragen hat, Sie zu der/dem zu machen, die/der Sie heute sind?«

»Welche Ideen oder Gedanken machen Ihnen am meisten Angst? Warum?«

»Was bedeutet Erfolg für Sie?«

Oft hört man dann so etwas wie: »Was für ein Zufall, ich hatte auch schon mit etwas Ähnlichem zu tun!« Sie haben einen geliebten Menschen verloren und wissen nicht, wie Sie damit umgehen sollen? Die Chancen stehen gut, dass die andere Person eine ähnlich schmerzhafte Erfahrung in ihrem Leben gemacht hat und vielleicht von ihren Erlebnissen erzählt. Vielleicht hat sie gerade die richtige Methode gefunden, die Ihr Leben verändern wird, oder einen großartigen Coach, mit dem Sie sprechen können. Was für ein Zufall! Wir gehen oft davon aus, dass unsere Herausforderungen einzigartig sind, aber wir haben viel gemeinsam, selbst mit Menschen, von denen wir glauben, dass sie überhaupt nicht wie wir sind. Wenn wir unsere Gespräche so gestalten, dass sie »Assoziationen« ermöglichen – das heißt, unser Potenzial für Verbindungen öffnen –, kann Serendipität in Gang kommen.

Die Fragen, die wir stellen, sind entscheidend. Wenn wir bei der ersten Begegnung mit jemandem nur fragen: »Was machen Sie beruflich?«, stecken wir die Person direkt in eine Schublade, in der sie sich gefangen fühlen könnte. Kein Wunder, dass es langweilig ist, mit ihr zu reden.

Je mehr wir unsere Fragen von oberflächlichen Fakten auf die dahinter liegenden Gründe, Motivationen und Herausforderungen verlagern, desto größer ist die Wahrscheinlichkeit, dass wir ein interessantes Thema oder eine unerwartete Verbindung entdecken. Und wenn Sie selbst die gefürchtete Frage: »Was tun Sie beruflich?« gestellt bekommen, kommt die Hakenstrategie ins Spiel, über die wir in Kapitel 5 diskutieren werden.

Die Magie zum Leben erwecken

Genauso wie es Vorteile hat, Fragen, Antworten und Gespräche nicht immer zu sehr einzuschränken, hat die Forschung gezeigt, dass es vorteilhaft sein kann, Probleme oder Bedürfnisse nicht zu eng zu fassen, da dies die Bandbreite möglicher Lösungen einschränken kann. Die Innovationsforscher Eric von Hippel und Georg von Krogh haben sich eingehend mit dieser Frage beschäftigt. Sie erörtern eine typische Situation in einer Organisation: Wenn Sie Ihre Produktmanagerin fragen: »Wie können wir Kosten senken?«, wird sie wahrscheinlich versuchen, mit Maßnahmen wie Personalabbau oder dem Kauf billigerer Rohstoffe aufzuwarten. Aber das ist oft nicht der wertvollste Beitrag, den sie anbieten könnte. Wenn wir stattdessen fragen würden: »Unsere Gewinnspanne für dieses Produkt ist etwas niedrig. Fällt Ihnen dazu etwas ein?», dann könnte die Produktmanagerin eine breitere Palette von Antworten geben. Sie könnte immer noch billigere Rohstoffe kaufen, aber auch das Gegenteil vorschlagen: teurere und hochwertigere Rohstoffe verwenden und den Verkaufspreis erhöhen, damit die Gewinnspanne höher ist. Oder sie könnte Ideen für die Substitution des Prozesses oder des Produkts durch eine effizientere Option vorbringen.

Wenn man mehr Informationen zum Problem hinzufügt und tiefer in das Problem eindringt, anstatt sich mit der oberflächlichsten Frage zu begnügen, kann man auf überraschend einfache Weise ein breiteres Spektrum an möglichen Lösungen entwickeln. Außerdem öffnet sich dadurch der Raum für wahrhaft glückliche Zufälle. Warum?

Die Frage »Warum?« ist eine der offensten Fragen, die wir stellen können. Sie ist seit Tausenden von Jahren der Motor für wissenschaftliche Entdeckungen und die Frage, die Kinder am häufigsten stellen und die für Erwachsene oft schwer zu beantworten ist. Wenn wir nicht nach dem Warum fragen, tun wir oft nur etwas gegen die Symptome, aber nicht gegen die zugrunde liegenden Ursachen. Das Warum aus verschiedenen Blickwinkeln zu betrachten, führt zu neuen Ideen – und zufälligen Verbindungen.

Sakichi Toyoda, der Gründer der Toyoda Automatic Loom Works (sein Sohn Kiichiro gründete die Automobilabteilung, die sich als »Toyota Motors« zu einem der größten Automobilhersteller der Welt entwickelte) und eine Schlüsselfigur der japanischen Industrie des 20. Jahrhunderts, entwickelte ein Konzept, das als 5-Why-Ansatz bekannt wurde. Seit Toyodas Erkenntnissen hat sich die Welt enorm weiterentwickelt, und in mancher Hinsicht ist das Konzept überholt, aber sein Kernprinzip ist immer noch stimmig. Toyoda legte fest, dass man bei jeder Schwierigkeit fünfmal »Warum?« fragen sollte, um der Ursache eines Problems auf den Grund zu gehen. Jede Frage dringt tiefer in das Problem ein, aber die eigentliche Ursache und damit die Lösung des Problems wird oft erst in einem späten Stadium entdeckt.

Dies kann in allen Bereichen des Lebens wertvoll sein, von den Herausforderungen bei der Arbeit bis zu denen in unseren Liebesbeziehungen. Ein Paar, das in Schwierigkeiten steckt, kann seine

Schwierigkeiten vielleicht auf ein offensichtliches Ereignis wie Untreue zurückführen, aber wenn man nach den Gründen dafür fragt, könnte man es später auf ein tieferes Problem zurückführen, etwa auf ein Gefühl der Einsamkeit.*

Die Art und Weise, wie wir Fragen stellen, ist von entscheidender Bedeutung, wenn es darum geht, ein zugrunde liegendes Thema oder Problem wirklich zu verstehen (und, wie wir später sehen werden, um ein Feld zu schaffen, aus dem Serendipität erwachsen kann).

Was wollen Sie?

Wenn wir über die Lösung von Problemen nachdenken, neigen wir traditionell dazu, linear zu denken.[21] Was wir normalerweise tun – egal, ob es sich um ein Problem zu Hause, bei der Arbeit, in der Schule oder anderswo handelt – ist, Ziele zu definieren, etwa in der Art:

1. Erkennen und formulieren des Problems oder des Bedürfnisses.
2. Versuch, dieses Problem zu lösen, indem man entweder:
   a) den Fokus auf die Lösung dieses spezifischen Problems legt, oder
   b) das Problem schrittweise neu spezifiziert oder umformuliert, wenn man mehr Informationen erhält.[22]

Stellen Sie sich vor, Sie bekommen immer wieder Kopfschmerzen. Es gibt eine sofortige Lösung (Schmerzmittel), aber Ihr Arzt wird auch

* In der Wirtschaft gibt es eine Vielzahl von Modellen für diese Art von Ansatz. Fischgrätendiagramme, die Ursache und Wirkung nachzeichnen, ermöglichen es uns beispielsweise, über das anfängliche Oberflächenproblem hinaus auf die zugrunde liegenden Ursachen zu blicken. Manche Probleme lassen sich durch eine Fehlerbaumanalyse lösen, die nach den Ereignissen sucht, die ein Problem verursachen würde, und Maßnahmen zu ihrer Vermeidung einleitet. Dies ist besonders wichtig in Bereichen mit sehr geringer Fehlertoleranz. In einem Kernreaktor oder einem Flugzeug kann man sich nicht den Luxus leisten, zu warten, bis ein Symptom auftritt, und erst dann nach der Ursache zu suchen – es ist besser, herauszufinden, was schiefgehen könnte, um dies von vornherein zu verhindern. (Jedes Mal, wenn ich fliege, tröste ich mich mit der Tatsache, dass diese Art von Analyse – hoffentlich – durchgeführt wurde!) (Siehe auch Ishikawa, 1968; von Hippel und von Krogh, 2016.)

untersuchen wollen, ob es eine tiefere Ursache gibt, die behandelt werden muss. In Bereichen wie der Medizin gibt es ein klares, routinemäßiges Verfahren, wie man nach möglichen Ursachen sucht. Das eigentliche Problem sind nicht unbedingt die Kopfschmerzen selbst, sondern vielleicht eine ihnen zugrunde liegende Infektion.[23] Daher könnte der Arzt einen ähnlichen Ansatz wie die von Toyoda skizzierten 5 Whys anwenden, indem er den möglichen Ursachen auf den Grund geht. Sobald der wahre Auslöser erkannt und angegangen wird, verschwinden in der Regel auch die Symptome.

Die »Suchstrategie« eines Arztes würde darin bestehen, zunächst ein weites Netz von Fragestellungen zu möglichen Problemen auszuwerfen. Er würde vielleicht nach Begleitsymptomen fragen, ob Sie sich kürzlich den Kopf gestoßen haben oder ob und wie viel Sie jeden Abend trinken. Die Diagnose geht dabei immer weiter in die Tiefe, je nachdem, wohin die Antworten führen, und endet bei der wahrscheinlichsten – wenn auch nicht immer richtigen – Lösung.[24] Dies ist ein typischer Trichteransatz, bei dem versucht wird, die Möglichkeiten einzugrenzen, um eine Lösung herauszufiltern. Dies ist eine der häufigsten Arten und Weisen, wie Einzelpersonen und Unternehmen an ihre Probleme herangehen.

Kameraschwenk: Eine Marketingabteilung will eine Marktlücke beziehungsweise ein Kundenbedürfnis näher erforschen, das derzeit vom bestehenden Produkt nicht befriedigt wird. Daraus entsteht die »Problemstellung«: »Wie kann dieses Bedürfnis befriedigt werden?« Dieses Problem wird dann an die Entwickler/innen weitergegeben, die ein Produkt für das Unternehmen entwickeln, das dieses Bedürfnis vermutlich befriedigen kann. Die Formulierung einer klaren Problemstellung kann nützlich sein, da sie es ermöglicht, ein klares Ziel und einen klaren Fokus zu definieren, sowie entsprechende Milestones und Anreize festzulegen. Außerdem können so Aufgaben an andere Stellen übertragen werden, etwa an eine separate Gruppe von Problemlöser/innen. Und es gibt uns das gute Gefühl, dass ein Problem gelöst wurde.

Nicht alle Probleme sind jedoch so einfach zu lösen. Der amerikanische Wissenschaftler Herbert Simon definierte zwei wesentliche Arten von Problemen: »gut strukturierte« und »schlecht strukturierte«.[25] Gut strukturierte Probleme können klar abgegrenzt werden und lassen sich mit Ansätzen wie Algorithmen oder dem oben im medizinischen Beispiel beschriebenen Verfahren lösen.[26] Obwohl es eine wirkungsvolle Methode ist, ist sie in der Regel nicht die wirkungsvollste, um schlecht strukturierte Probleme anzugehen, die zumindest am Anfang oft nicht klar definiert werden können. Und sie kann die Serendipität einschränken. Jüngste Untersuchungen haben gezeigt, dass eine zu enge Problemdefinition das Feld möglicher Antworten sofort einschränkt, was wertvolle kreative Lösungen verhindern kann.[27]

Es gibt noch einen weiteren Grund dafür, dass eine zu rigide Eingrenzung der Fragestellung das Finden der wirkungsvollsten Lösung(en) behindern kann. Eine Person oder Organisation, die ein Problem hat, kann selten alle potenziell relevanten Informationen über das tatsächliche zugrunde liegende Bedürfnis liefern. Neue Informationen tauchen erst im Laufe der Untersuchung eines Problems auf.[28] Dies wird zu einer besonderen Herausforderung, wenn die Person, die das Problem formuliert, und die Person, die das Problem löst, beispielsweise durch organisatorische Barrieren getrennt sind. Diese Barrieren können die Problemlöser/innen davon abhalten, andere mögliche Bedürfnisse oder Probleme zu sehen, was die Suche nach besseren Lösungen erschwert. Wie oft haben Sie schon erlebt, dass die IT-Abteilung ein Problem gelöst hat, dabei aber die Arbeitsweise der Mitarbeitenden in unangenehmer Weise eingeschränkt oder sogar ein neues, anderes Problem geschaffen hat? Das hat nichts mit mangelnden IT-Fähigkeiten zu tun, sondern damit, dass dem/der Problemlöser/in ein begrenztes Problem vorgegeben wird und er/sie keinen Zugang zum Gesamtbild hat.

Sie könnten dem IT-Team folgende Aufgabe stellen: »Wir müssen Team A in die Lage versetzen, Dateien des Typs X zu lesen«. Die IT-Abteilung wird dieses Problem sicherlich lösen. Aber vielleicht muss Team A die Dateien überdies bearbeiten, und die neue Lösung erlaubt es ihnen nicht. Oder umgekehrt war es wichtig, dass Team A die Dateien nicht bearbeiten kann, und jetzt können sie es. Und so weiter.

Derartige Verwirrungen hätten vermieden werden können, wenn die IT-Abteilung in den Problemlösungsprozess einbezogen worden wäre (beispielsweise durch Erörterung des Grundproblems) anstatt ihr ein zu enges Problem zur Lösung vorzugeben. Nur dann ist die IT-Abteilung in der Lage, eine wirklich sinnvolle Lösung zu erarbeiten. Das Gleiche gilt für jede/n Einzelne/n oder jede Organisation: Wenn man ein Problem zu eng definiert, schränkt man die möglichen Lösungen ein und macht kreative Problemlösungen weniger wahrscheinlich. Ein Problem zu eng zu definieren, bedeutet in der Regel, dass man anfangs viel Mühe darauf verwendet, das Problem genau zu verstehen. Das kann funktionieren, wenn das Problem gut strukturiert ist, aber in Situationen, die sich schnell verändern, wie etwa in einem Start-up-Unternehmen, sind nur wenige der wichtigen Probleme oder Herausforderungen so einfach.

Oft mangelt es an umfassenden Informationen, und die Situation kann sich schnell ändern. Diese Art von Umfeld bietet selten gut strukturierte Probleme, deren potenzielle Lösungen sich leicht ableiten lassen. In der Tat könnte eine gute Faustregel lauten: Wenn das Problem nicht unmittelbar und offensichtlich einfach zu definieren ist, sollte man nichts erzwingen. Vergessen Sie den starren Ansatz und denken Sie über alternative Problemlösungsmethoden nach. Ein solcher Ansatz ist die sogenannte iterative Problemformulierung, bei der ein Problem in rascher Abfolge wiederholt auf verschiedene Arten angegangen wird. Jeder Ansatz wird dann schnell auf seine Wirksamkeit hin überprüft.

Derartige Ansätze rücken zunehmend in den Vordergrund und werden unter anderem von Organisationen wie der Designgruppe IDEO vorangetrieben. Bei der als »Rapid Prototyping« bezeichneten Methode der Ideenentwicklung reagiert der/die Problemlöser/in auf eine anfängliche Herausforderung, indem er/sie schnell ein einfach zu modifizierendes, kostengünstiges Arbeitsmodell entwickelt und bereitstellt. Die Nutzer/innen arbeiten dann mit dem Prototyp und sammeln ihre eigenen Daten darüber, wie gut er funktioniert. Sie ändern ihre Spezifikationen, das neue Modell geht zurück an den/die Designer/in oder den/die Problemlöser/in, und schnell wird ein verbesserter Prototyp hergestellt.[29] Dann beginnt der Zyklus von neuem, so schnell wie möglich: verfeinern, ausprobieren, wiederholen.

Diese iterative Neuformulierung des Problems beziehungsweise der Lösung und das Lernen durch Versuch und Irrtum sowohl durch den/die Problemlöser/in als auch durch den/die Benutzer/in werden so lange wiederholt, bis eine funktionierende Lösung gefunden ist. Manch einer mag sagen, dass sich dies nicht allzu sehr vom traditionellen Ansatz unterscheidet, bei dem verschiedene Abteilungen bestimmte Aufgaben tun: Abteilung A bittet Abteilung B um eine

Lösung; Abteilung B kommt mit etwas, das nicht funktioniert; Abteilung A sagt: »Falsch! Machen Sie es noch einmal!«

Aber das Tempo und vor allem die Einstellung der Beteiligten schaffen eine andere Dynamik. Beim Rapid Prototyping wird jede Iteration des Prototyps nicht als Fehlschlag, sondern als notwendiger Schritt im Prozess angesehen. Durch die schnelle Durchführung dieses Prozesses entsteht ein konstanter Kontakt zwischen dem/der Benutzer/in und dem/der Problemlöser/in. Es entsteht ein Dialog – ein »Diskurs«, wenn Sie so wollen –, in dem alle Beteiligten das Produkt gemeinsam entwickeln.[30]

Aber können wir vielleicht etwas Substanzielleres tun, etwas, das uns von der Illusion befreit, dass alles unter Kontrolle ist, dass es ein System und eine Reihe von Regeln für die Lösung von Problemen gibt? Um diese Frage zu beantworten, müssen wir tiefer in die Forschung über Bedürfnisse, Ziele und Problemlösungen eintauchen.

Mehr als nur Problemlösung

»Wenn wir nicht nur alle Faktoren kennen würden, die sich auf die Erfüllung unserer gegenwärtigen Wünsche auswirken, sondern auch unsere zukünftigen Bedürfnisse und Sehnsüchte, gäbe es kaum ein Argument für die Freiheit. Freiheit ist wichtig, um Raum zu lassen für das Unvorhersehbare und Unberechenbare; wir brauchen sie, weil wir gelernt haben, von ihr die Gelegenheit zu bekommen, viele unserer Ziele zu realisieren.«

Friedrich Hayek,
Wirtschaftswissenschaftler
und Philosoph

Die aktuelle Forschung zeigt, dass übermäßig strukturierte Ziele mögliche Serendipität einschränken, während breiter gefasste Ziele sie wahrscheinlicher machen. In einem Experiment interagierten die Teilnehmenden mit einem Lesegerät. Einige wurden gebeten, eine bestimmte Information herauszufinden. Anderen wurde keine Aufgabe gestellt. Die Ergebnisse waren eindeutig: Während die erste Gruppe häufig die gesuchte Information herausfand, waren die Teilnehmenden in der zweiten Gruppe in ihrer Interaktion offener und neigten dazu, viele interessante Informationen mitzunehmen, nach denen sie ursprünglich nicht gesucht hatten.[31]

Andere Experimente haben gezeigt, dass Teilnehmende, die überspezifizierte Problemstellungen vorgelegt bekommen haben, dazu neigen, weniger offen für positive Zufälle und Informationen zu sein – als solche mit einem breiteren Blickwinkel. Hinzu kommt, dass unerwartete Zufälle potenziell häufiger eintreten würden, wenn wir sie zulassen würden, anstatt Menschen oder Dinge in bestimmte Schubladen zu zwängen.[32] Dies gilt über verschiedene Bereiche hinweg. In meiner Lehrtätigkeit und bei der Betreuung von Abschlussarbeiten habe ich viele wunderbare Studierende kennengelernt. Oft kann ich schon nach wenigen Minuten des Gesprächs sagen, welche Studierenden wahrscheinlich die besten Noten erzielen werden (wobei ich mich von diesem ersten Eindruck natürlich nicht beeinflussen lasse!). Viele Studierende kommen zu mir und sagen: »Ich weiß genau, was ich tun will. Ich habe den xyz-Ansatz. Können Sie das absegnen?« Herausragende Studierende sagen indes oft: »Ich habe mich umfassend über dieses Thema informiert und mich inspirieren lassen, aber ich bin mir noch nicht ganz sicher, welche spezifische (theoretische) Perspektive ich wählen soll. Können wir darüber reden?«

Durchschnittliche Studierende haben oft einen sehr klaren Fahrplan und ein festes Ziel; sie wissen, wie sie vorgehen wollen, und sie werden in der Regel eine sehr solide Arbeit abliefern. Außergewöhnliche Studierende hingegen neigen dazu, ein breiteres Suchfeld zuzulassen. Sie lesen rund um ihr Thema und versuchen, potenzielle Berührungspunkte zu finden, die ihr Denken auf neue (und oft unerwartete), dialektische Weise anregen könnten. Viele der Studierenden, mit denen ich gearbeitet habe, empfinden diese Art von Ambiguität als Schwäche, aber sie ist oft die Quelle echter Kreativität und Originalität.

Diese Ambiguität fühlt sich nicht immer gut an, aber sie führt zu einem potenziellen Impuls, der zu einem wertvollen Beitrag führt. Tatsächlich hat die Forschung gezeigt, dass inspirierende Einsichten nicht nur aus Neugier und Verbindungspunkten entstehen, sondern auch aus Widerspruch und »kreativer Verzweiflung« – ausgelöst durch die Entdeckung neuer tieferliegender Muster.[33] Ich habe dieses Phänomen auch im Unterricht beobachtet. In einem Kurs baten wir die Studierenden, Ideen für Unternehmen zu entwickeln. Oft gaben die aufgeweckten Studierenden zu, dass sie noch keine klare Vorstellung hatten, wo genau sie hinwollten, aber das Gefühl, dass sie »etwas bewegen wollten«. Das ist eine gute Ausgangsbasis: ein offener und neugieriger Geist, gepaart mit der Motivation, etwas Sinnvolles zu finden und zu tun. Intellektuelle Neugier und Ungewissheit können ein guter Weg sein, um Selbstüberschätzung zu vermeiden, vorgefasste Meinungen zu hinterfragen und eine gesunde Skepsis zu entwickeln. Wenn dies mit harter Arbeit und Motivation gepaart wird, entstehen oft wunderbare Dinge – und Unternehmensideen – wie in diesem Kurs. Es ist an der Zeit, unsere Herangehensweise an Probleme und Ziele zu ändern und einen »Möglichkeitsraum« zu kreieren.

Heureka, hier kommen wir

Zufällige Momente – eine unerwartete Entdeckung zu machen und ihre Wichtigkeit zu erkennen – haben das Potenzial, Leben zu retten, und sie haben zu einigen der nützlichsten Erfindungen und Innovationen geführt. Oft entstehen sie aus dem Nichts, aus einer zufälligen Beobachtung heraus. Als die Filmemacherin Geneva Peschka von Toronto nach New York City zog, wollte sie ein neues Leben beginnen. Zwei Jahre zuvor hatte sie sich von ihrem Ehemann getrennt und erkannt, dass ihr Leben nur noch eine Ruine war. Sie beschloss, die Dinge zu ändern, indem sie ihren größten und »verrücktesten« Traum verwirklichte – nach New York zu ziehen.

Ein paar Monate vor ihrem Umzug fragte sie Freund/innen in New York, ob sie von Jobmöglichkeiten wüssten, damit sie idealerweise direkt nach ihrer Ankunft anfangen könnte, zu arbeiten. Eine Freundin von ihr, die zufälligerweise gerade in die Flitterwochen fahren wollte, fragte, ob sie ihre Arbeit übernehmen wolle: die Betreuung von Emma der autistischen achtjährigen Tochter einer befreundeten Familie. Geneva ergriff die Gelegenheit, die Stadt zu erkunden, und verbrachte einen großen Teil ihres Sommers damit, Emma und ihre Familie kennenzulernen.

Im Laufe der Jahre rückte Geneva näher an die Familie heran und erlebte einen Durchbruch der besonderen Art, den Emma im Alter von zehn Jahren hatte. Emmas Sprachmuster entsprach dem eines kleinen Kindes, und sie begann mit der Rapid Prompting Method zu arbeiten, bei der auf Buchstaben gezeigt wird, um Wörter auf einer Schablonentafel zu bilden. Als Emma äußerte, dass die Welt wissen müsste, wie es ist, Autist zu sein, war das für Geneva ein augenöffnender Moment – und etwas machte Klick. Sie stellte die Verbindung zwischen Emmas Wunsch, gehört zu werden, und ihrem eigenen Hintergrund als Filmemacherin her. Warum sollte sie nicht einen Film drehen, der Emma eine Stimme gab und in dem sie ihre eigene Geschichte erzählte? Sie fragte Emma, ob sie bei dem Film mitmachen wolle. Der daraus resultierende Film – »Unspoken« – war Genevas erster Film mit und über jemanden, der ihr sehr am Herzen lag und wurde inzwischen auf Festivals und Konferenzen gezeigt.

Heute, fünf Jahre nach ihrem ersten Treffen, blickt Geneva gerne darauf zurück, wie sich alles zusammengefügt hat. Indem sie Emma durch »Unspoken« eine Plattform gab, ihre Geschichte zu erzählen, konnte Geneva auch ihre eigene Stimme finden. »Ich hätte mir nie träumen lassen, dass ich meine Stimme finden würde, indem ich mit einem jungen Mädchen zusammenarbeite, das ich am Tag nach meinem Umzug nach New York City im Central Park zum ersten Mal getroffen habe«, sagt Geneva.

Derartige Heureka-Momente, wie sie Geneva erlebt hat, entstehen in der Regel aus dem Gefühl, dass auf einmal alles Sinn macht – was einen Aha-Effekt hervorruft.[34] In der kognitiven Psychologieforschung wurde gezeigt, dass dieser Heureka-Moment durch einen plötzlichen Gewinn an »Verarbeitungsflüssigkeit« entsteht. Menschen füllen Lücken in ihrem eigenen Denken – Lücken, von denen sie gar nicht wussten, dass sie existierten.[35]

Ein weiteres Beispiel für einen Heureka-Moment ist der Rollkoffer.[36] Als Bernard D. Sadow in den 1970er-Jahren von einem Familienurlaub zurückkam, musste er zwei schwere Koffer durch einen Flughafen schleppen. Während er in der Schlange am Zoll wartete, sah er einen Arbeiter, der mühelos eine schwere Maschine auf einem Rollwagen bewegte. Er verband diese Beobachtung mit der Tatsache, dass er seine schweren Koffer heben, tragen und transportieren musste. Als er bei der Gepäckfirma, bei der er angestellt war, eintraf, montierte er Möbelrollen an einen schweren Reisekoffer. Als er einen Riemen an der Vorderseite anbrachte und daran zog, bemerkte er: »Es funktioniert!« Der Rollkoffer war geboren.

Derartige Verbindungen, die zwei zuvor unverbundene oder sogar unbekannte Tatsachen oder Kenntnisse miteinander verknüpfen, bilden die Grundlage für das Entstehen von Serendipität. Sie entsteht oft nicht, weil wir ein Problem vorformuliert haben und nach einer Lösung suchen, sondern oft, wenn wir das Problem und die Lösung gleichzeitig sehen. Sobald wir sie erkennen, vergleichen wir diese neue Option mit den bestehenden Arrangements in unserem Leben oder in unserem Unternehmen. Wenn sie eindeutig überlegen ist, hat sich die Serendipität in eine konkrete Möglichkeit verwandelt.

Oft merken wir erst dann, dass wir ein Problem haben, wenn wir eine Lösung dafür sehen.[37] Die Innovationsexperten Eric von Hippel und Georg von Krogh schlagen vor, sich Probleme oder Bedürfnisse als eine Landschaft vorzustellen. Plus einem weiteren Schauplatz, der die möglichen Lösungen für jedes Bedürfnis oder Problem bereithält. Wir können in gewisser Weise die eine Fläche über die andere legen oder einen Ort in der Bedürfnislandschaft mit einer potenziellen Entsprechung in der Lösungslandschaft verbinden. Die Problemlandschaft einer Ärztin stellt zum Beispiel alle Beschwerden dar, die ein Patient haben könnte. Die Lösungslandschaft der Ärztin hingegen umfasst ihre persönlichen und beruflichen Erfahrungen und Informationen sowie ihr jeweiliges Arbeitsumfeld, die verfügbare Literatur, die Forschungseinrichtungen – alles, was bei der Lösungsfindung von Nutzen sein könnte. Bei der Problemlösung (im Fall der Ärztin, dem Patienten oder der Patientin zu helfen) geht es darum, die Verbindungen zwischen einem bestimmten Punkt in der Problemlandschaft und einem bestimmten Punkt in der Lösungslandschaft herzustellen.

Da Serendipität oft aus der Beobachtung einer Verbindung zwischen zwei Dingen entsteht, die zuvor als unverbunden galten, sehen wir oft im Nachhinein eine Lösung für ein Problem. Vielleicht waren wir uns des Problems nicht einmal bewusst, obwohl wir später unsere Erfahrung damit begründen könnten, indem wir sagen, dass dies das Problem war, das wir die ganze Zeit zu lösen versuchten.

Noch einmal Bernard D. Sadow und sein Rollkoffer: Damals gab es bereits eine Lösung für das Problem, schweres Gepäck durch Flughäfen zu transportieren: die Anwendung eines vom Flughafen bereitgestellten Gepäckwagens. Es sah so aus, als gäbe es bereits eine Lösung. Daher sah niemand das Problem als solches an, oder zumindest nicht als eines, dass es wert war, dass man sich um seine Lösung bemühte. Doch sobald man einen Rollkoffer hat, stellt man fest, dass der alte Gepäckwagen ein Problem darstellte – und zwar eine ganze Reihe ärgerlicher Probleme. Sind genügend Trolleys vorhanden? (Selten.) Sind sie zur richtigen Zeit am richtigen Ort, damit die Passagiere sie anwenden können? (Nicht immer.) Kann man sie durch die Check-in-Schlange manövrieren? (Nicht ohne Weiteres.) Kann man sie auf einer Rolltreppe mitnehmen? (Auf keinen Fall.)

Erst wenn wir eine neue Lösung gefunden haben, können wir im Nachhinein erkennen, dass der alte Zustand tatsächlich ein Problem war.* Viele von uns führen diesen Prozess intuitiv und unbewusst durch – aber wenn wir anfangen, ihn bewusster wahrzunehmen, erzählen wir den Ablauf und die resultierende Geschichte oft so, dass es kohärenter klingt, als es tatsächlich war. Im Nachhinein gaukeln wir uns vor, dass wir ein Problem erkannt und dann eine Lösung erarbeitet haben – obwohl dies überhaupt nicht der Fall war.

Ich vermute, dass viele Leser/innen dieser Ansicht instinktiv widersprechen werden. Wie kann man eine Lösung finden, wenn man das Problem noch nicht kennt? An dieser Stelle sei jedoch daran erinnert, dass wir die Art und Weise, wie wir Probleme lösen, in der Regel nachträglich begründen. Wir neigen dazu, zu denken, dass wir ein

* Neben dem Kofferbeispiel verwenden von Hippel und von Krogh unter anderem die folgenden zwei hilfreichen Beispiele. 1) Wenn Sie ein Elternteil sind, stellen Sie sich die folgende Situation vor: Sie sehen im Schaufenster eines Geschäftes einen Fahrradkindersitz, der sehr sicher und stabil aussieht. Bisher haben Sie das Auto benutzt, um Ihre Tochter in die Kindertagesstätte zu bringen. Sie sind aber auch ein begeisterter Fahrradfahrer. Plötzlich denken Sie: »Ich hätte nicht gedacht, dass ich eine Babyschale brauche, aber diese hier könnte tatsächlich in meinem Alltag sehr geeignet sein: Ich könnte meine Tochter mit dem Fahrrad zur Kita bringen, anstatt das Auto zu benutzen!« 2) Stellen Sie sich vor, Sie sind auf einer Messe, um zu sehen, »was es dort gibt«. Sie haben vielleicht eine Vorstellung davon, was Sie interessiert, aber Sie sind hauptsächlich dort, um sich umzusehen. Zufällig stoßen Sie auf den Stand eines Unternehmens, das eine neue Software für die Lohn- und Gehaltsabrechnung anbietet, von der es behauptet, dass sie bestimmten Anforderungen und Problemen besser gerecht wird als die bestehenden Konkurrenzprodukte. Sie wollen zwar nicht das Lohn- und Gehaltsabrechnungssystem wechseln, aber gleichwohl werfen Sie einen Blick darauf. Dabei stellen Sie fest, dass sich diese Lohn- und Gehaltsabrechnung hervorragend für Unternehmen mit einer großen Anzahl von Mitarbeitern eignet, die sehr flexible Arbeitszeiten haben. Dies ist die Beschäftigungsstrategie, die Ihr Unternehmen einführen will. Dann dämmert es Ihnen, dass Ihr bestehendes Lohn- und Gehaltsabrechnungspaket nicht in der Lage sein wird, diese Beschäftigungsstrategie zu bewältigen. Serendipität in Aktion.

Problem erkannt und dann nach einer Lösung gesucht haben. Dies hängt mit dem Phänomen zusammen, das viele Führungskräfte dazu veranlasst, ihren Erfolg als eine Reihe sorgfältig ausgeführter Pläne – und nicht als eine Reihe zufälliger Ereignisse – zu betrachten. Es lohnt sich zu wiederholen, dass diese natürliche Tendenz zwar auf den ersten Blick harmlos scheint, aber eine schädigende Wirkung haben kann. Denn wenn wir anfangen zu glauben, dass Probleme wirklich auf diese Weise gelöst werden, beginnen wir, von uns und anderen zu erwarten, dass sie auf diese enge Art und Weise arbeiten und Probleme lösen.

Sollte die Ausnahme zur Regel werden?

Wir haben bereits einige Techniken gesehen, die funktionieren, um Zufälle zu nutzen, etwa die Neuformulierung von Fragen und Problemen auf eine offenere Art und Weise, die eine Richtung vorgibt, ohne den Lösungsraum oberflächlich zu verengen. Eine weitere Möglichkeit, um aus starren Denkmodellen auszubrechen und Serendipität wahrscheinlicher zu machen, ist der Ansatz der »positiven Abweichung«.[38] Hierbei wird eine Population (Menschen, Unternehmen, Organisationen) betrachtet und es werden einzelne Fälle identifiziert, die vom Typischen abweichen – und zwar in positiver Hinsicht.

Wenn beispielsweise das oberste Ziel einer Organisation darin besteht, die Gesundheit von Familien in brasilianischen Favelas zu verbessern, dann würde die Strategie darin bestehen, den Fokus auf die Suche nach Familien zu legen, die als positive Abweichler auffallen – mit anderen Worten, die besonders gesund sind. Die zugrunde liegende Annahme ist, dass diese Personen einen erfolgreichen Weg gefunden haben, um ihre gute Gesundheit zu erhalten, und ihr Ansatz für andere hilfreich sein könnte. Dann könnte man versuchen zu verstehen, was diese positiven Abweichler dafür genau tun. Wenn deren Lebensentscheidungen – zum Beispiel bestimmte Lebensmittel oder mehr Wachsamkeit in Bezug auf sauberes Wasser – für andere praktikabel erscheinen, haben wir ein Best-Practice-Modell gefunden. (In ähnlicher Weise suchen Forscher/innen, die qualitative Methoden anwenden, oft nach Extremfällen, um interessante, unerwartete Ideen zu entdecken.)

Derselbe Ansatz kann auch in einem Unternehmenskontext funktionieren. Welche Mitarbeitende oder Teams sind am produktivsten? Was machen sie anders als alle anderen? Könnten das alle anderen im Unternehmen auch tun? Der Ansatz der positiven Abweichung ist eine Möglichkeit, zunächst zu identifizieren, was funktioniert hat, und dann zu sehen, ob diese positiven Charakteristiken für ein Problem angewendet werden können, von dem man oft gar nicht wusste, dass man es hat. Bei Sandbox lag der Fokus auf positiven Abweichungen – auch wenn uns das damals nicht bewusst war –, als wir Menschen aufforderten, sich für unsere Community zu bewerben, indem sie uns mitteilten, was sie ihrer Meinung nach auszeichnete.

Bewerber/innen wurden gebeten, einen kreativen Beitrag einzureichen, der ihren Wow-Faktor herausstellen sollte. Sandbox identifizierte kreative Außenseiter/innen, deren Ansatz einzigartig und überraschend war. Im Nachhinein wurde klar, dass dies eine Art Suche nach positiver Abweichung war. So konnten wir kreative Ansätze erkennen, die andere inspirieren konnten. Ursprünglich hatten wir eine Headhunting-Agentur gebeten, einen Fragebogen vorzuschlagen, der uns helfen könnte, die inspirierendsten Menschen zu identifizieren. Wir stellten allerdings fest, dass die von der Agentur vorgeschlagenen Kriterien – Bildungsweg, Unternehmenserfahrung usw. – nicht zu den Menschen passten, die wir dafür hielten.

Dazu ein Beispiel: Fraser Doherty. Mit 14 Jahren gründete er in der Küche seiner Großmutter ein Marmeladenunternehmen. Als er 16 war, wurde seine Marmelade in der Supermarktkette Tesco angeboten. Dieser junge Mann hatte damals kaum eine formale Ausbildung und keine unternehmerische Erfahrung. Aber er hatte den Wow-Faktor. Dieser ermöglichte es dem Auswahlteam, ein Gefühl dafür zu bekommen, was eine Person interessant macht, anstatt nur auf eine erstklassige Ausbildung und gute Erfahrung zu achten. Wir suchten zwar immer noch nach einigen dieser Eigenschaften, aber der Wow-Faktor wurde zum wichtigsten Element des Prozesses. William McQuillan zum Beispiel – heute ein erfolgreicher Investor – reichte ein Pop-up-Buch über seine Weltreisen ein – und darüber, wie diese Erfahrungen ihn zu einem guten Sandboxer machen würden.

Heute ist Sandbox eine Keimzelle der Serendipität. Es bietet ein Umfeld, in dem die Serendipität durch eine Kombination aus Vertrauen – basierend auf gemeinsamen Werten und dem Engagement der

Mitglieder für die Community – und der Vielfalt der Gedanken und Perspektiven, die sich aus der Zusammenführung von Menschen aus unterschiedlichen Lebensbereichen ergibt, gefördert wird.[39]

Serendipität wahrnehmen

Die Art und Weise, wie wir Fragen, Probleme oder Ziele formulieren oder Anwendungsprozesse beschreiben, hat einen großen Einfluss auf die Kreativität, Innovation und Wirksamkeit unserer Lösungen und unsere Fähigkeit, unseren Möglichkeitsraum zu erweitern und Serendipität zu erleben. Betrachten wir ein einfaches Alltagsbeispiel: Waqas Baggia, von dem auf Seite 26 bereits berichtet wurde, gehörte ein Unternehmen, das sich in einer schwierigen finanziellen Situation befand. Zu dieser Zeit schickte ihm jemand eine Initiativbewerbung auf LinkedIn, mit der Frage, ob er einen Job für ihn hätte. Waqas sagte ihm, er hätte nicht die Mittel, um jemanden einzustellen, aber wenn diese Person Geld einbrächte, könnte Waqas eventuell eine Möglichkeit zur Zusammenarbeit schaffen. Die Person fragte: »Nach welcher Art von Projekt suchen Sie?« Waqas antwortete: »Bauwesen«. Es stellte sich heraus, dass das millionenschwere Unternehmen des Vaters der Person im Baugewerbe tätig war, und er konnte es für ein neues Projekt hinzuziehen – und einen neuen Job schaffen.

Kurze Analyse: Waqas hat ein Problem. Es ist ein Unternehmen mit finanziellen Schwierigkeiten. Der LinkedIn-Kontakt hat auch ein Problem: Er braucht einen Job. Auf den ersten Blick hat keiner von beiden eine Lösung für den anderen. Nimmt man dies als gegeben hin, hätten die meisten Menschen in Waqas' Situation vielleicht nur geantwortet: »Sie brauchen einen Job. Ich habe keinen Job für Sie, kommen Sie ein andermal wieder.« Er tat jedoch etwas, was Zufallsaktivisten und -aktivistinnen tun: Er stellte die Situation neu dar und ermöglichte eine neue, unerwartete Option.

Diese Art von Umstrukturierung eines Problems kann der Schlüssel für unerwartete Verbindungen sein. Das maximiert unser Serendipitätsfeld – den Raum der Möglichkeiten, der alle potenziellen Verbindungen enthält, die sich ergeben können.[40] Die Kraft der Serendipität besteht darin, dass diese Verbindungen unerwartet sind oder zuvor ungeahnt waren und zusammenkommen, wodurch eine Möglichkeit entsteht. Das bedeutet nicht, dass es nicht möglich wäre, Probleme im Voraus klar und präzise zu definieren. Echte Innovation, schrittweise Veränderungen im Denken, im Design, in den Produkten und in der Problemlösung entstehen jedoch oft durch organischeres, halbstrukturiertes Problemlösen.

Also …

In diesem Kapitel haben wir uns mit Denkprozessen und Problemlösungstechniken befasst, die Serendipität fördern und unseren Erfolgsfaktor Zufall verbessern können. Indem wir unseren Blick auf die Welt neu ausrichten, beginnen wir Brücken zu sehen, wo andere Gräben sehen. Indem wir Problemformulierungen oder Fragen nicht als unveränderlich hinnehmen, können wir eher die zugrunde liegenden Interessen als die Positionen erforschen, und Methoden wie das Erkennen positiver Abweichungen können uns helfen, Möglichkeiten richtig einzuordnen und zu nutzen.

Der Serendipitätsprozess ist jedoch eine längere Reise und kein einmaliger Moment, und wir müssen ausreichend motiviert und inspiriert sein, um ihn in die Tat umzusetzen. Im nächsten Kapitel gehe ich der Frage nach, wie wir uns vorbereiten können, um den dafür nötigen Möglichkeitsraum zu schaffen und zu nutzen.

Serendipity Workout

1. Wenn Sie eine neue Person auf einer Konferenz oder einer Veranstaltung treffen, fragen Sie nicht: »Was machen Sie beruflich?« Fragen Sie: »Was fanden Sie am interessantesten an …?« oder »Was bringt Sie hierher?« oder »Was hat Sie dazu gebracht, xyz zu tun?«[41] Diese Fragen hieven uns aus dem üblichen Autopiloten und helfen, Gespräche zu eröffnen, die zu faszinierenden – und oft zufälligen – Ergebnissen führen können.
2. Wenn sich die Fragen zu gezwungen anfühlen, machen Sie eine Aussage, die das Interesse der anderen Person wecken könnte, wie zum Beispiel: »Das war interessant.« Das gibt der Person die Möglichkeit, ein Gespräch in die Richtung zu lenken, die sie interessant findet.
3. Wenn Sie ein Abendessen veranstalten oder zu einer Veranstaltung einladen, bitten Sie die Leute nicht nur darum, sich mit ihrem Beruf vorzustellen. Je nach Anlass und Art der Teilnehmenden könnten

Sie Variationen wie: »Was beschäftigt Sie gerade?« oder: »Worüber freuen Sie sich gerade am meisten?« oder: »Was erkunden Sie gerade?« verwenden. Bei privateren Abendessen können Sie Fragen stellen wie: »Welches Erlebnis hat Sie zu dem/der gemacht, der/die Sie heute sind?«

4. Wenn Ihnen jemand etwas erzählt, versuchen Sie, zwischen den Zeilen zu lesen. Wenn sie ein Problem formulieren, nehmen Sie es nicht als gegeben hin. Gehen Sie mit ein paar »Warum« oder »Wie« tiefer, um das eigentliche Bedürfnis oder die eigentliche Ursache zu ermitteln.
5. Schreiben Sie drei Dinge auf, die Sie tun würden, wenn Sie keine Zwänge hätten und nicht scheitern könnten. Schreiben Sie drei Gründe auf, warum Sie glauben, dass Sie die Situation nicht neu gestalten können. Und dann drei Gründe, warum oder wie Sie es doch können. Handeln Sie danach.
6. Finden Sie »Ihre Geschichte«. Schreiben Sie auf einer Seite Ihr Interessensgebiet und einen interessanten »Haken« auf (siehe Kapitel 5), der sich auf Ihre eigene Geschichte bezieht. Wenn Sie nicht sicher sind, was das sein könnte, stellen Sie Ihren Freund/innen Fragen wie: »Wenn du an mich denkst, welche Eigenschaften oder Themen verbindest du am meisten mit mir?« oder: »Was denkst du, ist der interessanteste Teil von mir oder meinem Leben?« oder: »Wenn ich ein Buch schreiben würde, worüber sollte ich schreiben?« Wenn Sie glauben, dass Sie eine Vorstellung davon haben, was Ihre Geschichte und Ihre Leitidee sein könnten, probieren Sie sie bei ein paar Events aus und wiederholen Sie, was Ihnen am besten gefällt. Wenn man Sie fragt: »Was tun Sie?«, erzählen Sie davon (die Kurzfassung!).

4

DER ANGEREGTE GEIST

»Wenn du ein Schiff bauen willst, dann trommle nicht Männer zusammen, um Holz zu beschaffen, Aufgaben zu vergeben und die Arbeit einzuteilen, sondern lehre die Männer die Sehnsucht nach dem weiten, endlosen Meer.«

Antoine de Saint-Exupéry,
Schriftsteller

Stellen Sie sich ein Puzzle vor, bei dem einige Teile fehlen. Zu Beginn haben Sie keine klare Vorstellung vom endgültigen Bild, sodass Sie nicht wissen, wie die fehlenden Teile aussehen. Ein Teil des Gesichts von jemandem? Ein Stück Wolke? Die Ecke eines Hauses? Aber wenn man das Puzzle Stück für Stück zusammensetzt, bekommt man eine Vorstellung des Gesamtbildes und eine bessere Idee davon, was noch fehlt. Man beginnt zu erkennen, wie die fehlenden Teile in das Gesamtbild passen.

Ähnlich verhält es sich mit Ihrem Leben oder Ihrer Karriere: Die verschiedenen Teile, die Sie zusammengesetzt haben – Ihre Fähigkeiten, Ihr Wissen und Ihre Erfahrung – passen zunächst nicht intuitiv zusammen, aber mit der Zeit ergeben sie ein größeres Bild. Sobald Sie dieses haben (vielleicht auf der Grundlage einer bestimmten Leidenschaft, die sehr unterschiedliche Erfahrungen miteinander verbindet), können Sie nach den fehlenden Elementen suchen. Vielleicht stellen Sie fest, dass Ihnen eine Fähigkeit fehlt, die Ihr Leben verändern könnte. Auch wenn Sie nicht genau sagen können, was Ihnen fehlt, haben Sie vielleicht eine grobe Idee: »Ich habe zu wenig Erfahrung« oder »Ich muss lernen, besser zu kommunizieren.« Dann können Sie mit einem klareren Fokus nach den fehlenden Teilen suchen.

In diesen Situationen ergänzen sich Rückschau und Vorschau. Jeder Mensch hat eine eigene Herangehensweise, eine eigene Perspektive und eigene Ziele, die sie/ihn dazu bringen, unerwartete Möglichkeiten zu erkennen. Forschungsergebnisse deuten darauf hin, dass eine grundlegende Motivation dazu beitragen kann, dass wir Serendipität häufiger und mit besseren Ergebnissen erleben.[1] Eine gewisse Motivation ist unerlässlich – wir müssen den Serendipitätsauslöser sehen und die Punkte verbinden wollen.

Natürlich ist jeder Mensch anders motiviert. Für die einen steht die Suche nach dem Lebenssinn im Vordergrund. Für andere ist Nächstenliebe der Schlüssel. Und es wäre töricht, andere Motivationen, wie Neugier, das Bedürfnis nach Zugehörigkeit, einen starken Sexualtrieb, Neid oder Gier, auszuschließen.[2] Doch im Gegensatz zum blinden Glück ist Serendipität ein aktives Streben. Ein offener Geist ist nichts ohne die Bereitschaft und Motivation, uns in eine wünschenswerte Richtung zu lenken, auch wenn das genaue Ziel unbekannt ist. Wie wir im vorigen Kapitel gesehen haben, müssen wir aktiv wollen, dass uns Serendipität widerfährt, und nicht untätig sein.

Wie aber können wir eine Einstellung entwickeln, die uns hilft, Serendipität zu erleben und zu der Person zu werden, die wir wirklich zu werden imstande sind?*

Unsere Suche nach Orientierung

Als Evelina Dzimanaviciute im Sommer 2004 zu einem längeren Urlaub in London eintraf, ahnte sie nicht, dass sie für immer in Großbritannien bleiben würde. Die gebürtige Litauerin aus einem kleinen Dorf freute sich darauf, zusammen mit ihrem damaligen Freund London zu erkunden. Sie waren von einer Freundin eingeladen worden und hatten geplant, nach dem Urlaub nach Vilnius zurückzukehren, wo Evelina bereits einen Studienplatz mit Stipendium an der Universität erhalten hatte.

Als Evelina in London ankam, war ihre Freundin leider vorher arbeitslos geworden und musste deshalb Miete verlangen, was bedeutete, dass Evelina Geld verdienen musste, um ihren Aufenthalt zu finanzieren. Der Traum, das Land zu erkunden, verwandelte sich unerwartet in eine verzweifelte Jobsuche, und Evelina fand schließlich eine Anstellung als Reinigungskraft in einem kleinen Hotel. Sie arbeitete hart und wurde von den anderen Mitarbeitern oft gedemütigt, weil sie eine Ausländerin war, die nur sehr wenig Englisch sprach.

Dann geschah das Unvorstellbare: »Ich war gerade dabei, ein Zimmer zu putzen, als ich plötzlich hörte, wie die Tür hinter mir geöffnet wurde. Da war dieser Typ, mit dem ich zusammenarbeitete – ein schmieriger, übergewichtiger Mann mit fettigem Haar, verfaulten Zähnen und dem Geruch nach Whisky und Tabak. Er brachte ein Bitte-nicht-stören-Schild an der Tür an, schloss sie ab und kam mit einem breiten Grinsen auf mich zu, während er seinen Gürtel öffnete. Ich war schockiert und wich zurück, als er versuchte, sich mir aufzudrängen. Zum Glück gab es noch eine unverschlossene Tür zu einem angrenzenden Raum, und ich hatte das Glück, dass ich knapp entkommen konnte.«

* Serendipität ist nicht nur im Hinblick auf konkrete positive Ergebnisse wirkungsvoll, sondern kann auch ein wirksames Mittel sein, um verschiedene potenzielle Versionen dessen zu erforschen, wer wir sein könnten – und zu einer »besseren« oder »passenderen« Version von uns selbst zu gelangen, die wir uns vielleicht nicht einmal hätten vorstellen können.

Evelina rannte mit ihren Putzhandschuhen auf die belebte Londoner Oxford Street hinaus, immer noch in ihrem blauen Dienstmädchenkleid und einer weißen Schürze. Sie rannte ziellos umher, zwischen Massen von Menschen, die alle gut gekleidet waren und zielstrebig ihres Weges gingen. Plötzlich ertönte eine Stimme in ihrem Kopf und wiederholte wie eine zerkratzte Schallplatte: »Ich bin besser als das, ich bin besser als das, ich bin besser als das.« Sie beschloss, dass es mehr im Leben geben musste. Voller Tatendrang schlenderte sie am nächsten Tag durch die Straßen Londons auf der Suche nach einem neuen Job und war hocherfreut, als sie das französische Schild eines Pret-A-Manger-Sandwichladens sah. In der Überzeugung, dass ihr fließendes Französisch, das sie in der Schule gelernt hatte, jetzt hilfreich sein würde, trat sie dem Geschäftsführer gegenüber und begann, ihn selbstbewusst auf Französisch anzusprechen. Der hochgewachsene Italiener schaute sie lächelnd und neugierig an, und nachdem er ihr eine Weile zugehört hatte, murmelte er, dass er kein Französisch spreche, dass Pret A Manger kein französisches Unternehmen sei und dass sie keine neuen Mitarbeitenden bräuchten.

Gleichwohl fand er einen Job für sie. Nachdem er ihr geholfen hatte, ein Bankkonto zu eröffnen und die erforderliche Arbeitserlaubnis zu erhalten, schickte er sie zu einem anderen Laden der Kette, von dem er wusste, dass neue Mitarbeitende eingestellt wurden. Dort kletterte Evelina schnell die Karriereleiter hinauf, wobei ihr Wille zu harter Arbeit und ihre positive Arbeitseinstellung ihr Sprachdefizit wettmachten. Die meisten Mitarbeitenden sprachen Polnisch, das Evelina als Kind via Fernsehen gelernt hatte und das sie zum Spaß gesprochen hatte, um polnische Besucher/innen durch die berühmten Kirchen ihrer Heimatstadt in Litauen zu führen. Evelina vergaß, dass sie eigentlich nur für die Ferien gekommen war, und blieb bei Pret A Manger, wo sie innerhalb weniger Jahre in eine leitende Position aufstieg. Schließlich leitete sie Geschäftsentwicklungsprojekte, um den Expansionskurs der Firma voranzubringen, neue Läden zu eröffnen sowie neue Manager/innen und Führungskräfte zu trainieren.

Seitdem ist mehr als ein Jahrzehnt vergangen. Evelina lebt mittlerweile mit ihrer Tochter in der Nähe von London und hat ihr eigenes Beratungs-, Trainings- und Coachingunternehmen, Elite Mind. Sie hat das Gefühl, ein glückliches und erfülltes Leben zu führen. Heute versucht sie, andere zu inspirieren und ihnen zu helfen, Glaubenssätze zu überwinden, die Menschen in ihrem Trott gefangen halten. Evelinas Erlebnis im Hotel ist erschütternd, und so ist es inspirierend, dass sie, wie viele der Menschen, die ich interviewt habe, dieses traumatische Ereignis als Ausgangspunkt genutzt hat, um ihr Leben neu auszurichten. Sie benutzte den Zwischenfall, um sich selbst neu zu definieren – anstatt sich von dem Ereignis definieren und erdrücken zu lassen.

Menschen wie Evelina schöpfen aus einer Krise einen starken Antrieb und einen Impuls zur Sinnsuche. Andere stützen sich vielleicht auf die Philosophie oder andere Weltanschauungen. Und Führungskräfte in Unternehmen formulieren eine »Vision«, die beschreibt, *warum* sie tun, was sie tun.[3] Immer wieder konnte ich beobachten, dass wir oft nicht genau wissen, wo wir hinwollen. Ich habe bei mir selbst und bei vielen anderen Menschen festgestellt, dass wir weniger über ein bestimmtes Ziel oder Vorhaben nachdenken als vielmehr über einen »Möglichkeitsraum«, der es uns erlaubt, zu erkunden, was uns Sinn gibt – und dann »stolpern« wir in der Regel über Möglichkeiten, die Resonanz erzeugen. Wenn wir Unternehmen, Communitys und Universitäten als Plattformen betrachten, die uns helfen können, experimentell unseren eigenen Weg auszuloten, können wir neue Fähigkeiten entwickeln und gleichzeitig erkunden, welches Umfeld für uns am sinnvollsten ist.

Als ich etwa meine Promotion begann, war die Abmachung mit meinem damaligen Doktorvater einfach: Ich würde mich auf meine Forschung konzentrieren und er würde mich beim Aufbau eines Innovationszentrums mithelfen lassen. Auf diese Weise hatte ich die Möglichkeit zu forschen, konnte aber gleichzeitig eine Rolle übernehmen – als stellvertretender Gründungsdirektor –, die für die Außenwelt relevant war und mir half, den Bereich zu finden, in dem ich mich am wohlsten fühlte. Die LSE und insbesondere das Innovationszentrum, das ich mitentwickelte, erwies sich für mich als eine wunderbare Plattform für das Ausloten von Möglichkeiten und Durchführen von Experimenten. Das half mir, Projekte wie das Sandbox Network und Leaders on Purpose auf der Grundlage der Menschen, die ich traf, und der Möglichkeiten, die sich aus diesen Begegnungen ergaben, mit aufzubauen. Dies ergab sich im Laufe der Jahre von selbst, und ich war mir irgendwie sicher, dass etwas Positives geschehen würde, auch wenn ich nicht wusste, was genau es sein würde. Wie konnte ich mir da so sicher sein?

Erkenntnisse aus den Naturwissenschaften helfen uns diesbezüglich. Insbesondere die berühmte Denkfigur der »benachbarten Möglichkeiten« aus der Biologie, die besagt, dass jede Interaktion in einem Ökosystem die Wahrscheinlichkeit dessen erhöht, was als Nächstes passieren kann. Selbst wenn etwas in einem spezifischen Moment nicht möglich ist, kann es doch möglich werden, sobald einige andere »Zwischenmöglichkeiten« eintreten. Es öffnet sich mit jeder Interaktion ein neues unendliches Universum von Möglichkeiten, das darauf wartet, entdeckt zu werden. Und wir können uns dafür entscheiden, für diese neuen Möglichkeiten offen zu sein, anstatt das Unbekannte nur als Bedrohung wahrzunehmen.

Diese Offenheit kann dazu führen, dass wir uns verletzlich fühlen, und was möglich sein kann, hängt auch davon ab, wie viel Ungewissheit wir ertragen können – aber es macht deutlich, dass es unmöglich ist, alles im Voraus zu planen. Jede neue Interaktion mit einer Person oder einer Idee erweitert unseren Möglichkeitsraum in Bereiche, die wir uns zuvor nicht hätten vorstellen können. In den Sozialwissenschaften gibt es den Begriff des »unerwarteten Nutzens«, der eine ähnliche Idee in Bezug auf die Menschen, die wir bereits kennen, aufgreift. Adam Grant brachte es auf den Punkt: Wenn man heute jemanden trifft, kann man nicht wissen, wo diese Person morgen landen wird. Wenn Sie also jede Entscheidung mit der Frage: »Was bekomme ich jetzt dafür?« treffen, entgeht Ihnen die Möglichkeit, unerwartet Nutzen zu ziehen (und damit zukünftige Serendipität).[4]

Fokus ist wichtig – aber auch die Fähigkeit, »auf verschiedene Pferde zu setzen«, damit sich auf der Grundlage neuer Interaktionen, Erkenntnisse und Offenbarungen Möglichkeiten ergeben können. Auf diese Weise konnte ich die Richtung einschlagen und die Art von Netzwerken entwickeln, die mir halfen, zu »ertasten«, was als Nächstes kommen könnte. (Als ich jünger war, hatte ich diesen Orientierungssinn nicht – und ohne ihn lenkte ich meine Energie in eine fragwürdige Richtung.) In manchen Fällen kann dieses strukturierte Experimentieren bedeuten, dass man sich einem größeren Unternehmen anschließt, das einem die Möglichkeit gibt, zu wachsen. Hier geht es darum, jeden Job und das dazugehörige Unternehmen als Plattform zu betrachten und nicht als eine bestimmte Karrierestufe. Sie arbeiten bei Goldman Sachs, um Fertigkeiten und Netzwerke zu erwerben? Vielleicht haben Sie auch ein Anliegen, das mit den längerfristigen

Zielen des Unternehmens in Verbindung gebracht werden könnte, wie etwa Unternehmerinnen in Kenia zu unterstützen? Wenn wir es kreativ formulieren und die ersten Verbündeten im Unternehmen gefunden haben – beispielsweise, weil es Teil eines neues Corporate-Responsibility (CSR)-Programms werden könnte –, können wir Berge versetzen, egal auf welcher Hierarchiestufe wir uns befinden.

Wenn wir Organisationen als Plattformen betrachten, können wir in alle Richtungen offen bleiben, wobei wir uns instinktiv auf ein mögliches übergeordnetes Ziel, einen Nordstern, ausrichten.

Dies entspricht dem Ansatz, den erfolgreiche Unternehmen in einer Welt anwenden, in der es unmöglich ist, vorherzusagen, was als Nächstes kommt. In einem Interview sagte mir Harald Krüger, damals Vorstandsvorsitzender beim Automobilhersteller BMW, dass es für so etwas wie Nachhaltigkeit eine starke Vision braucht. Für ihn gebe es keinen perfekten Ansatz, sondern nur kleine Schritte nach vorne und unterschiedliche Testfelder für die Zukunft. »Es gibt nicht den einen Punkt – einen bestimmten strategischen Punkt – aber man muss darauf vertrauen, dass man in neue Bereiche vordringt«, betonte er.*

Doch ob wir Verschiedenes ausprobieren, hängt davon ab, wie risikofreudig wir sind. Noch immer gilt das Mülleimer-Modell: Das meiste, was in Organisationen passiert, ist zufällig und hängt davon ab, wie und wann die relativ unabhängigen Ströme von Problemen, Lösungen, Teilnehmern und Wahlmöglichkeiten aufeinandertreffen. Der Zufall ist oft der ausschlaggebende Faktor dafür, welche Lösungen für welche Probleme infrage kommen.[5] Wir als Einzelpersonen können auch auf verschiedene Pferde setzen. Das kann trivial beginnen, wie ein paar Stunden pro Woche für jemanden zu arbeiten, den wir bewundern. Oft ergeben sich daraus unerwartete Möglichkeiten.

* Unternehmen wenden dafür eine Reihe von Ansätzen an, darunter die Realoptionsanalyse, bei der Entscheidungen in mehrere kleinere unterteilt werden, wobei das Commitment für eine spätere Phase vom Ergebnis früherer Phasen abhängt (McGrath, 1999). Die Bayes'sche Aktualisierung – bei der wir alle vorherigen Wahrscheinlichkeiten berücksichtigen und sie aktualisieren, wenn wir neue Informationen erhalten – ist in diesem Zusammenhang ebenfalls ein interessantes Konzept.

In Anlehnung an ein berühmtes Zitat von Mark Twain kann es hilfreich sein, wenn Sie Ihren Nordstern bestimmen wollen: »Wenn Sie in 20 Jahren zurückblicken, was würden Sie bedauern, nicht getan zu haben?« Und wenn Sie dafür kein Gefühl haben (was verständlich ist!), was übt dann die größte Anziehungskraft auf Sie aus? Und welche »Plattform« würde es Ihnen ermöglichen, sich in diese Richtung zu entwickeln oder Ihre Fähigkeiten dahingehend zu erweitern? Die Antworten auf diese Fragen können beitragen, die Ziele zu entwickeln, die uns intrinsisch motivieren, und potenzielle Auslöser für Serendipität mit dem in Einklang zu bringen, was uns wichtig ist und wer wir sind (oder sein wollen). Dann fällt es uns leichter, die Punkte im Spiel des Lebens zu verbinden – weil wir etwas haben, mit dem wir sie verbinden können (und wollen!).

Das ganze Selbst

Unsere Bestrebungen entspringen oft tieferen Überzeugungen und Werten. Wenn wir in einem kollektivistischen Umfeld aufgewachsen sind – also in einer Umgebung, in der Zusammenhalt und Gruppenzugehörigkeit vor dem eigenen Ich kommen, ist Familie vielleicht wichtiger als persönlicher Ehrgeiz.[6] Wenn wir in einem karriereorientierten, individuell geprägten Umfeld aufgewachsen sind, neigen wir eher dazu, den Fokus auf individuelle als auf gruppenspezifische Bestrebungen zu legen. Und oft werden wir von tiefen Emotionen, wie Angst, Verzweiflung oder Rachegefühlen, oder der Sinnsuche angetrieben. Manche Menschen haben die Bibel auf ihrem Nachttisch liegen – ich habe dort neben dem *Kleinen Prinzen* auch Viktor Frankls Buch *Trotzdem Ja zum Leben sagen* liegen. Wo andere den Menschen als von einem Willen zur Macht oder sexuellem Drang getrieben sahen, sah Frankl einen Willen zum Sinn. Er beschrieb seine Erfahrungen als Holocaust-Überlebender und war der Meinung, dass das, was ihn während dieses Grauens psychisch am Leben hielt, die permanente Sinnsuche war. Er versuchte, ihn im Alltäglichen zu finden, indem er zum Beispiel mit einem Mitgefangenen sprach, um ihm Hoffnung zu geben, was wiederum Frankl einen Sinn gab. Darüber hinaus hatte er aber auch ein größeres Ziel: ein Buch zu schreiben, sobald er aus dem Konzentrationslager herauskäme. In den kleinen Dingen Sinn zu finden und gleichzeitig einen größeren langfristigen Nordstern zu haben, half ihm zu überleben (aktuelle Forschungen belegen auch die wichtige Rolle des Sinns in Bezug auf die Gesundheit und andere Vorteile).[7]

Ich habe dieses Zusammenspiel bei Menschen in allen Lebensbereichen und mit allen Lebenserfahrungen beobachtet: Wir gedeihen, wenn wir sowohl einen Nordstern haben, der uns einen umfassenderen Sinn gibt, als auch sinnvolle, alltägliche Interaktionen. Wir brauchen oft beides, um aufzublühen.

Doch es gibt ein Problem: Wir betrachten das Leben als eine Abfolge von Stufen, und viele von uns wurden in der Schule oder an der Universität über Maslows »Bedürfnispyramide« unterrichtet – eines der am meisten angewandten (manche würden sagen: missbrauchten) Paradigmen der Erkenntnistheorie. Nach dieser Vorstellung befriedigt der Mensch zuerst physiologische Bedürfnisse (Schlaf, Nahrung und Wasser), dann Sicherheitsbedürfnisse (Wohnen und Einkommen), dann soziale Bedürfnisse (Freunde und Familie), dann Wertschätzungsbedürfnisse (Anerkennung und Geltung), und erst dann – wenn wir noch Zeit haben – legen wir den Fokus auf die Lösung der Probleme, die uns wirklich am Herzen liegen: auf Selbstverwirklichung, auf einen tieferen Sinn.

Menschen wie Andrew Carnegie, Bill Gates oder John D. Rockefeller erfüllten demzufolge zunächst die niederen materiellen Bedürfnisse und kletterten die Leiter hinauf, um sich später im Leben philanthropischen Organisationen zu widmen und einen Großteil ihres Vermögens zu verschenken.* Einige meiner besten Studierenden arbeiteten zunächst in einem Job, den sie nur widerwillig annahmen, um genug Geld zu verdienen und die »richtigen Fähigkeiten und Kontakte« zu entwickeln, um erst danach das zu tun, was ihnen wirklich am Herzen lag. Diese Idee basiert auf der Prämisse: »Erst Geld machen, dann zurückgeben.«

Dies ist eine sehr lineare Lebensauffassung, die zeigt, wie Organisationen oft aufgebaut sind. Doch zunehmend geht es in einem erweiterten Sinn darum, Geld und Sinn zu verbinden. Harald Krüger von BMW brachte es auf den Punkt: »Nur wenn die Menschen heute das

* Interessanterweise zeigen neuere Forschungen, dass Maslow jahrzehntelang von »Pop-Psychologen« fehlinterpretiert wurde – er hat die Pyramide nie als Hierarchie dargestellt, aber sie wurde so interpretiert (Bridgman et al., 2019).

Gefühl haben, dass das, was sie tun, sinnvoll ist, bleiben sie dem Unternehmen treu.« Aber nicht nur Mitarbeitende und Kund/innen empfinden das so. Die Erwartungen ändern sich, auch die einer neuen Generation von Vermögenden, die in Unternehmen anlegen wollen, die Gewinn mit gesellschaftlicher Wirkung verbinden. Dies wird in Zukunft Banken, Vermögensfonds und andere, die auf das Geld dieser vermögenden Privatpersonen angewiesen sind, zwingen, ihren Handlungsansatz und ihre Investitionen anzupassen.

Und trotz der Schlagzeilen der letzten Jahre ist diese tiefere Sehnsucht nicht auf Millennials und Generation Z (post-Millennials; geboren 1995–2010) beschränkt: Sie gilt heute für alle Altersgruppen in einer zunehmend unsicheren Welt, in der Fragen des Vermächtnisses, des Beitrags und der Wirkung eine immer wichtigere Rolle spielen. Wenn sie sich dem Ruhestand nähern, beginnen viele Führungskräfte, mit denen ich zusammenarbeite, sich zu fragen, wie sie ihr Erbe gestalten wollen – und bei denjenigen, die dem Tod nahe sind (oder eine andere schwierige Lebenskrise bewältigen müssen), tauchen die »großen Fragen des Lebens« auf.

Unsere Entscheidungen werden häufig von unserer Vorstellung geprägt, wer wir sind oder als wer wir in Erinnerung bleiben wollen. Technologische Entwicklungen wie Social Media, die uns das Leben anderer vor Augen führen, lassen uns die verschiedenen möglichen Leben sehen, die wir führen könnten, und die verschiedenen Wege, die wir einschlagen könnten; der Wunsch, Geld und Sinn zu verbinden, wird immer häufiger geäußert und gilt eher als machbar denn als unrealistisch.

In einigen Communitys ist unser Selbstwertgefühl an materielle Werte gebunden, und wir akzeptieren Geld als einen wichtigen Maßstab für Erfolg – vielleicht weil es so leicht zu messen und zu vergleichen ist. Nicht nur Saint-Exupérys kleiner Prinz findet das schwer zu verstehen.[8] Faszinierend ist, dass Menschen, die ein Leben führen wollen, das sinnvoller und weniger von Gruppenzwang bestimmt ist, oft authentischer sind. Dies kann zu mehr Serendipität führen – wir ziehen das an, was wir wirklich wollen, und nicht mehr das, was wir vorgeben zu wollen. Danae Ringelmann, Mitbegründerin der führenden Crowdfunding-Plattform Indiegogo, beschrieb ihre Beobachtungen mit ihrer Schwester Mercy, die sie als »Königin der Serendipität« bezeichnet.

Mercy bringt ihre ganze Persönlichkeit in ihre verschiedenen Unternehmungen ein. Sie ist Kräuterexpertin, Technologie-Verkaufsleiterin, Inhaberin eines kleinen Unternehmens und Mutter von drei Kindern. »Mitten im Abschluss eines millionenschweren Geschäfts ist sie die Erste, die ätherische Öle zur Entspannung und Stärkung des Immunsystems hervorholt, um ihr Team gesund und ruhig zu halten. Sie bringt auch ihre Kinder mit in ihre Grünkohlchip-Firma, während sie zusammen mit ihrem Küchenpersonal Grünkohlchips verpackt«, sagt Danae. Sie verbirgt nicht, was unter anderen Umständen unpassend wäre. Danae ist der Meinung, dass die Serendipität nur zugenommen hat, seit ihre Schwester sich bewusst bemüht, diese künstlichen Mauern zu entfernen. Das hält ihre Energie intakt – Teile von sich selbst zu verstecken ist hart und anstrengend! Für Danae ist die geringere Reibung in zwischenmenschlichen Beziehungen, wenn man authentisch ist, ein Schlüssel zum Erfolg.

Ich habe dies in vielen privaten und beruflichen Kontexten beobachten dürfen – Menschen versuchen zunehmend, das, was ihnen wirklich wichtig ist, mit Geldverdienen zu verbinden. Wenn wir unser »wahres Ich« zeigen und die Maske ablegen, können wir tiefere Verbindungen aufbauen, die auf Authentizität und Vertrauen basieren. Menschen, die das Gefühl haben, dass sie an etwas Sinnvollem arbeiten (auch wenn die Aufgaben monoton sind), sind nachweislich gesünder und produktiver.[9] Wenn wir die Wahl hätten, warum in aller Welt würden wir den Großteil unseres Lebens auf eine Weise verbringen, die uns unglücklich und krank macht? Warum haben wir uns auf das »Nehmen« konzentriert, während die meisten Untersuchungen zeigen, dass »Geben« glücklicher macht?[10]

Es vollzieht sich derzeit ein grundlegender Wandel. Was früher eine »Bedürfnispyramide« war, könnte heute eher ein »Bedürfniskreis« sein, denn wir versuchen, die Bedürfnisse gleichzeitig und nicht nacheinander zu befriedigen.* Die folgende Abbildung zeigt den Bedürfniskreis einer Person und seine Beziehung zu den Bedürfniskreisen anderer Menschen.

* Unser Bedürfniskreis hängt zunehmend davon ab, wie gut wir die Bedürfnisse anderer befriedigen können – ein »aufgeklärtes Eigeninteresse« wird zum Schlüssel in einer vernetzten Welt, die sich auf den Austausch von Wissen und Informationen stützt.

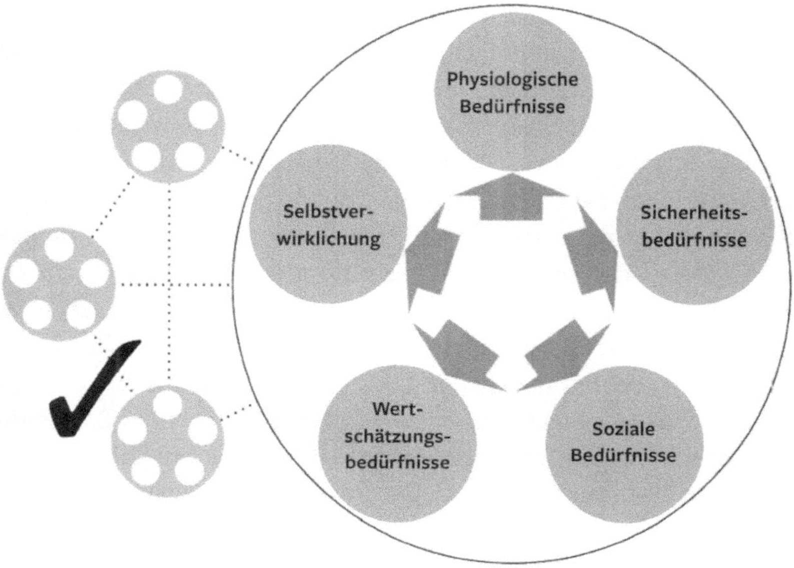

Ein glückliches und erfülltes Leben kann dann darin bestehen, »ein Buddha zu sein und mit seinen Liebsten einen Benz zu fahren« (wie es das Ehepaar Krishnaji und Preetha Krishna, Gründer der O&O Academy, einer Meditationsschule in Indien, ausdrückt) – mit einem tieferen Bewusstsein für uns selbst und die Welt um uns herum, was eine bedeutungsvollere Verbindung mit den Menschen ermöglicht, die wir lieben.[11] Aber ist das nicht ein Zeichen des Privilegiertseins, nach Sinn und einem höheren Ziel streben zu können? Das gilt doch bestimmt nicht für Menschen, die in Armut leben, wo sich das Leben nur um die einfachsten Grundbedürfnisse, wie Nahrung, Bildung und Wohnung, dreht?

Jahrzehntelang hat diese Vorstellung Entwicklungsbemühungen in der ganzen Welt zum Scheitern gebracht. Sie entmachtet lokale Communitys, weil sie davon ausgeht, dass es den Menschen gut geht, solange ihre »niederen Bedürfnisse« erfüllt werden. Dies unterschätzt gleichzeitig den starken Wunsch nach Sinn, nach den vermutlich »höheren Bedürfnissen«, die entscheidend sind, um den Menschen die Hoffnung zu geben, die sie brauchen, um in schwierigsten Umständen zu überleben.

Unsere Arbeit hat gezeigt, dass es besonders in ressourcenschwachen Verhältnissen wichtig ist, das Gefühl zu haben, sein Glück selbst in die Hand nehmen und seine eigenen relevanten Probleme lösen zu können. Es ermöglicht ein würdigeres und sinnerfüllteres Leben, ist aber auch eine Möglichkeit, mentale Probleme zu mildern. Erinnern Sie sich an die Geschichte von RLabs: Erst als ihre Mitglieder/innen ihre Rolle vom passiven Opfer ihrer Umstände und Hilfsempfänger/innen zum/r aktiven Gestalter/in des eigenen Lebens umgestalten konnten, verbesserte sich ihr Leben beträchtlich und der Erfolgsfaktor Zufall trat in ihr Leben. Es ging nicht darum, Almosen zu erhalten, sondern darum, Hoffnung zu schöpfen und Potenziale zu entdecken.* (Natürlich kann ein Mangel an finanziellen und anderen Ressourcen andere Dinge in den Hintergrund treten lassen. Untersuchungen haben gezeigt, dass dieser Druck zu schlechten Entscheidungen führen kann, da er die Aufmerksamkeit beeinträchtigt.)[12]

Dies trifft auf eine Vielzahl von Situationen zu. Ajay Banga, ehemaliger CEO von MasterCard, erzählte unserem Forschungsteam, wie die Verankerung eines Nordsterns bei MasterCard dem Unternehmen geholfen hat, Berge zu versetzen. Er hatte sich zum Ziel gesetzt, 500 Millionen Verbrauchern und 40 Millionen Kleinunternehmen in ressourcenschwachen Umwelten zu helfen, Zugang zum Finanzsystem zu erhalten. Er hatte keine genaue Vorstellung davon, wie er die 500 Millionen Menschen erreichen sollte – aber es zeigte ihm, was möglich ist, wenn man ein Ziel vorgibt und kreative Menschen daran arbeiten lässt. Bis heute haben sie mehr als 400 Millionen Menschen erreicht. »Es geht nicht darum, mehr Kreditkarten auf den Markt zu bringen, sondern darum, eine Welt jenseits des Bargelds zu schaffen, und das ist jetzt in allem, was wir sagen und tun, verankert.« Der zugrunde liegende Gedanke ist, dass sich die Führungskräfte von heute in einem sich ständig verändernden Umfeld zurechtfinden und ihre Teams zu verantwortungsbewusstem Handeln inspirieren, das sowohl vom Verstand als auch im Herzen getragen wird. Ajay und sein Team kultivieren jetzt

* Es gibt eine bekannte, wenn auch vielleicht nicht wahre Geschichte, nach der John F. Kennedy eine Reinigungskraft in der NASA-Betriebszentrale fragte, warum sie so glücklich wirke: »Ich helfe mit, Menschen auf den Mond zu bringen!«, antwortete sie. Ich habe ähnliche Wirkungen bei Reinigungspersonal oder Rezeptionisten erlebt, die zu wichtigen Kommunikationspersonen werden, da sie konstant mit Leuten interagieren. Würde, soziale Verbundenheit und das Gefühl, mit einem höheren Ziel verbunden zu sein, haben einen großen Einfluss auf das Endergebnis.

Serendipität, weil die Menschen wissen, worauf sie hinarbeiten und dadurch motiviert werden.

Das gilt auch im weiteren Sinne: In einer Studie mit 31 der weltweit erfolgreichsten CEOs haben meine Kolleg/innen und ich herausgefunden, dass diese Personen und ihre Unternehmen häufig versuchen, auf der Grundlage eines motivierenden »Nordsterns« zu arbeiten, was verstärkt zu Serendipität führt.[13] In diesen Fällen wird der Orientierungssinn mit Alltagsstrategien kombiniert, die Sinn stiften. Anstatt nach der Arbeit ein Projekt zu verfolgen, das Sinn gibt (und weniger Motivation für den eigentlichen Job zu haben), macht dieser Ansatz es wahrscheinlicher, dass Mitarbeitende ihre Energie in den Job einbringen.

Natürlich gibt es damit verbundene Herausforderungen. Die Verfolgung eines umfassenderen Zwecks (etwa der Fokus, Unterernährung zu verringern) kann sich wie eine unwillkommene Ablenkung von der Zielsetzung eines Unternehmens anfühlen, Gewinne zu erzielen. Die Formulierung und Umsetzung eines Nordsterns ist nach wie vor von großer Bedeutung. Aber oft kann der Begriff des »Purpose« irreführend sein. Nehmen Sie Layla Yarjani, Mitbegründerin von Little Bridge, einem Lern- und Medienunternehmen für Kinder. Wie oben erwähnt, lässt sie sich von einer tiefen Neugier leiten. Für sie wäre es Zeitverschwendung, zu versuchen, den Sinn ihres Lebens zu definieren. Stattdessen konzentriert sie sich darauf, ihre Annahmen darüber, wo sie sich gerade befindet und wohin sie gehen möchte, ständig zu hinterfragen, was ihr hilft, ein Gefühl zu bekommen, wie mögliche Punkte miteinander verbunden werden können.

Dies erfordert oft einen rationalen Optimismus. In diesem Zusammenhang hat mich Viktor Frankls Erfahrung tief beeindruckt: Sein Fluglehrer sagte ihm, dass er immer etwas höher zielen müsse, als er fliegen wolle, weil der Wind ihn normalerweise nach unten drücken würde. In Frankls Verständnis bedeutet dies, dass man, wenn man als Realist beginnt, am Ende deprimiert ist. Wenn man aber als Optimist beginnt, endet man als echter Realist.

Und wie wir schon erfahren haben, haben Studien gezeigt, dass optimistische Menschen dazu neigen, mehr Glück zu haben als andere – da sie sich vorstellen können, dass es möglich ist und sich »darauf vorzubereiten«.[14]

Das Richtige tun

Als 2017 der Hurrikan Maria große Teile von Puerto Rico zerstörte, wo Best Buy – der weltweit führende Anbieter von technischen Konsumgütern – drei Filialen betrieb, musste das dortige Managementteam einige schnelle Entscheidungen treffen. Sie organisierten Privatflugzeuge, Lebensmittel, Wasser und Hilfsmittel, um Mitarbeitende und ihre Familien, die das Land verlassen wollten, zu evakuieren. Die Angestellten wurden weiterbezahlt, obwohl die Läden geschlossen waren. Die einzige Bedingung war, dass Mitarbeitende zum Wiederaufbau der Insel beitragen mussten, sobald der Hurrikan vorüber war.

Der ehemalige CEO von Best Buy, Hubert Joly, erzählte mir, dass sie taten, »was wir für richtig hielten«. Sie teilten ihre Überlegungen mit ihren Investoren, und es habe das Unternehmen etwas Geld gekostet, aber »bei solchen Gelegenheiten definiert die Art und Weise, wie man mit dem Unerwarteten umgeht, die Werte und die Kultur des Unternehmens.« Die Art und Weise, wie sich das Unternehmen um seine Mitarbeitende kümmerte, sendete ein starkes Signal an sie: Wir kümmern uns um euch. Wir stehen das gemeinsam durch.

Was geschah daraufhin? Joly stellte fest, dass die Leistung von Best Buy auf Puerto Rico um 20 Prozent stieg, dass »die Mitarbeitenden sehr motiviert sind« und dass die Kunden/innen wissen, was passiert ist, und Best Buy für den menschlichen Umgang loben. Best Buy hatte sich nicht um seine Mitarbeitenden gekümmert, um den Umsatz zu steigern, aber indem das Unternehmen dies tat, ist genau das passiert. Es ist ein Beispiel dafür, wie finanzieller und sozialer Erfolg Hand in Hand gehen können.

Kaan Terzioğlu wiederum, von 2015 bis 2019 CEO des türkischen Telekommunikationsunternehmens Turkcell, erzählte mir, wie sich die Führungskräfte eines Unternehmens auf das Unerwartete vorbereiten, indem sie sich ein klares Bild von ihren Fähigkeiten und ihrer Rolle in der Gesellschaft machen. In einem Schwellenland passiert ständig etwas Unerwartetes. Dann stellt Terzioğlu auf der Grundlage seiner Überzeugungen eine direkte Verbindung zwischen den Punkten her. Als es beispielsweise 2016 nach einem Putschversuch in der Türkei zu schweren Ausschreitungen kam, stellten er und sein Team das Internet einen Monat lang kostenlos zur Verfügung, damit die

Menschen mit denjenigen kommunizieren konnten, die ihnen wichtig waren, ohne sich Gedanken über die Rechnung machen zu müssen. Ähnlich reagierten sie auf andere unerwartete Ereignisse, indem sie beispielsweise nach einem Erdbeben Drohnen schickten, um die Telefonnetze wieder in Gang zu bringen. Terzioğlu sagte mir, dass sie dies taten, weil es auf der Grundlage ihrer Werte das Richtige war – und dass es auch den positiven Effekt hatte, dass die Mitarbeitenden stolz darauf waren, für Turkcell zu arbeiten. Und die Kunden und Kundinnen waren dankbar.

Der Umgang mit dem Unerwarteten in solchen Krisenmomente ist ein starker Moment der Wahrheit, der Organisationen und Einzelpersonen positiv prägen kann. So zufällig sich diese Entscheidungen auch anfühlen mögen, sie werden häufig von unserer Vorstellung geprägt, wer wir sind oder für wen wir von anderen gehalten werden wollen, und umgekehrt. Unerwartete Begegnungen lassen uns selten Zeit zum Nachdenken, sodass wir danach entscheiden müssen, was sich »richtig anfühlt«.* Diesbezüglich kommen echte Werte, Überzeugungen und intuitive Verhaltensweisen ins Spiel. Uns selbst besser kennenzulernen und unsere Prinzipien zu verstehen, kann uns für Serendipität öffnen, da es uns einen Orientierungsrahmen gibt, um auf das Unerwartete zu reagieren und es als Chance und nicht als Bedrohung zu sehen. (Dies schließt den Wert von »analytischeren« Entscheidungsmaßstäben oder Entscheidungsregeln nicht aus – es geht nicht immer nur um analytisches Denken *oder* intuitives Handeln, sondern um ein Zusammenspiel zwischen beiden. Je instabiler, unwägbarer, schneller veränderlich und komplexer eine Situation ist und je mehr Erfahrung eine Person hat, desto mehr tritt die Intuition in den Vordergrund.)[15]

Wir wissen nicht, was uns im Leben erwartet, daher ist es schwierig, für alle Eventualitäten zu planen – vor allem, wenn es zu Ziel- oder Wertekonflikten kommt. Was wir tun können, ist, uns schon jetzt

* Auch wenn wir unsere Entscheidungen vielleicht nachträglich rationalisieren, um uns oder andere vom Gegenteil zu überzeugen. Ich habe bei einer verblüffenden Anzahl von Gelegenheiten erlebt, wie leitende Angestellte oder Politiker/innen Entscheidungen auf der Grundlage einer Ahnung treffen und dann ihre Assistenten und Assistentinnen bitten, eine Rechtfertigung für ihre Entscheidung zu finden.

bewusst zu werden, welche Werte und Verhaltensweisen uns wichtig sind. Ich erinnere mich noch lebhaft an einen unerwarteten Zielkonflikt, mit dem ich in einer von mir mitgegründeten Organisation konfrontiert wurde. Hin- und hergerissen zwischen unterschiedlichen Zukunftsvorstellungen, unterschiedlichen Loyalitäten und unterschiedlichen Risikoannahmen traf ich eine Entscheidung hauptsächlich mit dem Kopf – und gegen mein Bauchgefühl. Als ich später darüber nachdachte, wurde mir klar, dass diese zum Teil von Angst getrieben war: Angst vor Versagen, Angst vor Verlust, Angst vor Konflikten – und dem Rat von Mentoren, die Situation zu rationalisieren. Aber in Wirklichkeit hatten wir es versäumt, die emotionale Temperatur des Teams zu messen, und versucht, Konflikte an jeder Ecke zu vermeiden. Irgendwann hatte jeder das Gefühl, nicht gehört zu werden.

Ich war damals nicht glücklich über einige meiner Entscheidungen, aber sie trugen dazu bei, mein Bewusstsein zu schärfen, was ich am meisten wertschätze – und ich habe mir vorgenommen, beim nächsten Mal anders zu entscheiden. Heutzutage höre ich bei wichtigen Entscheidungen auf mein Bauchgefühl und versuche, Entscheidungen auf der Grundlage eines übergeordneten Orientierungssinns zu treffen, anstatt zu versuchen, Ängste zu vermeiden – auch, um ein oftmals am Sterbebett auftretendes Bedauern zu vermeiden: »Ich wünschte, ich wäre mir selbst treu gewesen, als ich die Wahl hatte.«[16]

Wir können uns schon früh in jeglicher Selbsterkenntnis üben. Wenn Sie Eltern sind, könnte der Ansatz, den Adam Grant mit seinen Kindern verfolgt, interessant sein. Anstatt nur Regeln aufzustellen wie: »Sei um 21 Uhr im Bett«, erzählt er ihnen von den Werten, die dahinterstehen. Zum Beispiel: »Wir legen Wert darauf, ausgeruht zu sein.« Die Kinder sehen dann, dass die Regeln nicht willkürlich sind. Als Nächstes überträgt er ihnen Verantwortung, indem er etwa der Neunjährigen sagt, dass das Licht um 20:30 Uhr aus sein sollte, dass es aber ihre Aufgabe sei, es auszuschalten. Er gibt ihr zwei Möglichkeiten zur Auswahl: »Willst du dafür verantwortlich sein oder willst du mich dazu bringen, es zu tun? Wenn du es nicht selbst tust, verlierst du das Privileg.«[17] Er lässt ihr also die Wahl.

Es ist oft einfach, ein Lippenbekenntnis für unsere Grundsätze oder Werte abzulegen, aber leben wir sie auch wirklich? Leiten sie unser Verhalten? Eine wachsende Zahl von Unternehmen versucht, diesen Transfer zu bewerkstelligen. Bei L'Oréal half ein Chief Ethics Officer (eine andere Art von CEO!) – Emmanuel Lulin – bei der Integration von Werten, wie Integrität, Respekt, Mut und Transparenz, indem er jeden Unternehmensstandort auf der ganzen Welt bereiste. Mitarbeitende, die dem Unternehmen beitreten, werden sowohl in diesen Werten als auch im Ethikkodex geschult.

Bei schwierigen Entscheidungen zahlt es sich aus, zu wissen, wann man »Nein« sagen sollte – was besonders in Momenten der Serendipität gilt, denn jede unerwartete Situation kann uns in die falsche Richtung führen. Man denke nur an die zufällige Entdeckung von Finanzinformationen, die uns zum Insiderhandel verleiten könnten (Warren Buffett hat Recht, wenn er sagt, dass man 20 Jahre braucht, um seinen Ruf aufzubauen, und nur fünf Minuten, um ihn zu zerstören).

Unsere Werte und Grundsätze entwickeln sich im Laufe der Zeit. Wir können uns von der östlichen Philosophie inspirieren lassen – insbesondere von der Erkenntnis, dass es nicht das »eine authentische Selbst« gibt, wie wir im Westen glauben, sondern dass wir uns gewohnheitsmäßig im Fluss befinden und uns an unterschiedliche Kontexte anpassen. Wenn wir lernen, unserem Bauchgefühl zu vertrauen, können wir schwierige Entscheidungen leichter treffen – vorausgesetzt, wir verfügen über genügend Informationen. Unser Unterbewusstsein verfügt über mehr Informationen als unser Bewusstsein, weswegen es »rational« sein kann, darauf zu hören, wenn es Intuition mit Informationen verbindet. In meinem Falle ist es so, dass, je weiter ein Gespräch voranschreitet und je mehr Informationen ich sammle, desto mehr wird mir klar, wie ich über eine Sache denke. Anstatt von Anfang an eine starre Position zu haben, versuche ich oft, einen Weg zur richtigen Entscheidung zu erkunden.

Dieser introspektive Ansatz funktioniert auch bei Unternehmen. Das Unternehmen Heiligenfeld, das eine Reihe von psychiatrischen Kliniken in Deutschland betreibt, wandte Großgruppenreflexionen an. Einmal pro Woche kamen etwa 300 Personen für eine Stunde zusammen, um über ein Thema oder einen der Werte zu diskutieren. Zu Beginn gab es ein kurzes »Framing«, dann eine Präsentation, dann wurde in kleinen Gruppen debattiert, und die Gruppen erstatteten dem großen Plenum Bericht. Dies trug dazu bei, Werte in der gesamten Organisation zu verankern und die Mitarbeiter einzubinden, indem sie daran erinnert wurden, warum das, was sie tun, wichtig ist.[18] Da Serendipität entsteht, wenn wir offen und motiviert sind, können wir

Serendipität umso mehr fördern, je mehr unsere Aktivitäten mit dem übereinstimmen, was uns am Herzen liegt. Serendipität kann auch leichter entstehen, wenn wir freundlich und großzügig sind – und wenn wir ein aufgeklärtes Eigeninteresse haben.

»Liebe Deinen Nächsten« – eine Glück bringende Maxime

Serendipität bedeutet, die Punkte zu erkennen und miteinander zu verbinden. Menschen wie Sandbox-Mitbegründer Fabian Pfortmüller, oder Nachson Mimran, Gründer von To.org, einer Plattform, die Kreative mit potenziellen Investoren verbindet, tun dies intuitiv: Wenn sie mit jemandem über ein Problem oder eine Herausforderung sprechen, versuchen sie gleichzeitig zu überlegen, wie sie helfen können. Sie erwarten keine Gegenleistung, aber ähnlich wie Viktor Frankl wissen sie, dass sie sich auf lange Sicht glücklich fühlen, wenn sie etwas Sinnvolles tun – und das hat oft auch eine positive Resonanz.

Je mehr wir selbst helfen, desto mehr neigen andere dazu, uns zu helfen, selbst wenn wir das nicht erwarten.[19] (Als zusätzlichen Vorteil hat die Forschung gezeigt, dass Freundlichkeit und Dankbarkeit auch unsere Schlafqualität, unser Glück und unsere Wachsamkeit verbessern können.) Adam Grant schreibt, dass »Geber-Menschen«, die darüber nachdenken, »was ich für dich tun kann« und die intrinsisch motiviert sind, Wert für andere zu schaffen – oft erfolgreicher sind als »Nehmer-Menschen«. Dies gilt vor allem in Bereichen, in denen Dienstleistungen das Endprodukt sind.[20] Um jedoch ein/e Geber/in und gleichzeitig erfolgreich zu sein, muss man seine Zeit gut einteilen, die Grenzen der Großzügigkeit klar definieren und proaktiv darüber nachdenken, wo man anderen und sich selbst durch das Geben den größten Wert schaffen kann.

Ohne diese Grenzen können Geber/innen zu passiven Opfern ihrer Großzügigkeit werden und ausbrennen, weil sie ständig nur auf die Bitten reagieren. Da ich selbst ein intuitiver Geber bin, habe ich auch die Erfahrung gemacht, wie wichtig es ist, zu lernen, Grenzen zu ziehen – andernfalls steht der Burnout direkt vor der Tür. Das zeigt sich ebenfalls in der Art und Weise, wie wir verhandeln. Als es in einem meiner Unternehmen um Eigenkapitalverhandlungen ging, war ich mehr daran interessiert, alle zufriedenzustellen, als mir selbst ein großes Stück vom Kuchen zu sichern – zu meinem persönlichen Nachteil. Ich habe auf die harte Tour lernen müssen, dass dies auf lange Sicht niemanden glücklich macht (am wenigsten mich selbst), da sich ein Ungerechtigkeitsgefühl einschleichen kann. Eine frühzeitige Lösung des Problems hätte dies wahrscheinlich vermieden.

Wir können anderen mehr helfen, wenn wir selbst in guter Verfassung sind. In dieser Hinsicht habe ich es als hilfreich empfunden, nicht mehr darüber nachzudenken, wie ich alle glücklich machen kann, sondern darüber, wie ich in diesem Moment zum Glücklichsein eines/r anderen beitragen kann. Das macht es stressfreier! Es kann natürlich vorkommen, dass »Nehmer/innen« den Job bekommen und so tun, als wären sie großzügiger, als sie wirklich sind – zum Beispiel durch »billiges Signalisieren«, indem sie eine sehr sichtbare Rolle übernehmen, ohne viel zu tun, nur um als wohltätig zu gelten. Aber, um es mit Grants Worten zu sagen, sie neigen dazu, »Verlierer im Leben« zu sein.

Eine dritte Form sind die »Tauscher-Menschen«. Sie sind Beziehungsbuchhalter/innen, die ständig achten, dass sie in jeder Beziehung, in der sie sich befinden, komplett »ausgeglichen« handeln. Die Logik entspricht teilweise der Spieltheorie: Wenn man zur Gruppe der Nehmer/innen gehört, will man nicht zu viel geben, sonst könnte man eventuell den Kürzeren ziehen. Die Tauscher/innen wollen weder zu egoistisch noch zu großzügig sein und passen sich daher an. Kurzfristig funktioniert das, aber die anderen Menschen durchschauen es oft.

Studien haben gezeigt, dass Menschen in vielen Ländern zufriedener werden, wenn sie sich mehr auf ihre eigene Zufriedenheit konzentrieren sollen. Aber in einigen Ländern ist das Gegenteil der Fall. Und warum? Weil in vielen Gesellschaften Zufriedenheit damit verbunden ist, etwas für andere zu tun – was uns tatsächlich glücklicher macht. In anderen Gesellschaften wird Zufriedenheit damit assoziiert, »Geld für sich selbst auszugeben«. Das mag uns kurzfristig Befriedigung verschaffen, aber es macht uns nicht wirklich zufrieden. Mittelfristig macht uns ein Fokus auf andere statt auf uns selbst zufriedener (aber natürlich ist die Selbstfürsorge wichtig und wir brauchen ein emotionales Wohlbefinden, um uns um andere kümmern zu können).[21] Das fördert auch die Serendipität: Menschen haben mehr Anreiz, uns zu helfen, die Punkte zu verbinden, wenn sie uns wohlgesonnen sind.

Wie können wir diese Art der Zuwendung bei uns selbst und bei anderen fördern? Eine Möglichkeit besteht darin, den Fokus auf mehr

Dankbarkeit zu legen, insbesondere in schwierigen Situationen. Als Cara Thomas' Flug in einer Silvesternacht Verspätung hatte, war sie verärgert. Um ihre Verärgerung auszugleichen, versuchte sie, eine Reihe von »Dankeschöns« zu finden, zum Beispiel, dass sie gerade ein interessantes Gespräch mit einem Uber-Fahrer geführt hatte und dass sie noch rechtzeitig zum Abendessen an ihrem Zielort ankam. Das half ihr, alle negativen Gedanken, die das Gesamtbild trübten, hinter sich zu lassen. Dieser Moment der Dankbarkeit half ihr, sich wieder in einen Zustand zu versetzen, in dem der Erfolgsfaktor Zufall wirken kann – und in dem der Uber-Fahrer sie unerwarteterweise mit einem Videofilmer bekannt machte, den sie für eine neue Produktion brauchte.

Hüten Sie sich vor den Blender/innen: Viele Menschen geben nur vor, altruistisch zu sein, um ihr Eigeninteresse zu verbergen, und manche Weltverbesserer und Weltverbesserinnen pflegen nur eine versteckte Absicht. Manchmal klingt es einfach zu gut, dass man sich selbst geopfert hat und die Welt verbessern will. Es kann aber auch sein, dass dies nur getrieben von Schuldgefühlen oder dem egoistischen Willen passiert, relevant zu erscheinen. So behaupten einige Sozialunternehmer/innen, sie wollten »einer Million Menschen helfen«, aber in Wirklichkeit wollen sie einfach nur derjenige oder diejenige sein, »der/die einer Million Menschen geholfen hat«. Das nährt eher Egoismus und Narzissmus als Altruismus.

Wenn wir unseren Absichten treu bleiben – und uns des aufgeklärten Eigeninteresses bewusst sind, wo immer es vorhanden ist –, kann es zu mehr Vertrauen beitragen, wenn es richtig kommuniziert wird. Kurz gesagt, es liegt in unserem aufgeklärten Eigeninteresse, nicht zu selbstsüchtig zu sein. Dadurch fühlen wir uns besser, und andere sind eher bereit, uns zu helfen, die Punkte zu verbinden und den Erfolgsfaktor Zufall zu finden. Aber all das wird nicht viel helfen, wenn wir nicht für Serendipität empfänglich sind.

Sind Sie bereit für Serendipität?

Untersuchungen haben gezeigt, dass Serendipität durch »trainierbare« Eigenschaften, wie Proaktivität, Humor, Offenheit für Erfahrungen und die Bereitschaft, ungeprüfte Ideen zu verfolgen, vorangetrieben werden kann.[22] Insbesondere proaktive Verhaltensweisen, wie Eigeninitiative und vorausschauendes Denken, können dazu beitragen, uns in Situationen zu bringen, in denen Serendipität, Wachstum und Erfolg möglich sind.[23]

Kreativität ist in diesem Zusammenhang besonders wichtig, denn sie ähnelt vielen Merkmalen, die für die Entstehung von Serendipität verantwortlich sind: Kreativität hängt von unserer Fähigkeit ab, auf Unerwartetes zu achten und ungewöhnliche Verbindungen zwischen Ideen herzustellen. Menschen, die kreativ und originell sind, haben Angst vor dem Scheitern. Aber sie überwinden diese Angst, weil eine andere für sie noch schlimmer wäre: die Angst, es nicht versucht zu haben.[24] Stellen Sie sich die Schriftstellerin oder Komponistin vor, die sich mit ihrem neuesten Werk herumquält und sich darüber ärgert, dass es nicht gut genug ist, aber sie kann einfach nicht aufhören, es zu versuchen.

Ähnlich zwiespältig verhält es sich bei den Persönlichkeitsmerkmalen. Die Gehirnforschung hat gezeigt, dass sich unsere Veranlagungen durch die Evolution entwickelt haben und tiefe Bahnungen im Gehirn sind. Die Säugetiere entwickelten einen Neokortex. Er ermöglicht es Menschen, zu denken, bevor sie handeln, und Verhalten vorherzusagen. Damit er richtig funktioniert, müssen sich Menschen auf einem angemessenen »Erregungsniveau« befinden – der Motor des Gehirns muss zunächst auf Touren kommen, bevor er in Gang gesetzt werden kann.[25]

Während extrovertiertere Menschen ihr »optimales Erregungsniveau« in der Interaktion mit anderen erreichen, haben introvertiertere Menschen oft ein hohes Grundniveau an geistiger Erregung. Bei ihnen zehren soziale Aktivitäten an der geistigen Energie, und sie brauchen Ruhe oder Einsamkeit, um wieder aufzutanken.[26] Susan Cain erzählt in ihrem brillanten Buch *Quiet* die Geschichte eines kanadischen Professors, der in Harvard Vorlesungen hielt und von seinen Studierenden für sehr extrovertiert gehalten wurde. Nach den Vorlesungen versteckte er sich jedoch auf der Toilette, um mit niemandem reden zu müssen.[27] Als ich diesen Professor einmal auf einer Veranstaltung traf (er gab zufällig preis, dass er der Betreffende war!), wurde mir klar, dass dieser leidenschaftliche Introvertierte viele der Eigenschaften besitzt, die ich bei mir selbst beobachtet hatte.

Ich habe fast mein ganzes Leben lang Communitys aufgebaut, daher nehmen die Leute an, dass ich sehr extrovertiert sei. Viele meiner

Kolleginnen und Kollegen sind jedoch oft das, was man als »heimliche Introvertierte« bezeichnen könnte. Auch ich. Wir haben »Gipfel der Extroversion«, vor allem bei Events, die wir veranstalten, wenn wir Menschen in einer Umgebung zusammenbringen, die wir überschauen können. Wir erleben jede Menge Serendipität und kultivieren sie für andere; wir haben gelernt, wie man in einer Welt voller Extrovertierter überlebt. Und doch schleichen wir uns davon, sobald wir können. Bei uns kann die Empfänglichkeit für neue Ideen sehr unterschiedlich sein, je nachdem, wann man uns erwischt. Wenn Sie mich etwa an meinem »introvertierten Sonntag« treffen, bin ich emotional verschlossen; ich habe keine Motivation, Punkte zu verbinden.

Die Punkte zu verbinden, macht zwar Spaß, kann aber auch viel Energie kosten. Brian Little, Professor an der Universität Cambridge, nennt den Raum, in dem wir unser Energieniveau wieder aufladen, eine »erholsame Nische«. Oft aber geben wir den Menschen nicht genug Raum, um sich zu erholen und neue Ideen und mögliche Verbindungen einzuordnen. Doch ohne diesen Raum sind wir schnell ausgelaugt, und jede Serendipität ist eingeschränkt.

Studien haben gezeigt, dass Extrovertiertheit die glücklichen Zufälle auf dreierlei Weise erhöhen kann: durch Begegnungen mit vielen Menschen, durch die Anziehungskraft auf andere und durch die Pflege von Kontakten.[28] Das fängt einfach an, etwa damit, dass wir mit jemandem in einem Supermarkt oder in der Warteschlange eines Cafés plaudern. Dies kann zu interessanten Gesprächen führen (und niemals zu dem quälenden Gefühl: »Ich hätte mit dieser Person sprechen sollen, als ich die Gelegenheit hatte«). Solange es nicht aufdringlich ist, erhöht ein solches Verhalten die Wahrscheinlichkeit, jemandem (oder etwas) mit einer möglichen positiven Wirkung zu begegnen.

Kurz gesagt, extrovertierte Menschen tun sich oft leichter, Menschen kennenzulernen, und sie neigen dazu, mit einer größeren Anzahl von Menschen in Kontakt zu bleiben. Die Idee dahinter: Wenn wir mit einer ausreichenden Zahl von Menschen in Kontakt bleiben, und diese wiederum mit anderen Menschen in Kontakt bleiben, erhöht sich die Gesamtzahl der Kontakte. Wenn Sie also mit hundert Personen in Kontakt sind und diese mit weiteren hundert Personen, dann haben Sie im Grunde genommen einen Kontakt zweiten Grades mit zehntausend Personen (dies setzt voraus, dass die hundert Personen sich nicht kennen; wenn einige von ihnen sich kennen, ist es etwas weniger, aber das

Prinzip bleibt dasselbe). Man ist also nur eine Vorstellung oder eine Dinnerparty entfernt von mindestens zehntausend möglichen zufälligen Begegnungen. (Und oft ist eine einzige zufällige Begegnung mehr als genug, um Ihr Leben zu verändern!)

Darf ich vorstellen: Christa Gyori. Ich erinnere mich noch gut daran, wie ich vor einigen Jahren auf einer Konferenz in Edinburgh in der Schlange für einen Kaffee stand, als Christa, damals eine Führungskraft bei Unilever, mich ansprach. Wir verstanden uns auf Anhieb. Zwei Jahre später erhielt ich eine E-Mail, in der sie mir von ihrem Umzug nach London erzählte und fragte, ob wir uns auf einen Kaffee treffen könnten, um über die Londoner Szene zu sprechen. Unser Gespräch führte dazu, dass ich mit Christa und ein paar anderen Kollegen die Organisation Leaders on Purpose mitgründete. Christa verkörpert die Eigenschaft, überall, wo sie hingeht, die Saat der Serendipität zu säen – und sie nimmt Menschen mit auf ihre Reise.

An einem hektischen Montag im Mai erhielt Tatjana Kazakova einen Anruf von einer unbekannten Nummer. Da sie in einer Strategieberatung arbeitete, wo die Tage lang und die Zeit knapp ist, nahm sie tagsüber normalerweise keine Anrufe entgegen, es sei denn, es handelte sich um ihre Familie oder einen Kunden. Aber irgendetwas sagte ihr, dass sie den Anruf annehmen sollte. Der Anrufer sagte, er habe ein Team und »ein superspannendes Projekt«, von dem er dachte, dass sie interessiert sein könnte, es als Nebenprojekt zu übernehmen. In diesem Moment wurde ihr klar, dass »alles, was ich aufgrund meines Bauchgefühls bisher getan hatte, plötzlich Sinn machte und ich musste diese Gelegenheit einfach ergreifen.« Ohne zu zögern, sagte sie zu.

Als ich den Hörer auflegte, war ich begeistert. Tatjana trat unserem Team von Leaders on Purpose bei – zunächst nur, um einen Bericht und eine damit verbundene Veranstaltung zum Thema zielorientierte Führung zu organisieren, aber innerhalb weniger Monate hatte Christas Anziehungskraft – und harte Arbeit und Engagement – Tatjana dazu gebracht, Vollzeit mitzumachen. Sie gab ihren Job auf und verkaufte ihr Auto, um Mitbegründerin und Leiterin der Strategieabteilung Leaders on Purpose Ltd. zu werden. Später, sagte Tatjana, dass sie »die schiere Komplexität der Konsequenzen, die dieser Anruf und mein ›Ja‹ mit sich bringen würden, noch nicht erfassen konnte«. Tatjana und Christa verwandelten das Projekt in eine vollwertige Organisation. Und das Unternehmen, für das sie zuvor gearbeitet hatte, Horváth & Partners, wurde zu einem der stärksten Partner von Leaders on Purpose. Serendipität entsteht oft aus einer Kombination von Extrovertiertheit und Introvertiertheit. Neben dem Funken des Unerwarteten erfordert sie Selbsterkenntnis und Zeit. Nicht alle unsere Gedanken und Ideen sind zunächst gut sichtbar. Selbstredend können die unerwartetsten und wertvollsten Verbindungen aus Bereichen kommen, die noch unsichtbar sind. Ideen brauchen Zeit, um sich im Kopf eines Menschen einzunisten, damit ihr Potenzial langfristig erkannt wird. Oder sie schlummern in »ruhenden Quellen«, wie Büchern, Filmen oder anderswo. Menschen, die eher extrovertiert sind, profitieren oft von der Ergänzung durch introvertiertere Menschen, die ihnen helfen, ihre Gedanken und Erfahrungen zu reflektieren und zu verknüpfen.

Alle Eigenschaften sind formbar. Sie müssen sich also keine Sorgen machen, wenn Sie kein allzu extrovertierter Mensch sind; wir können die Eigenschaften trainieren, die am besten zu unserer Persönlichkeit passen. Wichtig ist nur die Erkenntnis, dass unser Serendipitätspotenzial davon abhängt, in welcher emotionalen Verfassung wir uns befinden. Positive Emotionen helfen beim Erkennen von Chancen, denn sie erhöhen die Aufmerksamkeit für äußere Reize und geben uns Energie, sie zu erkunden. Sie steigern auch die Reaktionsfähigkeit auf Events, indem sie unseren Aufmerksamkeitsbereich und unser Handlungsrepertoire erweitern.[29] Unser emotionaler Zustand ist von entscheidender Bedeutung, da unsere Entscheidungen (wie etwa auf einen Zufall zu reagieren) oft von unserem Bauchgefühl bestimmt werden. Und haben Sie schon einmal bemerkt, was für einen Unterschied es macht, neben jemandem mit »guter Energie« zu sitzen, wenn Sie an etwas arbeiten oder Inspiration brauchen – und wie viel schwieriger das wird, wenn Sie neben jemandem sitzen, der ständig gähnt? Energie überträgt sich.

Gute Energie und soziale Alchemie

Menschen wie Christa sind »Serendipitätsalchemisten« – sie schaffen überall ein Kraftfeld für sich selbst und für andere, um Ideen auszutauschen. Das ist genau der Punkt, an dem sich Physik und Spiritualität treffen. Letztlich ist Energie der Kern unserer Existenz. Nehmen Sie den zweiten Hauptsatz der Thermodynamik, in dem es um Entropie geht –

die Tendenz, dass Dinge mit der Zeit veralten oder auseinanderfallen (weil sie zunehmend in Unordnung geraten). Wenn wir den Fokus nicht auf den Fortschritt legen, können Organisationen, Einzelpersonen und sogar ganze Systeme verfallen.[30] Ein Beispiel ist ein Unternehmen, das zu florieren scheint, aber im Laufe der Zeit von rigiden Routinen erdrückt wird, die die Kreativität blockieren und schließlich zur Pleite führen. Wie die Aktivierungsenergie in der Physik, die benötigt wird, um eine Reaktion in Gang zu setzen, brauchen wir die zündende Energie – oder zündende Personen wie Christa Gyori oder Nachson Mimran –, die uns helfen, etwas zu entfachen.[31] Viele der spirituellen Ansätze in der Welt, einschließlich der meisten großen Religionen, sind in dem Glauben verankert, dass alles miteinander verbunden ist und dass gute Dinge gute Dinge verursachen. Wissenschaft und Spiritualität sagen zunehmend das Gleiche.

Krishnaji und Preetha Krishna sind die Begründer der O&O Academy in Indien, die Millionen von Menschen inspiriert hat. Sie sehen in der Kraft des Bewusstseins den Kern ihres Erfolgs.[32] Für sie gibt es ein Tun (Erfolg haben, wichtige Kontakte knüpfen usw.) und ein Sein (wie wir das Leben erleben). Bedeutsame Zufälle, so argumentieren sie, treten auf, wenn wir uns in einem »schönen Zustand« befinden und das Universum beginnt, sich in Mustern zu ordnen, um unsere Absichten zu erfüllen, und Lösungen entstehen aus dem Nichts.

Schätzungen zufolge haben wir zwischen 12 000 und 60 000 Gedanken pro Tag, von denen sich die meisten wiederholen und bis zu 80 Prozent negativ sind.[33] Krishnaji und Preetha (auch bekannt als Preethaji) haben experimentiert, um aus diesem »leidenden Zustand« in den »glücklichen Zustand« zu gelangen. Der Kern ihres Systems besteht darin, mit einer spirituellen Vision zu leben – was im Wesentlichen bedeutet, eine Intention zu setzen. Der Fokus liegt auf der Entdeckung unserer »inneren Wahrheit« – einer nicht wertenden Beobachtung dessen, was in uns vorgeht.[34] Wir können in einem Zustand des Leidens verbleiben – vielleicht einer ungelösten Wut, Angst oder Traurigkeit – oder einem schönen Zustand der Freude. Leidenszustände jedoch neigen dazu, sich in Selbstbesessenheit zu verewigen.

Diesen Zustand einfach anzuerkennen, ohne zu versuchen, die Emotionen zu ändern, kann dazu beitragen, uns für das zu sensibilisieren, was Krishnaji und Preetha Krishna »universelle Intelligenz« nennen. Sie argumentieren, dass uns nicht nur unser Verstand leitet, sondern auch Herz, Bauch und sogar unsere Wirbelsäule, und dass alle diese Elemente Intelligenz besitzen.[35] Praktiken wie Yoga, Meditation und Visualisierung können unser Bewusstsein öffnen und uns helfen, loszulassen. Wir beginnen dann, Probleme zu lösen, indem wir nicht versuchen, den Fluss des Lebens zu kontrollieren, wenn wir uns gerade in einem negativen emotionalen Zustand befinden, sondern indem wir innehalten, langsamer werden und Entscheidungen treffen, sobald wir uns besser fühlen. Statt uns auf hochtrabende Ideale zu konzentrieren, lernen wir, die einzigartigen Umstände einer Situation zu berücksichtigen und präsent zu sein, anstatt selbstgerecht oder übermäßig anspruchsvoll.

Krishnaji erklärt, wie er die Vision eines Ökosystems verfolgte, das die Transformation jedes/r Einzelnen, der/die die Akademie betritt, unterstützt. Er erinnert sich daran, dass weniger als einen Monat nach der Formulierung dieser Absicht Ressourcen und Menschen »zu fließen begannen« und »magische Zufälle auftauchten«. Trotz erheblicher Hindernisse – einschließlich fehlender Baugenehmigungen – fand er das benötigte Grundstück und einen Architekten, der seine Vision verstand. Die Teile fügten sich zusammen. Heute, rund 18 Jahre später, besuchen täglich Tausende das Zentrum. Spirituelle Visionen unterscheiden sich von Zielen: Ziele und strategische Pläne sind zukunftsorientiert. Bei einer spirituellen Vision geht es nicht um ein konkretes Ziel, sondern um den Zustand, in dem Sie leben wollen, wenn Sie Ihre Ziele erreichen. In gewisser Weise ist sie die Mutter aller Visionen. Eine fokussierte spirituelle Vision zu haben und sie jeden Tag zu praktizieren, kann uns helfen, den Griff der Vergangenheit, des verwundeten Kindes, das viele von uns in sich tragen, zu lösen.

Als Beispiel verwendet Krishnaji den YouTube-Clip eines kleinen Jungen, der seiner Mutter sagt, dass er sie liebt, sie aber nicht immer mag – er mag sie nur, wenn sie ihm seine Kekse gibt. Wahrscheinlich waren wir alle schon einmal wie dieses Kind. In diesem Zustand geht es nicht darum, was wir in der Gesellschaft für richtig oder falsch halten – wir beurteilen uns nicht aufgrund dieser Gefühle, sondern sind einfach nur glücklich.[36] Gefühle sind dann nicht richtig oder falsch – sie sind einfach nur da. Das ist ein viel entspannterer Zustand!

Im Laufe meines Lebens wurde ich immer wieder daran erinnert, dass ich zwar viel Serendipität erzeuge und anziehe, dass sich die Dinge aber auch schnell ins Gegenteil verkehren können. Wie ich wäre mein

Bruder beinahe bei einem Autounfall ums Leben gekommen. Meine Mutter wäre fast an einem Blinddarmdurchbruch gestorben, als ich noch ein Kind war. Und mein Vater hätte an einem Herzinfarkt sterben können, wenn ihn nicht der hervorragende Rettungsdienst in Rekordzeit ins Krankenhaus gebracht hätte. Diese Zerbrechlichkeit des Lebens ist es, die meine Familie dankbar für jeden Tag macht, den wir zusammen haben. Wir alle haben Phasen der Traurigkeit, der Verzweiflung. Aber der Erfolgsfaktor Zufall kann unser Leben auf eine Ebene heben, die freudiger, erfüllender und erfolgreicher ist. Bei RLabs haben die Mitglieder eine »Hype-Person« dabei, eine Person, die in einer schwierigen Sitzung das Gesagte aufgreift und die jeweilige Botschaft bekräftigt, ohne sie nachzuplappern. Diejenigen, die nach dem Positiven suchen, erzeugen selbst in schwierigen Situationen, in denen alles gegen sie spricht, bessere Erfahrungen (und oft Ergebnisse).

Die Kraft der Unvollkommenheit

Auf dieser Reise kann Bescheidenheit und Verletzlichkeit entscheidend sein.[37] Oft müssen wir unser Streben nach Perfektion, nach totaler Kontrolle, überwinden, damit Serendipität entstehen kann. Hubert Joly, ehemaliger CEO von Best Buy, sagte mir in einem Interview, dass man seiner Erfahrung nach in Situationen, in denen man nicht in der Lage ist, etwas zu tun, nicht um Hilfe bittet, wenn man glaubt, die totale Kontrolle zu haben. Und wenn jemand anderer etwas falsch macht, ist diese Person Teil des Problems. »Das ist eine unmenschliche Art, sein Leben zu leben.« Wenn Sie dagegen Unvollkommenheit akzeptieren und Ihre Schwächen und die der anderen akzeptieren, können Sie damit umgehen, wenn etwas Unerwartetes passiert. Dann geht es nicht um Unvollkommenheit, sondern einfach um etwas Menschliches; es geht nicht um etwas Falsches, sondern darum, den Moment zu ergreifen, und Sinn zu stiften. Laut Joly sind es »Momente der Krise, in denen man wirklich etwas bewegen kann.«

Das gilt auch für Momente, in denen andere ihre Suche nach Perfektion gegen uns richten, wie im Falle von Danielle Cohen Henriquez. Danielle, eine ehemalige Politikanalystin, die zur Unternehmerin und Impact-Investorin wurde, erfuhr dies brutal mit einem Job am Anfang ihrer Karriere. Sie hatte einen schrecklichen Chef, der ungezügelt Wutanfälle hatte. Er war jemand, der die Erfolge des Teams für sich beanspruchte und dem Team die Schuld für alle Misserfolge gab. In diesem toxischen Arbeitsumfeld hatte ein Drittel seiner Mitarbeitenden gekündigt oder war krankgeschrieben, als Danielle anfing. Sie war eine eifrige Praktikantin und war bald überlastet. An einem Freitagabend gegen 19:30 Uhr wollte sie gerade das Büro verlassen, als ihr Chef einen Tippfehler in einem internen Bericht entdeckte, der an diesem Tag an das Unternehmen ausgegeben worden war. Danielle erinnert sich: »Seine Augen weiteten sich, er schlug auf die Tastatur, warf einen Haufen Büroklammern an die Wand und schrie aus vollem Halse: ›Ist denn hier NIEMAND zu irgendetwas fähig?‹ Mein Herz rutschte mir in die Hose. Ich hatte alles getan, um mich zu beweisen. Ich wusste, dass dieser spezielle Fehler nicht von mir war, aber seine Reaktion konnte nur bedeuten, dass ich einfach nicht gut genug gewesen war.«

Als Danielle schließlich das Büro verließ, eilte sie zu ihrem Zug nach Hause, verpasste ihn aber um zwanzig Sekunden. »Ich brach in einer staubigen Ecke auf dem Bahnsteig zusammen und fühlte mich abscheulich und wertlos.« Da wusste sie, dass sich etwas ändern musste. Aber was konnte sie tun? Am Montag mit ihm darüber reden? Es sah nicht so aus, als würde das viel helfen. Kündigen und arbeitslos werden? Kam nicht infrage. Dann betrat ein Bekannter unerwarteterweise den Bahnsteig. Er arbeitete für die Konkurrenz. »Jeder wollte dort einen Job haben, ich hatte mich nicht einmal beworben«, erinnerte sie sich. »Als ich ihn fragte, wie es ihm ginge, sagte er, dass gerade ein spannendes Projekt auf dem Tisch seines Teams gelandet sei und dass sie dringend einen neuen Mitarbeiter bräuchten. ›Kennst du jemanden?‹, fragte er.« Am nächsten Dienstag hatte Danielle ein Vorstellungsgespräch, und am Freitag wurde ihr die Stelle angeboten. Ihr neuer Chef war eine bemerkenswerte Führungspersönlichkeit: fröhlich, motivierend und sachkundig. Er eröffnete Danielle unzählige Karrierewege und ist bis heute ihr Mentor. Auf dem Bahnsteig war sie am Tiefpunkt angelangt. Ein Glück, dass ihr der Erfolgsfaktor Zufall zu Hilfe eilte.

Entspannen Sie sich!

Menschen sind nicht statisch; wir verändern uns je nach unserem jeweiligen Umfeld, unseren Umständen und Prioritäten. Jeder Mensch ist anders, und jede/r von uns ist zu unterschiedlichen Zeiten empfänglich oder unempfänglich. Nehmen wir zum Beispiel Stress. Die meisten mentalen Voreingenommenheiten verschlimmern sich unter Stress, da unser Körper in eine Kampf-oder-Flucht-Reaktion fällt und sich rein auf den Instinkt verlässt – ohne die Notbremse von Daniel Kahnemans System 2 (unsere langsame und kontrollierte Art des Denkens).[38] Stress führt zu übereilten Entscheidungen und zum Rückfall in Gewohnheiten. Ich habe meine schlechtesten Entscheidungen in Zeiten getroffen, in denen ich mich in die Enge getrieben fühlte und im Kampf-oder-Flucht-Modus war.

Angst kann uns davon abhalten, Möglichkeiten zu ergreifen, und Glückspilze neigen dazu, entspannter zu sein. Warum? In einem berühmten Experiment gab der Psychologieprofessor Richard Wiseman Menschen eine Zeitung zu lesen und fragte sie, wie viele Fotos darin enthalten seien. Die meisten Teilnehmenden nahmen sich etwa zwei Minuten Zeit und zählten schnell durch. Einige überprüften ihr Ergebnis noch einmal. Niemand fiel die Schlagzeile auf der zweiten Seite auf, die in großen, fetten Buchstaben lautete: »Es gibt 42 Bilder in dieser Zeitung.« Niemand bemerkte sie, weil alle so sehr auf die Fotos konzentriert waren. Sie verpassten auch die Gelegenheit, hundert Pfund zu gewinnen – eine weitere große Anzeige in der Zeitung lautete: »Hören Sie auf zu zählen und sagen Sie dem Koordinator, dass Sie dies gesehen haben, und Sie gewinnen hundert Pfund.« Auch hier waren die Teilnehmer und Teilnehmerinnen zu sehr mit der Suche nach den Fotos beschäftigt, als dass sie das Geld hätten gewinnen können. Als Wiseman sie stattdessen fragte, ob sie etwas Ungewöhnliches in der Zeitung entdeckt hätten, betrachteten sie sie anders, und sahen die Botschaften sofort. Indem sie sich (zu sehr) auf eine bestimmte Aufgabe konzentrierten, verpassten sie den eigentlichen Gewinn.

In Organisationen, die eine Kultur des Hyperstresses pflegen, in der die Menschen darauf fokussiert sein müssen, ihren Job nicht zu verlieren oder pünktlich zu ihren Sitzungen zu kommen, ist es wahrscheinlicher, dass wir den Erfolgsfaktor Zufall nicht antreffen. Darüber hinaus haben Studien gezeigt, dass Veränderungen in unserem Verdauungs- und Kreislaufsystem jeweils mit einem speziellen Gesichtsausdruck korrespondieren. Demnach ist es nicht verwunderlich, dass eine sanfte Stimme oder ein freundliches Gesicht großen Einfluss haben, wie wir uns fühlen, oder dass wir, wenn wir ignoriert werden, in einen Zustand der Angst geraten können.[39] Der Tag, nachdem Ihr Hund gestorben ist oder Sie aus dem OP kommen, ist wahrscheinlich kein guter Tag für jede Form von Serendipität.

Viele von uns profitieren davon, unseren Geist durch Meditation oder Yoga zu beruhigen. Die Präsenz, die wir auf diese Weise entwickeln, erhöht die Chancen auf Serendipität, denn sie gedeiht durch mehr Achtsamkeit (und Mono- statt Multitasking!).[40] Da wir je nach Zustand (und resultierendem Energieniveau) unterschiedlich empfänglich für Ideen sind (oder sie besser vermitteln können), ist es entscheidend, Menschen im »richtigen Moment« zu treffen – wenn sie sich in einem offenen Zustand befinden und nicht im Schneckenhaus.

Das gilt auch für verschiedene Lebensphasen: Wenn Sie gerade Ihr Studium abgeschlossen haben, am Ende eines Lebensabschnitts stehen oder Ihr Unternehmen gerade verkauft haben und auf der Suche nach Ihrer nächsten Idee sind, dann sind Sie tendenziell offener für unerwartete Ereignisse. Serendipität tritt oft ein, wenn wir es am wenigsten erwarten. Wenn wir unsere Erwartungen an der Tür zu einer Party oder zu einem Büro zurücklassen, passieren die magischsten Momente.

Also …

Serendipität ist wahrscheinlicher, wenn wir uns bemühen, potenzielle Auslöser zu erkennen und die relevanten Punkte miteinander zu verbinden – und wenn wir eine Idee haben, wie wir mit einem potenziell serendipitären Moment umgehen können. Es geht darum, Verbindungen zu sehen, wo andere Gräben sehen – und das ist leichter getan, wenn wir motiviert sind. Wir können unseren Orientierungssinn auf vielerlei Weise entwickeln und einsetzen, sei es aus Sinnsuche, spirituellem Empfinden, auf der Grundlage von Prinzipien oder durch Experimentieren. Die Entwicklung eines »tieferen Bauchgefühls« kann uns beim Navigieren helfen. Deshalb liegt der Fokus der Serendipitätsübungen in diesem Kapitel auf der Entwicklung der zugrundeliegenden emotionalen Basis und Motivation für den Erfolgsfaktor Zufall.

Serendipity Workout: das Fundament legen

1. Schreiben Sie auf, was Ihnen im Leben am wichtigsten ist. Welche Themen kommen Ihnen in den Sinn? Gibt es ein vorherrschendes Grundmuster, vielleicht eine Leidenschaft, einen roten Faden, die sich erst im Rückblick offenbaren? Fangen Sie an, mit potenziellen Nordsternen zu experimentieren – das wird es Ihnen leichter machen, die Punkte in der Zukunft zu verbinden.
2. Verbringen Sie zehn Minuten am Tag mit Meditation oder vergleichbaren Übungen. Sie können ganz einfach beginnen: Setzen Sie sich auf einen bequemen Stuhl oder auf ein Kissen und legen Sie die Handflächen auf die Oberschenkel. Atmen Sie viermal tief ein und sagen Sie langsam zu sich selbst: »Möge ich die Antworten finden, die ich suche; möge ich die Lösungen entdecken, die ich brauche. Möge mein Leben schön sein. Möge das Leben der Menschen, die ich liebe, schön sein.«[41]
3. Umgeben Sie sich mit Menschen, die positive Energie haben. Identifizieren Sie zwei oder drei Menschen, die Ihnen gute Laune machen und mit denen Sie mehr Zeit verbringen möchten. Verabreden Sie sich mit ihnen zum Kaffee.
4. Bringen Sie Dankbarkeit in Ihr Leben. Sie können ein Dankbarkeitstagebuch führen. Oder Sie können ein Dankbarkeitsritual in Ihre tägliche Routine integrieren, etwa am Esstisch, wo jede/r drei Dinge nennen kann, für die er/sie dankbar ist.
5. Schicken Sie jede Woche drei Dankesnachrichten an Menschen, die einen positiven Einfluss auf Ihr Leben gehabt haben. Es ist erwiesen, dass ein expliziter Dank eine überraschend starke Wirkung sowohl auf den/die Absender/in als auch auf den Empfänger hat.
6. Zeigen Sie Ihr wahres Ich und beginnen Sie mit kleinen Schritten. Georgie Nightingall, Gründerin der Organisation Trigger Conversations, wendet den folgenden Ansatz an: Wenn Sie jemand fragt, wie es Ihnen geht, sagen Sie einfach etwas Wahres und Unerwartetes, zum Beispiel: »6,5 von 10«, »koffeinarm« oder »neugierig«. Die Leute werden überrascht sein, aber auch neugierig, wegen Ihres unkonventionellen Auftretens – und Sie kommen vielleicht ins Gespräch.
7. Trainieren Sie Ihren »Extrovertiertheitsmuskel«. Sprechen Sie mit der Person in der Schlange vor dem Café, sprechen Sie auf einer

Party mit Leuten, die Sie nicht kennen. Gehen Sie von einer positiven Intention aus: Jeder und jede hat seine/ihre eigenen Probleme, und im Sinne von Hanlons Rasiermesser – unterstelle niemals Böswilligkeit, wenn das durch Nachlässigkeit hinreichend erklärt werden kann – vermeiden Sie negative Spiralen und sich selbst erfüllende Prophezeiungen, indem Sie von positiven Absichten ausgehen. Wenn wir davon ausgehen, dass Menschen tatsächlich mit uns sprechen wollen – auch wenn sie vielleicht seltsam reagieren, weil sie überrascht sind –, werden die spannendsten Gespräche in Gang kommen.

8. Schreiben Sie 20 Ihrer Ziele auf und wählen Sie aus dieser Liste die fünf wichtigsten aus. Fragen Sie sich: »Wie werden diese Ziele und Entscheidungen meine Persönlichkeit prägen?«
9. Entscheiden Sie sich für zwei Commitments (zum Beispiel »Ich werde jeden Montag mit einem geliebten Menschen zu Abend essen« oder »Ich werde dreimal die Woche Sport treiben«).[42] Suchen Sie sich eine/einen »Verantwortlichkeits-Partner/-Partnerin«, die/der Sie dabei unterstützt das Vorhaben einzuhalten, und vereinbaren Sie einen Termin, an dem Sie ihr/ihm über Fortschritte berichten.
10. Wenn Sie eine Mitarbeitenden- oder Community-Veranstaltung organisieren, denken Sie über fünf konkrete Verhaltensweisen nach, die die Werte manifestieren, für die Ihre Organisation oder Gemeinschaft steht. Kann jede/r eine konkrete Geschichte erzählen, wie sich dies im eigenen täglichen Leben auswirkt? Wenn Sie Eltern sind, können Sie den gleichen Ansatz mit Ihren Kindern ausprobieren, indem Sie sie bitten, beim Abendessen eine Geschichte von jemandem zu erzählen, der/die einen zentralen Wert wie Freundlichkeit verkörpert hat (vielleicht haben Sie eine Geschichte von einem Kind, das in der Schule freundlich zu ihnen war, oder ein Beispiel, wie Sie freundlich zu jemand anderem waren?).

5

SERENDIPITÄTS-AUSLÖSER ERKENNEN UND ERMÖGLICHEN

»Man verfehlt hundert Prozent der Schüsse, die man nicht abgibt.«

Wayne Gretzky, ehemaliger
Profi-Eishockeyspieler und -trainer

Das Unerwartete herbeiführen

Als Michele Cantos, eine ecuadorianische Erzieherin mit Wohnsitz in New York City, eine E-Mail an Freunde und Bekannte geschickt hatte, ahnte sie noch nicht, dass sie Leiterin eines erfolgreichen Programmier-Boot-Camps werden würde. Vier Jahre hatte sie im gemeinnützigen Sektor geschuftet und aufstrebende Studierende aus einkommensschwachen Verhältnissen unterstützt. Dann beschloss Michele, ein paar Monate Urlaub zu nehmen, in ihr Heimatland zu reisen und über ihre nächsten Schritte nachzudenken. Deshalb schickte sie diese E-Mail an etwa hundert Freund/innen und Bekannte. Der Inhalt: Job gekündigt und sechs Monate Auszeit.

Darüber stand der Satz: »Ich bin in sechs Monaten zurück und denke zwischenzeitlich über meine nächsten Schritte nach.« In der Folge schickte Michele eine Reihe von Updates, in denen sie ihre Reise und ihre Gedanken beschrieb. In der letzten E-Mail teilte sie mit, dass sie wieder zurück in New York war und was sie als Nächstes plante. Inklusive eines kurzen Hinweises mit der Bitte um Ideen.

Mehrere Freund/innen wünschten Michele nur schlicht alles Gute, doch eine Bekannte reagierte anders. Sie hatte gerade einen Bewerbungsmarathon bei einem Technologieunternehmen hinter sich und hatte sich schließlich für einen anderen Job entschieden. Aber sie hatte bei dem Technologieunternehmen einen so guten Eindruck hinterlassen, dass die Leute sie fragten, ob sie noch jemanden kenne, der für die Stelle infrage käme. Sie war der Meinung, dass Michele perfekt geeignet wäre. Das Empfehlungsmarketing der Freundin in Kombination mit Micheles Enthusiasmus überzeugten das Recruitment-Team, und so wurde ihr die Stelle angeboten.

Für Michele, die zuvor keine Erfahrung in der Technologiebranche hatte, kam dieses Angebot völlig unerwartet. Sie hätte sich wahrscheinlich nie auf diese Stelle beworben. Die Aufgabe schien so komplett anders zu sein, dass sie nicht zu ihr zu passen schien: »Diese Person hat es für mich ›gesehen‹. Sie hat mein Leben verändert.« Der neue Job verbesserte ihre Lebensqualität schlagartig.

Schauen wir genauer hin: Was genau hat Michele hier getan? Sie setzte einen Serendipitätsauslöser. Sie gab also einen Anstoß, der die

Serendipität ermöglichte. Sie war proaktiv, offen – und ging sogar ein wenig ins Risiko. Sie hat sich selbst die Voraussetzungen für Serendipität geschaffen. In diesem Fall hat jemand anderes die Verbindung für sie hergestellt, was auf die Tatsache hinweist, dass der Erfolgsfaktor Zufall oftmals auf der Interaktion mehrerer Leute basiert und manchmal auf die Gunst anderer angewiesen ist. Andere Menschen können in uns das Potenzial oder die Talente sehen, die wir selbst nicht sehen – oder sie können Punkte verbinden, die wir nicht auf dem Radar haben, wodurch sich der Möglichkeitsraum noch weiter öffnet. Aber wenn wir andere nicht wissen lassen, woran wir interessiert sind oder wonach wir suchen – wenn wir keine potenziellen Auslöser säen – wie sollen sie es dann wissen? Potenzielle Auslöser säen ist der Kern dessen, was Menschen tun, die Serendipität erleben. Die Verknüpfung der Punkte hilft, sie in ein positives Ergebnis zu verwandeln. Beides ist von entscheidender Bedeutung – manchmal geschieht es Schritt für Schritt, manchmal zur gleichen Zeit.

Serendipitätsauslöser säen

»Lass deinen Haken immer ausgeworfen sein;
in dem Teich, wo du es am wenigsten erwartest, wird ein Fisch sein.«

Ovid, römischer Dichter

Wenn Oli Barrett, ein in London ansässiger Gründer mehrerer Start-up-Unternehmen, neue Leute trifft, wirft er mehrere Haken aus, um festzustellen, ob es eventuell Überschneidungen gibt. Wenn er gefragt wird: »Was machen Sie beruflich?«, antwortet er in etwa so: »Ich liebe es, Menschen zu verbinden, ich habe ein Unternehmen im Bildungssektor gegründet, vor kurzem angefangen, mich mit Philosophie zu beschäftigen, aber was mir wirklich Spaß macht, ist Klavierspielen.«

Diese Antwort enthält mindestens vier potenzielle Serendipitätsauslöser: eine Leidenschaft (Kontakte knüpfen), eine professionelle Tätigkeitsbeschreibung (Gründung eines Bildungsunternehmens), ein Interesse (Philosophie) und ein Hobby (Klavierspielen). Wenn er nur mit: »Ich habe ein Bildungsunternehmen gegründet« geantwortet hätte, wäre die potenzielle Chance für andere, die Punkte miteinander zu verbinden, ziemlich gering gewesen. Indem er jedoch vier oder sogar mehr potenzielle Serendipitätsauslöser angibt, erhöht er die Wahrscheinlichkeit, dass jemand wie folgt darauf eingeht: »So ein Zufall! Ich überlege gerade, ein Klavier zu kaufen, können Sie mir ein paar Tipps geben?« So können sich andere den Haken aussuchen, der zu ihrem Leben passt, und es wird wahrscheinlicher, dass Serendipität eintritt, im Großen wie im Kleinen.

Das (positiv) Unerwartete beschleunigen

In zwei spannenden, aber zunächst umstrittenen Studien, die in *Science* veröffentlicht wurden, zeigten Princeton-Professor David MacMillan und sein Forschungsteam, dass es möglich ist, Serendipität zu beschleunigen.[1] Die übliche wissenschaftliche Vorgehensweise in einem Labor besteht darin, Moleküle zu verwenden, von denen Forscher glauben, dass sie reagieren werden, und dann zu versuchen, einen Weg zu finden, diese Reaktion auszulösen. Im Gegensatz dazu wählte das Team von MacMillan Moleküle aus, bei denen es keine Reaktion gab, und suchte nach einer sogenannten »zufälligen Reaktivität«. Durch diese Auswahl konnten später sogar neue Arzneimittel entwickelt werden. Die Kernannahme der Forscher bestand darin, dass der Erfolgsfaktor Zufall auf Wahrscheinlichkeit basiert und daher statistisch handhabbar ist. Darauf basierend musste eine Erhöhung der Anzahl möglicher chemischer Reaktionen in einer Laborumgebung die Chancen einer positiven Reaktion erhöhen – was auch tatsächlich geschah.

Das ist in etwa so, als würde man die Chance auf eine Universitätszulassung erhöhen, indem man mehr Bewerbungen verschickt – etwa in Ländern wie Deutschland, in denen das möglich ist. Ich bin mir ziemlich sicher, dass der Grund, warum die Universität, an der ich studiert habe, mich angenommen hat, darin lag, dass irgendetwas Unerwartetes in meiner Bewerbung Anklang fand. Ich werde nie erfahren, was das war, aber wenn man sich an mehr als 40 Universitäten bewirbt, sind selbst mit sehr unterdurchschnittlichen Noten die Chancen größer, dass jemand irgendwo eine (potenziell unerwartete!) Resonanz in der Bewerbung findet. Vielleicht hatte die Person, die meine Bewerbung las, einen Sohn mit einer ähnlich turbulenten Vergangenheit – das wäre Zufall, aber die Wahrscheinlichkeit eines solchen Zufalls war aufgrund der Anzahl der verschickten Bewerbungen größer. Es ist ein Zahlenspiel. Je mehr Schüsse wir abgeben, desto wahrscheinlicher ist es, dass wir ein Ziel treffen, selbst wenn es nur Zufall ist.

Unerwartete Verbindungen scheinen oft aus unerwarteten Quellen zu kommen. Aber denken Sie an das Beispiel des Geburtstagsparadoxons zurück: Das scheinbar Unerwartete ist in Wirklichkeit sehr wahrscheinlich, weil es so viele unerwartete Dinge (oder Verbindungen) gibt, die passieren können. Wenn wir alle Möglichkeiten zusammenzählen, erkennen wir, dass das Unerwartete ständig passiert – wir müssen nur die Augen offen halten und genauer hinsehen, um es zu bemerken. Und oft brauchen wir nur eine dieser Begegnungen, um unser Leben zum Besseren zu verändern.

Sie denken vielleicht: »Ich bin glücklich, so wie die Dinge sind, warum sollte ich irgend etwas ändern wollen?« Komischerweise gehören Menschen, die das sagen, oft zu den erfreutesten, wenn der Erfolgsfaktor Zufall bei ihnen zuschlägt (einschließlich einiger meiner Kolleg/innen). Es ist wichtig, dass wir uns dem Unbekannten aussetzen. Wir sind es gewohnt, aktiv in Bereichen zu suchen, in denen wir uns wohlfühlen, aber Serendipität ist wahrscheinlicher, wenn wir zufälligen äußeren Einflüssen begegnen. Diese können unterschiedliche Formen annehmen: neue Informationen, Ressourcen, Menschen und Ideen.

Information ist nicht nur Macht

In Michele Cantos' Fall wurde sie unerwartet über die Rolle informiert, die am besten zu ihr passte. Nicht, weil sie nach diesen Informationen suchte – wie kann man nach etwas suchen, das man nicht kennt? –, sondern indem sie sich dafür öffnete. Dies kann auf die trivialste Weise geschehen.

Der slowenische Philosoph Slavoj Žižek argumentiert, dass das, was wir zu wollen glauben, nicht unbedingt das ist, was wir tatsächlich wollen. Žižek nutzt das Beispiel eines Mannes, der eine Frau und eine Geliebte hat. Er hofft insgeheim, dass die Frau verschwindet, damit er mit seiner Geliebten zusammen sein kann. Die Frau verschwindet unerwartet aus seinem Leben, und plötzlich begehrt der Mann die Geliebte nicht mehr. Warum? Die Beziehung funktionierte unter bestimmten Umständen, aber ohne diese Umstände verliert die Geliebte ihre Anziehungskraft – sie ist nicht länger ein »Objekt der Begierde in der Ferne«.[2]

Wie bei so vielen Dingen im Leben ist es schwierig, dies im Voraus zu wissen, nicht wahr? Wie im letzten Kapitel beschrieben, wissen wir oft erst dann, was wir wirklich begehren, wenn wir – oft zufällig – darauf stoßen und feststellen, dass es sich einfach richtig oder gut anfühlt. Manche von uns erfahren es beim Überfliegen der Zeitung, beim Scrollen durch das Internet oder beim Lesen eines guten Buchs. Vor Jahren blätterte Keyun Ruan durch eine Zeitschrift, als sie auf einen Artikel über Cloud Computing stieß. Das weckte ihre Neugier, denn sie war auf der Suche nach einem Thema für ihre Doktorarbeit. Wachsam gegenüber potenziellen Serendipitätsauslösern folgte sie ihrem Interesse, und heute ist sie eine Expertin für Cloud-Forensik und -Sicherheit.[3]

In jedem Fall ist es wichtig, sich neuen Informationen auszusetzen, um Serendipität zu erleben.* Während Serendipitätsauslöser oft aus Informationen erwachsen, die wir aus Büchern, Zeitungen oder Filmen erhalten, werden viele Serendipitätsauslöser und Punkte letztlich von (anderen) Menschen gesät und verbunden.

Auf die Menschen kommt es an

In den 1960er-Jahren herrschte der Kalte Krieg und damit Eiszeit zwischen den USA, China und der Sowjetunion. Als US-Außenminister Henry Kissinger auf der Pugwash-Konferenz im polnischen Sopot

* Informationen sind nie einfach nur Informationen; sie sind das, was wir in sie hineininterpretieren – und was das ist, hängt von unserem Kontext ab. Wir neigen dazu, uns auf den sachlichen Inhalt eines Textes oder Gesprächs zu konzentrieren – und übersehen dabei die Nuancen, die sich aus dem jeweiligen Kontext ergeben. In Kulturen, die eine hohe Kontextsensibilität haben – zum Beispiel in den meisten asiatischen Ländern – sind Botschaften oft mehrdeutig, und das Lesen zwischen den Zeilen ist von größter Bedeutung. In einer Kultur mit geringer Kontextualität könnte jemand sagen: »Mach die Tür zu«, während es in einer Kultur mit hoher Kontextualität etwas indirekteres wie: »Es wird kalt hier drin« oder »Ich will nicht, dass die Katzen aus dem Haus gehen« sein könnte (Hall, 1976).

mit einem Vertreter des Ostblocks zusammentraf, änderte er den Lauf der Geschichte. Grund war eine zufällige Begegnung auf der Konferenz, die wegweisend für den Besuch eines amtierenden US-Präsidenten in China und die Veränderung der geopolitischen Landschaft waren. Kissinger machte dies durch sein proaktives Netzwerkverhalten möglich.[4]

In kleinerem Rahmen können derartige Zufallsbegegnungen, wenn nicht die Geschichte, so zumindest unser eigenes Leben verändern. Mehr als 50 Jahre später, im Jahr 2014, stand Amina Aitsi-Selmi an einem Scheideweg ihrer Karriere. Sie war als Ärztin ausgebildet und fühlte sich trotz ihrer glänzenden Aussichten verloren und verwirrt. Die meisten Freund/innen empfahlen ihr den sicheren Karriereweg, aber für sie sah er trostlos und festgefahren aus. Ihr Jugendtraum, im Bereich globaler Gesundheit zu arbeiten, rückte in weite Ferne und war fast vergessen. Eines Morgens betrat sie einen Aufzug in London und grüßte eine Frau, die ebenfalls eingestiegen war. Sie unterhielten sich über das Wetter, doch plötzlich machte es Klick. »Wer sind Sie?«, fragte die andere Frau. Amina erklärte, was sie tat, betonte aber auch, dass sie eigentlich sinnstiftender arbeiten wolle. Die Frau sah sie an und sagte: »Kommen Sie bei mir im Büro vorbei und ich erzähle Ihnen, was ich tue.« Es stellte sich heraus, dass die Frau die stellvertretende Vorsitzende eines Arbeitskreises bei den Vereinten Nationen war und jemanden mit wissenschaftlichen und technischen Fähigkeiten (und einer entsprechenden Persönlichkeit) suchte, die ihr helfen konnte.

Eines führte zum anderen, und Amina arbeitete später sogar an der UN-Agenda für Nachhaltige Entwicklung im Bereich Gesundheit und Katastrophenvorsorge mit. Schließlich war sie Mitverfasserin eines UN-Berichts und verschiedener anderer Veröffentlichungen, was ihr später zu einer Stelle als Dozentin und Beraterin verhalf. Ihr 20-jähriger Traum hatte sich nach einem Jahr der Verzweiflung erfüllt, die sie, wie Amina zugab, fast verschlungen hätte. Ein zufälliges Gespräch in einem Aufzug veränderte ihr Leben. Amina Aitsi-Selmi und Henry Kissinger waren beide in der Lage, einen Serendipitätsauslöser zu nutzen, und sie halfen, die Punkte zu verbinden. Aber wie können wir etwas Ähnliches für unser eigenes Leben schaffen? Wo können wir anfangen?

Serendipitätsbomben zünden

Eine Frage, die mir oft gestellt wird, lautet: »Wie bringe ich mich in Situationen, in denen ich interessante Menschen finde, mit denen ich in Kontakt treten kann? Ich kenne noch nicht so viele!« Mattan Griffel, Unternehmer und Assistenzprofessor an der Columbia University, umschreibt dies als »das Zünden von Tausenden von kleinen Serendipitätsbomben.« Ein Beispiel für diesen Ansatz ist, Menschen, die wir bewundern, eine inspirierende E-Mail zu schreiben. Überraschenderweise schreiben sie oft zurück. Und es ist wahrscheinlicher, dass sie zurückschreiben, wenn man sich auf ein Projekt beziehen kann, an dem sie beteiligt waren.

Ein solcher Fall war Nicola Greco, der begann, Software in den Open-Source-Projekten von Tim Berners-Lee, dem Erfinder des World Wide Web, zu programmieren, und zwar so, dass Berners-Lee und sein Team es bemerken würden. Daraufhin schickte er eine E-Mail mit den Worten: »Hey, ich habe an xyz gearbeitet, es wäre großartig, wenn wir uns treffen könnten.« Sie trafen sich schließlich, und Berners-Lee wurde schließlich sogar sein Doktorvater. Überraschenderweise gibt es oft unerwartete Gründe für eine Zusammenarbeit, die wir im Voraus nicht kennen und die nur der anderen Person bekannt sind. So kann das Versenden einer E-Mail dazu beitragen, einen Möglichkeitsraum zu schaffen. Damit ermöglichen wir es der Person, die wir bewundern, potenziell die Punkte zu verknüpfen. Und selbst wenn nichts dabei herauskommt, sind wir jetzt zumindest auf ihrem Radar (vorausgesetzt, die Person öffnet ihre E-Mails).

Warum schreiben Sie nicht eine E-Mail an eine Person, die Sie bewundern, und teilen ihr mit, was Sie begeistert und warum Sie sie interessant finden? Selbst wenn die jeweilige Person nicht interessiert ist, kennt sie oft Leute, die es sein könnten. In vielen Berufsfeldern sind Akademiker eine gute Anlaufstelle, um Kontakte zu knüpfen. Ihre E-Mail-Adressen stehen in der Regel auf der Homepage der Universität oder Fachhochschule, und sie sind oft gut vernetzt mit Leuten in der Industrie, die offen für Kontakte sind. Ich habe auch schon Leute erlebt, die erfolgreich waren, indem sie jemandem getwittert, Nachrichten an Assistenten und Assistentinnen geschickt, ihn/sie auf Instagram gefunden haben oder indem sie die InMail-Funktion von

LinkedIn benutzt haben (mit der man eine Nachricht an Personen schicken kann, mit denen man nicht vernetzt ist).

Genau das tat Alvin Owusu-Fordwuo, ein junger Student aus dem Londoner Stadtteil Hackney, als er einen meiner Workshops mit dem Ziel verließ, Serendipitätsbomben zu zünden. Alvin, ein junger Mann mit großen Träumen, schickte auf LinkedIn Nachrichten an den CEO und den Aufsichtsratschef eines großen Unternehmens, in dem er ein Praktikum machen wollte. Seine erste Nachricht war einfach: »Hallo [Name des CEOs], ich bin ein neuer Praktikant im Frühjahr bei [Name des Unternehmens]. Ich werde für eine Woche dort sein und würde gerne mit Ihnen sprechen oder ein Mittagessen vereinbaren, während ich dort bin, um mit Ihnen über Ihre Erfahrungen und Ihren Erfolg bei [Name des Unternehmens] zu sprechen.«

Alvin erhielt zunächst keine Antwort auf diese Nachricht. Aber er wandte sich an eine jüngere Mitarbeiterin des Unternehmens, die das soziale Unternehmen, das er nebenbei betrieb, unterstützen konnte (Serendipitätsbombe 2). Es stellte sich heraus, dass der Aufsichtsratschef ihr Mentor war, und sie sprach mit ihm über Alvin, und das ließ ihn aufhorchen. Nach einer Reihe von Kaffeetreffen »hat der Aufsichtsratschef meine Entwicklung massiv unterstützt und will sein Netzwerk nutzen, um mich nach meinem Studienabschluss zu fördern«, so Alvin. Das Versenden von Nachrichten an Fremde kann hilfreich sein, aber noch wirkungsvoller ist es, sie mit jemandem weiterzuverfolgen, der/die der Person einen Anstoß geben kann. Vielleicht gibt es jemanden, der Sie vorstellen kann, vielleicht ein gemeinsamer Bekannter auf LinkedIn oder Facebook? Der Punkt ist, dass es sehr wirkungsvoll sein kann, Leute zu kontaktieren – egal, wo oder wer wir sind.

Natürlich erfordert es Mut, sich zu präsentieren. Als Alby Shale, ein in London ansässiger Unternehmer und Philanthrop, seinen Vater Christopher durch einen Herzinfarkt verlor, wurde er von heftigster Trauer übermannt. Der erwartbare Schritt wäre gewesen, therapeutische Hilfe in Anspruch zu nehmen. Aber er ging zu einer Party und sprach mit einem Fremden über seine Trauer. Der Zufall wollte es, dass dieser Fremde selbst gerade eine schwere Zeit durchmachte. Die beiden kamen auf die Idee einer Kampagne. Diese zielte darauf ab, eine Community von Menschen zu bilden, die schwierige Gespräche über Tod und Trauer führen wollen, zum Beispiel durch Podcasts oder das Tragen von Armbändern, die signalisieren, dass jemand trauert. Das Nachdenken über diese Ideen erwies sich für beide als wirkungsvolle »Therapie«.

Natürlich hängt die Effektivität der Methoden davon ab, wie wir kommunizieren: Menschen wie Alby versinken nicht in Selbstmitleid oder übertriebener Anteilnahme. Stattdessen teilte er seinen Kummer auf kurze, prägnante (und oft lernoffene) Weise mit, so dass andere sich mit dem Gefühlszustand identifizieren konnten. Auf diese Weise wird Verletzlichkeit zu einer Möglichkeit, Serendipität auszulösen.[5]

Dinge ins Rollen bringen

Wie können wir potenzielle Serendipitätsauslöser vervielfachen und uns selbst und andere in die Lage versetzen, die entsprechenden Punkte zu verbinden? Erinnern Sie sich an Micheles Geschichte. Newsletter, Blogposts und Updates zu Themen, die uns interessieren, per E-Mail, Twitter, Instagram und auf anderen Wegen können wirkungsvoll beitragen, den Erfolgsfaktor Zufall an den unerwartetsten Orten auszulösen, solange es um relevante Themen geht und nicht um Selbstdarstellung.

Wenn wir uns erst einmal geoutet haben, können wunderbare Dinge geschehen. Für Ken Chua, einen in Singapur ansässigen Sozialunternehmer, war der ausschlaggebende Moment für die Gründung seines Unternehmens, (these)abilities, die Lektüre des Buches *Design Meets Disability* von Graham Pullin. Ken war auf der Suche nach Experten an der Schnittstelle von Design, Technik und Behinderung – und davon gibt es nur sehr wenige. Er hatte schon lange daran gedacht, Graham eine unverbindliche E-Mail zu schicken, hatte es aber immer wieder hinausgezögert. Was er jedoch tat, war, kontinuierlich Inhalte über die Arbeit und Philosophie dieser Experten/innen in den Social Media zu posten. Einer dieser Beiträge erregte die Aufmerksamkeit eines Designers, der in der Niederlassung des Designunternehmens IDEO in Singapur arbeitete und ein Student von Graham an der Universität Dundee gewesen war. Als er auf Kens Aktivitäten in den Social Media stieß, nahm er Kontakt auf.

Ken wusste immer noch nicht, dass der Designer ein Student von Graham war, als sie sich kennenlernten. Er schickte ihm eine Nachricht, als Graham Singapur besuchte. So kam eins zum anderen, und was als kurzes Abendessen geplant war, wurde ein mehrstündiges Gespräch, in dem sie über Geschäfte und das Leben sprachen.

Wie können wir unsere eigene authentische Geschichte erzählen, die die Grundlage für mögliche Serendipität auf persönlicher oder beruflicher Ebene bildet? Ich habe es als nützlich empfunden, eine Seite über mein Interessensgebiet mit einem oder mehreren interessanten Haken zu schreiben, die mit meiner eigenen Lebensgeschichte zu tun haben. Wir alle haben eine Geschichte zu erzählen, und wir alle fühlen uns manchmal wie Hochstapler, und doch gibt es da draußen Menschen, die darauf warten, Resonanz in unserer Geschichte zu finden. Wir können diese »Geschichte von uns selbst« auch (fast) überall erzählen, wo wir hingehen. Ihre Kurzfassung kann die neue Antwort auf die Frage: »Was tun Sie?« werden.

Es kommt uns immer so vor, als müssten wir erst ein/e echte/r Experte/in sein, bevor wir uns in die Öffentlichkeit begeben können. Haben Sie ein Kind großgezogen? Haben Sie viele Jahre lang in Ihrem Beruf gearbeitet? Sie sind ein/e Experte/in! Bei den meisten Podiumsdiskussionen improvisieren viele der Diskussionsteilnehmer/innen, und viele wissen oft überraschend wenig über das Thema, über welches sie gerade sprechen. Professor/innen zum Beispiel können in einer Nische sehr gut ausgebildet sein, müssen aber ständig improvisieren, wenn sie ein Thema außerhalb ihres direkten Forschungsgebiets diskutieren müssen.

»Schön, Sie kennenzulernen ...«

Natürlich steigt unsere Wahrscheinlichkeit, dem Erfolgsfaktor Zufall zu begegnen, wenn wir uns mit interessanten Menschen umgeben. Öffentliche Vorlesungen an Universitäten oder Institutionen, wie der TU München oder der Humboldt Universität Berlin, können ein Sammelbecken interessanter Menschen sein, und diese Veranstaltungen sind fast immer kostenlos und öffentlich zugänglich. Die Redner/innen sind oft erstaunlich offen für Gespräche, vor allem, wenn ein echtes Interesse an einem aktuellen Projekt besteht.

Ein Sozialunternehmer erzählte mir, wie ein CEO, den er nach einer Rede angesprochen hatte, sich danach bei ihm meldete, um Stühle an seine Wohltätigkeitsorganisation zu spenden, die wiederum aus dem

Verkauf eines seiner Bürogebäude stammten. Er hatte sich bei diesem CEO ins Gespräch gebracht, weil er ihm eine interessante Frage gestellt und diesem seine Geschichte erzählt hatte. Als der CEO entscheiden musste, was er mit den Stühlen tun wollte, fiel ihm ein, dass sie für diese Wohltätigkeitsorganisation nützlich sein könnten.

Der Sozialunternehmer hatte die gleiche Herausforderung zu bewältigen wie viele von uns: das Gefühl, nicht viel für jemanden beitragen zu können, der alles zu haben scheint. Überraschenderweise lassen sich diese »hochrangigen« Menschen jedoch oft dadurch motivieren, dass sie Teil der Lebensreise eines Menschen sein können – und nicht durch einen bestimmten materiellen Faktor; das wiederum ist unser Beitrag für sie. Schließlich macht Geben glücklicher als Nehmen, so dass es für beide Seiten eine starke Motivation sein kann, andere Menschen an unserer Reise teilhaben zu lassen, wenn dies auf einer Art gegenseitigem Interesse oder Resonanz beruht.[6]

Eine Eigenschaft, die ich bei Zufallsaktivisten und -aktivistinnen beobachtet habe, ist, dass sie sich oft zu Beginn einer Veranstaltung – sei es einem Abendessen, einer Konferenz, einem Geschäftstreffen oder etwas anderem – dem/der Gastgeber/in und/oder den Mitarbeitenden vorstellen. Diese Leute sind selten die Stars der Veranstaltung, aber sie kennen die wichtigsten Leute. Wenn sie Sie mögen, können sie Sie sehr einfach mit anderen in Verbindung bringen oder Ihre Ideen weitergeben. Dies gilt insbesondere für Community- und Coworking Spaces oder lokale Veranstaltungen. Diese Veranstaltungen sind oft ein guter Ausgangspunkt, um zu anderen potenziell interessanten Veranstaltungen zu gelangen.

Auch interessenbezogene Gemeinschaften können wirkungsvoll sein.[7] Als ich an einem Krav-Maga-Kampfsportkurs teilnahm – bei dem die wichtigste Regel lautet, dass es keine Regeln gibt –, hörte ich zufällig, wie ein Finanzmarktspezialist über seine Arbeit an Prognosemodellen sprach. Die Serendipität schlug zu und wir diskutierten darüber, dass der Fokus der Modelle auf der Reduzierung von Fehlern und nicht auf der Entwicklung von Resilienz liegt – was dazu beitrug, dass dieser Gedankengang Teil dieses Buches wurde. Die Forschung über »weak ties« (»schwache Bindungen«; siehe spätere Kapitel) – Menschen, die wir nicht gut kennen – bestätigt, dass sich (unerwartete) Gelegenheiten oft ergeben, wenn wir uns in Umgebungen begeben, die sich von unserem üblichen Umfeld unterscheiden.[8]

Aber selbst, wenn wir mit mehr Menschen zusammenkommen, kann es sein, dass wir nicht in Kontakt bleiben. Ich habe festgestellt, dass eine der wirkungsvollsten Methoden, um mit jemandem in Kontakt zu bleiben, darin besteht, der Person anzubieten, ihr jemandem vorzustellen, der oder die ihr helfen könnte. Das ist eine gute »Ausrede«, um nach einer Visitenkarte zu fragen – und als netter Nebeneffekt erinnern sich die Leute oft daran, wer sie jemandem vorgestellt hat, und erwidern den Gefallen.

Wie können wir Menschen am wirkungsvollsten vorstellen? Super-Netzwerker wie Fabian Pfortmüller verbinden Menschen über ihre grundlegenden Interessen (»diese Person interessiert sich auch für Ihr Interessengebiet«) und nicht nur über ihre Rolle.[9] Dies legt den Fokus des Gesprächs auf gemeinsame Interessen und Leidenschaften und minimiert mögliche Statusunterschiede. Menschen gehen anders miteinander um, wenn sie sich mit jemandem oder über etwas unterhalten, was sie wirklich interessiert – und wenn sie keine spezifische »Rolle« annehmen müssen. Wenn wir das tun, kann der Erfolgsfaktor Zufall gedeihen.

Serendipitätsauslöser gestalten

Studien haben gezeigt, dass unsere Umgebung einen großen Einfluss auf die Wahrscheinlichkeit von Serendipität hat.[10] Wir können die Anzahl und Qualität der Serendipitätsauslöser erhöhen – nicht nur für uns selbst, sondern auch für die Mitglieder unserer Organisationen und Communitys und sogar für unsere Familien. Burning Man, ein jährlich stattfindendes Festival im Norden Nevadas, ist ein interessantes Beispiel. Jedes Jahr verbringen die Teilnehmenden ihre Tage dort in Zelten. Um auf dem Gelände von A nach B zu gelangen, müssen sie öffentliche Plätze, sogenannte Plazas, überqueren. Durch die Verkleinerung dieser Flächen und die Platzierung von Kunstwerken in der Mitte der Plätze sorgt das Burning-Man-Team nicht nur dafür, dass Leute sich häufiger über den Weg laufen, sondern fördert die Möglichkeit, mit Fremden ins Gespräch zu kommen, wenn sie vor den Kunstwerken stehen bleiben. Dies führt zu zufälligen Gesprächen.

Wir halten fest: Ob es sich nun um Kunst handelt, die Menschen dazu bringt, einander zu begegnen, um eine intelligente Sitzordnung oder um engagierte Gastgeber, die Menschen begrüßen und Fremde einander vorstellen: Die Art und Weise, wie wir physische Umgebungen gestalten, hat großen Einfluss auf die Anzahl und Qualität von Auslösern und kann die Wahrscheinlichkeit, dem Erfolgsfaktor Zufall zu begegnen, erheblich erhöhen.

Die Gestaltung von Möglichkeitsräumen, die die Serendipität fördern, kann in vielen verschiedenen Formen und Ausprägungen erfolgen. In vielen kollaborativen Coworking Spaces beispielsweise sind lange Tische nicht nach der üblichen Designlogik angeordnet. Stattdessen »biegen« sich die Tische nach zwei oder drei Sitzplätzen – genug, um neben jemandem zu sitzen, aber gleichzeitig die Möglichkeit zu haben, sich abzuwenden, wenn man Privatsphäre oder Platz braucht. Auf diese Weise wird die Logik der Offenheit mit der Logik der Fokussierung kombiniert. An diesen Tischen können Teams aus verschiedenen Unternehmen sitzen, und oft kommt es zu zufälligen Begegnungen. Als ich in einem dieser Spaces in London arbeitete, stieß ich auf unerwartete Gesprächspartner, etwa einen Sänger, der gerade dabei war, ein Unternehmen zu gründen.

Pixar, eines der erfolgreichsten Filmstudios der Geschichte, verfolgte einen ähnlichen Ansatz. Als Steve Jobs Eigentümer von Pixar war, forderte er die Architekten auf, die Gebäude so zu entwerfen, dass sie »möglichst viele unbeabsichtigte Begegnungen ermöglichen«.[11] Bei Pixar arbeiten Designer/innen Hand in Hand mit Informatiker/innen und verbinden so zwei potenziell sehr unterschiedliche Arbeitskulturen. Jobs, dem wohl der Durchbruch des Unternehmens zu verdanken ist, ließ seine Denkweise in die Gestaltung des gesamten Pixar-Campus einfließen. Als er eine verlassene Fabrik in Emeryville, nördlich von Oakland, Kalifornien, erwarb, sah der ursprüngliche Entwurf drei Gebäude mit getrennten Büros für Pixar-Führungskräfte, Animatoren und Informatiker vor. Jobs verwarf jedoch den Plan. Stattdessen wollte er ein einziges großes Gebäude mit einem Atrium in der Mitte bauen. Er war der Meinung, dass die Interaktion der Mitarbeitenden das Herzstück des Unternehmens sein sollte.

Wie konnte er die Leute dazu bringen, sich tatsächlich in den zentralen Raum zu begeben, vor allem angesichts der beiden sehr unterschiedlichen Arbeitskulturen? Er verlegte die Briefkästen in das Atrium, die Besprechungsräume in die Mitte des Gebäudes und platzierte dort auch die Cafeteria. Und natürlich kamen auch der Geschenkeladen und die Kaffeebar dorthin. Jobs wollte sogar die einzige

Toilette des Gebäudes im Atrium unterbringen. (Diese Idee kam jedoch nicht so gut an, und er musste einen Kompromiss eingehen und mehrere Toiletten auf dem gesamten Campus einrichten.) Diese Faktoren waren ausschlaggebend dafür, dass sich die Menschen im Atrium aufhielten – und so öfters aufeinandertrafen. Raten Sie mal, was auf dem Wappen der Pixar University steht? »*Alienus Non Diutius*« – eine lateinische Redewendung, die so viel bedeutet wie: »Nicht mehr allein«.[12]

Im Hinblick auf Räume können wir einfache Prozesse für mehr und bessere Serendipitätserfahrungen entwickeln. In sogenannten Zufallsmeetings (»*Randomized Coffee Trials*«) werden Menschen regelmäßig – etwa monatlich – mit jemandem zusammengebracht, den/die sie nie zuvor getroffen haben. Dabei kann es sich um Kolleg/innen aus einem anderen Bereich oder aus der »Peripherie« handeln – also um jemanden, mit dem oder der sie normalerweise nicht interagieren würden. Diese Treffen sind ergebnisoffen und werden nach dem Zufallsprinzip vergeben. Wenn persönliche Treffen nicht möglich sind, sind natürlich auch Videokonferenzen eine gute Option. (Manche Organisationen geben den Teilnehmenden einen inspirierten organisationsrelevanten Prompt wie: »An welchen Problemstellungen arbeiten Sie derzeit und wie kann ich Sie am besten unterstützen«?)

Diese Zufallsmeetings führen dazu, »Silos« aufzubrechen (das heißt Gruppen, die keine Informationen mit anderen Gruppen austauschen), ein höheres Maß an Zusammenarbeit zu entwickeln und die Häufigkeit von Zufallsbegegnungen zu erhöhen. Organisationen wie der britische Nationale Gesundheitsdienst, das Entwicklungsprogramm der Vereinten Nationen, Google oder das Rote Kreuz verwenden diese Methode auch. Bei Google können Sie sogar die Tage auswählen, an denen Sie zusammengebracht werden möchten.

Oder nehmen Sie Wok+Wine, ein soziales Essenserlebnis, das gezielt darauf ausgerichtet ist, die richtigen Bedingungen für zufällige Begegnungen zu schaffen. Gründer Peter Mandeno hat es in New York ins Leben gerufen und mittlerweile auf elf Länder ausgeweitet. Die Teilnehmenden stehen unbequem nahe beieinander und brechen buchstäblich das Brot an einem gemeinsamen Tisch. Die Veranstaltungen finden an unorthodoxen Orten wie Friseursalons und verlassenen Gebäuden statt. Der Raum ist so gestaltet, dass er zur Bewegung anregt, was die Wahrscheinlichkeit erhöht, jemand Neuem zu begegnen. Für Peter, der am Imperial College London über menschliches

Beziehungsmanagement promoviert hat, ermöglichte das Experimentieren mit verschiedenen Kontexten das, was er »Serendipitätsoptimierung« nennt.

Technologie als Game Changer

Auch Technologie kann ein mächtiger Beschleuniger für Serendipität sein. Der Web Summit, die weltweit größte Tech-Veranstaltung, die jährlich in Lissabon stattfindet, stellte Datenwissenschaftler und -wissenschaftlerinnen ein, um Serendipitätsmomente zu kreieren. Sie programmierten, welche Personen zur Konferenz kommen, auf welche Personen sie sich konzentrieren sollten, um während des Gipfels Kontakte zu knüpfen, und wem sie nach der Konferenz helfen sollten.[13] Paddy Cosgrave, der Gründer der Konferenz, die heute rund 50 000 Teilnehmer anzieht, startete den Web Summit ohne Erfahrung in der Konferenzbranche, mit wenigen Ressourcen und an einem damals relativ peripheren Ort: Dublin. Wie konnte er das tun, in seinen frühen Zwanzigern? Paddy führt einen Großteil des Erfolgs auf diesen datengesteuerten Serendipitätsansatz zurück.

Scheinbar kleine Dinge, wie typografisch interessante Namensschilder und speziell gestaltete Messestände, Beschilderungen und Warteschlangen, wurden akribisch geplant. Er wendete komplexe System- und Netzwerkansätze wie die Eigenvektor-Zentralität (ein Maß für den Einfluss einer Person in einem Netzwerk) an und brachte wissenschaftliche Methoden in die Konferenzorganisation ein: Sein Team analysierte Netzwerkdaten und personalisierte die Empfehlungen. Der Web Summit macht offline das, was viele Social-Media-Plattformen online tun: Es nutzt die Graphentheorie, um Menschen jene Menschen zu empfehlen, die irgendwie zu ihnen passen könnten. Cosgrave sieht den Web Summit als einen Beschleuniger, der kreative Kollisionen zwischen über 50 000 Menschen ermöglicht. Beim Web Summit werden Teilnehmende auf Grundlage ihrer Wahrscheinlichkeit, Gemeinsamkeiten zu finden, in Gruppen zusammengefasst. Das spiegelt sich auch in der Sitzordnung wider: Sie ist so konzipiert, dass sich Menschen zusammenfinden, von denen man erwartet, dass sie interessante Gespräche führen werden.

Kontakte werden bereits vor der Ankunft der Delegierten online und offline organisiert: Sie können Treffen mit Teilnehmenden vereinbaren und bekommen einen bestimmten Bereich zugewiesen, der ihren Interessen entspricht und für möglichst viele Begegnungen sorgt. Die Organisation hat auch GoPro-Kameras an den Decken angebracht und wendet Computer Vision an, um leere oder überfüllte Bereiche zu erkennen, sodass vonseiten der Organisation eingegriffen werden kann, wenn jemand isoliert erscheint. Und wenn sie wollen, dass eine Person teilnimmt, die noch nicht angemeldet ist, sorgen sie dafür, dass ihr Facebook Newsfeed voll von Leuten ist, von denen sie wissen, dass sie sie respektieren – und zeigt sie ihr als bestätigte Mitglieder. Sie machen ihr bewusst – manchmal auf schmerzhafte Weise –, was sie verpassen könnte (aber natürlich kann die Freude darüber, etwas zu verpassen – JOMO (Joy of Missing Out) – manchmal schöner sein als die Angst, etwas zu verpassen – FOMO (Fear of Missing Out)!).

Auf individuellerer Ebene haben Plattformen wie Facebook, Instagram und Twitter – insbesondere durch ihre Tagging-Funktionen – die Anzahl und Qualität der zufälligen Begegnungen exponentiell erhöht, wenn wir über unseren kleinen Freundeskreis hinausgehen. Die modernen Kommunikationstechnologien helfen uns, die natürlichen Grenzen des sozialen Miteinanders zu erweitern. Während wir noch vor wenigen Jahrzehnten nur in der Lage waren, mit einer begrenzten Anzahl von Menschen in Kontakt zu bleiben, können wir heute schwache Bindungen (»*weak ties*«) in größerer Zahl als je zuvor aufrechterhalten.[14] Bei richtiger Anwendung kann dies die Serendipitätsauslöser von uns und anderen vermehren.

Dieser Prozess kann sich unterschiedlich entfalten. Wenn Sie anfangen, interessante Artikel zu teilen, die mit Ihrem Thema zu tun haben, und Ihre Lieblingspersonen taggen, kann Serendipität häufiger eintreten. Andere können andere taggen, die zu Ihrem Thema passen könnten. Auf Twitter »liken« oder »retweeten« Autoren wie Adam Grant oft Artikel, in denen sie erwähnt werden. Vielleicht melden sie sich sogar mit Kommentaren oder Vorschlägen bei Ihnen. Auch die Weitergabe von Informationen, die Sie auf einer Veranstaltung erhalten haben, und die Anwendung von Hashtags können wirkungsvoll sein – andere, die auf der gleichen Veranstaltung sind, könnten darauf reagieren, und es könnte zu ein paar spannenden Treffen kommen.

In Onlinecommunitys vervielfacht sich dieser Effekt. In der Sandbox-Facebook-Gruppe antworteten wenige Minuten, nachdem jemand gepostet hatte: »Ich suche Ideen für einen Unterwasserroboter«, mehrere Personen mit Antworten wie: »Mein ehemaliger Professor hat an Unterwasserrobotern gearbeitet, ich kann dich mit ihm in Kontakt bringen!«; »Ein Freund von mir arbeitet an einer ähnlichen Art von Roboter!« und so weiter. Diese Dynamik funktioniert besser in gut kuratierten Communitys, in denen Menschen auf der Grundlage gemeinsamer Interessen zusammenkommen, eine gemeinsame Identität oder Vision entwickeln und ein grundlegendes Maß an Vertrauen haben, als in lockeren Netzwerken, in denen die Menschen in erster Linie unter sich bleiben wollen.

Noch auffälliger ist, dass Netzwerke, die nicht divers genug sind, Serendipität oft unzugänglich machen. Eine zu starke Einbettung in homogenen Gruppen birgt die Gefahr, dass wir uns an ein Gruppendenken gewöhnen, welches Anomalien oder unerwartete Begegnungen limitiert. Das Wall Street Journal hat einen interessanten Vergleich zwischen den Facebook Feeds von Demokraten und Republikanern in den USA angestellt. Die auffallende Selbstreferenz auf beiden Seiten stärkt die Glaubenssysteme und sorgt dafür, dass sich die Menschen auf beiden Seiten bestätigt und akzeptiert fühlen – was uns aber davon abhält, unsere mentalen Modelle und Überzeugungen zu hinterfragen.[15]

Unsere Forschung über native Bevölkerungsgruppen in Kenia bietet ähnliche Einblicke in Bezug auf die Selbstreferenzierung. Erst als die Stammesgrenzen durch kreative Mittel wie die Neudefinition der gemeinsamen Identität (etwa auf der Grundlage gemeinsamer Interessen wie Sport) überbrückt wurden, war es möglich, gruppenübergreifende Kontakte zu knüpfen.[16] Lord Michael Hastings, Kanzler der Regent's University London, nennt es »das andere Spiel verstehen« und sich von den vier Prozent (in diesem Fall die ethnische Minderheit, auf die er sich bezieht) zu den 96 Prozent (der Mehrheitsgruppe) zu bewegen, indem man etwas über ihren Modus Operandi und ihre Interessen lernt.

Dies gilt auch innerhalb von Organisationen, insbesondere wenn es um »Silos« und Informationsasymmetrien geht. Nehmen Sie das Beispiel der Diamond Bank (jetzt Teil der Access Bank), eines der führenden Finanzinstitute Nigerias. Der ehemalige CEO, Uzoma Dozie, und sein Team hatten dort Yammer integriert – ein soziales Tool, das im Wesentlichen versucht, die Idee der »offenen Tür« in die digitale Welt zu übertragen. Ursprünglich wurde es eingerichtet, um Feedback für einige Unternehmensstrategien einzuholen. Im Gegensatz zu anderen Unternehmen, in denen Yammer die Zusammenarbeit nicht verbessert hat, hat es in diesem Fall funktioniert. Warum? Die Mitarbeitenden wurden angehalten, die Chatfunktion anzuwenden, um informell miteinander zu kommunizieren – von Unternehmensstrategien bis hin zum Film, den sie sich am Abend ansehen wollten. Laut Uzoma lag die 90-prozentige Akzeptanzrate nicht daran, dass die Leute wirklich Feedback geben wollten – obwohl das auch geschah –, sondern daran, dass sie eigene informelle Gruppen rund um ihre Hobbys, Überzeugungen und Ideen bildeten. Es formierten sich ernsthafte und weniger ernsthafte Gruppen, die in Bezug auf Stellung, Religion und Geografie immer diverser wurden. Der CEO in Lagos war nun beispielsweise mit einem neuen Mitarbeiter im Nordosten Nigerias verbunden, und zwar, weil sie beide Cineasten waren. Dies führte zu starken Bindungen innerhalb des Unternehmens und ermöglichte unerwartete Begegnungen in großem Umfang.

Doch alle Serendipitätsauslöser in der Welt sind nichts wert, wenn man die Punkte nicht miteinander verbindet, wenn man die relevanten Assoziationen nicht herstellt.

Die Punkte verbinden

Können Sie sich an einen dieser Momente erinnern, in denen sich etwas wie von selbst ergab? Oft geht es bei der Erfahrung von Serendipität um diesen einen Aha-Moment, der uns Gänsehaut beschert. Es kann magisch sein, wenn wir sehen, wie Dinge, die wir für unverbunden hielten, zusammenkommen. Und es kann magisch sein, wenn jemand anderes unerwartet etwas in uns sieht, das wir vorher nie gesehen haben – und die Punkte für uns verbindet. Manche von uns verbinden die Punkte intuitiv. Als Aadarsh Gautam, ein aufstrebender Rapper mit dem Künstlernamen Hyphen, ein Video auf Instagram hochlud, setzte der Moderator von Soho Radio in London ein »Like«. Was würden die meisten Menschen mit diesem Anstoß tun? Sie würden sich wahrscheinlich freuen und es dabei belassen. Serendipität verpasst. Aber was tat Aadarsh? Er schickte dem Radiomoderator direkt eine Nachricht und teilte ihm mit, dass er sich gerne mit ihm treffen würde, um den Song zu besprechen. Der Moderator schrieb zurück, dass er sich ebenso gerne mit ihm treffen würde. Aadarsh fragte, ob er vielleicht auftreten könne – zeigen statt erzählen! »Warum tust du es dann nicht live im Radio?«, fragte der Moderator. Ein Termin wurde vereinbart, und Aadarsh wartete sehnsüchtig auf den Tag, an dem er auftreten sollte. Kurz davor erhielt er ein Update: Der Moderator war zur BBC gewechselt und sollte dort für einen kranken Kollegen in einer großen BBC-Radiosendung einspringen. Wäre Aadarsh bereit, dort aufzutreten? Natürlich war er.

Ganz klar, Aadarsh sah einen Serendipitätsauslöser und nutzte ihn, aber das Entscheidende war, dass er die Punkte miteinander verknüpfte und dabei beharrlich blieb. Dies zeigt, was einen Serendipitätsauslöser relevant macht: das Assoziative. Unerwartete Informationen wahrnehmen und verknüpfen, das ist der entscheidende Schritt im Serendipitätsprozess. Bei diesem Schritt geht es darum, eine unerwartete Beobachtung zu machen und dann darüber nachzudenken, was sie bedeuten könnte.[17]

Houston, wir lösen ein Problem

Der Friseur Phil McCrory aus Alabama fegte am Ende eines langen Tages seinen Friseursalon und verfolgte die Nachrichten über die Ölpest, die Exxon in Alaska verursacht hatte. Das Öl klebte am Fell der Otter, und Freiwillige versuchten verzweifelt, die Tiere zu säubern. Als Phil sah, wie das Fell das ausgelaufene Öl festhielt, kam er auf die Idee, dass die Haare, die er zusammenkehrte, als Ölauffangvorrichtung verwendet werden könnten. Er sammelte die Haare ein und steckte sie in Nylonstrumpfhosen, um zu sehen, wie viel Öl sie aufnehmen würden.[18] Die Idee, menschliches Haar zum Aufsaugen von verschüttetem Öl zu verwenden, war geboren – und führte später zu Produkten wie Ölfangmatten. Phil erkannte die Zusammenhänge, und verknüpfte die Punkte.

Manche Menschen tun dies intuitiv, die ganze Zeit. Frieder Strohauer, der ehemalige Besitzer eines legendären Cafés in Heidelberg (und mein erster Chef – ich arbeitete dort während meiner Schulzeit), denkt jedes Mal, wenn er mit jemandem spricht, darüber nach, wie das, was die jeweilige Person ihm erzählt, zu dem passen könnte, an was er oder andere um ihn herum gerade arbeiten. Wenn ein Bankangestellter ihm zufällig von einem Unternehmen erzählt, das kurz vor dem Konkurs steht, fragt er sich, wer daran interessiert sein könnte, es zu kaufen.

Wenn eine Nachbarin ihm erzählt, dass er eine neue Wohnung sucht, versucht er sich zu erinnern, ob er kürzlich ein Gespräch geführt hat, in dem jemand etwas über den Verkauf eines Hauses erwähnt hat. Und natürlich erzählt er den Leuten, was er gerne tut. Oft weiß jemand »zufälligerweise« etwas; irgendwie gibt es immer eine Verbindung zu irgendwas. Auf diese Weise hat Frieder ein großartiges Netzwerk von Menschen aufgebaut, die sich gerne mit ihm unterhalten – und ganz nebenbei hat er auch ein Portfolio von Projekten entwickelt, die aus diesen Gesprächen entstanden sind. Das macht ihm viel Freude, aber er führt einen Teil seines Erfolges auch darauf zurück, dass er immer wieder die richtigen Verbindungen herstellt.

Menschen wie Phil, Frieder oder auch Nathaniel (aus der TEDxVolcano-Geschichte in Kapitel 1) haben gemeinsam, dass sie zwar mit denselben Serendipitätsauslösern in Berührung kommen wie andere auch, aber anders damit umgehen. Phil war nicht der Einzige, der die Ölpest von Exxon im Fernsehen verfolgte, und Nathaniel war nicht der Einzige, dessen Reise durch einen Vulkan unterbrochen wurde. Aber sie reagierten anders als andere: Sie verknüpften die Punkte und ließen den Erfolgsfaktor Zufall für sich selbst und für andere wirksam werden.

Das Universelle im Besonderen erkennen

Es ist einfacher, die Punkte zu verbinden, wenn wir über ein gewisses Wissen verfügen, das uns potenzielle Bezugspunkte bietet. Oft können wir die Bedeutung eines unerwarteten Ereignisses nur im Kontext verstehen, und das unerwartete »Heureka!« geschieht nach einer Vorbereitungszeit, in der wir Wissen entwickelt haben. Geneva, der wir auch schon begegnet sind, hatte zum Beispiel Erfahrung im Filmemachen, was ihr ermöglichte, die Punkte zu verbinden, um Emmas Wunsch zu erfüllen, gehört zu werden. Um das Universelle im Besonderen zu erkennen, braucht es oft eine/n informierte/n Beobachter/in.[19]

Als Experten und Expertinnen für unsere eigene Lebenserfahrung verfügen wir alle über einen gewissen Vorrat an Wissen – bewusst oder unbewusst –, der uns in den Sinn kommen kann, wenn wir auf ein unerwartetes Ereignis stoßen (solange wir ausreichend motiviert sind). Wir wissen nicht immer, wie wir das Wissen nutzen können, bis wir eine Anwendung sehen. Steve Jobs wusste nicht, wie und wann seine am College erworbenen Kalligrafiekenntnisse nützlich sein würden, bis er eine Gelegenheit sah, sie bei der Gestaltung mehrerer Schriftarten für den Apple Mac anzuwenden. Das Gleiche gilt für das Recht. Ist Ihnen als Zuschauer von juristischen Fernsehserien schon einmal aufgefallen, wie viele der Strategien der Hauptfiguren, insbesondere in Krisenzeiten, sich zufällig aus einem Gespräch oder einer Lektüre ergeben? Ihre Fähigkeit, die neuen Informationen mit ihrem Vorwissen (etwa über die Rechtsprechung oder den/die Gegner/in) zu verknüpfen, macht es möglich, die Zusammenhänge zu erkennen. Auch hier gilt, dass ein Großteil dieses Wissens nicht für einen bestimmten Zweck erworben wurde, sondern für die allgemeine Fähigkeit, es bei Bedarf anzuwenden.

Organisationen neigen ebenfalls dazu, ein (kollektives) Gedächtnis zu entwickeln. Dies ist für den Erfolgsfaktor Zufall von entscheidender Bedeutung, da wir das Wissen aus früheren »Experimenten« und Aktivitäten erhalten können. Aus dieser Perspektive werden Misserfolge und Verluste anders wahrgenommen: Sie sind beide wichtige Quellen für den Aufbau von Wissen darüber, was funktioniert und was nicht.[20] Das Verständnis unserer eigenen Fähigkeiten in Verbindung mit einem offenen Geist kann uns enorm helfen, die Punkte zu verknüpfen, wenn etwas Unerwartetes passiert. Marc Benioff, Gründer von Salesforce mit Sitz in San Francisco, folgt der Idee des Zen-Meisters Suzuki: »Im Geist des Anfängers gibt es viele Möglichkeiten, im Geist des Experten nur wenige.« Benioff erinnert sich, dass seine »Kraft« darin bestand, dass er für alle Möglichkeiten offen war.[21]

Steven D'Souza und Diana Renner veranschaulichen in ihrem Buch »Not Knowing«, wie wichtig es ist, sich mit dem Geist eines Anfängers zu arrangieren, und wie oft dies mit einem Verlassen der eigenen Komfortzone einhergeht. Kurz gesagt, sowohl Vorwissen als auch Anfängergeist können wirkungsvoll sein, wenn wir sie in den richtigen Momenten anwenden und uns nicht von ihnen aufhalten lassen.

Kunstfertigkeit und Serendipität

Als König Salomo einen Streit zwischen zwei Frauen schlichten musste, wer die wahre Mutter eines Babys sei, sagte er, er würde das Kind in zwei Hälften schneiden lassen. Warum? In dieser berühmten Geschichte aus der Bibel wollte er die Reaktionen der Frauen testen, um sein Urteil zu fällen. Als beide Frauen behaupteten, das Baby sei ihres, rief Salomo nach einem Schwert und kündigte an, das Baby in zwei Teile zu schneiden. Eine der Frauen flehte Salomo an, es nicht zu tun und das Baby der anderen Frau zu geben – ein Beweis für Salomo, dass sie die wahre Mutter des Babys war, da sie das Sorgerecht opfern würde, um ihr Baby am Leben zu erhalten. Er wandte einen kreativen und indirekten Ansatz an, den Edward de Bono sehr viel später als »laterales Denken« bezeichnete. Laterales Denken steht im Gegensatz zu vertikalem Denken, bei dem wir Probleme Schritt für Schritt lösen.[22]

Ein solcher Ansatz zeigt, wie wir unsere Lösungssuche ausweiten und uns darin trainieren können, neue Ideen zu entwickeln. Versuchen Sie, einen Gegenstand zufällig auszuwählen und ihn mit Ihrem Interessengebiet in Verbindung zu bringen. De Bono wählte beispielsweise zufällig das Wort »Nase« in Verbindung mit einem Fotokopierer, was zu der Idee führte, dass der Kopierer einen Lavendelgeruch erzeugen könnte, wenn er kein Papier mehr hat.[23] Von da an kann ein kreativer Prozess in Gang kommen.

Von der Kunst kann man viel lernen, wenn es darum geht, Serendipität auszulösen und die Punkte zu verbinden. Künstler neigen dazu, sich von Zufällen, von Anomalien inspirieren zu lassen. In der Tat lebt die Kunst vom Unerwarteten.[24] Jackson Pollock, einer der begnadetsten abstrakten Maler des 20. Jahrhunderts, sagte einst, er leugne den Zufall. Was meinte er damit? Er wollte damit sagen, dass manche Beobachter Pollocks Technik als wahlloses Werfen von Farbe auf eine Leinwand betrachten, während Pollock glaubte, dass hinter jeder Geste eine Methode und Intention steckte.

Den Zufall zu leugnen, bedeutet nicht, ein Gemälde im Voraus zu planen. Pollock betrachtete Zufälle als beabsichtigt und spontan zugleich. Denken Sie an Method Acting, Improv-Jazz oder Stand-up-Comedy. In all diesen Fällen öffnen sich die Künstler für das Unerwartete, für das Spontane. Manchmal kommt es aus dem eigenen Inneren, aus dem Publikum oder von den Mitwirkenden – häufig von allen dreien.

Aber wenn es klappt, ist das Ergebnis kein bedeutungsloses, unkontrolliertes Chaos, sondern kreative Spannung mit oft zufälligen Ergebnissen. Künstler, so der Universitätsdozent Brad Gyori, sind »Serendipitätsjäger«, die Strategien »auf Abruf« entwickeln. In der Tat sind künstlerische Methoden sehr praktisch und viel weniger geheimnisvoll, als wir vielleicht denken. Es handelt sich um Techniken zur Unterbrechung von Denkgewohnheiten, die eine Anpassung und Improvisation ermöglichen.

Mitte der 1970er-Jahre arbeitete der Musiker und Produzent Brian Eno zusammen mit dem Künstler und Maler Peter Schmidt an einer Serie von gedruckten Karten mit dem Titel »Oblique Strategies«. Jede Karte enthielt einen Satz oder eine Bemerkung, die einen künstlerischen Stillstand durchbrechen, eine Idee auslösen oder einen Gedankengang in Gang setzen sollte. Einige der Sätze waren recht praktisch, wie: »Fassen Sie das Problem so klar wie möglich in Worte«, andere waren eher kryptisch, wie: »Fragen Sie Ihren Körper.« Brad Gyori bezeichnet derartige Praktiken als »disjunktive Strategien«. Bei der Disjunktion wird die Kontinuität unterbrochen und Elemente neu geordnet, so sodass das Publikum durch das intuitive Erkennen von Mustern neue und potenziell interessante Assoziationen herstellen kann. Unsere angeborene Veranlagung, Muster zu erkennen, ist oft eine Quelle von Serendipität.[25] Wie funktioniert das?

Wir erreichen Disjunktion, indem wir Raum, Zeit, Perspektive und/oder symbolische Kontinuität verändern.[26] Drei wirkungsvolle Strategien, die wir aus der Kunst übernehmen können, sind 1) Remix, 2) Reboot und 3) Dekonstruktion. Sie stellen Erwartungen infrage und helfen uns, Zusammenhänge zu erkennen.

Remix (Neu mischen)

Menschen neigen dazu, ihre Positionen und Argumente zu verteidigen.[27] Wir nehmen eine feste Position ein und versuchen entsprechend zu argumentieren. Die Position beruht oft auf den Annahmen eines Nullsummenspiels: Je mehr du bekommst, desto weniger bekomme ich, und umgekehrt. Ein Beispiel dafür sind Verhandlungen, bei denen wir davon ausgehen, dass unsere Position und die unserer/m Verhandlungspartner/in entgegengesetzt sind.

Zu Beginn des Semesters erhalten die Studierenden in einem Kommunikationsseminar, das ich unterrichte, ein Briefing: Sie sollen ein Stellenangebot verhandeln. Wir teilen sie in Paare ein, sodass sie sich in einem Einzelgespräch befinden. Eine Person ist der/die Bewerber/in, die andere der/die Personalverantwortliche. Beide erhalten allgemeine Informationen – die für beide gleich sind – über eine Reihe von Punkten, auf die sie sich einigen sollen, wie Gehalt, Bonus und Standort. Dann erhalten beide unterschiedliche vertrauliche Informationen, in denen ihre Prioritäten aufgeführt sind, die durch die Anzahl der Punkte, die sie für die verschiedenen Ergebnisse erhalten, spezifiziert werden (zum Beispiel ist die »Gehaltsspanne zwischen 40 000–60 000 Euro« x Punkte wert; »Standort x« bringt ihnen x Punkte). Sie kennen weder die Prioritäten der anderen Person noch wissen sie, wie viele Punkte die andere Person für diese (oder andere) Ergebnisse erhalten könnte.

In der Regel gehen die Studierenden davon aus, dass ihre Interessen bei jedem Punkt gegensätzlich sind. Die Person, die die Rolle der/des sich Bewerbenden spielt, geht davon aus, dass der/die Personalverantwortliche ihm/ihr kein hohes Gehalt zahlen will, und der/die Personalverantwortliche geht davon aus, dass der/die sich Bewerbende so viel wie möglich verdienen möchte. Wenn das der Fall ist – und in der Regel ist das der Fall – handelt es sich in der Tat um eine Verteilungsverhandlung: Je höher das Gehalt, desto mehr Punkte für die/den sich Bewerbende/n und desto weniger für den/die Personalverantwortliche. Am Ende gibt es Gewinner/innen und Verlierer/innen.

Beide neigen allerdings auch dazu, davon auszugehen, dass der/die jeweils andere einen anderen Job-Standort bevorzugt als den, der ihnen die meisten Punkte einbringt. Überraschenderweise erkennen nur wenige Studierende die Situation, in der beide eine hohe Punktzahl für denselben oder einen ähnlichen Standort bekommen. Solche »integrativen«, für beide Seiten gewinnbringenden Verhandlungen, können nur durch einen wirkungsvollen Informationsaustausch für beide Parteien positiv gelöst werden.

Aus dieser Übung lassen sich viele Lehren ziehen, aber der wichtigste Punkt ist, dass wir dazu neigen, überall Nullsummenspiele zu sehen. Oft können derartige Situationen – wie Verhandlungen – jedoch integrativ sein: Win-win-Situationen. Dann geht es vor allem darum, Wege zu finden, damit beide Seiten besser dastehen. Dies ist möglich, wenn wir den Fokus auf die zugrunde liegenden Interessen und nicht auf die Positionen legen und versuchen, so viele Informationen wie möglich über die tatsächlichen Bedürfnisse und Prioritäten der/des anderen zu erhalten. Im Laufe des Kurses tendieren die Studierenden deshalb zu einem interessenbasierten Verhandlungsstil, bei dem sie lernen, den gesamten Kuchen zu vergrößern, indem sie Win-win-Konstellationen schaffen – anstatt nur ihr Stück vom (anfangs kleinen) Kuchen zu vergrößern.

In interessenbasierten Verhandlungen steht das Sammeln von Informationen über den Interessen der anderen Partei.[28] Sie sind explorativ – sie nehmen keine festen Positionen ein, sondern betrachten Positionen als fließend und flexibel, da sie sich auf der Grundlage neuer Informationen ändern können. Informationen werden ausgetauscht, bis sich mögliche – und oft unerwartete – Lösungen abzeichnen. Am deutlichsten wird dies in einem anderen Szenario, das ich bereits in Kapitel 2 erwähnt habe. In diesem gibt es keine Verhandlungszone zwischen dem Verkäufer einer Tankstelle und einem großen Unternehmen. Studierende, die sich auf die Ausgangsposition konzentrieren, werden keine Lösung finden: Der Preis, den das Unternehmen zu zahlen bereit ist, ist für den Tankstellenbesitzer viel zu niedrig. Theoretisch gibt es keine Überschneidungen, wenn man es nur aus dieser Perspektive betrachtet. Solche (vermeintlichen) Win-lose-Konstellationen finden wir häufig in aufgeladenen Kontexten.

Im Laufe der Verhandlung entdecken die Studierenden jedoch oft unerwartete Lösungen, wenn sie Informationen wirkungsvoll weitergeben. Sie erkennen, dass sie den Tankstellenbesitzer auch nach dem Kauf weiterbeschäftigen könnten, dass sie seine geplante Weltreise mit Benzin sponsern könnten und so weiter. Auf diese Weise können sie die Tankstelle zu einem niedrigen Preis kaufen und gleichzeitig den Besitzer zufriedenstellen. Die Studierenden erkennen, dass der Preis – ihre anfängliche Position – lediglich ein Ausgangspunkt war und nicht ein in Stein gemeißeltes Ergebnis. Sie lernen, die Punkte zu verknüpfen, wenn sie neue Informationen erhalten, in diesem Beispiel, dass das eigentliche Interesse des Tankstellenbesitzers nicht der Preis ist, sondern dass er nach dem Verkauf gut leben will. Letztlich geht es darum, die anfänglichen Positionen (hier: Fokus auf einem eindimensionalen Preis) zu überdenken und sie auf der Grundlage neuer Informationen und der tatsächlichen Bedürfnisse anzupassen.

Dieser Wandel gilt auch im weiteren Sinne, zum Beispiel für die Biografie von Menschen und ihre Weltanschauungen. Es besteht beispielsweise ein erheblicher Unterschied zwischen dem Werk eines jungen Karl Marx und dem eines älteren Karl Marx.[29] In ähnlicher Weise könnten sich viele von uns in jungen Jahren zu politischen Extremen hingezogen gefühlt haben, um dann später im Leben mehr Ausgewogenheit anzustreben und sich dem Mainstream zuzuwenden.

Was hat das alles mit Kunst und Serendipität zu tun? Künstler entziehen sich oft selbst auferlegten ideologischen Zwängen. Sie verschieben ihre Weltanschauungen, nutzen das Fließende und lehnen ein starres, kodifiziertes Ganzes ab. Indem sie Ideen immer wieder neu kombinieren und zusammensetzen, lassen sie neue Erkenntnisse entstehen.

Der russische Filmemacher Sergej Eisenstein verkündete, dass, wenn zwei unabhängige Filmstreifen zusammengeschnitten werden, ein »dritter Sinn« entstehe – »*tertium quid*«.[30] Oder nehmen wir die Kunstcollage: Hier geht es darum, unterschiedliche Elemente zu kombinieren, die unterschwellige Assoziationen hervorrufen. Die Kraft des Remix liegt also nicht in den einzelnen Elementen, sondern in ihrer Beziehung – und in neuen, überraschenden Assoziationen. Vieles lässt sich von Drehbuchautoren lernen, die Zusammenfassungen von Szenen auf Karteikarten notieren und dann mit verschiedenen Erzählsequenzen experimentieren. Die Lehre daraus ist, dass eine Geschichte auf viele verschiedene Arten erzählt werden kann.[31]

Disjunktive Strategien, wie der Remix, können Gelegenheiten bieten, den Status quo zu unterbrechen, neu zu überdenken und unerwartete Einsichten und aufkommende Beziehungen zu betrachten. Indem man die verschiedenen Teile mischt und verschiedene Kombinationen in Betracht zieht, können zufällige Assoziationen entstehen.[32] In der qualitativen Forschung werden auf diese Weise oft interessante, kontraintuitive Beiträge sichtbar. Und das gilt auch für die Wirtschaft. Nehmen Sie den japanischen Automobilhersteller Honda. In den 1960er-Jahren plante die Firma, große Motorräder zu verkaufen, da die Amerikaner gewöhnlich große Gegenstände bevorzugten. Als jedoch Honda-Mitarbeiter in den Vereinigten Staaten die in Japan üblichen kleineren Motorräder für die Fahrt zur Arbeit einsetzten, äußerten Außenstehende häufig, dass eine derartige Version für sie eigentlich interessanter wäre. Honda hörte zu, entwickelte kleine Motorräder und trat mit den Super Cubs auf dem amerikanischen Markt an. Sie verknüpften die Punkte auf der Grundlage neuer Informationen. Sie sahen etwas, was andere nicht sahen, und verwandelten diese Beobachtung in einen außergewöhnlichen Erfolg.[33] Die Managementforschung hat gezeigt, dass sich strategische Gelegenheiten wie im Honda-Beispiel oft zufällig ergeben, häufig durch verschiedene Formen des Remix.

Es reicht jedoch nicht aus, nur eine Vielzahl von Perspektiven zu kombinieren. Ein grundlegendes Maß an Vertrauen und die Bereitschaft zum Austausch sind der Kern erfolgreicher serendipitärer Begegnungen. In gut kuratierten Communitys, zum Beispiel, ist das Ausmaß und die Qualität der Serendipität, die dort stattfindet, nicht völlig willkürlich – sie wird durch Auswahlprozesse beschleunigt, die auf gemeinsamen Werten sowie auf gemeinsamen Erlebnissen und Ritualen beruhen. Dies hilft, um unterschiedliche Ideen auch verknüpfen zu können.

Reboot (Neustart)

Beim Reboot geht es um eine radikale Neuerfindung.[34] Neue Ideen, Projekte und Literatur bauen auf früheren Arbeiten auf und verändern sich in radikalen Iterationen oder »Pivots« (»Wendepunkte«). Nehmen Sie Comics: Storysequenzen haben in der Regel eine kurze Lebensdauer. Nach einiger Zeit, wenn ein Erzählmuster erschöpft zu sein scheint, wird es durch ein neues ersetzt. Das unterbricht die Kontinuität und führt das Publikum mit einer neu gestalteten Version der vorherigen Geschichte zum Ursprung der Geschichte zurück.

Kommt Ihnen das bekannt vor? Ich habe dieses Muster oft bei Freund/innen beobachtet, wenn sie durch eine Midlife-Crisis gehen, und ein »neuer Mensch« werden wollen – auch wenn es am Ende oft mehr ein Remix als ein Reboot ist! Und ich habe es bei mir selbst nach meinem Autounfall erlebt. Ein Reboot findet statt, wenn eine ganze Sequenz neu erfunden wird. Ein Remake erfindet ein einzelnes Werk neu – ein Reboot erfindet einen Werkszusammenhang neu und die ganze Geschichte wird neu geschrieben. Es schafft dadurch eine neue Ursprungsgeschichte mit neuen grundlegenden Konzepten, auf denen aufgebaut werden kann. Es geht nicht darum, die Karten neu zu mischen, sondern um ein völlig neues Modell, das Ähnlichkeiten mit dem alten Modell und einen deutlich veränderten Text aufweist. Dies geschieht häufig nach Perioden der Stagnation, etwa einer intellektuellen Lähmung, die neue Einsichten erfordert.[35]

Ein Neustart erfordert ein gutes Verständnis sowohl des ursprünglichen Materials als auch der Unterbrechung vertrauter Muster, um neue (und oft unerwartete) Einsichten freizulegen. Nehmen Sie das gleiche Beispiel für den Neustart Ihres Lebens oder Ihrer Organisation. Manchmal ist es an der Zeit, sich völlig neu zu erfinden.

Dekonstruktion

Bei der Dekonstruktion geht es darum, hinter die Struktur einer Sache zu blicken und zu entdecken, was sich dahinter verbergen könnte. Anstatt ein vorhersehbares Ergebnis oder ein endgültiges Ziel anzustreben, nutzt die Dekonstruktion die Logik des empirischen Herumirrens und der blinden Taktik, um einen Text zu dekonstruieren – oft mit überraschenden und interessanten Ergebnissen.[36]

Grattage ist eine surrealistische Technik, bei der die Künstlerin oder der Künstler den Pinsel umdreht und den Griff anwendet, um Farbe von einer bereits bemalten Leinwand abzukratzen. Oder nehmen Sie Gregory Maguires Buch *Wicked*, eine Dekonstruktion von *Der Zauberer von Oz*, in der das Leben der »Bösen Hexe des Westens«, einer im Originaltext marginalisierten und verunglimpften Figur, neu interpretiert wird. Hier geht es darum, Annahmen und Vorurteile infrage zu stellen und kulturelle Gemeinplätze zugunsten der Erforschung unterrepräsentierter Stimmen zu verwerfen.[37]

Im alten Rom gab es die Saturnalien, ein achttägiges Fest, bei dem Normen infrage gestellt wurden. Diener und Herrscher tauschten die Rollen, Männer kleideten sich als Frauen und umgekehrt. Mit diesem jährlichen Ritual wurden die sozialen Gegensätze vorübergehend neu geordnet, was als Mittel der Katharsis dienen konnte.[38] Allgemein ausgedrückt: Die Gegenkultur hat oft – per Definition – durch die Umkehrung kultureller Normen gehandelt. Serendipität gedeiht in diesen Kontexten, da diese Innovationen oft spontan und unvorhersehbar sind.[39]

Charlie Munger, der Geschäftspartner von Warren Buffett, erörterte in einer Eröffnungsrede an der juristischen Fakultät der University of Southern California die Bedeutung der »Umkehrung«. Es geht darum zu lernen, die Entstehung von Problemen rückwärts wie vorwärts zu durchdenken. Er argumentiert, dass Probleme in der Regel leichter zu lösen sind, wenn man die Perspektive umkehrt. Wenn Sie beispielsweise Somalia helfen wollen, sollten Sie nicht fragen: »Wie kann ich einem Land wie Somalia am besten helfen?«, sondern: »Was fügt Somalia den größten Schaden zu? Und wie kann ich das vermeiden?« Obwohl man meinen könnte, dass dies logisch gesehen dasselbe ist, ist es das nicht. Wie in der Algebra kann die Umkehrung helfen, Probleme zu lösen, die auf andere Weise nicht gelöst werden können. Oder wie Mungers altes Sprichwort sagt: »Alles, was ich wissen will, ist, wo ich sterben werde, damit ich niemals dorthin gehe!«[40]

Vermeiden Sie stumpfe Datengewinnung

Beim Remix, Reboot und bei der Dekonstruktion geht es darum, zu vermeiden, dass wir zu Datenschürfern werden: Wir gehen einfach nur Informationen durch, um unsere bestehenden Annahmen zu bestätigen. Stattdessen können wir zu »praktischen Philosophen« werden, zu Menschen, die Dinge infrage stellen, die Annahmen nicht als gegeben hinnehmen und die offen dafür sind, die Perspektive zu wechseln und zwischen den Zeilen zu lesen.

In vielen Bereichen gehört das Hinterfragen von Annahmen zum Kern eines guten Lebens. Murray S. Davis zeigt in seinem wunderbaren Werk »*That's Interesting!*«, das Generationen von Doktorandinnen und Doktoranden inspiriert hat, dass es verschiedene Möglichkeiten gibt, einen kreativen Beitrag zu leisten. Eine der wichtigsten ist es, eine gängige Annahme des Publikums aufzugreifen und zu versuchen, sie zu widerlegen oder die Bedingungen aufzuzeigen, unter denen sie nicht zutrifft.[41] Wir sehen dies bei Wissenschaftler/innen und Künstler/innen, aber es gilt auch für viele der erfolgreichsten Führungskräfte der Welt. In unserer »Leaders-on-Purpose-Studie« mit über 30 der weltweit erfolgreichsten CEOs erfuhren wir, dass die meisten von ihnen ständig die Art und Weise, wie die Welt funktioniert, hinterfragen. Sie erlauben es, Annahmen umzukehren – und öffnen damit einen Möglichkeitsraum für Serendipität.

Anstatt nach dem Absoluten zu suchen, sollten wir lieber nach dem suchen, was im Kontext, in dem wir uns befinden, von Bedeutung ist. Oft ergeben Dinge erst im Verhältnis zueinander einen Sinn – wenn verschiedene Perspektiven aufeinanderprallen. In diesen Momenten des Aufeinandertreffens können wir Serendipität entfachen. Eine wirkungsvolle Methode, damit Serendipität zu erzeugen, besteht darin, gegensätzliche Gedanken zu nutzen. Wie wir bereits diskutiert haben, denken intelligente Menschen oft dialektisch: Sie lassen eine These und eine Antithese zu, die helfen, eine Synthese zu finden (sehr hegelianisch!). Das liegt daran, dass die Realität nicht schwarz-weiß ist; Nuancen sind das Wesentliche im Leben.

Erheitere mich!

Es gibt noch viele andere Möglichkeiten, uns darin zu trainieren, die Punkte zu verbinden. Kreative Menschen nutzen oft analoges Denken – sie benutzen Informationen aus einem Bereich, um ein Problem in einem anderen Bereich zu lösen.[42] Einige Möglichkeiten, analoges Denken zu trainieren, bestehen beispielsweise darin, jemandem potenzielle Analogien vor Augen zu führen, die der Person helfen, Möglichkeitsräume zu schaffen. Das erhöht wiederum die Wahrscheinlichkeit, eine Lösung für ein bestimmtes Problem zu finden.[43] Sobald wir versuchen, Parallelen zu sehen, können wir eine potenzielle Lösung finden.

Eine andere Möglichkeit ist die Anwendung von provokativen Ideen, um neue Ideen zu generieren. Übertreibung oder Wunschdenken können wirkungsvolle Strategien sein, um auf die radikalsten Ideen zu kommen – und sich dann auf die sich abzeichnenden Muster zu konzentrieren.[44] Es hat sich insbesondere gezeigt, dass die Anregung zum Spielen nützlich ist, um Serendipität und Innovation zu fördern. Viele Aktivitäten, die wir zum Spaß ausüben, fördern Entdeckungen, weil es oft darum geht, Regeln zu brechen und zu experimentieren. Sie können uns aus dem herausführen, was wir bereits wissen, und uns Dinge zeigen, die wir noch nicht herausgefunden haben. Und genau da passieren Wunder.

Einige Communitys benutzen Retreats in der Natur, um Teilnehmenden zu helfen, sich besser mit ihrem Selbst zu verbinden. Sie ermutigen Menschen, sich selbst nicht zu ernst zu nehmen. Und indem sie ihnen helfen, loszulassen, beseitigen sie Barrieren und Statusgrenzen. Albert Einstein betrachtete das »kombinatorische Spiel« als die Wurzel des produktiven Denkens. Wie ein Kind, das mit Legosteinen spielt, kombinierte Einstein ständig Ideen, Bilder und Gedanken zu verschiedenen – oft visuellen – Kombinationen und setzte sie neu zusammen. Beim kombinatorischen Spiel wird eine bestimmte Fähigkeit unterstrichen, nämlich passende Paare oder Sätze von Ereignissen zu finden, die sinnvoll verbunden zu sein scheinen.

Diese Fähigkeit beherrschte Steve Jobs, der erkannte, dass Kreativität die Fähigkeit ist, relevante Punkte zu verknüpfen. Wenn man übrigens kreative Menschen fragt, wie sie etwas erschaffen haben, fühlen sie sich bisweilen ein wenig schuldig, weil sie es nicht wirklich »getan« haben, sondern nur etwas »gesehen« haben. Nach einer Weile erschien es ihnen einfach offensichtlich.

Der antike römische Philosoph und Staatsmann Seneca (zirka 4 v. Chr. – 65 n. Chr.), der viele Denker und Künstler der Renaissance inspirierte, schlug vor, dass wir uns mit dem beschäftigen, was Einstein später als kombinatorisches Spiel bezeichnete: Ideen sammeln, sichten und zu neuen Kreationen kombinieren. In seinen Briefen erzählt er uns vom Beispiel der Bienen: Sie fliegen umher und sammeln Nektar für die Herstellung von Honig, dann ordnen und sortieren sie in ihren Zellen alles, was sie gesammelt haben. Durch Gärung werden die einzelnen Elemente zu einer Substanz vereinigt – dem Honig. Er vergleicht dies mit dem Aussieben verschiedener Lektüren und dem Zusammenführen dieser verschiedenen Quellen zu einem neuen Text. Wir müssen Lektüren verdauen, sonst nähren sie nur unser Gedächtnis und nicht unser Denken.[45]

Wenn wir spielen, stellen wir oft neue Assoziationen her. Und wenn wir schon dabei sind, spielerisch zu sein, warum es nicht auch mit Humor probieren? Menschen mit dem Erfolgsfaktor Zufall haben oft einen guten Humor.[46] Das gilt auch für Alexandre Terrien. Eines Tages landete er auf dem Hochzeitsessen einer Freundin. Da er einen hektischen Tag hinter sich hatte, kam er zu spät zum Essen, und der einzige freie Platz war neben der Schwester der Braut, Riwa Harfoush. Sie hatten sich nie persönlich getroffen. Als Alexandre ankam, scherzte er gegenüber Riwa und ihren Eltern: »Auf diesen Moment warte ich schon seit zehn Jahren!« Riwa erinnert sich noch immer gerne an diese zufällige Begegnung mit dem Mann, der ihr Ehemann wurde.*

* Riwa wendet Humor an, um – wie sie es nennt – »Momente kosmischer Wahrnehmung« hervorzurufen, Momente, die es uns ermöglichen, die Welt auf ähnliche Weise zu betrachten, und die helfen, Vertrauen aufzubauen. Humor kann die Saat legen und als Anreiz dienen, die Punkte miteinander zu verbinden!

Also …

Serendipität ist kein punktuelles Ereignis, sondern ein Prozess, bei dem es darauf ankommt, Auslöser zu erkennen oder zu schaffen und die Punkte miteinander zu verbinden – was es uns ermöglicht, den Zufall durch unsere eigenen Bemühungen in Serendipität zu verwandeln. Wir können auf viele Arten Auslöser setzen, unter anderem durch das Auswerfen von Haken und das Legen von Serendipitätsbomben – und wir können die Punkte miteinander verbinden, indem wir das, was uns jemand erzählt, ständig mit Dingen verknüpfen, die wir in anderen Bereichen gelernt haben – selbst wenn sie auf den ersten Blick nicht miteinander verbunden sind. Dann können wir unser Serendipitätsfeld erweitern. Um es in die Praxis umzusetzen, lassen Sie uns eine Übung für unseren Serendipitätsmuskel machen.

Serendipity Workout: In die Praxis umsetzen

1. Überlegen Sie sich eine Reihe von Haken als mögliche Anknüpfungspunkte, die Sie in Ihrem nächsten Gespräch erwähnen könnten, insbesondere wenn Sie jemand fragt: »Was machen Sie?« Versuchen Sie, drei bis fünf davon in Ihre (kurze) Antwort einzubauen, und lassen Sie die andere Person das Thema auswählen, mit dem sie sich am meisten identifizieren kann. Genießen Sie das Gespräch!
2. Schreiben Sie einen Einzeiler über Ihr Interessengebiet mit einem interessanten Haken, der sich auf Ihre eigene Geschichte bezieht. Sind Sie in einer armen Gegend aufgewachsen und haben einen unerwarteten Erfolgspfad eingeschlagen? Erzählen Sie diese Geschichte. Hat es Ihnen geholfen, ein Jahr in der High School zu wiederholen, um sich selbst zu finden? Erzählen Sie diese Geschichte. Bringen Sie sich selbst ins Gespräch: Kontaktieren Sie Ihre alte Schule oder Universität – oder eine Universität oder Schule in Ihrer Nähe – um zu fragen, ob Sie bei einer Veranstaltung für Ehemalige oder Studierende sprechen können. Sie können mit einem einfachen Thema beginnen: »Wie ein/e Ehemalige/r seinen Weg zu x gefunden hat«. Oder schreiben Sie einen Blogbeitrag auf einer Plattform wie der »Huffington Post« zu einem ähnlichen Thema.
3. Legen Sie Serendipitätsbomben: Identifizieren Sie die Menschen, die Sie am meisten bewundern und deren Details Sie herausfinden

können, sei es über In-Mail auf LinkedIn, per E-Mail oder auf andere Weise. Schicken Sie ihnen eine authentische Nachricht, wie sie Ihr Leben bereits geprägt haben und wie Sie sie an Ihrem Weg teilhaben lassen möchten. Dies ist ein Zahlenspiel, also gestalten Sie die Nachricht individuell, aber senden Sie eine an so viele Personen wie möglich – nicht weniger als fünf.

4. Wenn Sie vor Gruppen sprechen, bereiten Sie sich auf das Unerwartete vor: Halten Sie einen Witz für den Fall bereit, dass ein Telefon im Publikum klingelt; halten Sie einen Witz für den Fall bereit, dass der Projektor ausfällt; halten Sie einen Witz für den Fall bereit, dass ein Witz, den Sie machen, nicht funktioniert. Dies sind die Momente, in denen Sie das Publikum auf Ihre Seite ziehen können, indem Sie zeigen, dass Sie mit dem Unerwarteten umgehen können.
5. Wenn Sie in einer Stadt leben, in der es eine Universität oder ein anderes öffentliches Zentrum (zum Beispiel die Stadt- oder Gemeindebibliothek) gibt, gehen Sie zu einer öffentlichen Veranstaltung pro Monat. Bereiten Sie eine gute Frage vor, die Sie dem/der Redner/in stellen können, am besten bei der Fragerunde nach dem Vortrag. So können Sie später leichter mit dem/der Redner/in in Kontakt treten, da sie/er Sie bereits kennt. Und wenn sie in die Frage einen Haken einbauen (zum Beispiel, »als jemand, der derzeit auf der Suche nach xyz ist, wollte ich fragen ...«), kommen oft auch Leute aus dem Publikum danach zu ihnen. Versuchen Sie, die Kontaktdaten des Redners und der Rednerin zu erhalten, und setzen Sie sich sofort mit ihm/ihr in Verbindung.
6. Wenn Sie eine neue Person treffen, überlegen Sie, wie Sie zu ihrem Leben beitragen können und wem Sie sie vorstellen könnten. Stellen Sie jeden Monat eine neue Person einer anderen vor. Überlegen Sie, inwieweit es Überschneidungen geben könnte, und erwähnen Sie dies bei der Vorstellung.
7. Wenn Sie eine Veranstaltung durchführen, bei der es darum geht, Menschen miteinander in Kontakt zu bringen, bitten Sie die Teilnehmenden zu teilen, 1) worüber sie sich derzeit am meisten freuen, 2) was ihre größte Herausforderung ist und 3) was ihre Lieblingsgeschichte über Serendipität ist. Hören Sie aktiv zu, wenn die andere Person spricht: Wie könnte etwas, das Sie kürzlich gehört haben, mit ihrer Leidenschaft oder Herausforderung zusammenhängen?

6

ZUFÄLLIGE BEGEGNUNGEN IN MÖGLICH-KEITEN VERWANDELN

»Gehen Sie weiter, und die Chancen stehen gut, dass Sie über etwas stolpern, wenn Sie es vielleicht am wenigsten erwarten. Ich habe noch nie gehört, dass jemand im Sitzen über etwas gestolpert ist.«

Charles Kettering,
ehemaliger Forschungsleiter,
General Motors

Charles Kettering, der von 1920 bis 1947 die Forschungsabteilung von General Motors leitete, wusste schon damals, was die Forschung längst bestätigt hat: Übung macht den Meister.[1] Es reicht nicht aus, einfach nur eine zufällige Begegnung zu haben. Nein, man muss die Fokussierung und Ausdauer haben, sie in positive Ergebnisse zu verwandeln. Dies kann letztlich den Unterschied zwischen einem eintönigen Leben im Labor und einem weltverändernden Impact ausmachen.

Als Aaron Kellner, Professor für Pathologie an der Cornell University, in seinem Labor feststellte, dass die Ohren von Kaninchen »herunterhingen«, wenn ihnen das Enzym Papain injiziert wurde, war er nicht der Einzige. Etwa zur gleichen Zeit bemerkte Lewis Thomas, Professor an der New York University, dies ebenfalls. Beide hielten es für ungewöhnlich, gingen der Sache aber nicht weiter nach, da sie sich auf andere Aktivitäten konzentrierten. Die Schlappohren tauchten bei ihrer Arbeit immer wieder auf, aber sie hakten nicht weiter nach. 1955 beschloss Thomas schließlich, der Frage nachzugehen, warum die Ohren der Kaninchen herunterhingen, und entdeckte, dass Papain eine extreme Wirkung auf die Zellstruktur des Ohrs hatte. Dies führte zu einem Durchbruch beim Verständnis von Krankheiten wie rheumatoider Arthritis. Kellner hingegen verfolgte diese Idee nie weiter. Im Fall von Kellner war dies »verpasste Serendipität«, im Fall von Thomas »gelungene Serendipität«.[2] Aber was geschah hier wirklich?

Bevor wir darauf antworten, begrüßen wir Daniel Spencer, einen Techniker, der dieses Buch im wahrsten Sinne des Wortes vor dem Ertrinken rettete. Ich traf Daniel in einer Reparaturwerkstatt, nachdem ich Kaffee über meinen Laptop verschüttet hatte. Daniel arbeitete früher als Techniker bei Apple, während er seiner Begeisterung für das Songwriting nachging. Doch mehr und mehr wurde ihm klar, dass er auch für Fotografie brannte. In seinem Team gab es zwei Fotografen, die ihm viel beibrachten. In der Folge reduzierte er seine Zeit bei Apple und eröffnete sein erstes Fotostudio in der Garage eines Freundes. Mit den ersten Einnahmen im Rücken verließ er Apple.

Er begann, Porträts und Fotos für Schauspieler und Geschäftsleute zu machen und nannte sein Unternehmen Turn and Shoot Photography. Es »fühlte sich einfach nur gut an«. Zu jener Zeit begannen 360-Grad-Bilder im Internet populär zu werden. Das Modeunternehmen ASOS und andere veröffentlichten drehbare Bilder von Gegenständen, um einen besseren Blick auf sie zu erhalten. Je mehr Daniel darüber nachdachte, desto mehr bemerkte er, dass sich überall Dinge drehten. »Es war ein Ultra-Fokus, als wäre die Zeit verlangsamt. Ich sah Schaufensterpuppen, die sich drehten, oder ich spielte ein Spiel auf meinem iPhone und die Figuren drehten sich ... es war, als würde das Leben schreien und mir zuwinken, damit ich es bemerke.«

Da machte es Klick, und Daniel hatte die Idee, rotierende Schauspielerporträts zu produzieren. Er hatte als Schauspieler gearbeitet und erinnerte sich, dass er beim Vorsprechen gebeten wurde, sich nach links und rechts zu drehen, und so kam es ihm in den Sinn, Porträtfotos ganz anders aufzunehmen. Er stellte die Idee einem Freund vor, der meinte, sie sei eine Millionen-Dollar-Idee. Doch er zögerte – er hatte Angst vor einem Misserfolg. Schließlich begann er zu recherchieren, was er brauchen würde, damit es funktionieren könnte.

Er suchte im Internet nach einer Drehscheibe, die das Gewicht eines Menschen tragen konnte, aber sie war ihm zu teuer. Auf Facebook stieß er auf ein Gewinnspiel, bei dem es eine zu gewinnen gab. Er nahm teil und gewann. »Das gab mir ein Gefühl von ›Das ist es!‹ Nicht auf übersinnliche Weise ... aber ich wusste, dass ich Erfolg haben würde. Ich hatte nicht den geringsten Zweifel.« Daniel testete die Idee mit einigen befreundeten Schauspielern, und nach einiger Überredungskunst erklärte sich eine Castingfirma in London bereit, ihn auf ihrer Homepage zu präsentieren. Die Firma nannte es »Headshot 360«. Der Name »Turn and Shoot« begann, mehr und mehr Sinn zu machen. »Habe ich mir den Namen ausgesucht und meinen Weg gewählt? War ich bereits auf einem Weg und machte nur die richtigen Schritte?«, überlegte Daniel. »Wer weiß?«

Die Geschichten von Lewis und Daniel veranschaulichen, dass wir oft Gedanken haben, die sich später weiterentwickeln, wenn sie uns durch Serendipitätsauslöser wieder ins Gedächtnis gerufen werden. Wir halten sie oft aus irgendeinem Grund zurück – vielleicht fühlen wir uns »nicht bereit« oder »zu beschäftigt« –, aber unser Gehirn verarbeitet kontinuierlich und aktiv Informationen, selbst wenn wir denken, dass es ruht. Dieses hohe Maß an unbewusster Aktivität kann mithilfe von Geräten, die elektrische Aktivitäten im Gehirn messen, aufgespürt werden.[3] Diese Vernetzung hat einen großen Einfluss auf alltägliche Problemlösung, Fehlererkennung und Konfliktlösung. Wir neigen dazu, im Laufe der Zeit unbewusst mehrere Informationen zu integrieren[4] – und irgendwann kommt dann der Heureka-Moment.

In einer unserer Studien fanden wir heraus, dass viele der erfolgreichsten CEOs der Welt sich »vortasten«, bevor sie auf bedeutende Entwicklungen stoßen, die schließlich ihr eigenes Leben oder das ihres Unternehmens prägen.[5] Erst im Nachhinein erkannten viele dieser CEOs, dass sie auf diese Weise ein Umfeld geschaffen hatten, in dem irgendwann ein positiver Zufall eintreten musste.

Freud und Leid der Serendipität

Ein spannendes Phänomen ist die »Inkubationszeit« von Serendipität. Wir neigen dazu, den Erfolgsfaktor Zufall nur als einmalige Überraschung zu interpretieren, aber es kann eine Verzögerung zwischen dem Auslöser und der Assoziation (Verknüpfung) geben, und dann wieder, bis sich die eigentliche Gelegenheit manifestiert. Forschungen haben gezeigt, dass die Reifung einer Idee sehr lange dauern kann. Wir stellen oft zunächst keine Verbindung her, fühlen uns noch nicht bereit oder messen einer Idee zu diesem Zeitpunkt noch keine Bedeutung bei.[6]

Alltägliche Tätigkeiten können uns auf etwas aufmerksam machen, das wir sonst nicht bewusst in Betracht gezogen hätten. Zu diesem Zeitpunkt haben wir plötzlich ein vollständiges, schnelles Verständnis davon, wie wir zu einer Lösung kommen könnten – ein typischer Heureka-Moment.[7] Das ist, was passiert, wenn wir kreative Einfälle unter der Dusche haben oder wenn wir um 3 Uhr morgens mit einer brillanten Idee aufwachen. Die Inkubationszeit beträgt in der Regel zwischen fünf Minuten und acht Stunden. Sie kann aber auch viel länger sein – manchmal verstreichen sogar Jahre, wie in dem Beispiel mit den Schlappohren. In jedem Fall wird der wahre Ursprung einer Einsicht oder einer Verknüpfung oft vergessen oder kann nicht bis zum Moment ihres Urknalls zurückverfolgt werden.[8]

Menschen neigen dazu, ihre Heureka-Momente auf eine spätere Begegnung zurückzuführen, auch wenn die Saat vielleicht schon früher gelegt wurde,* weshalb es gut ist, bei jemandem auf dem Radar zu

* Dies ist eine große Herausforderung insbesondere für Community-Builder – wie kann man seine Wirkung messen, wenn Menschen ihre zufälligen Ergebnisse nicht bis zur eigentlichen Quelle (etwa in der jeweiligen Community) zurückverfolgen können? Die Heldengeschichten, die oft erzählt werden, lassen in der Regel wichtige Teile der Gesamtgeschichte aus.

bleiben, etwa durch das Versenden von Dank-E-Mails. Was bedeutet das für uns? Der legendäre amerikanische Werbeguru James Young wandte eine einfache Methode an, um Ideen zu entwickeln, die scheinbar aus dem Nichts kommen, in Wirklichkeit aber ein emergentes Ereignis sind. Stellen Sie sich vor, Sie sind auf der Suche nach einer Idee für die Gestaltung Ihres neuen Wohnzimmers. Sie googeln Beispiele, fragen Freunde und Freundinnen und betrachten die Herausforderung aus verschiedenen Blickwinkeln. Was ist Ihr Stil? Was ist der Stil Ihres Partners bzw. Ihrer Partnerin? Fühlen Sie sich von dem Projekt angesprochen? Würden sich Ihre Freunde und Freundinnen davon angesprochen fühlen? Schließlich finden Sie ein Wohnzimmerdesign, das Ihnen gefällt. Sie schlafen eine Nacht darüber. Dann, einige Tage später unter der Dusche, kommt das Aha-Erlebnis.

Was haben Sie getan? Sie haben Ihrem Verstand so viele Informationen wie möglich gegeben und es Ihrem Unterbewusstsein überlassen, das Ergebnis herauszufiltern. Viele Menschen lesen abends über ein Thema, damit ihr Unterbewusstsein in der Nacht daran arbeiten kann. Das ist vielleicht nicht ideal für einen erholsamen Schlaf, aber es kann zu einem Heureka-Moment führen. Dies gilt über verschiedene Kontexte hinweg. Viele der erfolgreichsten serendipitären Entdeckungen der Welt, wie Post-it oder Penicillin, brauchten eine lange Zeit, bis sich das Ergebnis zeigte.

Wie aber können wir die Fähigkeit entwickeln, zufällige Begegnungen in positive Ergebnisse zu verwandeln?

Überwinden, was uns zurückhält – und das nächste Abenteuer in Angriff nehmen

Dieses Buch ist im Geiste der Serendipität entstanden – und aus dem Versuch, das zu überwinden, was mich zurückhielt. Ich hatte schon lange vor, ein Buch über Profit und Sinn zu schreiben, aber ich fühlte mich nie bereit dazu. Der Buchentwurf war fertig, aber etwas hielt mich zurück. Dann, vor ein paar Jahren, fuhr ich mit meiner Freundin Grace und ihrer Familie in Urlaub. Bei einem Drink an einem Strand in Myanmar erzählte ich ihnen von den neuesten Fortschritten. Ihre Gesichter waren ein deutlicher Hinweis darauf, dass das Buch vielleicht gar nicht so originell war, wie ich es mir vorgestellt hatte.

Sie fragten vorsichtig: »Hast du auch noch andere Buchideen?« Irgendwie kam mir in diesem Moment in den Sinn, dass sowohl in meinem persönlichen Leben als auch in meiner Forschung sehr viel Serendipität auftauchte. Es schien Belege dafür zu geben, dass es womöglich einen wissenschaftlich fundierten Ansatz gibt. Ich hatte in den letzten 15 Jahren eine Menge Material gesammelt, das ich nutzen könnte. Ihre Gesichter veränderten sich sofort. »Das ist interessant!«, riefen sie aus. In dieser Nacht schrieb ich alles auf, was mir zu diesem Buch einfiel. Die Idee war plötzlich da – durch Zufall.

Aber obwohl ich mehrmals versuchte, das Buch anzufangen, ließ ich es bis ans Ende meiner To-do-Liste rutschen. Mein Hochstaplersyndrom riet mir zu mehr Recherche. Es dauerte eine Weile – und viele Gespräche mit klugen, wunderbaren Menschen – bis ich die Kraft des Loslassens entdeckt hatte. Ich ließ meine eigenen Erwartungen – und die Erwartungen anderer –, dass das Buch perfekt werden müsse, los. Ich ließ die Vorstellung los, dass ich alle anderen Kapitel in meinem Leben abschließen müsste, bevor ich dieses Kapitel öffne. Ich legte den Fokus auf die Freude, Raum zum Nachdenken zu haben und die letzten 15 Jahre meines Lebens verarbeiten zu können. Ich musste frühere Entscheidungen akzeptieren, über die ich nicht glücklich war, mich an den Kontext erinnern, sie in diesem Kontext sehen – und sie akzeptieren und loszulassen.[9] Als jemand, der auf alle Eventualitäten vorbereitet sein will – und der es allen recht machen möchte – musste ich lernen, dass nicht alles rückgängig gemacht werden kann. Als ich das begriffen hatte, begann ich dieses Buch zu schreiben und die potenzielle Serendipität, die in Myanmar gesät worden war, in ein hoffentlich positives Ergebnis zu verwandeln.

Die Forschungen von Brené Brown über Verletzlichkeit *(Vulnerability)* haben mich in dieser Hinsicht sehr inspiriert. Für sie sind Verletzlichkeit und Tapferkeit zwei Seiten einer Medaille. Bei Verletzlichkeit geht es oft darum, sich in den Ring zu begeben, auch wenn man den Ausgang des Kampfes nicht kennt. Brown schreibt es einem Zufall zu, dass sie zur *der* »Vulnerability Person« wurde.

Vor einigen Jahren wurde sie gebeten, bei TEDxHouston einen Vortrag zu halten. Die Organisatoren gaben ihr keine inhaltlichen Vorgaben, sondern sagten ihr: Sorge einfach dafür, dass es ein großartiger Vortrag wird. Sie beschloss, nicht ihre übliche akademische Rede zu halten, sondern darüber zu sprechen, wie sie erträgt, worüber sie selbst spricht: ihre Verletzlichkeit. Sie erzählte ihre bewegende Geschichte.

TED präsentierte den Vortrag auf seiner Website – es gibt 40 Millionen Zugriffe bis heute. Die Resonanz war überwältigend. Als sie aber von einigen Leuten harsche Kritik einstecken musste, zog sie sich zu einem Serienmarathon mit der Fernsehserie *Downton Abbey* zurück. Um sich weiter abzulenken, googelte sie die wichtigsten Politiker aus den Jahren, in denen die Serie spielte. Am Ende blickte sie auf eine Liste der US-Präsidenten, darunter Theodore Roosevelt. Dabei stieß sie auf ein Zitat von ihm, das heute ihr Motto ist: »Nicht der/die Kritiker/in zählt, nicht der Mensch, der/die hinweist, wie der/die Starke stolpert oder wo derjenige oder diejenige, der/die Taten vollbringt, sie besser hätte tun können. Das Verdienst gebührt dem Menschen, der/die tatsächlich in der Arena steht, dessen/deren Gesicht von Staub und Schweiß und Blut gezeichnet ist; der/die sich tapfer bemüht; der/die sich irrt, der/die immer wieder zu kurz kommt, weil es keine Anstrengung ohne Fehler und Unzulänglichkeit gibt; der/die sich aber tatsächlich bemüht, die Taten zu tun; der/die die große Begeisterung, die große Hingabe kennt; der/die sich für eine würdige Sache aufopfert; der/die im besten Fall am Ende den Triumph der hohen Leistung kennt, und der/die im schlimmsten Fall, wenn er/sie scheitert, wenigstens scheitert, während er/sie Großes wagt, sodass sein/ihr Platz niemals bei jenen kalten und furchtsamen Seelen sein wird, die weder Sieg noch Niederlage kennen.«[10]

Ich habe dieses Zitat auf meinem Bildschirm gespeichert und klicke es an, wenn ich das Gefühl habe, mein Mut schwindet. Es ist etwas, das ich in vielen verschiedenen Situationen beobachtet habe: Serendipität passiert, sobald wir lernen, uns selbst zu vertrauen.

Kein Oscar ohne harte Arbeit

Biss und Ausdauer sind der Kern von Serendipität.[11] Sie können den Unterschied zwischen längerfristigem Erfolg und dem, was sich oft wie ein Misserfolg anfühlt, ausmachen. Der Gründer von LinkedIn, Reid Hoffman, nennt es die »Positionierung für das Glück«, um den Mythos zu entkräften, dass manche Menschen einfach nur zur richtigen Zeit am richtigen Ort sind. Sicherlich ist Timing wichtig, aber es sind Leidenschaft und Ausdauer, die den Erfolg begründen. Er nennt das Beispiel von Evan Williams, Mitbegründer von Blogger und Twitter sowie CEO von Medium, der den Begriff »Blogger« geprägt hat. Bei Blogger war es gutes Timing, aber was den Erfolg ausmachte, war die Ausdauer, die er an den Tag legte, als Blogger das Geld ausging (wie das bei vielen Start-ups der Fall ist!).[12]

Es mag offensichtlich erscheinen, dass Ausdauer wichtig ist. Aber obwohl wir oft sagen, dass harte Arbeit wichtiger ist als Talent, neigen wir dazu, das Gegenteil zu glauben. Wenn ihre Idee scheitert oder sie nicht befördert werden, denken Menschen oft: »Ich bin einfach nicht talentiert genug.« Aber Lady Gaga hat es in ihrer Dankesrede bei der Verleihung des Oscars für den besten Originalsong im Jahr 2019 sehr schön ausgedrückt: »Wenn du zu Hause auf deiner Couch sitzt und dir das gerade ansiehst, kann ich nur sagen: Das ist harte Arbeit. Ich habe lange Zeit hart gearbeitet. Und es geht nicht ums Gewinnen. Worum es geht, ist: nicht aufzugeben. Wenn du einen Traum hast, kämpfe dafür. Es gibt eine Disziplin für Leidenschaft: Es geht nicht darum, wie oft du abgelehnt wirst oder wie oft du hinfällst und verlierst, sondern wie oft du aufstehst und mutig bist und weitermachst.«

Weitermachen

Um weiterzumachen, ist Resilienz erforderlich. Robyn Scott, Autorin und Mitbegründerin von *Apolitical*, einer globalen Lernplattform, dokumentierte die Arbeit einer Gruppe von Gefangenen in einem Hochsicherheitstrakt in Südafrika. Acht Häftlinge, die als Wiedergutmachung für ihre Verbrechen etwas Sinnvolles tun wollten, beschlossen, HIV-infizierte Menschen sowohl innerhalb des Gefängnisses als auch außerhalb in sozial schwachen Gegenden zu unterstützen. Sie baten einen Sozialarbeiter, ihnen zu helfen, anderen zu helfen. So nahm die Gruppe Kontakt zu einem elfjährigen Waisenjungen in der Nähe auf, der an AIDS erkrankt war. Sie nähten ihm neue Kleidung und erwirkten das Recht, auf dem Gefängnisgelände einen Gemüsegarten anzulegen, um für ihn und andere Kinder Obst und Gemüse anzubauen. Sein größter Wunsch war indes, zu fliegen, und der Gefängnis-Sozialarbeiter fand tatsächlich einen Piloten, der sich anbot, mit ihm zu fliegen. Der größte Traum des Jungen wurde wahr.

Die »Gruppe der Hoffnung«, wie sie sich selbst bezeichneten, veränderten in der Folge das Leben zahlreicher Waisenkinder in den

Townships. Die Häftlinge halfen den Kindern, indem sie für sie Nahrungsmittel anbauten, Partys für sie im Gefängnis organisierten, Kleidung für sie nähten und ihnen Zuwendung schenkten. Für die Waisenkinder war der monatliche Besuch des Gefängnisses ein Höhepunkt.

Was lernen wir? Menschen, denen Verantwortung übertragen wird, werden verantwortungsbewusster und handeln selbstverantwortlicher – ein sich selbst verstärkender Kreislauf. Der/die Hochsicherheitsgefangene, der/die nie in seinem/ihrem Leben das Gefühl hatte, dass sich jemand auf ihn/sie verlässt, hat nun das Gefühl, dass er/sie wichtig ist. Das Häftlingsprojekt in Südafrika zeigt, wie dies möglich ist. Auch wenn dies natürlich eine Situation ist, die die meisten von uns nicht durchleben müssen, so geht doch so mancher Glückssträhne eine Pechsträhne voraus, und viele Pechsträhnen folgen. Wir werden uns in der Regel nicht viel über diese Phasen erzählen, aber sie kommen mit Sicherheit vor.

Das Pech von heute ist vielleicht die Serendipität von morgen

Unsere Einschätzung von Glück kann sich nämlich im Laufe der Zeit ändern. Wir können ein und dasselbe Ereignis je nach Kontext und verfügbaren Informationen sehr unterschiedlich interpretieren.[13] Wenn wir jedoch aufhören, sobald es schwierig wird, wird alles, was wir tun, im Pech enden. Wir schließen das Kapitel ab, ohne ein positives Resultat in Betracht zu ziehen.

Ein weiteres Beispiel aus meinem Leben: Eine Organisation, die ich mitgegründet habe, ging eines Tages fast in Konkurs. Ich hatte das Gefühl, wir seien vom Unglück umzingelt. Auf lange Sicht passierte aber etwas ganz anderes: Die Abkehr von den Investoren und die Stärkung unserer Community wirkten sich positiv aus. Doch erst im Nachhinein und nach vielen ungewollten emotionalen Achterbahnfahrten stellte sich heraus, dass es auch ganz anders hätte ausgehen können, wenn nicht einige Protagonisten so viel Ausdauer gezeigt hätten. Und ich erinnere mich in diesem Zusammenhang noch gut an den Tag, an dem ich vom Gymnasium flog. Ich wurde nicht nur aufgefordert, die Schule zu verlassen und mir eine neue zu suchen, sondern musste außerdem auch noch ein Jahr wiederholen. An der neuen

Schule hatte ich zwar wunderbare Lehrer, aber es war trotzdem ein Wunder, dass ich durch das Abitur kam.

Mit meinem miserablen Abiturzeugnis in der Hand bewarb ich mich bei über 40 Universitäten. Furtwangen, eine kleine aufstrebende Hochschule, gab mir schließlich eine Chance. Danach habe ich an der LSE einen Master und einen Doktortitel erworben und schließlich sowohl an der New York University als auch an der LSE unterrichtet.

Es gibt zwei Möglichkeiten, die Geschichte zu erzählen: dass ich mich vom Gymnasium über Furtwangen und die LSE bis zur NYU hochgearbeitet und das nötige Quäntchen Glück gehabt habe. Oder, was wahrer klingt, dass ich von der Schule verwiesen wurde, Schwierigkeiten hatte, erst eine Schule und dann eine Universität zu finden, die mich aufnehmen wollte. Schließlich wurde mir klar, was ich wirklich wollte, und ich bewarb mich an Dutzenden von Universitäten für mein Grundstudium. Parallel absolvierte ich ein Fernstudium, um mich fachlich-inhaltlich weiterzuentwickeln, und mich schließlich wieder bei Dutzenden von Universitäten für mein Master-Studium zu bewerben.

Warum erzähle ich das? Serendipität fand in meinem früheren Leben so gut wie nicht statt, und alles hätte ganz anders kommen können, wenn ich am ersten Hindernis hängen geblieben wäre. Was hat sich geändert? Meine Herangehensweise, die Erkenntnis, dass es mehr im Leben gibt, der Versuch weiterzumachen, auch wenn es schwierig wird? Ich bin selten jemandem begegnet, der/die auf lange Sicht Glück hatte, ohne hartnäckig zu sein. Oft geht dem ersten Treffer eine Reihe von Misserfolgen oder Fehlschüssen voraus. Nehmen Sie Ben Grabiner, einen erfolgreichen Unternehmer in London. Er stellte seine Geschäftsideen einer Reihe von Risikokapitalfirmen in London vor – und wurde abgelehnt. Er blieb mit ihnen in Kontakt, auf ihrem Radar und versuchte es wieder und wieder. In seinen Worten: »Ich habe sie genervt.« Irgendwann meldete sich einer der VCs bei ihm, beeindruckt von seiner Hartnäckigkeit. Wäre Ben daran interessiert, eines ihrer neuen Unternehmen, Platoon, mitzugründen? Heute ist Ben Co-CEO des Unternehmens, das gerade von Apple übernommen wurde. Er hat Ausdauer gezeigt – und sobald sich eine Gelegenheit ergab, war er bereit.

Der Preis für den Eintritt in ein sinnvolles Leben

Diese Beispiele zeigen, dass wir daran arbeiten können, mit dem fertigzuwerden, was das Leben uns vorsetzt. Unser Immunsystem funktioniert auf ähnliche Weise: Wenn man in jungen Jahren etwas Schmutz isst, entwickelt man Antikörper, die einem später im Leben helfen. Wenn Sie alle Arten von Bakterien meiden würden, wäre Ihr Immunsystem weniger vorbereitet, mit ihnen später im Leben fertigzuwerden.[14] Wenn wir das Unerwartete unterdrücken, anstatt es anzunehmen, werden wir nicht weniger verletzlich, sondern verletzlicher. Anstatt ständig zu versuchen, nur Risiken zu managen und potenzielle Fehler zu vermeiden, können wir Ausdauer entwickeln, die Dinge durchzuziehen. Dann ist das Unerwartete keine Bedrohung, sondern eine Chance. Und merke: Wenn wir versuchen, Situationen zu sehr zu kontrollieren, machen wir uns anfälliger für (negative) Zufälligkeit – denn jetzt versuchen wir, das Unerwartete zu vermeiden, anstatt es anzunehmen. In komplexen Systemen, wie Gesellschaften, Familien oder unserem Körper, gibt es viele gegenseitige Abhängigkeits- und nichtlineare Reaktionsmuster. Wenn man zu viel Alkohol trinkt, macht das Leben vielleicht bis zu einem gewissen Punkt mehr Spaß, aber letztlich schädigt es das Leben. Wenn Sie Ihren Bruder lauter anschreien, erhöht das nicht unbedingt die Wirkung Ihrer Botschaft – manchmal ist sogar das Gegenteil der Fall. Die Verdoppelung der Medikamenteneinnahme hat nicht die doppelte Wirkung – auch hier kann das Gegenteil der Fall sein.

Das Eingreifen in komplexe Systeme kann unerwartete Folgen haben: Stellen Sie sich ein überfürsorgliches Elternteil vor, dessen Kind später im Leben ängstlich gegenüber Menschen wird. Nassim Nicholas Taleb bringt in seinen Schriften über Antifragilität einen wichtigen Punkt zum Ausdruck: Systeme regenerieren sich kontinuierlich, indem sie unvorhersehbare Schocks und Ereignisse nutzen, anstatt nur darunter zu leiden.[15] Dies ist besonders wichtig, wenn es um Gefühle geht. Wir versuchen oft, schlechte Gefühle zu verdrängen, und sehen Emotionen als Fehler bei uns und anderen an. Doch anstatt sie zu vermeiden, können wir Wege entwickeln, um mit negativen Gefühlen umzugehen. Wir werden nie etwas Neues ausprobieren, wenn wir Angst vor den negativen Gefühlen haben, die mit einem Misserfolg einhergehen könnten. Forschungen von Susan David, Psychologin an der Harvard Medical School und Autorin von *Emotional Agility*, legen nahe, dass wir schwierige Emotionen nicht als etwas Unerwünschtes ansehen sollten, das vermieden werden muss, sondern als Teil eines Lebensvertrags. »Ohne Stress und Unbehagen ist es nicht möglich, eine sinnvolle Karriere zu machen, eine Familie zu gründen oder die Welt als besseren Ort zu verlassen. Unbehagen ist der Eintrittspreis für ein sinnvolles Leben.« Die Unzufriedenheit mit dem Status quo rührt in der Tat von hohen Erwartungen her, und »produktives Unglücklichsein« kann oft effektiv sein.[16] Ähnlich wie Ungewissheit und Unerwartetes zu akzeptieren, kann auch das Akzeptieren von Schmerz und negativen Emotionen uns helfen, zu gedeihen, anstatt uns zu behindern – vorausgesetzt, wir sehen das auch so.

Resilienz entwickeln

Resilienz braucht mehr als das Scheitern. Adam Grant hat sich eingehend mit diesem Thema befasst und schlägt in seiner Arbeit zwei Ansätze vor, die uns helfen können, Resilienz zu entwickeln. Erstens können wir die Fähigkeit entwickeln, mit unserem »früheren Ich« in Kontakt zu treten. Die ehemalige Chief Operating Officer (COO) von *Meta*, Sheryl Sandberg, hat schwierige Zeiten durchlebt, darunter auch das Trauma, Witwe zu werden. Auf eigener Erfahrung basierend schlägt sie vor, sich in einer schwierigen Situation vorzustellen, was ihr früheres Ich getan hätte. Oft stellt man rückblickend fest, dass man bisher ungenutzte Fähigkeiten hat, die einem helfen, besser damit umzugehen als damals. Und wenn das nicht funktioniert, schlägt Sandberg vor, sich an eine ungünstige Situation in der Vergangenheit zu erinnern, die man durchlebt hat – und wie man sie überwunden hat. Wir können uns gedanklich Notizen zu Situationen machen, die wir erfolgreich gemeistert haben, und uns daran erinnern, was wir getan haben, wenn wir mit einer neuen Situation konfrontiert wurden. Ich tue dies häufig, wenn ich eine neue Forschungsarbeit zu schreiben beginne: Es ist grauenhaft, vor einem leeren Blatt (oder einem Word-Dokument!) zu sitzen – aber zu wissen, dass ich es schon einmal geschafft habe, nimmt mir etwas von der Verzweiflung.

Zweitens: Wir können die Perspektive ändern. Grant beschreibt, wie er seine Kinder dazu bringt, eine schwierige Situation mit den Augen anderer zu betrachten. Aufbauend auf der Arbeit von Daniel

Kahneman über Entscheidungsprozesse argumentiert Grant, dass wir uns in schwierigen Situationen in Kahnemans »System 1-Modus« befinden (schnelles, automatisches, intuitives Gehirn), wir aber in »System 2« sein müssen – dem langsameren analytischen Modus, in dem der Verstand dominiert.[17] Was tut Grant? Wenn seine Kinder ihm von einer Herausforderung erzählen, dreht er den Spieß um und bittet sie um Rat. Er stellt ihnen Fragen wie: »Was kann ich tun, um dir zu helfen?«.

Andere Forschungsarbeiten zeigen, wie effektiv dieser Ansatz sein kann. Eine Studie unter der Leitung der Psychologieprofessorin Rachel White vom Hamilton College konnte darlegen, dass Selbstdistanzierung (»die Sichtweise eines/r Außenstehenden auf die eigene Situation einnehmen«) sich positiv auf die Fähigkeit zur Ausdauer auswirkt. Ausdauer ist wichtig, aber in einem Zeitalter der Ablenkung ist sie eine Herausforderung. Die Forscher baten 140 Kinder im Alter zwischen vier und sechs Jahren zehn Minuten lang eine sich wiederholende und langweilige Aufgabe zu erledigen. Die Kinder hatten dabei die Möglichkeit, eine Pause einzulegen, indem sie ein attraktives Videospiel auf einem iPad in der Nähe spielten. Die Forscher teilten sie in drei Gruppen ein. Eine Gruppe befasste sich mit der üblichen Perspektive: Die Kinder wurden gebeten, über ihre eigenen Gefühle und Gedanken nachzudenken, während sie die Aufgabe erledigten, und sich zu fragen: »Arbeite ich hart?« Die zweite Gruppe wurde gebeten, an sich selbst in der dritten Person zu denken (»Arbeitet [Name des Kindes] hart?«). Die Teilnehmenden der dritten Gruppe sollten an eine Person denken, die besonders gut darin ist, hart zu arbeiten – eine fiktive Figur wie Bob der Baumeister oder Batman. Sie bekamen ein Kostüm der jeweiligen Figur zum Anziehen und wurden dann gefragt: »Arbeitet [Name der Figur] hart?« Die Kinder wurden dann aufgefordert, mit der Arbeit zu beginnen, und jede Minute wurden sie erinnert: »Ist [Name] fleißig?«. Jedem Kind wurde gesagt: »Dies ist eine sehr wichtige Tätigkeit, und es wäre hilfreich, wenn du so lange wie möglich daran arbeiten würdest.« Das Maß für die Ausdauer war die Zeit, die für die Arbeitsaufgaben aufgewendet wurde.

Es überrascht nicht, dass die Kinder die meiste Zeit (63 Prozent) mit dem iPad verbrachten. Interessanterweise verbrachten die Kinder, die ein Vorbild verkörperten (etwa eine Figur wie Batman), die meiste Zeit mit den Aufgaben, gefolgt von denen, die sich selbst in der dritten

Person sahen. Diejenigen, die die Ich-Perspektive einnahmen, verbrachten am wenigsten Zeit mit der Arbeit.[18] Konzentration und Ausdauer nahmen zu, je mehr sich die Kinder »distanzierten«. Dies knüpft an frühere Untersuchungen zum Marshmallow-Effekt an, bei denen Kinder angesichts verlockender Ablenkungen, wie etwa Marshmallows, an einer sich wiederholenden Aufgabe arbeiteten.[19] Es zeigte sich, dass diejenigen, die Belohnungen hinauszögern und Selbstkontrolle beherrschten, später im Leben in Bezug auf Geld, Bildung, Gesundheit und Glück besser abschnitten. Forscher bezeichnen diese als »Exekutivfunktionen«. Die Kinder, die gut abschnitten, waren in der Lage, das jeweilige Objekt der Versuchung in etwas Abstrakteres umzuwandeln. Einige der Kinder stellten sich zum Beispiel Marshmallows als Bilder vor, um die Versuchung zu reduzieren.[20]

Beim Aufbau von Selbstkontrolle geht es um die Entwicklung der Fähigkeit, Belohnungen aufzuschieben. Bei der kognitiven Steuerung geht es um die Fähigkeit, Ablenkungen zu ignorieren und sich zu konzentrieren – was womöglich noch wichtiger ist. Ich habe zunehmend versucht, diese Erkenntnisse auf mein eigenes Leben anzuwenden, und zwar auf unterschiedliche Weise. Wenn ich ängstlich bin – zum Beispiel, wenn ich mir Sorgen mache, ob eine Arbeitserlaubnis, die ich beantragt habe, bewilligt wird –, neige ich dazu, über Worst-Case-Szenarien nachzudenken. Könnte die Beamtin meinen Versuch zu helfen (»Kann ich sonst noch etwas tun?«) als Bestechungsversuch interpretieren? Oder könnte das Risiko einer formalen Unregelmäßigkeit bestehen, vielleicht, weil ich zwei Adressen in zwei Ländern habe, und sie denken könnte, ich wollte sie austricksen?

Solche Gedanken sind eine große Ablenkung und führen dazu, dass ich mich weniger auf Aktivitäten konzentriere, denen ich normalerweise Priorität einräume. In solchen Situationen versuche ich, mich zu fragen: »Was würde ich einem Freund oder einer Freundin raten, wenn er oder sie dieselben Fragen hätte und mich um Rat fragen würde?« Mir ist klar, dass die Fragen aus dieser Perspektive fast lächerlich erscheinen und dass die Wahrscheinlichkeit dieser Worst-Case-Szenarien extrem gering ist.

Ziehen Sie es durch

Harvard-University-Dozentin Leith Sharp hat die Entwicklung von Ideen und Menschen in verschiedenen Branchen und über verschiedene Hierarchieebenen hinweg untersucht. Ihre Ergebnisse sind eindeutig: Die Entwicklung von (zufälligen) Ideen und Projekten verläuft nie wirklich linear, sondern oft in gewundenen Linien. Die Entwicklung einer neuen Idee durch eine Organisation kann viel Energie kosten – und nicht jede setzt sich durch. Wie wir jedoch bereits gesehen haben, werden diese Höhen und Tiefen, einschließlich der Ablehnungen und Rückschläge auf dem Weg dorthin, in unseren Erzählungen oft ausgelassen. Das ist gefährlich, weil wir uns Ziele setzen und Ideen in der Logik linearer Verläufe positionieren, aber auch, weil wir nicht wirklich aus linearen Erfolgsgeschichten lernen, die oft ganz anders sind als das, was tatsächlich passiert ist. In unserer Kontrollillusion wenden wir oft eine Sprache an, die eindeutiger ist, als die Wirklichkeit zu dem jeweiligen Zeitpunkt war. In den Geschichten, die wir erzählen, dominiert das Lineare das »Kringelige«, doch im wirklichen Leben ist es umgekehrt. Es sind die praktischen Schritte des Punkteverbindens und der Ausdauer, die etwas in eine Möglichkeit verwandeln – wir müssen es nur durchziehen.

In effektiven Organisationen schafft man deshalb Berührungspunkte für Mitarbeitende, damit sie ihre Ideen einbringen können. Beim Haushaltsgerätehersteller Haier können Mitarbeitende ihre neuen Ideen direkt einem Ausschuss vorstellen. Bei Sandbox benutzten wir ein einfaches Customer-Relationship-Management-System (CRM), um jeden Kontakt nach einem Gespräch zu dokumentieren und einen direkten Hinweis auf die nächsten Schritte einzufügen. Auf diese Weise konnte das Team über die jeweilige Begegnung auf dem Laufenden gehalten werden, um sie auf dem Radar zu behalten – und um Verantwortlichkeit und Handlungsbereitschaft zu schaffen.

Aber wie können wir wissen, welche zufällige Begegnung wir weiterverfolgen sollten? Wie vermeiden wir es, uns ablenken zu lassen? Oder noch klarer formuliert: Wie können wir den Wert der Serendipität erkennen und diejenigen Informationen, Ideen und Ereignisse herausfiltern, die unsere Aufmerksamkeit verdienen?

Den Wert erkennen

Originelle Menschen haben nicht unbedingt bessere Ideen als andere – sie haben einfach mehr Ideen, was die Wahrscheinlichkeit erhöht, daraus eine großartige Idee zu entwickeln. Shakespeare soll sein bestes und sein schlechtestes Werk gleichzeitig geschrieben haben. Auch Genies haben »schlechte« Ideen.* Die erste akademische Konferenz, an der ich teilnahm, werde ich nie vergessen: Mit großen Hoffnungen ging ich zu einem Vortrag eines Management-Gurus, den ich schon als Student bewundert hatte. Ich erwartete, alles über die Zukunft des Managements zu erfahren, aber ich war von seinem Vortrag völlig enttäuscht. Der Grund? Es handelte sich um das Frühstadium einer Idee, deren Ausarbeitung weitere fünf Jahre in Anspruch nehmen würde. Er präsentierte die Ausgangsversion dann auf Workshops, Konferenzen und in Einzelgesprächen, um weiteres Feedback zu erhalten. Das half ihm, das Forschungspapier Schritt für Schritt weiterzuentwickeln.

Feedback ist in jeder Phase wichtig, um Ideen zu selektieren und zu verbessern. Fast niemand beginnt mit der großen Idee – oft haben wir zu Beginn eine Intuition und verbessern den Gedanken dann schrittweise. Die Qualität des Feedbacks und das Herausfiltern der Ideen, die kein Potenzial besitzen, sind wichtige Indikatoren für den späteren Erfolg. Wie können wir feststellen, welche Ideen oder Begegnungen es wert sind, weiterverfolgt zu werden, und wie können wir diese Entscheidung beeinflussen?[21] Entscheidungsfindung und Serendipität haben Folgendes gemeinsam: Je mehr Informationen oder potenzielle Auslöser es gibt, desto besser. Dies gilt aber nur bis zu einem gewissen Punkt, denn danach kommt es zur Informationsüberflutung (siehe Abbildung).[22] Also merke: Spannende (potenzielle) Auslöser helfen nicht viel, wenn wir nicht in der Lage sind, die relevantesten herauszufiltern.

* Das ist auch der Grund, warum es gefährlich ist, sich mit anderen zu vergleichen, vor allem, wenn man sie nicht kennt. Leute beschreiben meist nur ihre herausragendsten Arbeiten, Erfahrungen und Erlebnisse – was wiederum völlig unrealistische Erwartungen in uns erzeugt, wie unser Leben aussehen sollte. Aber auch die großartigsten Menschen sind die meiste Zeit über mittelmäßig.

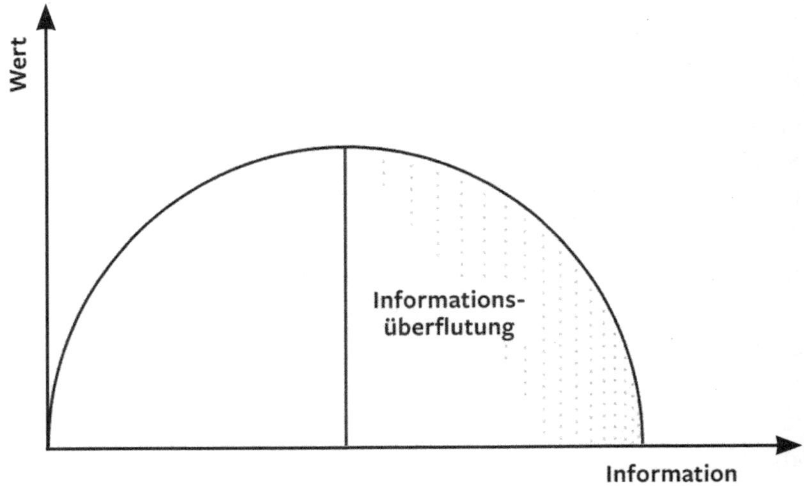

Filtern – allein und gemeinsam

Filter können eine Reihe von Erscheinungsformen annehmen. Einige haben wir bereits angesprochen, etwa den Orientierungssinn. Aber wie funktioniert ein Filter, wenn das Unerwartete eintritt, und noch wichtiger, wie kann er uns helfen?

Howard Schultz arbeitete bei einem kleinen Kaffeeunternehmen in Seattle, als er nach Mailand reiste, um eine Messe für Haushaltswaren zu besuchen. Auf seinen Streifzügen durch die Stadt verliebte er sich in die italienischen Kaffeebars.[23] Schnell erkannte er, dass er die italienische Kaffeekultur nach Amerika exportieren könnte. Er gründete sein eigenes Unternehmen und kaufte 1987 in Seattle einen kleinen Coffee Shop namens Starbucks. Der Rest ist Geschichte.

Aber der Schlüssel zum Erfolg von Starbucks lag nicht nur darin, dass Schultz italienische Kaffeebars besuchte, nein, er schuf ein Wertschöpfungsmodell, das er durch Feedbackprozesse und Experimente ausarbeitete – mit Fragen und Problemlösungen in Bezug auf Merchandising, Ladenformat, Produktbeschaffung, Ladenbesitz und Kundenpflege. Der Zufall mag ihn auf die ursprüngliche Idee gebracht haben, aber bei Starbucks ging es darum, ein Bündel von Problemen zu lösen. Sein »Orientierungssinn« half ihm beim Filtern. Dies gilt für viele der legendären Personen und Unternehmen unserer Zeit.[24]

Unternehmen wie Pixar haben sogar einen »Brain Trust« (»Expertenrat«) entwickelt, der es ihnen ermöglicht, aufkommende Ideen wirkungsvoll zu prüfen und zu filtern. Sie tun das, indem sie externe Personen hinzuziehen, die neue Ideen bewerten. Ich selbst habe eine kleine Gruppe von Menschen, die mir als Sparringspartner helfen und meinem informellen »Brain Trust« angehören. Wenn sich zufällige Erkenntnisse ergeben, bitte ich sie um Feedback. Normalerweise frage ich zwei oder drei Personen gleichzeitig, damit ich mich nicht zu sehr auf eine Meinung verlasse und eine Idee nicht vorzeitig verworfen wird, nur weil jemand eine persönliche Präferenz hat. Mentoren hingegen haben mich nicht immer in die richtige Richtung gelenkt. Einen/eine Mentor/in um Rat zu fragen und ihn/sie als Filter anzuwenden, kann zwar wirkungsvoll sein, aber es kann uns auch von Ideen abhalten oder uns in die falsche Richtung führen. Wir – als Mentorinnen und Mentoren oder als Freundinnen und Freunde – verstehen oft nicht die Komplexität der Situation der anderen Person. Einige der Entscheidungen, über die ich am wenigsten glücklich bin, sind übrigens darauf zurückzuführen, dass ich Ratschläge von Mentoren angenommen habe, denen ich nicht das Gesamtbild vermitteln oder meine Prioritäten oder Werte vollständig darlegen konnte.

Als Mentor/in kann es sinnvoller sein, den Mentees einen Rahmen für ihre Selbstfindung zu bieten. Einige Psychotherapeut/innen verwenden zum Beispiel die (umgekehrte) sokratische Methode, die die folgenden Schritte umfasst: Lassen Sie Ihren Mentee sich zunächst einen gewünschten Zustand vorstellen (zum Beispiel die Versöhnung mit einer Freundin). Dann fragen Sie, was geschehen muss, wie es geschehen muss und warum. Helfen Sie der Person, sich die möglichen Wege vorzustellen und an ihren Traum oder Weg zu glauben, bis sie eine bessere Vorstellung von den möglichen Puzzleteilen hat. Fragen Sie: »Was würde es jetzt bedeuten, sich voll und ganz darauf einzulassen?«

Eine Teilnehmerin eines meiner Weiterbildungskurse für Führungskräfte erzählte mir einmal, dass ihr Unternehmen, nachdem es erkannt hatte, dass das Management oft der Engpass ist, den üblichen Ansatz, dass Mitarbeitende mit Fragen zum Management kommen und das Management Antworten gibt (was die Verantwortung »auslagert«), veränderte. Stattdessen richtete die Geschäftsleitung die Fragen zurück an ihre Mitarbeitende. Wenn also jemand fragt: »Wie soll ich x machen?«, fragen sie zurück: »Wie würden Sie es machen?« Mitarbeitende kennen die meisten Antworten besser als das Management, da sie näher am Tagesgeschäft dran sind – und sie übernehmen mehr Verantwortung für die Entscheidung.

Es geht also darum, Mitarbeitende selbst entscheiden zu lassen, indem man ihnen ein einfaches Instrumentarium an die Hand gibt, anstatt ihnen auf der Grundlage potenziell unvollständiger Informationen rigide Ratschläge zu erteilen. So helfen wir den Menschen, ihre Prioritäten auf der Grundlage ihrer eigenen Werte und Präferenzen zu setzen.[25]

Prioritätensetzung als (kostengünstiger) Filter

Sie sind im Urlaub und wollen ein Shampoo kaufen. Im Dorfladen stehen zwei Marken im Regal: Die eine verspricht glänzendes Haar, die andere volleres Haar. Je nachdem, was Sie bevorzugen, sollte die Wahl leichtfallen. Aber stellen Sie sich vor, der einzige Laden, den Sie finden können, ist ein Supermarkt mit einer Auswahl von 40 Shampoos, deren Werbebilder Sie alle mit den gleichen weißen Zähnen und dem vollsten, glänzendsten Haar anlächeln. Für welches entscheiden Sie sich dann? Wenn Sie wie ich sind, bevorzugen Sie das erste Geschäft. Die Wahl ist einfach, Sie wählen einfach das, was Ihnen besser gefällt. Wenn Sie sich nicht entscheiden können, werfen Sie eine Münze. Interessanterweise neigen wir generell dazu, bei einer größeren Auswahl mehr Zeit mit dem Stöbern zu verbringen, aber weniger zu kaufen, als wenn wir mit einer kleineren Auswahl konfrontiert werden.[26]

Wenn es um glückliche Zufälle geht, stehen wir vor einem ähnlichen Problem: Wie entscheiden wir, welche zufälligen Begegnungen wir nutzen wollen, um zu handeln oder nicht zu handeln, und wie vermeiden wir, von den verschiedenen Möglichkeiten überwältigt zu werden? Wie können wir uns fokussieren? Auf einer Busfahrt in Oslo verriet mir der ehemalige CEO eines der weltweit führenden Mobilfunkunternehmen, was in seinem Leben am wichtigsten war, wenn es um Glücksfälle ging: zu lernen, sich die Zeit einzuteilen. Wann man zu Dingen, hinter denen man nicht voll steht, Nein sagt und sich auf die konzentriert, an die man glaubt. Das ändert sich mit zunehmendem Alter: Zu Beginn unserer Laufbahn müssen wir oft pragmatisch sein, wenn es um die möglicherweise begrenzten Möglichkeiten geht, die wir haben. Je mehr Spielraum wir über die Jahre hinweg bekommen, desto mehr sind wir in der Lage, das zu wählen, was sich »am besten anfühlt«, wobei wir uns der Opportunitätskosten und Ähnlichem bewusst sind. Dies erinnert an die Erfahrung von Dan Schulman, dem CEO von PayPal, der uns verriet, dass es vor allem darauf ankommt, über Ansätze zu verfügen, mit denen man klären kann, wann es vorbei ist, und aus den Ergebnissen zu lernen.

Mike Flint, der Pilot von Warren Buffett, fragte seinen Chef einmal, wie er seine Karriereziele priorisieren solle. Buffett antwortete ihm, er solle seine 25 wichtigsten Ziele aufschreiben und dann seine fünf wichtigsten einkreisen. Flint wollte sofort mit der Arbeit an diesen Zielen anfangen. Buffett jedoch fragte ihn, was er denn mit den anderen 20 Zielen machen würde. Flint konterte, dass sie immer noch wichtig seien und er ihnen Zeit schenken würde, wenn er nicht gerade an den fünf wichtigsten Zielen arbeite. Buffett widersprach und sagte, die anderen 20 stünden jetzt auf der »Um-jeden-Preis-vermeiden-Liste«; er solle ihnen keine Aufmerksamkeit schenken, bis die fünf wichtigsten erledigt seien. Dies unterstreicht einmal mehr, wie wichtig es ist, sich auf das Wesentliche zu konzentrieren, wenn es darum geht, Zufälle in produktive Ergebnisse umzuwandeln, insbesondere nach der ersten Ideensammlung.

Je höher unsere Position ist, desto mehr formale Filter gibt es: Wir haben vielleicht eine persönliche Assistentin oder Assistenten oder einen Stabschef oder Stabschefin. Vorsicht: Diese Gatekeeper könnten uns potenzielle Glücksfälle vorenthalten. Wenn Ihr/e Assistent/in alles ablehnt, was Ihnen nicht unmittelbar einen Nutzen bringt, ist das ein Problem. Ansätze wie das *»Opportunity Engineering«* ermöglichen es uns, den Raum der Möglichkeiten ein wenig mehr zu öffnen und gleichzeitig das Risiko zu begrenzen. Dabei geht es darum, Wege zu finden, um Möglichkeiten auszuwählen, die eine begründete Wahrscheinlichkeit auf ein hohes Plus oder ein sehr geringes Minus bieten. Es geht darum, ein Projekt in Phasen aufzuteilen und es kostengünstig aufzugeben, wenn die frühen Phasen nicht funktionieren – oder es neu auszurichten, wenn es nicht zu funktionieren scheint, wie bei den bereits erwähnten kostengünstigen, schnellen Prototyping-Methoden. Aber das erlaubt uns oft noch nicht, die unbekannten Faktoren zu erfassen.[27]

Am Arbeitsplatz ist es wichtig, uns selbst – und unsere Mitarbeitenden – zu schulen, auf potenziell zufällige Informationen und

Begegnungen zu achten, die langfristig wertvoll sein könnten, indem wir beispielsweise potenzielle Möglichkeitsräume definieren. Bei der nigerianischen Diamond Bank bestand ein Ansatz darin, auch »Optionen mit geringer Wahrscheinlichkeit« einzubeziehen – Optionen, die nicht zu den Kernprodukten gehörten, die aber bei einer Vielzahl von Menschen potenziell Anklang finden könnten (mit anderen Worten: Diamond »setzte auf mehrere Pferde«). Die Bank stellte ihren 3,1 Millionen mobilen App-Abonnenten eine digitale Innovation vor. Sie zielte darauf ab, das traditionelle Gruppensparen zu digitalisieren, das heißt, auch als Gruppe online sparen zu können.

Die Lösung wurde vom Markt gut aufgenommen und die Akzeptanz hat stetig zugenommen. Die Überraschung war jedoch, so der CEO der Bank, Uzoma Dozie, dass die Kunden sofort eine Funktion annahmen, die Diamond gar nicht beworben hatte: individuelle Sparziele. Die Akzeptanz des individuellen Sparens war plötzlich mehr als zehnmal so hoch wie die des Gruppensparens. Diamond positionierte daraufhin seine Werbung neu, um das individuelle Sparen zu fördern – weil es etwas war, was die Kunden tun wollten, und nicht nur das, was die Bank von ihnen wollte.

Aber woher wissen wir, wann wir uns auf das Unerwartete konzentrieren sollten? Wie können wir die potenziell relevanten Beobachtungen herausfiltern? Die Forscher Nancy Napier und Quan Hoang Vuong schlagen vor, dass wir, sobald wir eine Anomalie oder eine unerwartete Begegnung bemerkt haben und grundsätzlich bereit sind, sie zu bewerten, entweder eine Blitzbewertung oder eine systematische Bewertung vornehmen können. Eine Blitzbewertung ist eine schnelle Einschätzung, die auf dem Bauchgefühl beruht. Erfahrene Beobachter können Wege erkennen, diese mit anderen Informationen zu verbinden. In Unternehmen, insbesondere in zahlengetriebenen Unternehmen, muss dies entsprechend der jeweils vorherrschenden Logik, Norm oder Sprache verpackt werden, um akzeptabel zu sein.[28] Eine systematische Bewertung wiederum ist eine analytischere Beurteilung, die zu einer klareren Aussage über den möglichen Wert der Information führen kann. Diese Bewertung kann Kriterien, wie den Grad der Ungewissheit, den Zeitpunkt, die Risikotoleranz, und zusätzliche Informationen umfassen, die dazu beitragen, den Wert der unerwarteten Information zu bestätigen oder zu entkräften.

Die Qualität des Ergebnisses hängt von diesem ersten Screening-Prozess ab, der die potenzielle Möglichkeit bestimmt. In der Geschäftswelt kann die systematische Bewertung eines Beirats als Filter dienen. Alternative Filter könnten Peer-Evaluierungen sein, bei denen Menschen die Ideen ihrer Kollegen prüfen und Faktoren wie Machbarkeit oder Durchführbarkeit bewerten. Die Schaffung von Filtern wie den oben genannten, die dazu beitragen, die Anzahl und Qualität sinnvoller Begegnungen zu erhöhen, bereitet den Boden für den Erfolgsfaktor Zufall in großem Maßstab. In unserem eigenen Leben läuft die Frage des Filterns jedoch häufig darauf hinaus, wie viele Menschen wir treffen und wie viele Ideen wir erkunden wollen. Wie können wir das richtige Maß einschätzen?

Die Macht der kuratierten Begegnungen

Timothy Low, ein Unternehmer und Non-Profit-Führungskraft aus Singapur, beschreibt, wie er seinen Filter zur »Optimierung des Erfolgsfaktors Zufall« entwickelt hat. Seine größte Herausforderung bestand in der Entscheidung, wie viele Veranstaltungen ausreichen, um die Möglichkeiten zu optimieren – und wie viele zu viele sind. Er betrachtete die Anzahl der Veranstaltungen und Netzwerktreffen wie eine Sanduhr: Er begann ganz oben, wo er in der begrenzten Zeit, die ihm zur Verfügung stand, so viele Veranstaltungen wie möglich besuchte, und filterte dann nach und nach die Veranstaltungen heraus, auf die er persönlich Lust verspürte.

In der ersten Phase war Timothy neu in der Szene und tauchte in so viele Netzwerke wie möglich ein, um die Welt der Start-ups vollständig zu verstehen. Er musste herausfinden, wer die Hauptakteure waren, wie der Insider-Jargon lautete, wo die coolen Clubs waren usw. Er besuchte bis zu zehn Veranstaltungen pro Monat, und er fand, dass dies für einen Neuling äußerst bereichernd war. Er knüpfte schnell wichtige Kontakte, die sich später als wertvoll erweisen sollten. Doch dann begann irgendwann dieser Wert rapide zu sinken. Er war kein Neuling mehr, das Lernen hatte ein Plateau erreicht. Die Folge: Der »Wert pro Ereignis« drohte drastisch zu sinken. Zu diesem Zeitpunkt trat er in die zweite Phase ein, in der er begann, die Zahl der Veranstaltungen zu reduzieren, wenn auch ohne Struktur und ohne große Filter. So konnte er seine Zeit effizienter nutzen, sei es für die berufliche Entwicklung (Treffen mit den richtigen Leuten) oder für sein emotionales Wohlbefinden (Treffen mit Freunden). In Phase drei begann er, sich vor neuen Veranstaltungen zu drücken. Er nahm nur noch an Veranstaltungen teil, bei denen er mit Menschen diskutieren konnte, mit denen er sich gut verstand und bei denen er gelegentlich neue Leute traf, die bereits von den Veranstaltern »überprüft« und ausgewählt worden waren. Er nannte dies seine »erfolgreichen Veranstaltungen« und Netzwerke. Durch das Nichtwahrnehmen »erfolgloser Veranstaltungen«, so Timothy, »stieg mein durchschnittlicher Benefit pro Veranstaltung. Ich habe weniger Zeit aufgewendet, aber mehr Wert erhalten.« Phase vier schließlich basierte auf der Erkenntnis, dass das Problem von Phase drei darin besteht, dass man sich in einer Art Echokammer einschließt. Dies veranlasste ihn, einen spezifischeren und durchdachten Filter anzuwenden, um die Effektivität der Auswahl etwas zu erhöhen. Seine Filter waren:

- Kann ich bei der Veranstaltung oder dem Netzwerk, an dem ich teilnehmen möchte, helfen?
- Hat das, was dort passiert, mit dem zu tun, was ich gerne tun oder lernen möchte?
- Gibt es eine Grundlage für ein konstruktives und intelligentes Gespräch oder Diskurs?

Sein Fazit: »Der durchschnittliche Wert pro Ereignis bleibt ähnlich wie in Phase drei, aber da ich meinen Spielraum durch gezieltes Filtern ein wenig erweitern kann, kann ich meinen kumulativen Wert extrem steigern.« Tim hat einen Prozess durchlaufen, der vielen bekannt ist: Man beginnt mit einem breiten Spektrum, und wählt dann die Veranstaltungen aus, die man besuchen möchte. Wichtig ist allerdings, dass man versucht, die Echokammern zu vermeiden, in die viele von uns fallen.

Was sind weitere mögliche Filter? Eine Anwendung besteht darin, Technologie nach Relevanz und nicht nach Ähnlichkeit einzusetzen. Neuere Technologien bieten die Möglichkeit, nach »bekannten Objekten« oder nach »Zufallsfunden« zu suchen. Wir können die Kontextfilterung für Empfehlungen ein- oder ausschalten, die Eckwerte der Suche ändern, um die Ergebnisse dynamisch neu zu ordnen, oder den

Grad der Reichweite der Vorschläge steuern.[29] Wie im wirklichen Leben kann eine enge und rigide Personalisierung zu einem Problem werden, wenn sie eine echte serendipitäre Interaktion ausschließt, und wir können uns in einer Echokammer verfangen.[30] Untersuchungen haben gezeigt, dass eng gefasste Suchergebnisse nicht zwangsläufig zu besseren Ergebnissen führen, weil enge Perspektiven serendipitäre Begegnungen einschränken.[31]

Filter gibt es überall.[32] In Verbindung mit Fristen, die uns herausfordern, ohne uns zu erdrücken, können sie sehr wirkungsvoll sein.[33] Als ich zum Beispiel dieses Buch schrieb, vereinbarte ich mit meinem Verleger, dass ich jeden Monat ein Kapitel liefern würde. Die Frist sorgte dafür, dass ich meinen Fokus beibehielt und zur Verantwortung gezogen wurde. Das handhabe ich bei jedem Projekt so, besonders wenn ich mein eigener Chef bin: Die Festlegung klarer Fristen sorgt für Motivation und Verantwortlichkeit – und dafür, dass die Dinge erledigt werden. Wir sind jedoch gut beraten, uns vor Filtern zu hüten, die auf Vorurteilen und nicht auf wirkungsvollen Prüfverfahren beruhen. Als J. Robin Warren und Barry J. Marshall den Bericht über ihre Entdeckung einreichten, dass Magengeschwüre durch Bakterien verursacht werden und nicht, wie bis dahin angenommen, durch schlechte Ernährung oder Stress, wurde der Bericht nicht nur von der wissenschaftlichen Gemeinschaft abgelehnt, sondern sie wurden auch als »verrückte Typen, die verrückte Dinge sagen« bezeichnet.[34] Im Jahr 2005 erhielten sie schließlich den Nobelpreis für Medizin für ihre Arbeit zum besseren medizinischen Verständnis von Magengeschwüren.

Selbst wenn wir über wirkungsvolle Filter verfügen, besteht eine zentrale Herausforderung darin, den Ideen, die es verdienen, Zeit und Raum zu geben. Während Serendipität manchmal blitzschnell eintritt, erfordert sie oft eine Inkubationszeit. Wie können wir uns die nötige Zeit für diese Inkubation nehmen und ihr die notwendige Aufmerksamkeit widmen?

Timing ist alles

Wir sind gut beraten, uns Zeit und Raum zu geben, um Ideen entstehen und sich entwickeln zu lassen. Paul Graham, einer der spannendsten Unternehmer und Computerprogrammierer der Welt, erörterte in seinem Essay *Maker's versus Manager's Schedule*, wie wir – je nach Art unserer Arbeit – anders nachdenken sollten, unsere Zeit zu strukturieren.[35] Es ist einer der besten Aufsätze, die ich je gelesen habe, und er hat mein Leben verändert, seit ich ihn in meine täglichen Routinen integriert habe. Er hat mir überdies geholfen, mehr aus zufälligen Begegnungen zu machen – und produktiver zu sein. Der Kern von Grahams Argumentation ist, dass der Tag eines Managers in der Regel in kurze Zeitfenster unterteilt ist, die sich auf bestimmte Themen konzentrieren. Vieles dreht sich um das Managen von Menschen und Systemen. Manager sind oft reaktiv. Die Fähigkeit, schnelle und richtige Entscheidungen zu treffen, ist in diesem Zusammenhang unerlässlich. Für Manager sind Meetings ein Mittel, um Arbeit zu erledigen.

Der Tag eines Makers wiederum besteht aus langen Zeitblöcken, in denen er oder sie sich auf eine bestimmte Aufgabe konzentriert – zum Beispiel, ein Buch über Serendipität zu schreiben, Software zu entwickeln, einen strategischen Plan zu erstellen oder ein Bild zu malen. Nehmen Sie Daniel Pink, den Bestsellerautor. Er geht morgens ins Büro und setzt sich ein Ziel, etwa das Schreiben von 500 Wörtern. Solange er diese nicht geschrieben hat, tut er nichts anderes, egal ob es 7 Uhr morgens oder 14 Uhr nachmittags ist: keine E-Mails, kein Telefon, nichts anderes, reiner Fokus. Wenn man das Tag für Tag tut, hat man am Ende ein Buch.

Zugegebenermaßen gehört Daniel zu den Menschen, die das Privileg haben, sich ihre Zeit selbst einteilen zu können. Wenn das nicht der Fall ist, gibt es viele andere Möglichkeiten, Schwerpunkte zu setzen. Aber selbst dann kann dieser Ansatz auch für begrenzte Zeiträume gelten, wie etwa einen Samstagmorgen oder einen Mittwochabend. Selbst wenn wir glauben, dass wir ein Sklave von E-Mails und den Anforderungen anderer Menschen sind, werden wir, wenn wir Grenzen setzen, erstaunlich oft akzeptiert. Aber wenn wir sie nicht setzen, werden wir nie ausreichend »Maker-Zeit« bekommen.*

Die Reduzierung von E-Mails und Meetings ist zwingend. Besprechungen sind für Maker kostspielig, weil sie die kreative Zeit einschränken, die sie für ihre Arbeit brauchen. Eine Besprechung unter-

* Wenn wir uns selbst eine Ausrede geben – zum Beispiel: »Tut mir leid, aber heute Abend ist strategische Arbeit angesagt« (und das in den Kalender eintragen) –, fällt es uns leichter, Nein zu Leuten zu sagen, die »nur mal schnell einen Kaffee trinken gehen wollen.«

teilt einen Zeitblock in zwei kleinere Teile, die zu kurz sein könnten, um etwas Wesentliches zu tun. Deshalb versuchen Maker, Besprechungen zu vermeiden, sie zu reduzieren, indem sie mehrere zu einer zusammenlegen, oder sie in Tagesabschnitte legen, in denen das Energieniveau eher niedrig ist, wie zum Beispiel am Abend.

Wenn ich an einer neuen Idee arbeite, erschaffe ich etwas. Ich brauche ein paar Stunden am Stück, um mich in die Sache zu vertiefen und einen guten Text zu schreiben. Im Gegensatz dazu renne ich von Sitzung zu Sitzung, wenn ich mich in der Finanzierungsphase eines Unternehmens befinde. Was ich jedoch tat, bis ich auf Grahams Aufsatz stieß, war, meinen Tag zu mischen: Ich schrieb ein bisschen, dann traf ich Leute, dann schrieb ich noch ein bisschen mehr, wobei ich zwischendurch meine E-Mails checkte. Das hat mich frustriert, aber ich konnte nicht sagen, woran das lag. Graham beschreibt, dass man, wenn man an einer analytischen oder kreativen Aufgabe arbeitet, Zeit braucht, um sich darauf einzulassen. Wenn man dann einen Anruf erhält, eine E-Mail abruft oder von Kollegen auf einen »schnellen Kaffee« eingeladen wird, kostet das nicht nur Zeit, die man für den Kaffee aufwendet, sondern auch Zeit, um sich wieder in die Arbeit zu vertiefen.

Der Fehler, den ich lange Zeit machte, war, dass ich meine Maker-Zeit in einem Managerkontext umgeben von Managern verbrachte. Bei Sandbox hatte ich die wunderbare Gelegenheit, mit vielen tollen Leuten in Kontakt zu treten, oft nur für einen kurzen Skype-Anruf. Das machte mir zwar Spaß, aber ich hatte das Gefühl, nie wirklich Zeit zu haben oder mich mit tiefergehenden Ideen zu beschäftigen. Die Kosten für das Hin- und Herwechseln zwischen den Aufgaben waren zu hoch. Es gelang mir nicht, die wirklich wichtigen Ideen zu vertiefen, und ich fühlte mich nicht produktiv. Jetzt reserviere ich meine Vormittage normalerweise für die Entwicklung von Ideen, Artikeln und Recherchen und die Nachmittage für Besprechungen. Nach der Hälfte des Tages hat man das Gefühl, dass die wichtige Arbeit erledigt ist. Ein netter Nebeneffekt ist, dass ich mich nicht mehr schuldig fühle, wenn ich manchmal an Besprechungen teilnehme, die sich nicht produktiv anfühlen.

Auch den E-Mail-Verkehr schränke ich absichtlich ein: Normalerweise rufe ich sie nur zu bestimmten Tageszeiten ab, und selbst dann antworte ich nicht sofort. Die Leute gewöhnen sich an diesen Rhythmus, und viele Probleme lösen sich von selbst. Dadurch bin ich sowohl in der Zeit, in der ich tiefergehende Arbeiten verrichte, als auch in der Zeit als Manager präsenter und motivierter – eine Grundvoraussetzung für Serendipität. Dies hatte übrigens auch einen großen Einfluss auf meine Gesundheit: Mein Stresspegel hat sich erheblich verringert.

Viele Unternehmen haben begonnen, ähnliche Ansätze zu integrieren. In einigen Unternehmen ist zum Beispiel der Mittwochnachmittag für analytische Arbeiten reserviert, wobei keine E-Mails und Unterbrechungen gestattet sind. Unternehmen wie Google und 3M haben mit der 20-Prozent-Regel experimentiert, die es den Mitarbeitenden erlaubt, 20 Prozent ihrer Zeit mit Dingen zu verbringen, die sie begeistern. Dies ist umso wichtiger für introvertiertere Menschen, die Zeit brauchen, um Ideen oder potenzielle Verbindungen zu verdauen, um sie wirklich fruchtbar weiterzuentwickeln. Viele gute Ideen wachsen in der Einsamkeit, nicht im Trubel. In der Tat verwechseln wir oft Trubel mit Produktivität. Fast jede/r, den/die ich kenne, ist sehr beschäftigt, und viele Menschen verschließen sich der Serendipität, wenn sie zu beschäftigt sind. Aber nur wenige Menschen sind wirklich produktiv. Tesla-CEO Elon Musk ist dafür bekannt, dass er seine Maker-Zeiten schützt und Besprechungen auf kurze Zeitspannen reduziert. Andere bündeln Besprechungen, um genügend Zeit für das Kreative zu haben. Paul Graham von Y Combinator, einem Unternehmen, das Kapital für Start-ups bereitstellt, legt beispielsweise die (gebündelten) Besprechungen mit Gründern auf das Ende des Tages, damit sein Tag nicht zu sehr von Einzeltreffen unterbrochen wird.

Ich habe festgestellt, dass Variationen dieses Clusteransatzes sehr wirkungsvoll sein können: Wenn ich von Leuten kontaktiert werde, die mit mir einen Kaffee trinken wollen, lade ich sie normalerweise zu einem offenen Abendessen ein, das ich gerade organisiere. Das hilft mir, meine Zeit zu konzentrieren, und führt oft dazu, dass sie auch andere interessante Leute treffen (was wiederum zu mehr Serendipität führt). Diese Logik lässt sich sowohl für die Strukturierung von Tagen als auch von längeren Zeiträumen anwenden. Adam Grant etwa sorgt dafür, dass er harte und wichtige intellektuelle Arbeit in lange, ununterbrochene Abschnitte einteilt. Die Lehrtätigkeit und andere managerbezogene Aufgaben konzentriert er auf bestimmte Zeiträume. Andere Perioden sind dann mehr auf die Forschung, die Maker-Arbeit, ausgerichtet. In diesen Zeiträumen richtet er beispielsweise einen automatischen E-Mail-Responder ein, damit er sich mehrere Tage lang ohne Unterbrechung auf ein bestimmtes Forschungsprojekt konzentrieren kann.

Experimente, bei denen die Ergebnisse von Programmierern verglichen wurden – einige übertrafen die Ergebnisse anderer um das Zehnfache (!) – zeigten überraschende Ergebnisse. Man hätte erwarten können, dass Merkmale wie Erfahrung und Gehalt die Ergebnisse gut vorhersagen. In diesen Experimenten stellte sich jedoch heraus, dass der wichtigste Faktor darin bestand, ob die Programmierer genügend Raum hatten, um vertiefte Arbeit zu leisten. Die erfolgreichsten Programmierer arbeiten für Unternehmen, die ihren Mitarbeitenden die Kontrolle über ihre physische Umgebung, Freiheit von Unterbrechungen, persönlichen Raum und Privatsphäre geben.[36]

Dies erklärt auch, warum Großraumbüros für Maker, wie Forscher und Programmierer, oft eine schlechte Idee sind. (Sie können tatsächlich auch zu mehr Krankheitsausfällen führen und sich negativ auf Produktivität oder Arbeitszufriedenheit auswirken.[37]) Diejenigen, die in Organisationen das Sagen haben, arbeiten in der Regel nach einem Manager-Plan und gehen davon aus, dass die Mitarbeitenden in einer ähnlichen Struktur tätig sind. Auch die Art und Weise, wie viele Maker Pausen machen, ist anders: Ihnen geht es nicht um Interaktionen, sondern eher darum, Wasser und Kaffee zu holen oder frische Luft zu schnappen – Letzteres fördert den Fokus, zu viele Kontakte nehmen ihn weg. Wenn ich im Maker-Modus bin, versuche ich, mich auf dem Weg zur Toilette nicht mit Leuten zu verstricken! Multitasking und das Zusammentreffen mit anderen Menschen mögen wirkungsvoll sein, wenn es um weniger intensive Aktivitäten geht, aber »Monotasking« ist eindeutig der Schlüssel, wenn es um tiefergehende analytische Aufgaben geht. Als meine frühere Universitätsabteilung Großraumbüros für Forscher einführte, begann ich, den größten Teil meiner Forschung in Cafés und nach Hause zu verlegen – und kam oft nur noch zu Vorlesungen und Sitzungen.

Nicht alles, was Menschen näherzubringen scheint, tut dies auch. In vielen Bereichen müssen wir eine Balance zwischen »Making« und »Managing« schaffen, um Serendipitätsauslöser zuzulassen und etwas aus ihnen zu machen. Andernfalls schränken wir nicht nur den Erfolgsfaktor Zufall ein, sondern schaden möglicherweise auch der Gesundheit, dem Wohlbefinden und der Produktivität.[38]

Meine Serendipität könnte Ihr Pech sein

Der Erfolgsfaktor Zufall kann unser Leben verändern. Er kann uns Erfolg und Freude bringen. Es ist jedoch individuell verschieden, ob etwas als positiver Zufall oder als Pech angesehen wird. Eine Polizistin entdeckt vielleicht zufällig eine kleine Marihuanaplantage in einem Hinterhof, weil sie versucht hat, eine Katze zu retten, die auf einem Baum festsaß. Gut für die Polizistin, die vielleicht die Auszeichnung »Polizistin des Monats« erhält, schlecht für den Rentner, dessen letztes Vergnügen im Leben darin bestand, sein selbst angebautes Marihuana zu konsumieren, ohne das Haus verlassen zu müssen. Serendipität ist auch eine Frage der Perspektive.

Und obwohl wir Serendipität für eine »gute Sache« entwickeln und kultivieren wollen, kann sie, wie jedes Werkzeug oder jeder Ansatz, natürlich auch von den falschen Leuten und/oder für die falschen Ziele eingesetzt werden. Würden Sie Darth Vader helfen wollen, das, was für ihn ein Zufall war, in ein positives Ergebnis zu verwandeln? Was für Vader positiv sein mag, kann für diejenigen, die uns wichtig sind, schlecht sein.

Deshalb ...

Serendipität hat nicht immer mit einem einzelnen Ereignis zu einem bestimmten Zeitpunkt zu tun, sondern erfordert Ausdauer, Resilienz und die Fähigkeit, den Wert einer Situation zu erkennen und herauszufiltern. Wir sind gut beraten, zu lernen, loszulassen, wenn sich eine Verbindung als unfruchtbar erweist, oder festzuhalten und durchzuhalten, wenn ein Funke überspringt, um einen Impuls in die Tat umzusetzen – und wir sollten genug Abstand zu uns selbst haben, um diese sorgfältige Abwägung zu treffen. Letztlich sind Ausdauer, Scharfsinn und geeignete Filter nur von Bedeutung, wenn das potenzielle Ergebnis sinnvoll ist – für uns und für die Menschen, die uns wichtig sind.

Serendipity Workout: Es geschehen Lassen

1. Planen Sie in Ihrem Kalender Zeiten ein, die für das »Making« reserviert sind. Behandeln Sie diesen Kalendereintrag so, als ob es sich um eine echte Besprechung handeln würde. Planen Sie einen introvertierten Abend oder Tag ein. (Aber bitte beachten Sie: Wenn Sie ein »Maker« sind und in einer Beziehung mit einem »Manager« sind, klären Sie das am besten mit ihr bzw. ihm.)
2. Beginnen Sie, Ihren Tag danach zu planen, wann Sie sich am energiegeladensten fühlen. Es geht nicht nur darum, dass Sie sich zeigen, sondern auch darum, *wie* Sie sich zeigen.
3. Wenn Sie eine Führungskraft oder ein Veranstaltungsorganisator sind, stellen Sie Raum und Zeit für die Maker in Ihrem Unternehmen oder Ihrer Community zur Verfügung.
4. Fangen Sie an, Ihre Meetings zu bündeln – gibt es einzelne »Kaffee-Treffen«, die zusammengelegt werden könnten?
5. Wenn Sie Kinder haben, fragen Sie sie: »Was würde euer/eure Lieblingssuperheld/in tun?« (Im Idealfall handelt es sich natürlich um jemanden, der/die tatsächlich bei der Lösung eines Problems helfen könnte – falls nicht, gehen Sie verschiedene Charaktere durch und betrachten Sie es als ein lustiges Spiel).
6. Gehen Sie die wichtigsten Visitenkarten durch, die Sie bei den letzten Veranstaltungen gesammelt haben. Schicken Sie ein Follow-up, auch wenn es nur kurz ist. Beziehen Sie sich auf das Thema, über das Sie gerne gesprochen haben, oder senden Sie einen Link zu etwas, das für den/die Empfänger/in interessant sein könnte. Besser spät als nie!
7. Bitten Sie die Mitarbeitenden einmal pro Woche in einer Teamsitzung, über drei Dinge nachzudenken, die sie überrascht haben oder die unerwartet waren. Fragen Sie, ob sie einen Wert darin sehen und ob sie sich zu einem Follow-up verpflichten können.
8. Suchen Sie sich ein paar Sparringpartner/innen, die ihre Ideen hinterfragen. Wenden Sie sich an sie, wenn Sie neue Ideen haben, um Ihre Annahmen infrage zu stellen und Ihnen dabei zu helfen, Ihre mentalen Modelle zu überdenken und neue Zusammenhänge zu erkennen.
9. Wenden Sie sich an Spitzenleute in Ihrem Bereich und bitten Sie sie um Feedback zu Ihren Ideen. Weisen Sie darauf hin, dass Sie

von deren Arbeit inspiriert wurden (die Qualität Ihrer Idee wird stark von der Qualität des Feedbacks abhängen, das Sie erhalten!).

10. Wenn Sie Studierende/r oder Forscher/in sind, schicken Sie einen kurzen Entwurf für einen Artikel oder einen Pitch an die fünf wichtigsten Personen in Ihrem Gebiet und bitten Sie um Feedback. Dies ist auch ein guter Weg, um eine Beziehung zu entwickeln, da Sie damit ein Buy-in schaffen (natürlich sollte die Arbeit, die Sie vorschlagen, einigermaßen gut sein!).

7

DEN ERFOLGSFAKTOR ZUFALL VERSTÄRKEN

»Zweifle nie daran, dass eine kleine Gruppe engagierter Menschen die Welt verändern kann – tatsächlich ist dies die einzige Art und Weise, in der die Welt jemals verändert wurde.«

Margaret Mead,
Kulturanthropologin

Serendipität – der Erfolgsfaktor Zufall – wird oft als ein nur vorübergehendes Ereignis angesehen. Aber das ist nicht der Fall. Jede/r von uns beginnt sein/ihr Leben mit einer gewissen Wahrscheinlichkeit, zufälligen Ereignissen ausgesetzt zu sein, was wir als unser Ausgangslevel-Serendipitäts-Potenzial bezeichnen könnten. Darauf können wir später aufbauen, den Prozess beschleunigen und die Ergebnisse vervielfachen. Am Ende steht eine zusammengesetzte Serendipität (Compound-Serendipity) – ein Prozess, in dem jeder neue Zufall ein noch größeres Potenzial erhält.

Die treibende Kraft dahinter sind unsere Familien und lokale Communitys, unser beruflicher Zirkel und sonstige Interessengruppen. Sie alle können dazu beitragen, unseren Erfolgsfaktor Zufall zu verstärken. Sie können ihn aber auch abwürgen, weshalb wir gut beraten sind, hier achtsam zu sein.

Erinnern Sie sich an Michele Cantos, die in New York lebende ecuadorianische Pädagogin, die von der Sandbox-Community erfuhr, als sie in einer Stiftung für Kinder aus wenig privilegierten Verhältnissen arbeitete? Der größte Einfluss in ihrem Leben bestand nicht im Zugang zu Geld oder Bildung, sondern zu bestimmten Informationen und Möglichkeiten – die einem/r oft verschlossen bleiben. Nicht jede/r hat das Glück, die Netzwerke und Communitys zu finden, die helfen können, sich weiterzuentwickeln. Viele Menschen sind mit schwerwiegenden systembedingten Problemen konfrontiert, die auf der Zugehörigkeit zu kulturellen oder sozialen Gruppen, Geschlecht, sexueller Orientierung oder Einkommen beruhen, und die Möglichkeit (und Fähigkeit), sich den »richtigen Communitys« anschließen zu können, hat eine große Bedeutung für die soziale Gerechtigkeit.

Die Gruppen, in die wir hineingeboren werden, haben dabei natürlich einen starken Einfluss auf unser grundlegendes Serendipitätspotenzial. Im Laufe der Zeit können wir diese Gruppen jedoch oft anpassen und neu anordnen – und unser Serendipitätsfeld erweitern.* Die Forschung über soziale Netzwerke kann uns hier weiterhelfen.

* Ich habe einen Großteil meiner Forschungarbeit in einem extrem ressourcenschwachen Umfeld verbracht und dabei selbst in den schwierigsten Umgebungen gesehen, wie Menschen Serendipität kreieren. Es gibt jedoch größere Hindernisse, wie Behinderungen oder strukturelle Armut, die dies fast unmöglich machen können. Für viele Menschen rund um den Globus ist es Realität, dass sie mit einem extrem niedrigen Basispotenzial von Serendipität starten.

Lassen Sie von sich hören

Soziale Netzwerke können uns helfen, Sozialkapital zu entwickeln – sprich: den »Wert«, der in Beziehungen steckt, zu erschließen.[1] Und diese Netzwerke können uns helfen, unser Wohlbefinden zu verbessern. Diejenigen von uns mit geringerem Sozialkapital erleben tendenziell weniger Serendipität als diejenigen, die mehr Sozialkapital haben. Eine umfassende Studie, die in der Fachzeitschrift *Science* veröffentlicht wurde, untersuchte nationale Volkszählungsdaten über das sozioökonomische Wohlergehen von Gemeinden in Großbritannien.[2] Die Forscher hatten Zugriff auf die Daten von mehr als 90 Prozent der britischen Mobiltelefone. Sie fanden heraus, dass eine größere Beziehungsvielfalt stark mit der wirtschaftlichen Entwicklung zusammenhängt: Wenn man in einer benachteiligten Region in Großbritannien aufwächst, ist der freie Zugang zu verschiedenen Gruppen – und damit zu den darin schlummernden Möglichkeiten – geringer.

Doch: Wir haben oft mehr Sozialkapital, als wir denken. Jonathan Rowson und seine Kollegen arbeiteten mit Gemeinden in Bristol und New Cross Gate in London zusammen und untersuchten, wie soziale Netzwerke das Wohlbefinden verbessern können. Sie zeigten, dass »vertraute Fremde«, wie etwa Postboten, wirkungsvoll lokale Nachrichten und Informationen verbreiten. Vor allem in einkommensschwachen Gegenden können sie interessante Verbindungen zu anderen Teilen der Gesellschaft herstellen.[3] Vielleicht kennt Ihr Lehrer einen Stadt- oder Gemeinderat in Ihrem Heimatort? Vielleicht ist die Cousine des Ladenbesitzers an der Ecke die persönliche Assistentin des Bürgermeisters?

Das Problem mit diesem versteckten (»latenten«) Sozialkapital besteht darin, dass wir es in der Regel nicht sehen und es deshalb nicht in unseren Möglichkeitsraum miteinbeziehen. Oft könnten uns Türen geöffnet werden, aber wir übersehen sie und die dahinter liegenden Möglichkeiten. Haben Sie schon einmal mit der Pfarrerin über Ihre Träume gesprochen? Mit dem örtlichen Rabbiner darüber, was Sie als Nächstes zu tun gedenken? Mit Ihrem Imam darüber, wohin das Leben Sie führen könnte? Diese lokalen Superkonnektoren vermitteln oft Wissen und Möglichkeiten selbst in den ressourcenschwächsten Gegenden – aber wir müssen wissen, dass es sie gibt. Der/die Yogalehrer/in, der/die Fitnesstrainer/in, der/die Professor/in, der/die Lehrer/in, der Stadtrat bzw. die Stadträtin, der/die örtliche Polizist/in – sie alle treffen und sprechen mit vielen Menschen. Sie alle sind potenzielle »Multiplikatoren« des Sozialkapitals. Es liegt an uns, dieses verborgene Sozialkapital zu entwickeln und zu nutzen.

Verstärken Sie es

Haben Sie schon einmal in Betracht gezogen, Ihr berufliches Netzwerk zu kartografieren, um Ihr latentes soziales Kapital zu erkennen? Genau das hat Brad Fitchew, ein ehemaliger Community Manager bei Sandbox, getan. Die Abbildung ist eine vereinfachte Darstellung eines solchen Netzwerkes. Jeder Knotenpunkt steht für einen »Kernkontakt« (hier: K), der mit der jeweiligen »zentralen Person« (hier: Z) verknüpft ist. Je größer der Punkt ist, desto mehr Verbindungen hat diese Person – und desto mehr Potenzial hat sie, Ihnen Möglichkeiten zu eröffnen, eine Idee zu verbreiten oder eine Erkenntnis zu gewinnen. Solche Personen sind »Multiplikatoren«.

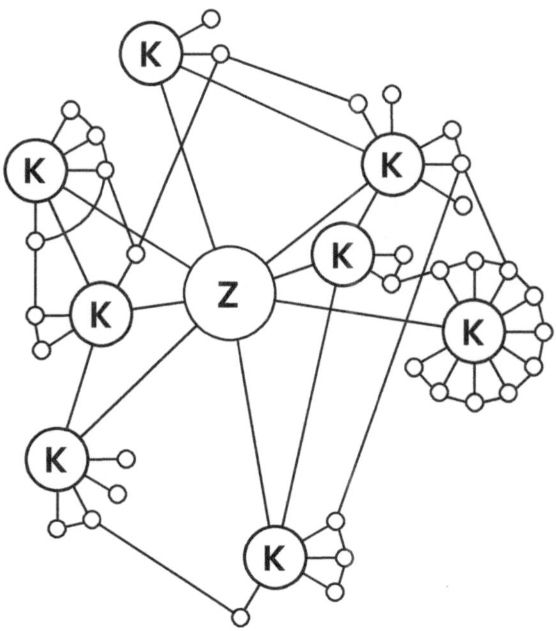

Um eine Idee oder eine Gelegenheit in einer bestimmten Community zu verbreiten, müssen wir nicht jeden in der Community kontaktieren. Wir können uns vielmehr an die wichtigsten Multiplikatoren wenden – die »Big Dots«, die gut vernetzt und für ihre Kollegen und Kolleginnen viel glaubwürdiger sind, als wir es je sein könnten. Sie können uns helfen, an Informationen zu gelangen, den Ideenfluss zu beschleunigen und uns mit anderen in Kontakt zu bringen. Wir können jedes formelle oder informelle Netzwerk kartografieren, um die wichtigsten Multiplikatoren zu erkennen. Dies ist in Organisationen besonders wichtig.

Wir neigen dazu, uns unseres formellen Netzwerks sehr bewusst zu sein – zum Beispiel der Hierarchie in unserem Unternehmen. Jede/r weiß, wer theoretisch wofür zuständig ist, oder kann es zumindest herausfinden. Aber in der Realität werden die Dinge eher über die informellen Netzwerke erledigt. Dann verlagert sich unser Fokus von der Frage »Wer ist für x zuständig?« auf die Frage »An wen wenden sich die Leute zuerst, wenn sie Ratschläge zu diesem Thema brauchen?« oder »Wen rufen die Leute an, wenn sie dies erledigen wollen?« Die Erfassung dieser Art von Netzwerken – zum Beispiel mithilfe von »Namensgeneratoren«, die Menschen nach ihren jeweiligen Netzwerkpartnern und -partnerinnen fragen – kann äußerst wirkungsvoll sein, um Ihre Serendipität (oder die Ihrer Organisation) zu verbessern, und um Dinge erledigt zu bekommen.

Aber das ist natürlich ein Balanceakt. Niemand schätzt es, in Ihrem Adressbuch zu stehen, nur weil sie oder er etwas für Sie tun kann. Vielmehr sollten wir unsere Netzwerke aufbauen, indem wir sinnvolle Beziehungen kultivieren. Es gibt viele Möglichkeiten, dies zu tun, einschließlich der, Empathie für die Herausforderungen einer anderen Person zu entwickeln – und zu helfen, wo wir können.

Wir sind gut beraten, diese Netzwerke aufzubauen, bevor wir sie brauchen – und nicht erst, wenn wir sie brauchen. Denken Sie an Nathaniel, den Schöpfer von TEDxVolcano. Auf der Grundlage von Empfehlungen durch einige wenige Multiplikatoren konnte Nathaniel Dutzende von Freiwilligen mobilisieren. Diese verhielten sich, als würden sie ihn bereits kennen, weil sie den Multiplikatoren, die sie ihm vorstellten – und den Communitys, die sie repräsentierten –, vertrauten.[4] Was bedeutet das für uns? Wir müssen nicht jeden kennen, und wir müssen keine riesigen Netzwerke aufbauen. Vielmehr können wir sinnvolle Beziehungen zu Multiplikatoren aufbauen. So können wir uns interessenbasierten Communitys anschließen oder diese kultivieren, die uns einen »Vertrauensvorschub« (»proxy trust«) entgegenbringen.

Erhöhen Sie Ihren Serendipitätsquotienten

Communitys sind mehr als Netzwerke. Während Letztere uns mit spezifischen Kontakten helfen können, können Communitys unser Basislevel an Serendipität grundlegend verändern. Wirkungsvolle Communitys entwickeln Serendipität nicht nur ein wenig (linear), sondern sehr stark (exponentiell). Wenn wir verstehen, wie wirkungsvolle Communitys funktionieren, können wir sie navigieren und unsere Serendipitätserfahrung qualitativ verändern und verbessern. Wie können wir die Grundlagen dafür schaffen? Wir können unsere eigenen interessenbasierten Communitys entwickeln oder uns bestehenden Communitys anschließen.

Schwache Bindungen durch Zugehörigkeit stärken

Historisch gesehen basieren Communitys oft auf dem, was der Soziologe Mark Granovetter »starke Bindungen« *(»strong ties«)* nennt, sprich: auf Menschen, die wir gut kennen.[5] Denken Sie an enge Nachbarschaftsbeziehungen, Sportvereine oder kirchliche Gemeinschaften. Diese Beziehungen sind in der Regel lokal, vertrauenswürdig und unterstützend. Aber sie besitzen häufig keine große Reichweite und sind in der Regel nicht sehr ausdifferenziert. Es kostet viel Zeit und Mühe, starke Bindungen aufrechtzuerhalten, und die Zahl der Beziehungen, die wir aufbauen können, ist limitiert – denn wir alle haben nur eine begrenzte Zeit (und Energie) am Tag! »Schwache Bindungen« *(»weak ties«)* sind dagegen weit verbreitet, aber oft nicht sehr effektiv. Schwache Verbindungen können für den allgemeinen Informationsaustausch und den Zugang zu Möglichkeiten wirkungsvoll sein, aber durch sie werden wahrscheinlich keine Berge versetzt.

Wenn Sie nur starke Bindungen haben, erhalten Sie vielleicht große emotionale Unterstützung, aber Ihre Reichweite und Ihr Zugang zu neuem Wissen und Gelegenheiten werden oft begrenzt sein. Wenn Sie nur schwache Bindungen haben, ist Ihr Unterstützungssystem möglicherweise nicht stark genug. Gut organisierte interessenbasierte Communitys hingegen, so Fabian Pfortmüller, ermöglichen »schwache Bindungen, als wären sie starke Bindungen«. Diese Communitys kombinieren die Macht der starken Bindungen mit der Macht der schwachen Bindungen. Es gibt einen Vertrauensvorschub, der schwache Bindungen durch Zugehörigkeit stark macht. Wenn Sandbox-Mitglieder beispielsweise auf Reisen sind, können sie Mitglieder in anderen Städten anschreiben, auch wenn sie diese noch nicht kennen. Mitglieder bieten jemandem eine Wohnmöglichkeit an, den/die sie noch nie getroffen haben.

In einer zunehmend vernetzten Welt, in der die Grenzen fließend und durchlässig sind, sind wir immer mehr auf Menschen außerhalb unserer üblichen Einflussbereiche angewiesen. Wir brauchen schwache Bindungen – und wirkungsvolle interessenbasierte Communitys können ein Weg sein, sie so handlungsfähig zu machen, als wären sie starke Bindungen. Wie aber kann man ein solches Umfeld entwickeln?

Eine engmaschige Community aufbauen

Überlegen Sie zunächst, warum sich Mitglieder einer Community zusammengefunden haben. Ist es ihr Hintergrund, ihre Interessen, ihre Leidenschaften, ihre gemeinsamen Werte? Die Frage nach dem »gemeinsamen Nenner« steht im Mittelpunkt des Aufbaus von Gemeinschaften jeglicher Art. Je größer die Gruppe ist, desto mehr sind wir gut beraten, diesen gemeinsamen Nenner implizit oder explizit zu artikulieren. Zu engmaschige Gemeinschaften können uns jedoch zurückhalten, insbesondere, wenn sie nicht divers genug sind. Eine zu starke Einbettung kann zur Bildung von Echokammern führen. Können Sie sich den Unterschied zwischen den Facebook- oder Instagram-Feeds einer Grünen-Wählerin und eines AFD-Wählers vorstellen? Wir werden oft in solche Gemeinschaften hineinsozialisiert und -kommuniziert.

Ein extremer Fall ergab sich bei meinen Forschungen mit dem kenianischen Wirtschaftswissenschaftler Robert Mudida, der an der Universität Strathmore in Nairobi arbeitet, wo wir über ethnische Netzwerke in Subsahara-Afrika geforscht haben. In diesem Kontext sind Stammeszugehörigkeiten mindestens so stark wie politische Trennlinien in Deutschland oder den Vereinigten Staaten, und viele

Menschen neigen dazu, in ihren homogenen Netzwerken zu bleiben – mit wenig Gelegenheit, schwache Bindungen zu entwickeln, die für den Erfolgsfaktor Zufall oft entscheidend sind. Die erfolgreichen Personen in unserer Studie entwickelten dagegen ethnienübergreifende Netzwerke. Sie definierten die In-Group neu, indem sie sie weg von der ethnischen Zugehörigkeit hin zu interessenbasierten Netzwerken entwickelten, die sich beispielsweise um Sport oder Religion drehten. Ein kenianischer Unternehmer aus unserer Studie setzte sich beispielsweise bewusst in der Kirche neben den regionalen Regierungsvorsteher, der einem anderen Stamm angehörte, und erinnerte ihn und die anderen Anwesenden daran, dass sie etwas gemeinsam haben – was im Endeffekt zu neuen Geschäftsmöglichkeiten führte. Weitere Studien zeigen ähnliche Ergebnisse.[6]

Wie sieht das in Ihrem Leben aus? Bewegen Sie sich in den engen Grenzen Ihrer In-Group, vielleicht einer engen Freundschaftsgruppe oder einer abgeschotteten Abteilung? Gibt es gemeinsame Nenner mit Menschen in anderen Gruppen, denen Sie die Hand reichen könnten? Die Öffnung für andere Gruppen kann mit kleinen Aktionen beginnen. Gruppen, in denen Menschen mit unterschiedlichen Perspektiven zusammenkommen, begünstigen Serendipität. Es muss jedoch einen gemeinsamen Nenner geben, damit die Menschen einander vertrauen und einen Anreiz haben, Ideen auszutauschen. Vielfalt allein hilft nicht, wenn es keinen Klebstoff gibt, der die Menschen zusammenhält.[7]

Wachsen, ohne den Anschluss zu verlieren

Communitys müssen mehr inspiriert als kontrolliert werden. Aus diesem Grund ist der Multiplikatoransatz besonders wirkungsvoll für größere Communitys und Organisationen. Ein wichtiger Grund dafür, dass die Sandbox-Community innerhalb weniger Jahre in über 20 Länder expandieren konnte, war die Einführung eines »Botschafter-Systems«. Wir identifizierten Menschen, die sich vorübergehend in den Städten aufhielten, in denen wir ansässig waren, etwa weil sie dort studierten, und ernannten sie zu Botschaftern und Botschafterinnen in ihren Heimatländern, sobald sie nach Hause zurückkehrten.

Wie? Die Gründer von Sandbox listeten alle inspirierenden Personen, die wir kannten, in einem gemeinsamen Wiki-Dokument auf, einigten sich darauf, wer gut passen würde, und nahmen dann Kontakt mit ihnen auf. Wie in vielen anderen Communitys waren die Anreize nicht monetär, sondern bestanden zum Beispiel in einer größeren Sichtbarkeit. Das kann die Serendipität für diese Person potenziell erhöhen, da sie im Zentrum der Community steht und die Leute dazu neigen, ihr als Erstes von neuen Ideen und so weiter zu erzählen.[8] Botschafter/innen waren tendenziell am aktivsten, wenn sich die Rolle mit ihren anderen Aktivitäten, insbesondere ihrem Berufsleben, vereinbaren ließ. Jemand, der/die für seinen/ihren Lebensunterhalt Veranstaltungen organisiert, ist eher geneigt, eine ähnliche Rolle in anderen Gruppen zu übernehmen als beispielsweise jemand, der/die als Händler/in an der Frankfurter Börse arbeitet.

Diese Botschafter/innen – in der Regel in Teams von zwei bis vier Personen – organisierten lokale Veranstaltungen und erkannten potenzielle Mitglieder in ihrer jeweiligen Stadt. Unter Anwendung des Schneeballprinzips baten wir sie, andere inspirierende Menschen zu empfehlen. Sie nahmen Kontakt zu potenziellen Mitgliedern auf, organisierten Veranstaltungen für sie und entwickelten lokale Experimentierräume (etwa sogenannte *Challenge Nights*, bei denen die Mitglieder aktuelle Herausforderungen oder Projekte vorstellen konnten). Wir als zentrales Team unterstützten sie mit Best-Practice-Tools und internen Facebook-Gruppen und vernetzten alles miteinander.*

Durch die Entwicklung dieser Superknotenpunkte (»Super Nodes«) schuf Sandbox sehr schnell eine engmaschige, globale Gemeinschaft von über tausend Personen. Anfänglich beschränkten wir die Mitgliedschaft in den lokalen Hubs auf 80 bis 130 Mitglieder, da wir feststellten, dass Menschen nur mit einer relativ kleinen Anzahl von Menschen wirklich sinnvolle Beziehungen aufbauen können.**

* Später, als die Zahl der Bewerber/innen zunahm, strukturierten wir das Bewerbungsverfahren stärker. Jedoch tauchten diese Multiplikatoren oft informell auf, und wir identifizierten sie etwa aufgrund ihres höheren Engagements – und »legitimierten« sie dann. Generell kann das Aufzeigen von Beispielen, wie Mitglieder einander helfen, ein wirkungsvoller Ansatz sein, um andere dazu zu inspirieren, das Gleiche zu tun – Verhaltensweisen beeinflussen stärker als Worte!

** Dies ähnelt der Logik der Dunbar-Zahl: Robin Dunbar schätzt, dass die maximale Anzahl von Verbindungen, die ein Mensch eingeht, irgendwo im Bereich von 100–250 liegt (Hernando et al., 2009).

Dieser Ansatz der Verknüpfung lokaler Multiplikatoren mit einer globalen Plattform hat es Communitys wie Sandbox, Nexus, Global Shapers und TED/TEDx, ermöglicht, mit einem sehr kleinen Kernteam und begrenzten Ressourcen eine globale Präsenz zu entwickeln. Lokale Multiplikatoren bringen soziales Kapital ein und helfen, den globalen Rahmen an lokale Traditionen anzupassen. Im Mittelpunkt dieser vertrauenswürdigen Umgebungen stehen Veranstaltungen, die Interaktionen fördern.

Eine sinnvolle Zusammenarbeit fördern

In den vielen Jahren, in denen ich mich mit dem Aufbau von Communitys beschäftigt habe, bin ich immer wieder auf Leute gestoßen, die sagten: »Super, lass uns eine Netzwerkveranstaltung machen« oder »Lass uns auf der Konferenz einen Networking Break einbauen.« Der Begriff »Networking« lässt mich erschaudern – er verkennt die tiefere Bedeutung hinter sinnvollen Beziehungen: Vertrauen. Haben Sie jemals jemanden getroffen, der/die wirklich gerne zu einer Networking-Veranstaltung geht? Ein Fokus auf »Networking« zieht oft die falschen Leute an – diejenigen, die ein bestimmtes »geschäftliches« Ziel verfolgen. Es bringt Leute in Zugzwang, und es entstehen künstliche und oberflächliche Unterhaltungen. Es ist wie bei einer Speed-Dating-Veranstaltung: Sie ziehen Menschen an, die auf ein bestimmtes Ergebnis fokussiert sind.

Gute Veranstaltungen zum Aufbau von Beziehungen konzentrieren sich dagegen auf bestimmte Themen, Interessen oder Leidenschaften, sodass die Menschen gemeinsam tiefer in eine Sache eintauchen oder sich über Personen austauschen können, die ihnen wichtig sind. Auf dieser Grundlage können vertrauensvollere Beziehungen aufgebaut werden, die den Nährboden für wirklich interessante potenzielle Serendipitäten bilden.

Bei Sandbox nutzten wir informelle Abendessen, bei denen die Mitglieder in einer entspannten Umgebung zusammenkamen, um Geschichten auszutauschen und Beziehungen aufzubauen. Der entspannte Rahmen – insbesondere für Menschen, die es nicht gewohnt sind, auf informelle Weise Zeit mit nahezu Fremden zu verbringen – führt zu einer offeneren und potenziell vertrauensvolleren Haltung. Spiele wie »Rose, Knospe, Dorn« – bei denen Fragen gestellt werden wie:

»Was war das Highlight deines Tages/deiner Woche/deines Monats/deines Jahres?« (Rose), »Was lief schief an deinem Tag/an deiner Woche/an deinem Monat/an deinem Jahr?« (Dorn), und »Worauf freust du dich morgen/nächste Woche/nächsten Monat/nächstes Jahr?« (Knospe) – helfen den Menschen, über ihre wirklichen Herausforderungen nachzudenken, anstatt damit zu prahlen, wie toll sie sind (oder für wie toll sie sich halten!). Gute Beziehungen entstehen bei Veranstaltungen, bei denen der Fokus auf der Entwicklung sinnvoller Beziehungen und nicht auf dem Sammeln von Visitenkarten liegt. Tatsächlich habe ich bei fast jedem Sandbox-Treffen, an dem ich teilgenommen habe – ob in London, Zürich, New York, Singapur, Mexiko-Stadt, Nairobi oder Peking –, jemanden ausrufen hören: »Was für ein Zufall!«

Gut arrangierte Veranstaltungen ermöglichen es den Menschen, auf ungezwungene Weise zusammenzukommen.[9]

Sich gegenseitig in die Pflicht nehmen

Nicht selten versagen solche Plattformen allerdings, weil niemand die Verantwortung für sie übernimmt. Viele Communitys sterben aufgrund von Vernachlässigung, und in vielen anderen gibt es Trittbrettfahrer, die die Vorteile der Gruppe genießen, ohne etwas für ihren Fortbestand zu tun. Deshalb ist die »laterale Rechenschaftspflicht« – Rechenschaftspflicht gegenüber sich selbst und unter Gleichgesinnten[10] – der Kern vieler erfolgreicher interessenbasierter Communitys. Im Gegensatz zur hierarchischen Kontrolle, die schwierig und kostspielig zu überwachen ist, wirkt die laterale Rechenschaftspflicht oft als positive Externalität einer engen Zusammenarbeit. Dadurch, dass der/die Einzelne für den Rest der Gruppe sichtbar ist, hat er/sie einen Anreiz, seine/ihre Kollegen nicht zu enttäuschen; er/sie entwickelt ein »aufgeklärtes Eigeninteresse«.

Viele der erfolgreichsten Unternehmen, mit denen ich zusammengearbeitet habe, nutzen wöchentliche Ziele, die für die gesamte Gruppe sichtbar sind: Jedes Teammitglied aktualisiert wöchentlich seine jeweiligen Ziele, erklärt, warum sie erreicht oder nicht erreicht wurden, und teilt, was es in diesem Prozess gelernt hat. Dies hilft der Moral, der Motivation und der Selbstkontrolle. Es hilft auch, die Punkte wirkungsvoller zu verbinden, da klarer ist, woran die anderen arbeiteten.

Was dies für unsere Beziehungen bedeutet

Erfolgreiche Menschen sind meistens Teil einer starken Community, oder sie entwickeln einen »Stamm« um sich herum, mit dem sie durchs Leben gehen. Gruppen wie die Young President Organization haben diese Art von »Kreisen« *(»circles«)* installiert, um vertrauensvolle Gespräche zwischen den Mitgliedern zu ermöglichen. In ihrem Fall interagiert eine kleine Anzahl von Mitgliedern regelmäßig, um sich gegenseitig bei ihren Herausforderungen zu unterstützen. Idealerweise gehören diesen Unterstützungs- und Lerngemeinschaften Menschen an, die sich in ähnlichen Lebensabschnitten befinden und ähnliche Werte aber unterschiedliche Lebenshintergründe haben.

Und natürlich verdienen auch unsere privaten Partnerschaften einen bewussteren Ansatz. Natalya Bailey, Luft- und Raumfahrtingenieurin und Geschäftsführerin von Accion Systems Inc. aus Boston, und ihr Mann Christian Bailey, ein Unternehmer, stellen sich jeden Tag drei Fragen. Morgens: »Was willst du heute erreichen?« und »Wie kann ich dich unterstützen?« Abends: »Was hast du heute gelernt?« Die morgendlichen Fragen fokussieren auf den/die andere(n), und sie beginnen den Tag mit dem Gefühl, der/dem anderen geholfen zu haben und Teil seines/ihres Lebens zu sein. Bei der Frage am Abend liegt der Fokus auf dem Lernen, auf dem Austausch von Beobachtungen. Viele meiner Freunde – und ich – haben diese Übung (teilweise!) übernommen. Eines habe ich dabei gelernt: Beziehungen aller Art profitieren von bewussten Ritualen, die sinnstiftende Interaktionen ermöglichen. Welche Rituale könnten Sie in Ihren eigenen Beziehungen oder Gruppen einführen, um gleichzeitig Vertrauen und einen offenen Geist zu fördern? Es kommt dabei weniger auf das genaue Ritual an als auf die Gewohnheit und die Bewusstheit, die Sie schaffen.

Achtung: die Gefahren der sozialen Dynamik

Wir dürfen nur nicht vergessen: Netzwerke und Communitys haben auch oft eine dunkle Seite. Eine Unternehmerin teilte beispielsweise mit mir, dass oftmals Männer diese Verknüpfungen und Meetings mit ihr nutzen, um ihr mehrdeutige Angebote zu machen. Diese potenziell bedrohlichen Situationen schränken nicht nur das Potenzial für glückliche Zufälle ein (warum sollte ich in einer Situation, der ich entkommen möchte, eine Verknüpfung herstellen wollen?), sondern sind auch ein Makel für jedes andere Gesprächsthema. Versteckte Absichten, Vorurteile und Ungleichheiten sind leider fast überall zu finden.

Serendipität kann überdies vorhandene Ungleichheiten verschärfen. Ein Beispiel: Die meisten demokratischen Länder schränken die Möglichkeiten der Polizei ein, Menschen ohne jeden Anlass auf der Straße anzuhalten und zu durchsuchen. Aber manche erlauben es. Diese Taktik mag einige kriminelle Handlungen aufdecken und Menschen vielleicht abhalten, das Gesetz zu brechen. Sie kann aber auch kontraproduktiv sein, weil sie unschuldige Menschen ins Visier nimmt, insbesondere, wenn die angehaltenen Personen nach Kriterien ausgewählt werden, die nichts mit einem Verbrechen zu tun haben. In Großbritannien wurden zwischen 2016 und 2017 ungefähr 300 000 »Stop and search«[11] durchgeführt. Dabei war die Wahrscheinlichkeit, dass Schwarze Menschen von der Polizei angehalten wurden, mindestens achtmal so hoch wie bei Weißen Menschen. Da die Polizei immer »zufällig« etwas Illegales findet, wenn sie genügend Menschen durchsucht, kann diese Art von Zufall alle möglichen selbstverstärkenden und negativen Auswirkungen haben: Zum Beispiel, dass die Polizei mehr Gründe findet, Schwarze Menschen anzuhalten, bis hin dazu, ein soziales Stigma zu kreieren, das sie mit Verbrechen in Verbindung bringt.

Der schottische Schriftsteller William Boyd bezeichnete das Phänomen der negativen Serendipität als »Zemblanity« (»die Begabung, konstruktionsbedingt unglückliche, erfolglose und erwartete Entdeckungen zu machen«[12]). Diese »Zemblanität« kann wie Serendipität je nach Umfeld verstärkt werden. Und es gibt natürlich lokale Kulturen und Glaubenssysteme.[13] In Kontexten, die durch eine hohe »Machtdistanz« gekennzeichnet sind (Personen mit niedrigerem Rang akzeptieren und erwarten, dass die Macht ungleich verteilt ist), kann es schwieriger sein, Serendipität auszulösen, weil hierarchische Grenzen schwerer zu überwinden sind. In Kulturen, in denen das Alter oder das Dienstalter eine größere Rolle spielen, kann es schwieriger sein, Serendipität zwischen Alt und Jung zu erzeugen. Und in Kontexten mit einer geringen Toleranz für Unvorhersehbarkeit könnten Risikomanagement und die Akzeptanz der »einen Wahrheit« die potenzielle Serendipität einschränken, wenn die Meinung eines/r Lehrers/in oder eines/r leitenden Angestellten als gegeben hingenommen wird und nicht viel Raum für unerwartete Lösungen – und Nachfragen – bleibt.

Natürlich gibt es auch andere Bedingungen, unter denen die Serendipität eingeschränkt wird oder unter denen wir die Serendipität nicht brauchen oder wollen. In streng kontrollierten Systemen wie Kernreaktoren oder Raumschiffen liegt der Fokus tendenziell auf der Effizienz und nicht auf der Neuartigkeit (außer in Notfällen, wenn Serendipität Leben retten kann!).

Unsere Verantwortung bei der (Verstärkung von) Serendipität

Ungleichheit tritt in vielen Formen auf, auch wenn wir glauben, dass wir sie bereits in den Griff bekommen haben. Nehmen wir zum Beispiel ein Mädchen aus einem armen Stadtviertel. Selbst wenn sie das Glück hat, eine sehr gute Schule zu besuchen und genau die gleiche Ausbildung zu erhalten wie ein Mädchen aus der Mittelschicht, wird sie höchstwahrscheinlich weniger positive Zufälle erleben. Warum? Zum einen könnte vieles von dem, was Serendipität auslösen oder erleichtern könnte – wie etwa ein Gespräch beim Abendessen mit ihren Eltern über etwas, das mit dem gerade in der Schule Gelernten zusammenhängt – seltener vorkommen. Sie könnte weniger Menschen treffen, mit denen sie Serendipität erleben kann. Und sie wird letztlich viel härter kämpfen müssen, um »ihr eigenes Glück zu schmieden«, da ihre Unterstützungssysteme möglicherweise begrenzt sind.

Daher sind wir gut beraten, in Schule und Ausbildung zu bedenken, dass es nicht nur um Inhalte und den direkten Zugang zu Möglichkeiten geht, sondern auch darum, den Aufbau sozialer Möglichkeitsräume zu unterstützen. Ein Weg, dies zu tun, besteht darin, Gebiete mit sozialer Benachteiligung aufzuwerten, etwa durch die Einbeziehung von Kunstorganisationen, die Menschen zusammenbringen können. Es geht darum, die Segregation nach sozialen Gruppen zu überwinden.

Stereotypen breiten sich aus, wenn wir nicht zusammenarbeiten. Dies gilt gleichermaßen für alle sozialen, ethnischen und geschlechtsspezifischen Gruppen. Experimente im öffentlichen Dienst haben bereits vielversprechende Anzeichen gezeigt. Einige Stadtverwaltungen veranstalten eine Art professionelles Speeddating mit jungen Leuten und Ratsmitgliedern und bringen sie mit Menschen zusammen, mit denen sie normalerweise nicht interagieren würden. Dies zeigt ihnen, dass es unerwartete Möglichkeiten gibt, und bringt sie mit einem breiteren Spektrum an Ideen in Kontakt (mehr zu diesen Ansätzen im nächsten Kapitel).

Es kann auch wirkungsvoll sein, Menschen mit Mentoren und Mentorinnen zusammenzubringen, die zwar nahe an ihrer Realität sind, aber gleichzeitig Zugang zu anderen Netzwerken haben. Es ist schön, wenn jemand wie der Gründer von Virgin, Richard Branson, eine Stunde lang eine Schule besucht, aber die Betroffenen können sich oft besser mit jemandem identifizieren, der/die unter ähnlichen Bedingungen angefangen hat und ähnliche Kämpfe durchleben musste. Vielleicht jemand, der/die aus der Armut kommt und heute ein erfolgreiches Unternehmen führt? Eine solche Person würde es ihnen ermöglichen, sich ihren eigenen ähnlichen Weg vorzustellen.

Womöglich gibt es sogar eine Möglichkeit, über einstündige Treffen hinauszugehen und den Betroffenen zu ermöglichen, ihre Vorbilder ein paar Tage lang zu begleiten, um zu sehen, was sie wirklich jeden Tag tun. Es geht darum, im Laufe der Zeit zu lernen, das nicht-kodifizierte, implizite Wissen aufzunehmen, das wir in der Schule nicht lernen können. Das kann uns helfen zu erkennen, dass es verschiedene Arten gibt, wie wir leben können, und verschiedene Wege, die wir einschlagen können.

Dieser Ansatz kann dazu beitragen, dass der/die Einzelne seine/ihre sozialen Fähigkeiten entwickelt, um Brücken zwischen verschiedenen Gruppen zu schlagen. Das Zusammenbringen von Menschen mit unterschiedlichem Hintergrund (einschließlich Lehrer/innen sowie Mentoren und Mentorinnen) kann in dieser Hinsicht wirkungsvoll sein.[14]

Also ...

Der Erfolgsfaktor Zufall funktioniert wie der Zinseszins: Je höher das Ausgangsniveau, desto schneller kann man vorankommen. Aber selbst, wenn wir mit einem niedrigen Basis-Serendipitätslevel beginnen, können (fast) alle von uns die Bewusstheit für Gruppen und Personen entwickeln, mit denen sie in Kontakt treten wollen. Wir können beginnen, unser vorhandenes soziales Kapital zu nutzen – dieses Kapital verringert sich nicht durch seine Anwendung, sondern kann diese

Beziehungen sogar stärken – und uns mit den Multiplikatoren in unserem Leben verbinden. Wir können uns größeren interessenbasierten Communitys anschließen und das Vertrauen nutzen, das sie uns entgegenbringen.

Die Überwindung der Grenzen von Gruppen, die uns zurückhalten könnten, und der Brückenschlag zu anderen Gruppen kann erreicht werden, indem wir unsere Gemeinsamkeiten neu definieren und unsere eigenen kleinen »Stämme« gründen. Dies hilft, ein Gleichgewicht zwischen Zusammenhalt und Vielfalt zu finden – der Motor der Serendipität. Die Welt ist nicht gerecht, aber wir können soziale Ungleichheiten bekämpfen, indem wir dazu beitragen, soziale Möglichkeitsräume zu entwickeln, die es anderen ermöglichen, die Punkte zu erkennen und zu verbinden.

Bisher haben wir uns auf das konzentriert, was wir als Einzelne tun können, um Serendipität in unserem Leben und im Leben anderer Menschen zu fördern. Aber auch in Organisationen und in der Politik spielen diese Bedingungen eine wichtige Rolle. Das nächste Kapitel befasst sich damit aus der Perspektive von Führungskräften und politischen Entscheidungsträgern – falls das nicht Ihr Ding ist, können Sie dieses Kapitel überspringen und direkt zu Kapitel 9 übergehen, das sich darauf konzentriert, wie Sie Ihren Serendipitätsquotienten steigern können.

Doch bevor wir dazu kommen, lassen Sie uns einige Serendipitätsübungen machen, die ihr Serendipity-Basisniveau erhöhen können.

Serendipity Workout

1. Identifizieren Sie fünf Personen – bestehende Kontakte oder Personen, zu denen Sie eine Beziehung aufbauen möchten – und unternehmen Sie etwas zusammen. Es ist weniger wichtig, was genau es ist, als einfach anzufangen. Sie können damit beginnen, sie zu einem Kaffee oder Brunch einzuladen. Fragen Sie sich gegenseitig, was Sie im Moment brauchen, um zufrieden zu sein oder zu werden. Wenn Sie sich als Gruppe gut verstehen, fragen Sie, ob die anderen an einer Wiederholung interessiert wären. Machen Sie von dort aus weiter.
2. Identifizieren Sie Interessengemeinschaften, die Ihnen helfen könnten, eine Brücke zu Gruppen zu schlagen, mit denen Sie noch nicht in Kontakt waren.

3. Wenn Sie eine Gruppe von Menschen zusammenbringen, bitten Sie beim nächsten Treffen die Teilnehmer/innen, einige ihrer zentralen Herausforderungen zu nennen (oder, wenn es sich um ein informelleres Abendessen handelt, spielen Sie vielleicht »Rose, Knospe, Dornen«). Es ergeben sich oft gemeinsame Berührungspunkte, und Vertrauen wird aufgebaut.
4. Erstellen Sie einen Überblick Ihres beruflichen Netzwerks. Wer sind die Multiplikatoren, die Sie vielleicht in Ihrem Umfeld haben, an die Sie aber nie gedacht haben? Überlegen Sie, wie Sie sinnvolle Beziehungen zu ihnen aufbauen könnten, zum Beispiel, indem Sie einen Stadt- oder Gemeinderat bzw. eine Stadt- oder Gemeinderätin zu einem Kaffee einladen, um mehr über ihn bzw. sie zu erfahren. Legen Sie den Fokus auf die Entwicklung einer sinnvollen Beziehung und nicht auf ein Geschäft.
5. Wenn Sie Veranstaltungen organisieren, fragen Sie sich, was der wichtige gemeinsame Nenner ist. Und was ist ein natürlicher Weg, der es den Teilnehmenden ermöglichen könnte, miteinander in Kontakt zu treten (und nicht nur eine »Netzwerkpause« zu haben)?

8

SERENDIPITÄTS-BEDINGUNGEN FÖRDERN

»Die Art und Weise, wie Sie mit dem Unerwarteten umgehen, bestimmt, wer Sie sind.«

Hubert Joly,
Vorstandsvorsitzender (2012–2019),
Best Buy

Unsere Kultur – also die kollektiven Werte, Überzeugungen und Grundsätze, die uns und unsere Interaktionen leiten – kann eine wichtige Rolle spielen, den Erfolgsfaktor Zufall zu fördern oder zu verhindern.[1] Unsere Kultur ist gewissermaßen unser kollektiver Verstand, und wenn wir wollen, dass der/die Einzelne offen ist, müssen wir die entsprechende Kultur fördern. Wie können wir das Basislevel potenzieller Serendipität einer Organisation verändern? Wie können wir ein Umfeld schaffen, in dem ständige Verbesserung und Lernen möglich sind?

Ganz zu Anfang hatte ich den Watercooler-Test erwähnt. Wenn ich eine neue Organisation besuche, versuche ich, den Ort zu finden, an dem die Mitarbeitenden in ihren Pausen zusammenkommen und sich austauschen. Wenn ich mithöre, tauchen nach einer Weile Muster auf, die viel über die Organisationskultur aussagen. In manchen Unternehmen liegt der Fokus auf dem Austausch über Menschen, oft darüber, was sie falsch gemacht haben (»Peter ist ein lausiger Manager – warum haben sie ihn überhaupt für diese Stelle eingestellt?«). Natürlich erfüllen Klatsch und Tratsch, gelegentlich und in Maßen, eine wichtige soziale Funktion: Es ermöglicht den Menschen, soziale Bindungen aufzubauen, Informationen auszutauschen und sich zu entertainen. Aber es kann auch dazu führen, dass plötzlich ein Umfeld entsteht, in dem man morgen selbst derjenige ist, über den getratscht wird.

In anderen Organisationen klingen die Gespräche vielleicht positiver. (»Ich komme gerade von diesem Treffen über das neue Projekt – warum machen wir nicht auch eine entsprechende Kampagne?«; »Petra erwähnte die Idee, eine neue Niederlassung in Mexiko-Stadt zu eröffnen – da fällt mir ein, dass ich dort einen alten Freund habe, der vielleicht Interesse daran hätte, sich zu engagieren.«) Der Fokus der Kommunikation liegt hier auf der Entwicklung von Ideen, auf dem gemeinsamen Blick in die Zukunft. Was mich an ein Zitat erinnert, das üblicherweise Eleanor Roosevelt zugeschrieben wird: »Große Geister diskutieren Ideen; durchschnittliche Geister diskutieren Ereignisse; kleine Geister diskutieren Menschen.«

Das Herzstück einer Potenzialkultur ist die Bereitschaft, Wissen und Ideen zu teilen, sowie die Einsicht, dass es in Ordnung ist, den einen oder anderen Fehler zu machen, ohne das Opfer des Zorns des Chefs oder der Chefin oder der verbalen Lynchjustiz am Wasserspender zu werden. Jüngste Untersuchungen haben gezeigt, dass Serendipität in einem Umfeld, in dem Schuldzuweisungen unterbleiben und in dem

Menschen offen für Ideen sind, höher ist. Im Gegensatz dazu ist Serendipität weniger wahrscheinlich, wenn offene Diskussionen unterbunden werden.[2] Wie können wir folglich eine Kultur der Serendipität in Organisationen fördern?

Psychologische Sicherheit geht vor

Wie sicher wir uns in unserem Umfeld fühlen, sei es bei Freunden, in der Familie oder am Arbeitsplatz, hat einen großen Einfluss auf den Erfolgsfaktor Zufall. Ein sicheres Umfeld ermutigt Menschen, über Unerwartetes zu sprechen, etwa auch über Begegnungen oder Erkenntnisse, die seltsam oder verrückt erscheinen, oder über Ideen und Pläne, die noch nicht vollständig durchdacht sind. Hier geht es um eine Art von psychologischer Sicherheit – die Fähigkeit, sich selbst zu zeigen, ohne negative Folgen für Selbstbild, Status oder Karriere befürchten zu müssen. Die Harvard-Professorin Amy Edmondson hat in ihrer Arbeit der letzten Jahrzehnte gezeigt, dass psychologische Sicherheit der Kern einer gesunden Unternehmenskultur und hoher Leistung ist.[3] Ihre Arbeit erhielt Auftrieb durch eine Studie, die zeigte, dass leistungsstärkere Teams auch mehr über Fehler sprechen. Anfänglich war sie schockiert: Machen leistungsstärkere Teams mehr Fehler? Nein, stellte sie fest. Diese Teams machten nicht mehr Fehler, sie waren nur offener, über sie zu sprechen, und darüber, was sie aus ihnen gelernt hatten.

In leistungsschwächeren Teams hingegen werden Fehler oft unter den Teppich gekehrt. Ich habe es oft erlebt: Projekte, die scheitern, werden stillschweigend begraben, und damit auch die Chance, dass andere daraus lernen können. Ermutigt man jedoch Mitarbeitende, aus Dingen zu lernen, die nicht funktioniert haben, fördert dies einen fundamentalen Wissensaustausch, ein besseres Lernen und gegenseitiges Vertrauen. In den letzten Jahren haben eine Reihe von Studien, zum Beispiel in Unternehmen wie Google, bestätigt, dass der Grad der psychologischen Sicherheit oft den wesentlichen Unterschied zwischen leistungsstarken und leistungsschwachen Teams macht. Sie setzt verborgene Talente frei und begünstigt Serendipität.

Mit psychologischer Sicherheit ist nicht gemeint, dass sich alle wohlfühlen, und es geht auch nicht darum, immer nett zu sein. Vielmehr geht es, so Edmondson, darum, direkt und bereit zu sein, wann und warum etwas nicht funktioniert hat. Dies widerspricht indes der natürlichen Neigung, allein zurechtzukommen, die Schuld von sich zu weisen und vor anderen gut dazustehen. Die Folge ist Selbstzensur, und das wiederum führt zu suboptimalen Ergebnissen. Edmondson führt das Beispiel von Wells Fargo an, einem bekannten Finanzdienstleistungsunternehmen. Im Jahr 2015 legte das Unternehmen den Fokus auf eine aggressive Cross-Selling-Strategie und versuchte, zusätzliche Produkte und Dienstleistungen, wie neue Hauskredite an bestehende Kunden, zu verkaufen. Dabei stellte sich heraus, dass sich viele ihrer Kunden die neuen Angebote überhaupt nicht leisten konnten. Das Topmanagement hörte nicht auf die Mitarbeiter vor Ort. Stattdessen drängten sie ihre Mitarbeitenden aggressiv dazu, so viel wie möglich zu verkaufen. Können Sie sich den psychologischen Druck vorstellen, der dadurch entstand? Die Vertriebsmitarbeiter begannen, jegliche Grenzen zu überschreiten, nur um wettbewerbsfähig zu erscheinen: Sie belogen die Kunden und erfanden neue Kunden, um das Management zu täuschen. Abgesehen von den falschen Anreizen bestand das Problem darin, dass die Mitarbeiter sich nicht sicher fühlten, wenn sie sich wehrten. In einem psychologisch sicheren Umfeld hätte das Management gefragt: »Was hält die Leute zurück? Fragen wir sie doch!« Bei Wells Fargo lautete das Mantra: »Die Leute geben sich nicht genug Mühe. Sie müssen sich mehr anstrengen!«

Da stellt sich natürlich die Frage: Wie können wir die psychologische Sicherheit erhöhen? Edmondson empfiehlt drei Schritte: Rahmen setzen, zur Teilnahme einladen und produktiv reagieren.

Rahmen setzen

Den Rahmen zu setzen bedeutet, gemeinsame Erwartungen und Bedeutungen zu formulieren. Der Fokus liegt darauf, sicherzustellen, dass jeder versteht, dass ihre/seine Stimme für den Erfolg mitentscheidend ist, um so die Hemmschwelle zu senken, sich zu Wort zu melden. Es geht darum, zu vermitteln, dass eine Situation komplex und wichtig ist, dass niemand immer alles im Griff haben kann und der Beitrag eines jeden entscheidend ist. Wenn Sie beispielsweise ein Krankenhaus leiten, wissen Sie, dass die Bereitstellung von Gesundheitsleistungen fehleranfällig ist. Verwaltungsangestellte können sich irren, sodass es buchstäblich Leben retten kann, wenn Mitarbeitende ihre Meinung sagen, wenn ihnen etwas auffällt.

Edmondsons Forschungen legen nahe, dass wir uns auf das Erreichen von Zielen konzentrieren, weil wir in den meisten Situationen zu glauben wissen, was zu tun ist. In Wirklichkeit können wir gar nicht genau wissen, welche Maßstäbe und Kennzahlen richtig sind. Stattdessen müssen die Dinge oft getestet und iteriert werden.[4] Wenn Einfühlungsvermögen, Neugier und das Zuhören Zeichen von Schwäche wären, würden viele der »CEO des Jahres« der *Harvard Business Review*, die wir in unserer Studie *Leaders on Purpose* untersucht haben, als »weich« gelten. Wie die Arbeit von Brené Brown deutlich macht, erfordert es Mut, verletzlich zu sein.

Zur Teilnahme einladen

Hier geht es darum, Mitarbeitende anzustiften, Lücken zu identifizieren, Fragen zu stellen und sich die Antworten tatsächlich anzuhören. »Welche Ideen haben Sie, welche Hilfe kann ich Ihnen anbieten?« Aufmerksames Zuhören signalisiert echtes Interesse, gibt den Menschen Raum und zeigt, dass Sie sich kümmern. Prägnante Fragen helfen Mitarbeitenden, größere Probleme zu benennen und anzugehen. Als beispielsweise die Geschäftsführerin eines Kinderkrankenhauses mit möglichen Problemen bei der Qualitätskontrolle konfrontiert wurde, fragte sie ihre Mitarbeitenden: »Denken Sie an die Erfahrungen der letzten Woche mit Ihren Patienten. War alles so sicher, wie Sie es gerne hätten?« Es gibt immer Raum für Verbesserungen. Der Fokus liegt auf der Problembewältigung und dem Lernen, nicht auf der Hervorhebung von Fehlern oder Schuldzuweisungen. Dieser Ansatz hilft allen, sich auf das zu konzentrieren, was sein könnte, statt nur auf das, was ist.

Produktiv reagieren

Hier geht es um die Ausrichtung auf kontinuierliches Lernen, indem man Wertschätzung ausdrückt, Misserfolge entstigmatisiert und klare Verstöße sanktioniert. Die Basisfrage lautet hier: Wie sollen wir reagieren, wenn wir von einem Fehler erfahren? Edmondson schlägt vor, zu signalisieren, dass man sofort nach vorne schaut, anstatt sich mit Schuldzuweisungen aufzuhalten. Es ist wichtig, dafür zu sorgen, dass sich die Menschen vorwärtsbewegen anstatt stillzustehen. Stellen Sie sich die beklemmende Situation vor, wenn jemand zugeben muss: »Ich glaube nicht, dass ich meine Deadline einhalten kann.« Eine mögliche Antwort könnte sein: »Danke, dass Sie auf das Problem hinweisen. Was können wir tun, um es wieder in den Griff zu bekommen?« Wenn jemand etwas vermasselt – zumindest beim ersten Mal – ist es das Ziel, ihm/ihr zu helfen, einen Ausweg zu finden. (Wenn er/sie wiederholt Fehler macht, sind wir gut beraten, ihm/ihr mehr strukturelle Unterstützung geben, etwa in Form von Schulungen oder Coaching. Oder es ist dann vielleicht einfach nicht der richtige Job für sie/ihn.)

Jüngste Forschung hat gezeigt: Kleine Schwächen zuzugeben oder sogar freiwillig zu äußern steigert die Produktivität im Team. Eine bemerkenswerte Studie konzentrierte sich auf Teams in Brainstorming-Meetings. Die Menschen waren wesentlich produktiver, wenn sie zu Beginn eine unangenehme Geschichte über sich selbst erzählten. Gruppen, die so agierten, entwickelten 26 Prozent mehr Ideen.[5] Unangenehme bis peinliche Geschichten brechen das Eis und schaffen eine Atmosphäre des gegenseitigen Vertrauens, in der sich niemand angegriffen oder benachteiligt fühlt. Das Gleiche gilt, wenn unkonventionelle Ideen in praktische Maßnahmen umgesetzt werden: Die Managementforschung hat gezeigt, dass Gruppen, in denen eine offene und ehrliche Gesprächskultur gepflegt wird, bei der Umsetzung ihrer neuen Ideen eher erfolgreich sind.[6]

Und auch in unserem Privatleben können wir mit kleinen Schritten psychologische Sicherheit schaffen. Wenn Sie sich vor einer Frage kurz rechtfertigen (»Ich weiß, das ist jetzt etwas überraschend, aber …«), signalisieren Sie Ihrem Gegenüber, dass Sie keine »Bedrohung« darstellen. Die meisten Menschen wollen mit uns interagieren, aber wir müssen zuerst Barrieren beseitigen. In Seminaren verwende ich oft den Satz: »Nehmen Sie mich als Ausrede, um der Person neben Ihnen eine Frage zu stellen, die Sie wirklich interessiert!« Dies beseitigt das Gefühl eines möglichen »Übergriffs«, den die andere Person empfinden könnte, wenn jemand, den sie nicht kennt, eine persönliche Frage stellt. Wenn wir wiederum antworten, ist es hilfreich, wenn wir aktiv zugehört haben und ein Schlüsselwort wiederholen können, das die andere Person erwähnt hat. Dies zeigt Wertschätzung und lädt die andere Person ein, mehr über das Thema zu sprechen.

Manchmal braucht es ein Begräbnis

Eine Methode, die uns helfen kann, psychologische Sicherheit und den Erfolgsfaktor Zufall zu erhöhen, ist die »Projektbeerdigung«. Obwohl der Begriff negativ klingt, beschreibt er einen unglaublich positiven Prozess. Ein Projekt wird zu Grabe getragen, und die Beteiligten können offen darüber sprechen, wie sie sich gefühlt, was sie gelernt, was sie mitgenommen haben und was sie an der ganzen Sache bedauern. Entscheidend ist, dass an der Beerdigung auch Personen teilnehmen, die dem Projekt nicht nahestanden, die aber sozusagen ihren Respekt zollen, beispielsweise Mitarbeitende aus anderen Abteilungen. Projektbeerdigungen können Vertrauen und Serendipität fördern – und manchmal sogar eine Wiedergeburt ermöglichen.

Ein großes Nahrungsmittel- und Chemieunternehmen zum Beispiel hatte eine Beschichtung für nicht reflektierendes Bilderrahmenglas entwickelt. Es war wunderschön, kostete aber sechsmal mehr als normales Bilderrahmenglas, und das Team erkannte, dass es keinen Markt dafür gab, obwohl es eine großartige Technologie war.[7] Als das Projekt »zu Grabe getragen« wurde, fragte jemand, ob die Kollegen sich schon einmal darüber Gedanken gemacht hätten, welchen Effekt sie mit dieser Technologie bei Solarzellen erzielen könnten, da ja wenig Licht vom Glas zurückreflektiert würde. Vermutlich wäre die Leistung hoch, und die Menge an zusätzlichem Strom, die das Solarpanel erzeugt, könnte höher sein als die Kosten für die Beschichtung. Der Projektleiter erwiderte, darüber habe man noch nie nachgedacht. Sie besprachen die Idee mit Spezialisten für Solarpaneele, begannen mit Tests und stellten fest, dass sie sehr effektiv war. Die Experten setzten sie um, und das Unternehmen hat in der Folge einen starken Geschäftsbereich für Solaranlagen aufgebaut. In den Worten des Geschäftsführers: »Es war völlig ungeplant, aber es gab viele gute Dinge, die zusammenkamen. Jetzt wird jemand anderes sagen: ›Das ist pures Glück‹. Aber das ist Serendipität.«

Wir können unseren Mitmenschen vorgaukeln, dass wir alles im Griff haben, was aber oft kontraproduktiv ist. Der beste Weg, Vertrauen zu stärken, besteht darin, ein Gefühl von Zuversicht mit Realitätssinn zu verbinden. Gute Ideen kommen oft aus seltsamen Ecken, sie sind das Ergebnis unerwarteter und ungeplanter Begegnungen oder unbeabsichtigter Pannen. Die Geschichte des menschlichen, wissenschaftlichen und technologischen Fortschritts ist voller Unfälle, Fehler und Pannen. Viele der interessantesten zufälligen Entdeckungen sind nur zustande gekommen, weil Menschen Substanzen fallen ließen oder verschütteten.

John Wesley Hyatts Erfindung von Zelluloid (er versuchte, eine Billardkugel herzustellen) und Hilaire de Chardonnets Erfindung von Kunstseide nach einem Chemieunfall sind nur zwei Beispiele für Durchbrüche, die aus »intelligenten Fehlern« entstanden.* Übrigens: Während des Zweiten Weltkriegs erfanden zwei Wissenschaftler das Magnetron – eine Röhre, die Mikrowellen erzeugte – für das britische Radarsystem zur Erkennung von Flugzeugen der Nazis. Percy Lebaron Spencer entdeckte dabei ganz zufällig, dass Mikrowellenenergie zum Kochen von Lebensmitteln verwendet werden kann, als er beobachtete, wie die Radarwellen einen Schokoriegel in seiner Tasche zum Schmelzen brachten. Der Mikrowellenherd war geboren.

Du wirst nicht auf jeder Position spielen können

Ein Großteil des menschlichen Fortschritts wurde von Teams vorangetrieben – auch wenn wir Heureka-Momente oft Einzelpersonen zuschreiben. In einer Welt, in der wir selten wissen, was als Nächstes kommt und welche Menschen und Ressourcen wir brauchen werden, können divers aufgestellte Gruppen Herausforderungen besser meistern.[8] Nehmen wir das Beispiel Penicillin: Die Entdeckung war eine Teamleistung. Die Forschergruppe in Oxford bestand aus mehr als nur ihrem Helden Alexander Fleming. Menschen wie Ernst Chain und Howard Florey unterstützten die gemeinsame Unternehmung. Verdientermaßen erhielten Fleming, Chain und Florey den Nobelpreis gemeinsam. Und ohne die finanziellen Mittel und das Labor der Cambridge University wäre der Erfolg auch nicht möglich gewesen.[9]

* Im Jazz werden zum Beispiel Situationen geschaffen, in denen Soli der Musiker ungeplant und spontan in die Performance eingebaut werden. So entsteht eine Umgebung, in der Unerwartetes passieren kann – und in der die Solisten gefeiert werden. Das Klischee des manischen Professors, der inmitten der Trümmer einer Explosion steht und freudig seine/ihre große Entdeckung verkündet, mag einen Funken Wahrheit enthalten (De Rond, 2014; Mirvis, 1998; Napier und Vuong, 2013; Root-Bernstein, 1988).

Als Steve Jobs gefragt wurde, was er für sein erfolgreichstes Produkt hielt, antwortete er nicht »der Mac« oder »das iPhone«. Nein, ein Team zusammenzustellen, das regelmäßig Macs und iPhones herausbringt, war der schwierige Teil. Und Apple hätte sich ohne die Kreativität, den Spirit und das Temperament von Jony Ive und den Geschäftssinn von Tim Cook nicht so entwickeln können, wie es das tat. Um es mit den Worten von Jobs zu sagen: »Man kann nicht auf jeder Position spielen, also lautet die Frage: Wie bekommt man das richtige Team um sich herum?«[10]

In der Leadershipforschung und in Managementansätzen wie dem Belbin-Modell wird seit Langem darauf hingewiesen, dass der Fokus auf rein funktionalen Aspekten das wichtigste Element vernachlässigt: das Können, Wissen und Wollen so zu ergänzen, dass Magie entsteht. Wenn Sie einen Visionär vom Typ Mark Zuckerberg haben, brauchen Sie oft eine/n Ausführende/n vom Typ Sheryl Sandberg, die/der ihn ergänzt. Tesla Motors, das nur etwa drei Prozent der Bewerber akzeptiert, erklärt ausdrücklich, dass es selbst in seinen Fabriken nicht nach »hard skills« sucht, sondern eher nach »soft skills« und »culture fit«.

Aber der zündende Funke einer Idee, der Moment, in dem eine unerwartete Verknüpfung hergestellt wird, als Einzelperson oder in einem Team, ist nur der Anfang des Prozesses, der Serendipität zu einer echten und wertvollen Kraft macht. Für Organisationen ist die Entwicklung dessen, was Managementforscher als »Absorptionsfähigkeit« bezeichnen, also die Fähigkeit, neue Informationen aufzunehmen und sie in relevantes Wissen und Handeln umzusetzen, von größter Bedeutung.[11] Das Problem ist nur: Wir sind einfach oft zu sehr darauf konzentriert, beschäftigt zu sein! Selbst wenn wir auf eine neue Idee oder Erkenntnis stoßen, müssen wir sie in die bestehenden Wissensströme, Praktiken und Machtstrukturen integrieren. Und sobald Besitzstandswahrung, Machtdynamiken oder die Angst vor Veränderungen die Herrschaft übernehmen – oder Uneinigkeit darüber besteht, wem eine großartige Idee gehört –, können Ideen unterdrückt werden.[12] Gleichwohl wissen wir: Serendipität ist mit Veränderung und Unsicherheit verbunden – und viele Menschen fühlen sich mit Veränderungen nicht wohl. Wenn wir also mit neuen Ideen kommen, müssen wir Widerstände überwinden. Wie können wir das tun?

Organisationen als Immunsystem

David Taylor, Vorstandsvorsitzender von Procter & Gamble, leitet das weltweit größte Konsumgüterunternehmen, dessen Produkte über fünf Milliarden Menschen erreichen. Für ihn ist klar, dass die Dinge oft auf ungeplante Weise geschehen. Stillstand bedeutet Rückschritt. »Jeder Mitarbeiterbeitende muss sich überlegen, was verbessert werden kann. Die Idee ist, Manager/innen so zu trainieren, dass sie nicht im Bewertungsmodus, sondern im Entwicklungsmodus sind«, sagt Tylor. Das bedeutet, ein Umfeld zu schaffen, in dem Mitarbeitende lernen wollen und nicht versuchen, Recht zu behalten. »Wir versuchen, von anderen zu lernen, anderen zu helfen und Verbindungen herzustellen, die zu neuen Lösungen für Probleme führen, die wir vorher nicht lösen konnten.«

Menschen sind nicht von Natur aus abgeneigt gegenüber Veränderungen. Es ist eher die potenzielle Instabilität, das Risiko, die Ambiguität und die Bedrohung ihrer Macht und ihres Einflusses, die von Bedeutung sind und mit denen man sich auseinandersetzen muss. Untersuchungen haben gezeigt, dass Menschen eher an die potenziellen Kosten denken als an die möglichen positiven Ergebnisse. Wir neigen oft dazu, den Fokus auf die Risiken zu legen – und auf die potenziellen Kosten von »unproduktiven Unfällen«, was Handeln verhindert, selbst wenn der Nutzen erheblich sein könnte.[13] Kurzum: Wir sind oft mehr darauf bedacht, nicht zu verlieren als zu gewinnen. Salim Ismail, der Gründungsdirektor der Singularity University in Santa Clara, Kalifornien, vergleicht dies mit dem Immunsystem: Wenn Sie versuchen, etwas in einem großen Unternehmen radikal zu verändern, wird das Immunsystem des Unternehmens auf Sie losgehen und Sie angreifen.[14]

Viele Unternehmen, mit denen ich zusammengearbeitet habe, haben sich dieser Herausforderung gestellt. Sie formulieren dabei die Notwendigkeit einer Veränderung so um, dass die größere Gefahr darin besteht, sich nicht zu verändern. Dann geht es nicht darum, die Menschen von den Veränderungsprozessen fern zu halten, sondern sie bei der Bewältigung der Veränderung zu unterstützen und klar zu formulieren, wie sich diese auf sie auswirkt. Dadurch wird eine gewisse Ambiguität vermieden, die zu Situationen führt, in denen jede/r das Schlimmste annimmt und die Gerüchteküche angeheizt wird. Zu den

Möglichkeiten, Unterstützung anzubieten, gehören die Veranschaulichung der Konsequenzen für den/die Einzelnen und die Formulierung klarer Handlungsschritte.

Wir können so viel argumentieren, wie wir wollen, aber letztlich müssen wir diese Voreingenommenheit überwinden – wir müssen verstehen, was den Menschen wirklich wichtig ist, und an das appellieren, was sie gewinnen oder verlieren können. Viele Führungskräfte, mit denen ich zusammengearbeitet habe, trafen ihre Entscheidungen auf der Grundlage einer Beobachtung, die mit jemandem zu tun hat, der ihnen wichtig ist (etwa die Erfahrungen ihrer Tochter), und nicht auf der Grundlage dessen, was ihnen von Beratern gesagt wurde. Ideen werden zur Realität, wenn sie persönlich werden, wenn wir das Gefühl haben, dass es »das Richtige« ist.

Dies hängt besonders auch mit der Forschung über affektive Verzerrungen zusammen – Menschen neigen dazu, an ihre eigenen Ideen zu glauben und sich mehr Gedanken um sie zu machen als um die Ideen anderer. Interessanterweise neigen Manager/innen dazu, ihre Ideen überzubewerten (in einer Studie um 42 Prozent), während die Umsetzer/innen ihre Ideen oft unterbewerten (in der gleichen Studie um 11 Prozent).[15] Die frühzeitige Einbeziehung relevanter Personen – insbesondere von Multiplikatoren und wichtigen »Sponsoren/innen« – in den Ideenentwicklungsprozess kann dazu beitragen, diesen Bias zu überwinden.

Eines meiner Lieblingsvideos auf YouTube ist »The Dancing Guy«. Stellen Sie sich einen Festivalpark vor, in dem die Leute sitzen, trinken und sich unterhalten, mit Musik im Hintergrund. Auf einmal beginnt ein »seltsamer Typ« in der Mitte des Parks zu tanzen. Die Leute schauen ihn an, als sei er ein Außerirdischer. Dann kommt eine zweite Person hinzu, umarmt ihn und beginnt, mit ihm zu tanzen. Der zweite Mann bittet zwei andere, mitzumachen, und sie laden weitere Leute ein. Bald laufen die meisten der umstehenden Menschen in den Kreis, um zu tanzen. Die Outgroup wird zur Ingroup und umgekehrt. Plötzlich sind diejenigen langweilig, die nur herumsitzen. Die meisten Ideen erscheinen zu Beginn verrückt oder seltsam – aber sie haben die Kraft, zur »neuen Normalität« zu werden, sobald es eine kritische Masse gibt, die sie unterstützt.

Wie können Unternehmen diesen Prozess erleichtern? Indem sie Projekte oder Probleme in kleinere Schritte unterteilen, die eine schnelle und kostengünstige Iteration ermöglichen. Oder sie verwenden biegsame Materialien, die wiederverwendet werden können, oder digitalisieren so viel wie möglich, was das Experimentieren billiger macht.[16] Oder sie erweitern den Möglichkeitsraum, indem sie Leute von außen hinzuziehen. Die Forscher Lars Bo Jeppesen und Karim Lakhani untersuchten das Crowd-Sourcing-Unternehmen InnoCentive und stellten fest, dass viele Probleme, die intern nicht gelöst werden konnten, von Personen außerhalb des Unternehmens gelöst wurden. Der Grund? Die heterogene Gruppe war viel besser in der Lage, eine breitere Lösungslandschaft zu öffnen, als es ein internes Team je könnte. Dies ermöglichte mehr potenzielle »Bedürfnis-Lösungs-Paare«.[17] Sie waren überdies abgeschirmt – die Wirtschaftsgeschichte ist voller Beispiele für Vereinbarungen, in einem weniger starren Umfeld zu experimentieren, bevor die Ideen wieder in das Unternehmen integriert werden (im Wirtschaftsjargon als »Skunk Works« bekannt).

Interaktionen beschleunigen

Heutzutage werden Raucher/innen nach draußen verbannt, wenn sie ihrer Sucht zu frönen. Dennoch bilden sie eigene Gemeinschaften über Abteilungen, Hierarchien oder Fachwissen hinweg. Ich kenne viele Raucher/innen, die bestätigen können, dass sie bei einer Zigarette interessante Kontakte geknüpft haben, die sie sonst verpasst hätten. Die Raucherecke ist zwar auch eine Brutstätte für Klatsch und Tratsch, aber sie kann auch Brutstätte für neue Ideen und Erkenntnisse sein.

Zwar würde kein verantwortungsbewusstes Unternehmen seine Mitarbeiter/innen aktiv zum Rauchen ermutigen. Weitsichtige Unternehmen haben aber andere Wege für Mitarbeitende gefunden, aufeinanderzutreffen und auf Grundlage eines gemeinsamen Interesses zu interagieren. Sie fördern gemeinsame Aktivitäten (Karategruppe, Schachclub und so weiter) und erhöhen dadurch den Erfolgsfaktor Zufall. Denn oft haben diejenigen, die am Rande eines Problemlösungsprozesses stehen, eine wertvolle neue Perspektive auf das Ganze. Untersuchungen haben gezeigt, dass die Umsetzer/innen die Methode »Versuch und Irrtum« und einfache Heuristiken (simple praktische Lerntechniken) anwenden. Manager/innen im Headquarter hingegen verlassen sich eher auf vertrauliche Dokumente und formale Berichte, was sie von zufälligen Erkenntnissen abhalten kann.[18] Deshalb versetzt beispielsweise Remi Eriksen, CEO von DNV, einem der größten Unternehmen Norwegens mit Niederlassungen in hundert Ländern, seine Mitarbeitende häufiger – damit »die DNA des Unternehmens weitergegeben wird«. Dahinter steht die Erkenntnis, dass nicht alles im Voraus geplant werden kann und Mitarbeitende befähigt werden müssen, das Unerwartete proaktiv anzugehen.

Aber all das hilft nicht, wenn Mitarbeitende keine Motivation haben, mit anderen innerhalb oder außerhalb des Unternehmens intensiv zusammenzuarbeiten. Wie können wir sie dazu anregen, eine »vernetzte Intelligenz« aufzubauen und mehr im Erfolgsmodus Zufall zu agieren? LinkedIn-Gründer Reid Hoffman und andere sponsern Mittagessen; Dharmesh Shah, Mitbegründer von HubSpot, billigte ein Budget für »Lernmittagessen«. Das einzige Kriterium war, mit einem klugen Menschen von außerhalb des Unternehmens zu Mittag zu essen. Auf diese Weise wird das Gefühl der Autonomie gestärkt, was sich positiv auf die Zufriedenheit am Arbeitsplatz auswirkt. Untersuchungen haben gezeigt, dass eine größere persönliche Autonomie am Arbeitsplatz eindeutig mit einer geringeren Fluktuation der Arbeitnehmer/innen, einer höheren Arbeitszufriedenheit und einem größeren Engagement bei der Arbeit zusammenhängt. Außerdem werden dadurch negative Emotionen gemildert.[19]

Vielfalt ist wichtig. In einigen meiner Unternehmen arbeiteten wir nicht den ganzen Tag mit dem Team im Büro, sondern erledigten die herausfordernden konzeptionellen Dinge in einer ruhigeren Büroumgebung am Morgen und wechselten dann den Ort, um am Nachmittag in einem Café und am frühen Abend in einer Bar zu arbeiten. Wenn wir die leichteren, interaktiveren Tätigkeiten in eine Umgebung versetzen, die uns Raum zum Atmen gibt, sind wir empfänglicher für neue Impulse und Ideen.

Vielfalt fördert Serendipität. Warum? Assoziationen, also die Verknüpfung von Punkten, beruhen auf der Kombination von Informationen oder Ideen, die zuvor nicht miteinander in Verbindung standen. Oftmals können ungeahnte Verbindungen oder verborgene Analogien aufgedeckt werden – wir lassen neue Sichtweisen zu.[20] Dann kommt es zu großen »metaphorischen Sprüngen«, die das wahre Potenzial eines Ereignisses oder einer Information enthüllen. Nehmen Sie den Apfel, der vom Baum fällt: Wenn wir ihn nur im Zusammenhang mit dem

Baum betrachten, sehen wir nur einen Apfel, der herunterfällt. Umfassender betrachtet geht es um die Schwerkraft, die den Apfel nach unten zieht. Je verstreuter die Informationen innerhalb einer Organisation sind, desto schwieriger wird es, diese Verbindungen herzustellen. Wir sind gut beraten, einen gemeinsamen Nenner zu finden, der die Menschen anregt, die Punkte zu verbinden. Johann Wolfgang von Goethe hat in seinem Buch »Wahlverwandtschaften« die Logik der chemischen Reaktion wunderbar auf soziale Beziehungen übertragen. Menschen, die sich lieben, vermischen sich wie Wasser und Wein. Menschen, die sich hassen, scheiden sich wie Wasser und Öl. Um uns wie Wasser und Wein mischen zu können, brauchen wir gemeinsame Nenner, wie ein gemeinsames Anliegen, ein gemeinsames Interesse, eine gemeinsame Erfahrung – oder sogar einen gemeinsamen Feind. Assoziationen entstehen häufig, wenn zwei oder mehr Personen ganz unterschiedliche Sichtweisen haben und dennoch bereit sind, sich zu verbinden.[21] Die Bedeutung des für den Gedankenaustausch erforderlichen Vertrauens wird leicht unterschätzt (siehe oben).

Es ist nicht verwunderlich, dass namhafte Managementdenker wie Henry Mintzberg sich heute mehr für Communityship als für Leadership interessieren. Letztlich kommt es auf das Gemeinschaftsgefühl an. Die Entwicklung interner und externer Communitys, die den Aufbau von Fachwissen, den Wissenstransfer und die Förderung von Mitarbeitenden unterstützen, wird vor allem in größeren Organisationen immer wichtiger. Das ist alles schön und gut, werden Sie vielleicht denken, aber was ist, wenn unsere Unternehmenskultur von Konkurrenz, Misstrauen und Dienst nach Vorschrift geprägt ist? Ist das nicht ein zu rosiges Bild, das hier gezeichnet wird? Lohnt es sich in einem Umfeld, in dem noch immer die Ellbogen vorherrschen, wirklich, gemeinschaftsorientiert, großzügig und kooperativ zu sein?

In einem Umfeld, das von starker Konkurrenz und Ellenbogendenken geprägt ist, tun die Menschen vielleicht so, als würden sie sich um ihre Kollegen kümmern, fallen ihnen aber dann in den Rücken, wenn es darauf ankommt. Die Forschung hat gezeigt, dass Unternehmen in solchen Situationen gut beraten sind, neue Teams und »*Communities of Practice*« zu bilden, die aus etablierten Dynamiken ausbrechen. Das Wichtigste ist, dass wir die Zusammenarbeit nicht nur belohnen, sondern auch die Hemmnisse für positive Beiträge beseitigen. Eine Kultur, die den Einzelnen und die Einzelne ermutigt, das zu geben, was er/sie kann, und die ihm/ihr zeigt, dass sie den Wert dieses Gebens kennt, ist eine Kultur, in der Serendipität gedeihen kann. Sie hilft den Menschen, die Gelegenheit zu ergreifen – wie unerwartet sie auch sein mag. Effektive Kulturen schaffen Anreize für Zusammenarbeit,[22] indem sie die Leistungen des Teams und den Beitrag des einen für den anderen hervorheben.

Umfassende Untersuchungen zeigen, dass Geben glücklicher macht als Nehmen. Elizabeth Dunn von der University of British Columbia und ihre Kollegen befragten 632 Amerikaner zu ihrer Einkommenshöhe, ihren Ausgaben und ihrem Glücksempfinden. In ihrer in der Zeitschrift *Science* veröffentlichten Studie fanden sie heraus, dass unabhängig vom Einkommen diejenigen, die Geld für andere ausgaben, wesentlich glücklicher waren als diejenigen, die das Geld nur für sich selbst verwendeten.[23] Dennoch entwickeln wir oft Strukturen, die Anreize für das Gegenteil schaffen. Fruchtbare Umgebungen fördern ein »aufgeklärtes Eigeninteresse« und bereiten den Boden, auf dem Serendipität wachsen kann.

Wir können überdies auch die Gestaltung physischer und virtueller Räume nutzen, um Serendipität zu beschleunigen.

Physische und virtuelle Räume für Serendipität gestalten

Unzählige Studien haben gezeigt, dass der Workspace einen großen Einfluss auf die Wahrscheinlichkeit von Serendipität hat.[24] Denken Sie nur an die Royal Society of Arts, die ihren zentralen Raum in ein Kaffeehaus umgestaltet hat, inspiriert von den Wiener Kaffeehäusern. Hier spielt die Größe tatsächlich eine große Rolle: Untersuchungen haben nämlich gezeigt, dass Mitarbeitende, die an Cafeteria-Tischen mit zwölf Personen sitzen, in der Regel wirkungsvoller sind als an Tischen mit vier Personen – aufgrund von mehr zufälligen Gesprächen und einem größeren Netzwerk.[25]

Google, dessen Street View und Gmail aus *»positive collisions«,* also aus einem Zusammenstoß mit positivem Effekt, hervorgegangen sind,[26] hat seinen Campus in Mountain View so gestaltet, dass »zufällige Kollisionen maximiert werden«. Die Gebäude ähneln gebogenen Rechtecken, in denen die Mitarbeitenden innerhalb des Komplexes nicht weiter als drei Gehminuten voneinander entfernt sind. Dachterrassencafés ergänzen das Design. Dies schließt die »strukturellen Lücken« zwischen den Teams, indem es gute Ideen zwischen Gruppen verbindet, die normalerweise nicht miteinander verbunden sind.[27] Die moderne Netzwerkanalyse nutzt vorhandene Daten, um isolierte Teams zu erkennen und abzubilden und Raum und Struktur entsprechend anzupassen.

Welche kleinen Designänderungen können eine große Wirkung haben? Zunächst einmal fördern Räume mit verschiedenen Sitzgelegenheiten ein entspanntes Gespräch. Wenn man beispielsweise Sofas in der Nähe von Türöffnungen aufstellt, führt dies dazu, dass Leute »ineinander rennen«, wenn neue Personen den Raum betreten. Mithilfe von Sensoren werden wir bald Büros entwickeln können, in denen die Sitze täglich automatisch neu angeordnet werden, je nachdem, wo das System strukturelle Löcher erkennt.[28]

Eine weitere Veränderung betrifft die Bürogestaltung. Das niederländische Coworking-Unternehmen Seats2meet.com arbeitet mit einem Finanzdienstleistungsunternehmen zusammen, um dessen Räume so umzugestalten, dass Menschen mit unterschiedlichen Hintergründen miteinander in Kontakt treten können. Die Mitarbeitenden sollen auf ungezwungene Weise mit Menschen von außerhalb zusammenarbeiten.[29] Gemeinsame Veranstaltungen ermöglichen es den Besuchern und Besucherinnen beispielsweise, Ideen zu präsentieren, miteinander in Kontakt zu treten und die Zusammenarbeit zu fördern. Seats2meet.com erleichtert die Interaktion über eine digitale Plattform, die es den Menschen ermöglicht, ihre Bedürfnisse und Angebote zu teilen.

Die Forschung über computergestützte kooperative Arbeit hat ergänzend gezeigt, dass wir viele der oben genannten Erkenntnisse auch in der virtuellen Welt wiederholen können. Plattformen wie beispielsweise InnoCentive schaffen unerwartete Verbindungen. Ähnlich wie physische Nähe die Wahrscheinlichkeit von zufälligen Begegnungen erhöhen kann, können wir in virtuellen Umgebungen mehr Nähe zwischen verschiedenen Menschen und Ideen schaffen. Die erleichterte informelle Onlinekommunikation oder Updates der Social-Media-Aktivitäten von Kollegen zu erhalten kann die Wahrscheinlichkeit zufälliger Begegnungen erhöhen.[30]

Wir sollten allerdings nicht vergessen: Menschen bevorzugen oft die direkte persönliche Zusammenarbeit. Greg Lindsay von der New

York University hat es auf den Punkt gebracht: Das, was nicht in Sicht ist, ist oft auch nicht im Kopf. Laut einer Studie ist es viermal wahrscheinlicher, mit jemandem zu kommunizieren, der oder die einen Meter entfernt sitzt, als mit jemandem, der oder die 60 Meter entfernt ist – und fast nie mit Personen, die sich in verschiedenen Gebäuden oder Stockwerken befinden.[31] Geschweige denn in anderen Städten oder Ländern. Menschen fühlen sich am kreativsten, wenn sie in Bewegung sind und Menschen treffen, und nicht, wenn sie lange am Schreibtisch sitzen – das hinterlässt sogar nachweisbare Spuren im Gehirn.

Vernetzte Serendipität

Früher konnten wir uns damit begnügen, in unserem Büro zu sitzen und uns zu verstecken. Heute drängt alles in Richtung von Netzwerken. Für Unternehmen bedeutet dies, von einem organisationszentrierten Ansatz zu einem sozialökonomischen Netzwerk (»Ökosystem«) zu kommen.[32] In einer Welt, in der die Zukunft unvorhersehbar ist, haben Unternehmen verstanden, dass sie mehr Seestern als Spinne sein müssen.[33] Was bedeutet das? Stellen Sie sich eine Organisation als eine Spinne vor, die stirbt, wenn ihr der Kopf abgeschlagen wird. Umgekehrt ist eine dezentrale Organisation ein Seestern, der keinen Kopf hat. Wird ein Bein abgetrennt, regeneriert es sich entweder direkt oder es entsteht ein neuer Seestern. Seestern-Organisationen sind anpassungsfähiger in sich schnell verändernden Geschäftsumfeldern. Sie sind in der Lage, Serendipität zu kultivieren, indem sie nicht zentral planen, sondern mehrere kleinere Teile in die Lage versetzen, verschiedene Lösungen zu testen. Netzwerke in den Mittelpunkt des Geschäfts zu stellen, ist inzwischen überall von größter Bedeutung.[34] Und genau hier kommt die vernetzte Innovation ins Spiel.

Die Geschichte lehrt uns, dass neue Ideen und Innovationen sowie gesellschaftlicher Fortschritt im weiteren Sinne oft aus der Neukombination bestehender Ideen oder Technologien entstehen – deren Integration häufig über Netzwerke erfolgt. Dies kann zufällig geschehen, indem das Wissen von Menschen zusammengeführt wird, die in ähnlicher Weise Neuland betreten.[35] In den traditionellen Innovationsmodellen gingen die wichtigsten Innovationen von zentral organisierten Produzenten aus. In der heutigen, sich schnell verändernden Welt, in der wir nicht wissen können, was die Menschen morgen wollen oder brauchen, rücken kundenorientierte Modelle in den Vordergrund.[36] Technologische Fortschritte, wie das Internet der Dinge und Big Data, machen es möglich, vollständig adaptive Produkte selbst für sehr individuelle Präferenzen zu schaffen. Folglich wird die Fähigkeit, mit dem Unerwarteten umzugehen, zu einer Kernkompetenz für jedes Unternehmen, das fit für die Zukunft bleiben will.

Gemeinsam mit Alice Wang vom Beratungsunternehmen Lloyd George Management und Jill Jürgensen von der Surrey University habe ich den faszinierenden Wandel bei dem innovativen Haushaltsgerätehersteller Haier genauer untersucht.[37] Das Unternehmen nutzt Netzwerkeffekte. Es geht darum, dass Netzwerke wertvoller werden, wenn wir ihnen (relevante) neue Menschen oder Organisationen – als Knotenpunkte der Kommunikation – hinzufügen.[38] Sie beschreiben die exponentielle Wertkurve, die sich ergeben kann, wenn ein Gut oder eine Dienstleistung eine kritische Masse an Nutzern erreicht hat – die Akquisition von Nutzern wird viel weniger kostspielig, da das Netzwerk ab diesem Punkt einen Nutzen bietet. Folglich wird das Gut oder die Dienstleistung sehr viel wertvoller. Was für das Telefonsystem gilt, gilt auch für Social-Media-Plattformen.

Haier wurde zu einem Plattformökosystem umgestaltet, das Menschen innerhalb und außerhalb des Unternehmens dazu anregt, sich mit neuen Daten und Ideen zu beschäftigen. Hunderte von Kleinstunternehmen – Teams von Menschen mit einer Idee, die entweder auf einem bestehenden Produkt, wie einem smarten Kühlschrank mit Netzwerkeinbindung, oder auf etwas völlig Neuem, wie einem Spieleunternehmen, basiert – interagieren mit ihnen. Haier nutzt dieses Modell, um auf verschiedene Pferde zu setzen, da man sich bewusst ist, dass wir in zehn Jahren vielleicht gar keine Kühlschränke oder Waschmaschinen mehr brauchen – also bereitet man sich auf das Unerwartete vor.

Unternehmen können agiler und näher an die Bedürfnisse der Endnutzer/innen rücken, was schnelle Verbesserungen ermöglicht. Das bedeutet oft, dass wir überdenken müssen, wie Organisationsstrukturen aussehen.[39] Beim niederländischen Mischkonzern Philips stellt sich beispielsweise die Frage, wie die Geschäftsbereiche organisiert werden sollen. CEO Frans van Houten teilte mit meinem Forschungsteam die Idee, die traditionellen Strukturen, die sich auf eine bestimmte

Lösung (zum Beispiel Tomographie) konzentrieren, durch eine Struktur zu ersetzen, die sich auf die Kundenbedürfnisse (zum Beispiel Präzisionsdiagnose) konzentriert – was dann durch verschiedene Arten von Lösungen angegangen werden kann. Indem die Herausforderungen für die Teams anders formuliert werden, werden die verschiedenen Geschäftsmodelle besser an den tatsächlichen Kundenbedürfnissen ausgerichtet. Die traditionelle Technologieorientierung ändert sich zu einem bedarfsorientierten Clustering, oft in enger Zusammenarbeit mit Partnern. Eine Neuausrichtung findet statt, die über gezielte Verbesserungen von spezifischen Lösungen, wie beispielsweise Tomographie, hinausgeht und einen Möglichkeitsraum für die Entstehung neuer und oft unerwarteter Lösungen bietet.

Auf diese Weise haben Ökosysteme viel mit biologischen Ökosystemen gemeinsam. Sie können sich anpassen – sich auf der Grundlage der ursprünglichen Funktion verändern –, aber auch »exaptieren«: Eigenschaften, die sich für andere Verwendungszwecke (oder für gar keine Funktion) entwickelt haben, nutzen und sie für ihre aktuelle Situation übernehmen.[40] Unternehmen strukturieren ihre Such- und Entwicklungsbemühungen zunehmend so, dass sie »Exaptationen« ermöglichen – und so den Zufall fördern. In Unternehmen wie IDEO werden interessante Ideen gesammelt, oft ohne eine klare Vorstellung davon, wie sie später genutzt werden können. Diese Wissensbausteine sind lose organisiert und werden herangezogen, sobald etwas Relevantes auftaucht – um »Exaptationen« zu ermöglichen.[41]

Warum ist das relevant?

In der Vergangenheit waren Unternehmen überwiegend durch Größenvorteile wettbewerbsfähig, und es war möglich, individuelle Anforderungen zu opfern, um einen möglichst großen Markt zu einem möglichst niedrigen Preis zu bedienen. Der/die Verbraucher/in von heute möchte aber eher als Individuum angesprochen werden, das alle Möglichkeiten hat, seine/ihre Erfahrungen einzubringen, oft in Zusammenarbeit mit Unternehmen.[42] Eine simple Kundenbefragung reicht längst nicht mehr aus. In einer sich schnell verändernden Welt ist die Reaktionsfähigkeit in Echtzeit der Schlüssel zum Erfolg. Wir gestalten Serendipität, wenn wir die Kunden und Kundinnen und ihre sich entwickelnden – und oft unerwarteten – Bedürfnisse in den Mittelpunkt stellen. Als etwa, wie wir schon wissen, die Wartungsmitarbeitenden von Haier feststellten, dass viele Beschwerden über Waschmaschinen Schmutz und Ablagerungen betrafen, erkannten sie, dass einige Kunden auf dem Land ihre Waschmaschinen zum Waschen von Wurzelgemüse verwendeten. Anstatt diese Fälle als unbedeutend abzutun, erkannte Haier den potenziellen Wert und entwickelte eine Waschmaschine, die auch pflanzlichen Schmutz und Ablagerungen verarbeiten und filtern konnte. Die Kartoffelwaschmaschine war geboren.

Wie aber werden diese verschiedenen Menschen in einem »Ökosystem« zusammengehalten? Bei Haier ist es eine Kombination von Plattformen und »Superknoten«, die das verbindende Gewebe des Ökosystems bilden. Haier betreibt eine WeChat-Gruppe (eine auf Textnachrichten basierende App) für seine Kleinstunternehmer/innen, die den zwanglosen und professionellen Austausch erleichtert. Das Unternehmen hat auch U+ entwickelt, eine Softwareplattform, die Kund/innen, Lieferant/innen, Mitarbeitende und Unternehmer/innen zusammenbringt und durch künstliche Intelligenz und maschinelles Lernen unterstützt wird.

Diese Ökosysteme – die die Logik von Unternehmen, Markt und Netzwerken miteinander verbinden – können wirksame Instrumente für die Ressourcenverteilung sein. Vor allem aber ermöglichen sie Serendipität, indem sie Raum für neue Erkenntnisse bieten, und zwar durch die Kombination von Zusammenarbeit *(Collaboration)* und Wettbewerb *(Competition)*: Co-opetition. Das Nebeneinander von Elementen, die wir für Gegensätze hielten, ermöglicht eine kreative Reibung, die häufig ein Auslöser von Serendipität ist. Eine Grundannahme ist, dass alles falsch sein kann und jeder falsch liegen könnte, und das alles verbessert werden kann.

Die WeChat-Dienste von Tencent entstanden, nachdem der Gründer Pony Ma seine Mitarbeiter ermutigt hatte, intern miteinander zu konkurrieren, um ein mobiles Messaging-Business zu schaffen. Während einige Investoren befürchteten, dass dieser Ansatz zu Doppelarbeit führen würde, besteht Pony Mas Ansatz darin, ein Unternehmen aufzubauen, das sich selbst umwälzen und weiterentwickeln kann, bevor es von außen zerstört wird.[43] Diese Ansätze erleichtern es, auf zufällig entstehende Ideen zu reagieren und neue Verbindungen zu schaffen. Sie stellen eine kostengünstige Form der Risikokontrolle dar. Gleichzeitig stellen sie auch eine Herausforderung für diejenigen dar, die unter ständigen Leistungsdruck gesetzt werden.[44]

Auf den Kontext kommt es an

Ganz allgemein und für alle Lebensbereiche gilt, dass wir uns auf den Erfolg vorbereiten müssen, indem wir das Unerwartete antizipieren und nutzen. In einer Welt, die von Präzision und Effizienz beherrscht wird, ist es von entscheidender Bedeutung, die Vorstellung von Serendipität sei gleichzusetzen mit Kontrollverlust, zu überwinden und Serendipität stattdessen als Zeichen eines offenen Geistes und einer positiven Unternehmenskultur zu sehen. Man könnte sich fragen: »Könnte das nicht dazu führen, dass Mitarbeiter das Unternehmen verlassen, wenn sie zufällig über etwas stolpern, das ihr Leben verändert?«

Diese Frage ähnelt einem Klassiker: »Was ist, wenn wir alle weiterbilden und sie dann das Unternehmen verlassen?« Ein gutes Gegenargument ist: »Was ist, wenn wir sie nicht schulen und sie bleiben?« Es gibt keine andere Wahl, wenn wir fit für die Zukunft sein wollen. Der Nettonutzen für ein Unternehmen ist hoch, einschließlich motivierterer Mitarbeitende und mehr und besserer Ideen. Es ist wie in einer Ehe: Wenn Sie ständig Angst haben, dass Ihr/e Partnerin Sie verlässt, gibt es ein systemisches Problem, das angegangen werden muss. Es ist kontraproduktiv, wenn Sie Ihre/n Partner/in daran hindern, sich weiterzuentwickeln, um ihr/sein *»Best Self«* zu werden.

In diesem Kapitel haben wir uns bisher mit der Rolle von Serendipität für und in Organisationen beschäftigt. Doch wie wirkt sich dies auf die Städte und Länder aus, in denen wir leben? Was bedeutet es für Regierungen und politische Entscheidungen?

Silicon Valley – Hoffnung und Wirklichkeit

Nicht nur seit der Coronapandemie und dem Ukrainekrieg haben wir erkannt, dass wir in einer Welt leben, in der wir nicht exakt voraussagen können, was die Zukunft bringt – und in der wir widerstandsfähige Gemeinschaften und Gesellschaften entwickeln müssen, die mit dem Unerwarteten fertigwerden können.[45] John Hagel, John Seely Brown und Salim Ismail haben interessante Arbeiten über die Bedeutung von Serendipität für Organisationen und Städte verfasst.[46] Sie verlagern die Perspektive von den Wissensbeständen – also dem, was wir wissen – auf den Wissensfluss, bei dem es darum geht, immer weiter zu lernen, zu erneuern, zu entdecken. Wir müssen Ideen und Wissen von vielen Menschen abrufen. Die Frage ist nur: Wie können wir Dinge finden, wenn wir nicht einmal wissen, was es da draußen gibt oder wonach wir suchen?

Weltweit werden Projekte und Programme ins Leben gerufen. In Tokio hat Todd Porter, der TEDxTokyo-Kurator und Gründer von EDGEof, an der Entwicklung eines städtischen Ökosystems für Serendipität gearbeitet. Mit einem achtstöckigen Clubhaus und einem dazugehörigen Country Gateway Hotel nebenan in einem Park – und mit weiteren in der Natur gelegenen Orten, die sich in der Entwicklung befinden – will er einen Begegnungsraum schaffen, in dem Serendipität gedeihen kann. In Chile haben der führende Anbieter für technische und berufliche Bildung INACAP und die Regierungsbehörde CORFO Projekte wie Start-Up Chile (CORFO) und Fab Lab (INACAP) entwickelt, um ähnliche Möglichkeiten zu bieten. In Las Vegas versuchte Tony Hsieh, der Gründer von Zappos (einem Onlinehändler für Schuhe und Kleidung), mit einer Investition von 350 Millionen Dollar die Innenstadt in ein Innovationszentrum zu verwandeln. Das Projekt hatte seine Höhen und Tiefen, und wenn er es noch einmal machen könnte, hätte er »Kollisionen« – zufällige Begegnungen zwischen Individuen, die Innovationen vorantreiben können – »an die Spitze vor das Lernen und sogar die Kapitalrendite gestellt«.[47] Danach konzentrierte sich Hsieh aktiv auf die Schaffung von *»Return on Collisions«* (Kollisionskapital).

Doch oft sind diese Projekte zum Scheitern verurteilt. Warum? Zunächst einmal haben viele Städte und regionale Cluster versucht, das Silicon Valley zu kopieren, in dem Glauben, dass es einfach kopiert werden könnte. Dabei wird oft die Bedeutung der zugrunde liegenden Kultur unterschätzt. Vergleicht man das Silicon Valley mit Innovationsclustern in Deutschland, wird deutlich, dass das Silicon Valley eine auf radikalere Innovationen, Deutschland auf inkrementelle Innovationen ausgerichtet ist, wobei die radikalsten Innovationen oft aus Schwellenländern kommen. Aber alle brauchen Menschen und Mindsets, die für Innovationen gerüstet sind – und ergänzende Institutionen wie starke Universitäten in der Nähe. Das Unternehmertum im Silicon Valley wäre ohne die Talente von Universitäten wie Stanford (und die anfängliche Unterstützung durch die amerikanische Regierung) wahrscheinlich nicht gewachsen. Nur ein paar Elemente eines Ökosystems zu kopieren, scheitert in der Regel. Ähnlich wie Unternehmen können wir Städte und Länder als Ökosysteme betrachten, die ihre Bewohner oder Bürger fördern und ernähren – nur wenn wir uns weiterentwickeln können, können wir überleben. Das bedeutet auch, dass wir Räume schaffen müssen, in denen sinnvolle Beziehungen und nicht nur Geschäftsbeziehungen entstehen können.

Die Managementforscher Kathleen Eisenhardt von der Stanford University und Benjamin Hallen von der University of Washington haben herausgefunden, dass Unternehmen oft dann effektiv Beziehungen aufbauen, wenn sich Führungskräfte auf das einlassen, was die Forscher *»Casual Dating«* nennen. Dabei handelt es sich um informelle, aber bewusste wiederholte Treffen mit potenziellen Partnern, bevor versucht wird, eine formelle Beziehung einzugehen – und wobei Gespräche, die sich ausschließlich auf Investitionen konzentrieren, ausdrücklich vermieden werden. Dieser Ansatz hilft den Investoren und Investorinnen, sich mit einem Unternehmen vertraut zu machen und gleichzeitig die oft kontrovers geführten Verhandlungen einer formellen Beziehung zu vermeiden.[48] Kommt Ihnen das bekannt vor? In gewisser Weise ist das wie Dating im wirklichen Leben.

Die Macht des Zufalls bei der Politikgestaltung

Welche Möglichkeiten gibt es, um den Zufall effektiv in die Politikgestaltung zu integrieren? Traditionelle Ansätze wie der New Deal for Communities – ein Sanierungsprogramm der britischen Regierung, mit dem versucht wurde, benachteiligte Stadtviertel umzugestalten – konzentrieren sich häufig auf die Verbesserung in bestimmten lokalen Gemeinschaften, also eines bestimmten geografischen Gebiets. Dies kann Sozialkapital entwickeln, aber gleichzeitig auch die Isolation verstärken sowie die Fähigkeit und Bereitschaft schwächen, Kontakte außerhalb der Gemeinschaft zu knüpfen. Dadurch werden »brückenschlagende« Beziehungen außerhalb der Gemeinschaft seltener, die für zufällige Begegnungen und Lebenschancen oft entscheidend sind.

Aus diesem Grund haben neuere Forschungen gezeigt, dass sich effektive Politikgestaltung auf die Überbrückung wirtschaftlicher und sozialer Unterschiede konzentriert.[49] Bei unseren Studien in Kenia und Südafrika haben wir eine Reihe von Möglichkeiten identifiziert, wie politische Entscheidungsträger/innen effektive Ökosysteme entwickeln können. Erstens neigen politische Entscheidungsträger/innen und Förderorganisationen oft dazu, Förderprogramme auf der Grundlage eines zentralen Plans zu entwickeln. Wie die meisten von uns versuchen sie, alles im Voraus zu planen. Aber die Mitglieder der lokalen Communitys wissen am besten, was wann gebraucht wird. Durch den Aufbau einer Unterstützungsinfrastruktur wird die Verantwortung auf die Menschen vor Ort übertragen und dies bezieht sie frühzeitig in den Prozess ein. Einige Regierungen nutzen gezielte und wiederkehrende Gesprächsrunden, um die Diskussion unter den Bürgern anzuregen. Die Bürger werden gebeten, ihre aktuellen Bedürfnisse mitzuteilen und »Versprechen« abzugeben, wie sie selbst zu dem größeren Ganzen beitragen wollen. Dies kann ein allgemeines Gemeinschaftsgefühl auf lokaler Ebene fördern, insbesondere dann, wenn sich die Regionen von den städtischen Zentren abgekoppelt fühlen oder wenn es große Ungleichheiten zwischen den Regionen gibt.

Zweitens kann die Identifizierung lokaler informeller Führungspersönlichkeiten und deren Legitimierung durch die Regierung wirksam sein. Nehmen Sie das Beispiel von Gyan Shala, einer Bildungs-NGO, die in Bihar, einem der ärmsten Bundesstaaten Indiens, tätig ist. Der Fokus von Gyan Shala liegt auf der Verbesserung der Bildungsinfrastruktur. Eine Organisation wie Gyan Shala, die vor Ort ansässig ist, über Personal verfügt und die Bedürfnisse kennt, kann Lehrkräfte innerhalb von ein paar Monaten ausbilden. Das geht viel schneller, als die Regierung dazu in der Lage wäre. In Indien hat dieser Ansatz dazu beigetragen, Hunderttausende von Menschen mit Bildungsangeboten zu erreichen, insbesondere in einkommensschwachen Gemeinden.

Christian Vanizette, ein bekannter Sozialunternehmer und Mitbegründer von »MakeSense«, hat in seiner Arbeit festgestellt, dass in einer globalisierten Welt interessenbasierte Gemeinschaften der Schlüssel sind, um Menschen auf das Unerwartete vorzubereiten. Es geht, so sagt er, weniger um finanzielle Bedürfnisse als vielmehr um Gemeinschaften, die es der/dem Einzelnen ermöglichen, sich zu entfalten. Dabei müssen Regierungen nicht alles regeln, sondern können von Bewegungen wie MakeSense lernen, wie Menschen »aktiviert« werden können, wenn sie ein gemeinsames Interesse haben.

Also ...

In einer sich schnell verändernden Welt wissen wir oft nicht, was als Nächstes kommt und welche Menschen und Ressourcen wir dafür brauchen könnten. Deshalb müssen wir uns selbst, unsere Unternehmen und unsere Städte in die Lage versetzen, auf das Unerwartete vorbereitet zu sein. Die Wichtigkeit des Zufalls – und genereller, der Serendipität – anzuerkennen und zu einem akzeptierten Teil unseres (organisatorischen) Lebens zu machen, wird zu einer Kernkompetenz. Damit Serendipität häufiger und mit besseren Ergebnissen eintritt, müssen sich Individuen und Teams in ihrer Karriere frei und sicher fühlen, um das Unerwartete und Ungewöhnliche weiterzuverfolgen – und sie müssen die Legitimität haben, dies zu tun. Dann werden wir aufmerksamer und wachsamer gegenüber unerwarteten Begegnungen und neigen weniger dazu, Ideen selbst zu zensieren.[50]

Organisationen können eine Kultur fördern, die das Ungewöhnliche fördert. Rituale wie Projektbegräbnisse können einen Anreiz bieten, offener darüber zu sprechen, was nicht funktioniert hat und warum, um ein angemessenes Lernen zu ermöglichen. Wenn es darum geht, Barrieren innerhalb von Organisationen zu überwinden, ist es wichtig, Risiken (und damit verbundene Kosten) zu minimieren. Wir können eine Kultur der Zusammenarbeit entwickeln, indem wir Anreize fürs Geben und Demotivation fürs Nehmen bieten. Und wir können physische und virtuelle Räume so gestalten, dass die Wahrscheinlichkeit von Serendipität steigt.

Die Politikgestaltung kann sich ihrerseits darauf konzentrieren, ein lebendiges Umfeld zu schaffen, indem sie beispielsweise lokale Multiplikatoren stärkt und ihnen hilft, ihre Programme zu erweitern. Den Erfolgsfaktor Zufall zu verstehen beginnt damit, zu realisieren, dass Serendipität keinen Kontrollverlust bedeutet, sondern ein Zeichen für eine positive Organisationskultur ist. Wenn dies geschieht, werden die positiven Auswirkungen folgen – und dieses Mal wird es nicht nur Zufall sein!

Serendipity Workout: Die Serendipität nähren

1. Fördern Sie das Aufspüren von Serendipität. Fragen Sie in der wöchentlichen Besprechung: Sind Sie letzte Woche auf etwas Unerwartetes gestoßen? Wenn ja, ändert dies unsere Annahmen (etwa in Bezug auf unsere derzeitige Strategie)?
2. Erfassen Sie verschiedene Fälle von Serendipität. Heben Sie sie hervor! Zeigen Sie den Menschen die möglichen Wege auf, dorthin zu gelangen. Heben Sie drei von ihnen in Ihrem nächsten Newsletter oder auf Ihrer nächsten Veranstaltung hervor.
3. Fördern Sie die psychologische Sicherheit im Team. Erinnern Sie Ihre Mitarbeitende bei der nächsten Sitzung daran, dass ihre Stimme entscheidend ist, wenn es darum geht, Dinge richtig zu machen. Sagen Sie zu Ihrem Team: »Denken Sie an die letzte Woche: War alles so gut, wie es hätte sein können?« Machen Sie es den Mitarbeitern leicht, sich bei Ihnen zu melden – sei es in der Besprechung oder individuell nach der Besprechung.
4. Experimentieren Sie mit einer Projektbeerdigung, zum Beispiel in Bezug auf ein Projekt, das Sie vor kurzem durchgeführt haben und von dem Sie dachten, dass es viel Potenzial hätte, das aber nicht funktioniert hat.
5. Führen Sie einen »Zufallskaffee« oder ein »Zufallsmittagessen« in Ihrer Organisation ein. Bitten Sie Mitarbeitende, ihre Erfahrungen damit bei Veranstaltungen und im Newsletter mitzuteilen. Führen Sie den Versuch dreimal durch, um die Wirkung zu sehen.
6. Wenn Sie ein Unternehmen führen, laden Sie eine Gruppe junger Menschen ein, Ihre Aktivitäten und die Ihrer Kollegen und Kolleginnen zu beobachten. Fragen Sie sie anschließend, was sie beobachtet haben: Welche Gewohnheiten und Routinen erscheinen schädlich? Wie könnten das Unternehmen und seine Produkte verbessert werden – oder was abgeschafft werden?
7. Wenn Sie eine (zufällige) Idee haben, wählen Sie drei Personen innerhalb oder außerhalb Ihrer Organisation aus, die sich für diese Idee stark machen könnten. Überlegen Sie, wie die informelle Machtstruktur in Ihrem Unternehmen aussieht – wer könnte helfen, Ihre Idee voranzubringen? Treffen Sie sich mit diesen Personen

zu einem entspannten Gespräch, um auszuloten, was möglich sein könnte. Finden Sie dann drei Personen, die Ihrer Idee im Wege stehen könnten, und überlegen Sie, wie Sie sie entweder für sich gewinnen oder auf intelligente Weise umgehen können. Um Menschen außerhalb Ihrer Organisation zu finden, besuchen Sie Orte, an denen sich Multiplikatoren aufhalten, zum Beispiel Coworking Spaces.

8. Für Bildungsexpert/innen und politische Entscheidungsträger/innen: Entwickeln Sie einen Möglichkeitsraum für andere. Können Sie beispielsweise jemandem eine/n effektive/n Mentor/in vermitteln?

9

SERENDIPITÄT BEWERTEN: DER SERENDIPITÄTS-QUOTIENT (SQ)

»Die beste Ausbildung ist die, die Sie auf Ihre eigene Reise ins Unbekannte vorbereitet.«

Lee C. Bollinger,
Präsident, Columbia University

Sie kennen das Drehbuch? Helen Quilley wird in ihrem PR-Job gefeuert, sie verlässt das Büro und lässt einen Ohrring im Aufzug fallen. Ein Mann hebt ihn auf. Sie rennt zum Zug in der Londoner U-Bahn und schafft es – gerade noch. Oder verfehlt ihn knapp. Die Handlung teilt sich in zwei Handlungsstränge, die sich unterschiedlich entfalten, je nachdem, ob sie diesen bestimmten Zug erwischt oder nicht. Helen – gespielt von Gwyneth Paltrow in dem Film *Sie liebt ihn – sie liebt ihn nicht* – erlebt zwei sehr unterschiedliche alternative Leben.

Wie oft haben Sie sich schon gefragt: »Was wäre, wenn?« Was wäre passiert, wenn ich an jenem Tag nicht zufällig der Liebe meines Lebens begegnet wäre? Was wäre passiert, wenn ich nicht zufällig das Gespräch mitgehört hätte, das mir meinen neuen Job beschert hat? Eine faszinierende Art, Serendipität zu betrachten – und das Ausmaß, in dem sie formbar ist – ist die Betrachtung des Kontrafaktischen: »Was hätte anders passieren können?«

Wenn alles, was passiert ist, aus einem Topf möglicher Geschichten gezogen wurde, ist das Glück in der realen Welt nur eine von vielen Optionen, die hätten passieren können.[1] Wenn wir zeitlich zurückgehen und dieselbe Situation noch einmal erleben, wie wahrscheinlich wäre dann eine alternative Geschichte? Was hat unser eigenes Handeln ermöglicht? Menschen unterschätzen, wie sehr sich das Leben aufgrund kleiner glücklicher Zufälle hätte anders entwickeln können.[2] Es kann interessant sein, mögliche alternative Geschichten zu betrachten, die sich hätten ereignen können. War es aktives, kluges Glück (Serendipität) oder blindes Glück (reine Glückssache)?

Wenn Sie die verschiedenen Optionen simulieren könnten, würden Sie vielleicht feststellen, dass das, was tatsächlich passiert ist, ein unwahrscheinlicher Ausreißer unter allen möglichen Ergebnissen war. Sehr kleine Änderungen der Ausgangssituation können zu sehr unterschiedlichen Ergebnissen führen. Was als Nächstes passiert, verstärkt sich oft, und es entstehen Pfadabhängigkeiten.[3] Was sagt uns das? Am Anfang könnte jemand einfach zur richtigen Zeit am richtigen Ort gewesen sein.[4] Ein Beispiel: In jeder Spitzengruppe kanadischer Eishockeyspieler/innen, die in einem berühmten Forschungsprojekt untersucht wurde, wurden mindestens 40 Prozent zwischen Januar und März geboren.[5] Da sich das Einstiegsalter für jede Eishockeyabteilung nach dem Kalenderjahr richtet, das auch in Kanada am 1. Januar beginnt, haben die Spieler/innen, die in den ersten drei Monaten des

Jahres geboren wurden, in der Regel eine höhere körperliche Reife. Daher werden sie anfangs häufiger ausgewählt, was ihnen mehr Spielerfahrung, ein potenziell besseres Training und schließlich bessere Mannschaftskameraden beschert.[6] Ihr Hauptvorteil bestand nicht darin, dass sie per se besser im Eishockey waren, sondern dass sie anfangs älter und stärker waren. Ihr anfänglich blindes Glück wurde durch Pfadabhängigkeiten verstärkt, die zu großen Unterschieden bei den langfristigen Ergebnissen führten. Würde man die Geschichte mit dem Stichtag 1. August wiederholen, sähe die Verteilung der Eishockeyspieler in der Liga wahrscheinlich ganz anders aus. In alternativen Verläufen hätte derselbe/dieselbe Hockeyspieler/in wahrscheinlich nicht dieselben Fähigkeiten erworben und wäre vielleicht in der Buchhaltung statt in der Eishockeyliga gelandet – und umgekehrt.[7]

Dies gilt auch für andere Bereiche – von der Einführung von Technologien über die Anhäufung von Reichtum bis hin zu Statushierarchien –, in denen eine anfängliche Verzerrung aufgrund von Pfadabhängigkeiten langfristig zu sehr unterschiedlichen Ergebnissen führen kann.[8] Wenn Sie 400 Millionen Dollar von Ihrem Vater erben (ein »kleines Millionendarlehen«, wie Donald Trump es nannte), wäre es schwierig, nicht Milliardär zu werden, selbst wenn Sie das Geld nur auf die Bank bringen und die (Zinses-)Zinsen genießen würden.

Deshalb sind wir gut beraten, uns nicht zu sehr von Menschen beeindrucken zu lassen, die sich scheinbar besonders hervorgetan haben. Sie hatten oft schon früh einfach Glück, und außergewöhnliche Leistungen spiegeln einen zufälligen Kontext wider. Ausgehend von einer guten Ausgangssituation werden sie dann unverhältnismäßig erfolgreicher. Diese Dynamik – »die Reichen werden reicher und die Armen werden ärmer« – wird als Matthäus-Effekt* beschrieben. Er basiert auf der Idee des akkumulierten Vorteils: Diejenigen, die mehr haben – zum Beispiel Status oder Geld – werden tendenziell in Situationen gebracht, in denen sie noch mehr gewinnen können.

* Der Begriff wurde von dem Soziologen Robert K. Merton (1968) geprägt und ist nach einem biblischen Gleichnis benannt (Matthäus 25, 14–30). Hinzu kommt, dass jemand wie Donald Trump, der »Losglück« in der Geburtslotterie hatte, ganz groß herauskommt – oder ganz groß verliert. Bei den Extremen gibt es oft keinen Mittelweg, weshalb man von ihnen in Bezug auf Erfolgstaktiken wenig lernen kann, wenn man nicht so risikofreudig ist und kein ähnliches Losglück hatte.

Allerdings – und das ist eines der größten Probleme bei den »Geschichten vom Pferd« auf Konferenzen oder bei Abendessen – spiegeln die Erzählungen diese reinen Glücksfälle nicht richtig wider. Der Versuch, ihr erfolgreiches Verhalten zu imitieren, kann sogar kontraproduktiv sein. Ihr Erfolg hat oft nicht viel mit der tatsächlichen Leistung zu tun und hat möglicherweise nur aufgrund von Kontextfaktoren funktioniert. Untersuchungen in verschiedenen Disziplinen haben gezeigt, dass Menschen dazu neigen, Geschichten zu erfinden, die ihren Intellekt und ihre Absicht betonen, dabei aber Schwierigkeiten, Ungewissheit und Zufälle bewusst oder unbewusst auslassen.[9]

Der Betrug der Überlebenden

Reines Glück mit Geschicklichkeit zu verwechseln, kommt häufiger vor, als wir denken – oft aufgrund des Survivorship Bias, einer kognitiven Verzerrung. Wir sehen dann nicht, was Nassim Nicholas Taleb das »stille Grab« nennt – die vielen Lottoscheinbesitzer die nicht gewonnen haben. Wir neigen von Natur aus dazu, uns auf die Survivors, also die Überlebenden zu konzentrieren und Misserfolge außer Acht zu lassen.[10] Wenn wir den Erfolg zu sehr den Dingen zuschreiben, die die erfolgreiche Person getan hat, und nicht dem Zufall oder reinem Glück, ziehen wir falsche Lehren. Wir studieren die Sieger/innen, ohne die Verlierer/innen zu sehen, die auf die gleiche Weise gehandelt haben, aber nicht das Glück hatten, erfolgreich zu sein.

Das kann frustrierend sein, aber in manchen Zusammenhängen kann es auch tödlich sein. Katastrophen werden oft durch viele Beinahekatastrophen ausgelöst – kurz vor der eigentlichen Katastrophe. Oft wird nicht bedacht, dass dieselbe Entscheidung, die gerade noch das Unheil abwenden konnte, auch zu einer Katastrophe hätte führen können. Dies fördert die Risikobereitschaft und wiegt uns in falscher Sicherheit – wie im Jahr 2003, als die Raumfähre Columbia beim Eintritt in die Atmosphäre zerfiel und alle an Bord ums Leben kamen.[11] Schaumstoffteile hatten sich zuvor bei mehreren Missionen vor der Katastrophe von der Raumfähre gelöst. Glücklicherweise hatten sie nie zuvor einen empfindlichen Teil des Orbiters getroffen. Da es zu keinem Ausfall gekommen war, interpretierten die NASA-Offiziellen die Beinahefehlschläge als Erfolge und betrachteten die Schaumstoffablösung als gewöhnlichen Vorfall ohne ernsthafte Auswirkungen.

Sie normalisierten die (negative) Abweichung und hatten Glück, dass nichts passierte, bis es schließlich zu einem Unfall kam, bei dem alle sieben Beatzungsmitglieder ihr Leben verloren. Wir interpretieren Beinaheunfälle oft als Erfolg, anstatt zu erkennen, wie schnell sie sich in eine Katastrophe hätten verwandeln können. Warum ist das wichtig?

Voreingenommene Reaktionen auf derartige Beinaheunfälle führen dazu, dass Organisationen und Systeme, die sie erleben, anfällig bleiben, obwohl sie die Warnzeichen dafür nutzen sollten, zu erkennen, dass etwas in Ordnung gebracht werden muss.[12] Ich habe mich dessen selbst schuldig gemacht: Als ich mit 18 Jahren mein erstes Auto bekam, hatte ich viele, viele Beinaheunfälle (zerkratzte Autos, umgestoßene Mülltonnen usw.), und ich nahm sie als Zeichen dafür, dass ich mit einem solchen Verhalten davonkommen könnte. Stattdessen hätte mir klar sein müssen, dass meine Eskapaden mich irgendwann umbringen könnten. Und das haben sie auch fast.

Was können wir tun, um dies zu vermeiden? Die Forschung hat gezeigt, dass es wirkungsvoll sein kann, einen Blick aus der Außenperspektive darauf zu werfen und sich alternative Verläufe vorzustellen. Erst wenn wir uns unserer Bias bewusst werden und beginnen, alternative Verläufe zu simulieren, können wir das Risikomanagement verbessern, etwas dazulernen und richtig handeln.[13] Ich versuche konstant, dies heutzutage auf meinen Fahrradtouren in die Praxis umzusetzen – mit unterschiedlichem Erfolg. Wenn ich eine Straße auf riskante Weise überquert habe, versuche ich mir zu sagen, dass in diesem Fall zwar nichts passiert ist, ich aber beim nächsten Mal vielleicht nicht so viel Glück haben werde. Sollte etwas passieren – zum Beispiel, dass mich ein Auto anfährt – würde es dem Beobachter wie Pech vorkommen. Aber in Anbetracht all der vorangegangenen Beinaheunfälle war die Wahrscheinlichkeit, dass es passiert, ziemlich hoch (ich habe diesen Teil des Buchentwurfs übrigens nicht an meine Familie geschickt!).*

* Dies baut auf probabilistischem Denken auf: Die Welt wird oft von probabilistischen (und nicht von deterministischen) Ergebnissen beherrscht. Wir können die Zukunft nicht mit Sicherheit vorhersagen, aber wir können weniger wahrscheinlichen oder wahrscheinlicheren Ereignissen Wahrscheinlichkeiten zuschreiben.

Hüten Sie sich vor den Überfliegern

Sich von Größen, wie Michelle Obama, Richard Branson, Bill Gates oder Oprah Winfrey, inspirieren zu lassen, ist großartig und enttäuschend zugleich. Selbst wenn Sie jeden ihrer Schritte genau kopieren könnten, wären Sie nicht in der Lage, deren Ausgangsbedingungen zu reproduzieren – und wie genau sich ihr Weg entwickelt hat. Extreme Leistungsträger/innen sind in der Regel Sonderfälle (»outliers«), was bedeutet, dass es unwahrscheinlich ist, ihnen erfolgreich zu folgen – denn die Wahrscheinlichkeit ist groß, dass Zufall oder Privilegien eine große Rolle gespielt haben.[14] Bill Gates beispielsweise stammte aus einer wohlhabenden Familie, die ihn auf eine Privatschule mit Computern schickte, wo er sein Hobby, das Programmieren, entwickeln konnte. Dann brachten ihn seine Eltern mit dem Präsidenten eines großen Unternehmens zusammen, und er erhielt später einen Vertrag mit diesem Unternehmen.

In der Tat sind es oft die zweitbesten Leistungsträger/innen, von denen wir am meisten lernen können. Auf herausragende Leistungen in vielen Bereichen folgen in der Regel weniger herausragende Leistungen, weil extreme Leistungen oft mit extremem Glück verbunden sind. Es ist jedoch unwahrscheinlich, dass extremes Glück von Dauer ist, und die Leistungen gehen in der Regel auf den Mittelwert zurück.[15] Dann versuchen die Menschen, irgendeine Erklärung für die Leistungsveränderung zu finden – anstatt zu erkennen, dass es einfach nur daran liegt, dass Sie gerade kein Glück haben! Dieses Buch wird Ihnen dabei helfen, sich nicht einfach auf Ihr Glück zu verlassen, sondern vielmehr ein hohes Basislevel an Serendipität zu entwickeln, das dauerhaft auf einem hohen Niveau bleibt.

Liegen wir grundlegend falsch?

Dies führt uns zu einem der faszinierendsten Phänomene, die es gibt: der Attributionsverzerrung. Menschen neigen demnach dazu, Ergebnisse einem der folgenden vier Faktoren zuzuschreiben: Glück, Anstrengung, Geschicklichkeit und Schwierigkeit der Aufgabe. Je mehr die Ursache eines Ergebnisses als unkontrollierbar und extern angesehen wird, desto mehr neigen Menschen dazu, es dem Glück zuzuschreiben.[16] Ein Großteil dieses Buches hat sich darauf konzentriert, wie wir unser eigenes Glück schaffen können, indem wir den Erfolgsfaktor Zufall (und das damit verbundene Serendipitätsfeld) kultivieren – was eine Fähigkeit für sich ist. Wir denken oft, dass Misserfolge auf Pech zurückzuführen sind, während wir Erfolge auf unsere Anstrengungen oder Fähigkeiten zurückführen. Dies führt dazu, dass wir aus (Pseudo-)Erfolgen zu viel und aus Misserfolgen zu wenig lernen. Was uns die Illusion von Kontrolle vermittelt.[17] Die Forschung hat jedoch gezeigt, dass Menschen zufällige Ergebnisse oft falsch interpretieren. Wie wir in früheren Kapiteln gesehen haben, können wir Muster erkennen, wo keine sind, und dann glückliche Ergebnisse eher auf unsere persönlichen Eigenschaften und Anstrengungen als auf unser Glück zurückführen.[18]

Der Schuss kann allerdings nach hinten losgehen, vor allem, wenn wir andere bewerten oder von ihnen bewertet werden. Schauen wir uns Leistungsbewertungen näher an. Wir passen unsere Erwartungen oft auf der Grundlage von Feedbackprozessen an und interpretieren Erfolg oder Misserfolg danach, ob unsere Leistung unter oder über den Erwartungen lag. Sie basieren oft auf dem Endergebnis und nicht auf dem Kontext und der Qualität der Entscheidung zum Zeitpunkt der Entscheidung. Hier kommt der fundamentale Attributionsfehler ins Spiel: die Tendenz, den Erfolg übermäßig den Fähigkeiten zuzuschreiben anstatt situativen Faktoren wie reinem Glück.[19] Der Nobelpreisträger Daniel Kahneman hat gezeigt, dass Menschen in solchen Situationen dazu neigen, kognitive Abkürzungen zu verwenden, indem sie beispielsweise eine schwierige Frage wie: »Welches ist das nicht erkannte Fähigkeitsniveau dieser Person?« durch eine einfache Frage wie: »Welches ist das erkannte Leistungsniveau dieser Person?« ersetzen.[20]

Diese heuristische Methode kann Zeit sparen, und sie kann richtig sein, da Personen mit hohem Leistungsniveau im Allgemeinen qualifizierter sind – es sei denn, es handelt sich um extreme Ausnahmen, die von reinem Glück profitiert haben.[21] Aber Fehler können kostspielig sein, sodass diese spezielle Heuristik nicht immer zu empfehlen ist. Sie hängt von der Kostendifferenz zwischen zwei möglichen Fehlern ab: einem falsch negativen (Können wird als Glück angesehen) und einem falsch positiven (Glück wird als Können angesehen).[22] Bei der Bewertung von Leistungen neigen Menschen dazu, falsch positiv zu urteilen – wir verwechseln Glück oft mit Geschicklichkeit.* Dies kann sich positiv auf die Motivation von Mitarbeitenden auswirken, denn wenn wir das Gefühl haben, dass unser jüngster Erfolg auf Geschicklichkeit und nicht auf Glück beruhte, könnten wir die Risikobereitschaft aufrechterhalten und unsere Fähigkeiten weiter ausbauen.[23]

Wenn ein Irrtum in Richtung falsch negativ jedoch Untätigkeit bedeutet, ist das in der Regel kostspieliger als Handeln – was darauf hindeutet, dass wir mehr falsch positive Fehler machen könnten. Dies kann zu sehr kostspieligen Fehlern führen – wie bei den letzten Finanzkrisen, die zumindest teilweise darauf zurückzuführen sind, dass das anfängliche Glück der Händler/innen und eine übermäßige Risikobereitschaft belohnt wurden. Oder die Katastrophe der Raumfähre Columbia, die darauf zurückzuführen ist, dass glücklich verlaufene Beinahekatastrophen als »Erfolge« gewertet wurden. Solche Fehler können schnell dazu führen, dass Prozesse außer Kontrolle geraten.[24] Das Glück falsch einzuschätzen, kann dazu führen, dass wir die falschen Schlüsse ziehen, warum jemand erfolgreich war. Vielleicht hat es der/die »fiese Chef/in« nicht nur geschafft, weil er/sie fies war? Es ist sehr wahrscheinlich, dass viele andere Faktoren – manchmal sogar reiner Zufall – eine Rolle gespielt haben. Meistens jedoch sind Tadel und Lob – und die damit verbundenen Vorteile und Gehälter – mit den unbeabsichtigten Folgen unserer oder anderer Handlungen verbunden. Wir können zwar im Nachhinein rationalisieren und Geschichten erfinden, aber in Wirklichkeit geschehen viele Dinge unbeabsichtigt.

Es ist wahrscheinlich, dass ausreichend qualifizierte Manager/innen befördert werden, aber der Unterschied in den Fähigkeiten zwischen einer Stufe und der nächsten ist normalerweise gering – oder sogar gegenteilig. Da viele außergewöhnliche Leistungen dem Zufall überlassen sind, werden eher diejenigen befördert, die ein paar Mal mehr Glück hatten und deshalb mehr Aufmerksamkeit erregt haben, als diejenigen, die zwar höher qualifiziert sind, aber eher durchschnittlich erscheinen.[25]

* Dies kann auf gesellschaftlicher Ebene problematisch sein, weil es zu Sozialrestriktionen führen kann, deren Vergabe auf der Überzeugung beruht, dass die Menschen für ihr eigenes Schicksal verantwortlich sind – was möglicherweise für eine geringere soziale Mobilität verantwortlich sein kann.

Eine Möglichkeit, damit umzugehen, ist der Versuch, Verzerrungen zu reduzieren. Wir können die Leistungsvergütung von externen Ereignissen abstrahieren oder von allzu subjektiven Bewertungen, die sich auf bestimmte Bereiche konzentrieren, bei denen die Wahrscheinlichkeit hoch ist, dass der Zufall eine Rolle spielt. Oder wir können uns vom antiken Griechenland und der Republik Venedig inspirieren lassen: Sie wendeten die Zufallsauswahl an. Die politischen Führer wurden nach dem Zufallsprinzip ausgewählt.[26] Und damit lagen sie vielleicht gar nicht so falsch: Jüngste Studien haben gezeigt, dass die Zufallsauswahl ausgefeiltere Steuerungsmechanismen auf den Finanzmärkten und in der Politik übertrifft, weil sie resistenter gegen Vetternwirtschaft und robuster ist, weil sie Stereotypen überwindet und als gerechter empfunden wird.[27] Aber dieser Ansatz kann das Vertrauen in die Fähigkeiten der Führungskräfte untergraben und sich negativ auf die Motivation auswirken.

Was kann man dagegen tun? Die Forschung legt nahe, dass die potenziellen Kandidaten aus einem klar definierten Pool an Bewerbern, die gute Leistungen erbracht haben, vorausgewählt werden sollten.[28] Diese Mischung aus Leistung und Zufallsauswahl kann dazu beitragen, faire Bedingungen zu schaffen.

Die Macht der unbeabsichtigten Folgen

Aber selbst, wenn wir versuchen, gleiche Bedingungen für alle herzustellen, führen gute Absichten nicht unbedingt zu guten Ergebnissen, insbesondere, wenn es um soziale Probleme geht. Ich habe dies bei manchen Entwicklungsprojekten erfahren. Die damit verbundenen Ergebnisse sind oft ungewiss, auch ihre Folgen. Wenn Sie etwa einen 14-jährigen Jungen in Nairobis verarmten Stadtteil Kibera ausbilden, mag das auf dem Papier zunächst gut klingen. Ihre Organisation wird von Spendern und Spenderinnen gelobt werden, denn Sie haben einem jungen Menschen geholfen, Wissen zu erwerben! Sie sind begeistert – bis Sie erfahren, dass Ihr Handeln gerade eine Familie geschädigt hat. Vielleicht war der Junge der einzige Ernährer der Familie. Jetzt, da der Junge keine »Ausbildung« mehr absolvieren kann, muss seine Schwester das Geld verdienen. Und in verarmten Gegenden gibt es nicht viele Möglichkeiten für Mädchen, Geld zu beschaffen.

Ein alternativer Ansatz wäre gewesen, darüber nachzudenken, welche Auswirkungen Ihr Handeln auf die gesamte Familie haben könnte. Vielleicht würden Sie dann entscheiden, dass es wichtiger ist, zunächst eine neue Einkommensquelle für die Familie zu erschließen und die Ausbildung auch anderer Familienmitglieder in Betracht zu ziehen. Die Förderung nur eines Mitglieds kann schließlich nicht nur eine finanziell prekäre Situation für die Familie schaffen, sondern auch Ressentiments schüren: Wenn der Junge »so viel schlauer« als der Rest der Familie wird, könnten sie sich auseinanderleben.

Nehmen Sie nur dieses leicht provokante Beispiel, das mir ein bekannter CEO erzählt hat: »Ich war in einer Sitzung mit einem afrikanischen Präsidenten, der sagte: ›Diese verfluchte Lebensmittelhilfe von euch westlichen Weißgesichtern ist nicht hilfreich. In der Vergangenheit sind die Menschen in meinem Land zumindest gestorben. Jetzt haltet ihr sie mit euren Kohlenhydraten und eurer blöden Nahrungsmittelhilfe und all dem Zeug am Leben. Und da die Nahrungsmittelhilfe zwar kohlenhydratreich, aber nicht reich an Vitaminen und Mineralien ist, werden meine Leute krank, bleiben aber am Leben. Dann wird mein Land jedes Jahr ärmer. Vielen Dank.‹« Gute Absicht, aber schlechtes und unbeabsichtigtes Ergebnis. Diese zufällige Begegnung zwischen Führungskraft und Präsidenten veranlasste übrigens das Unternehmen, seine Strategie zu überdenken. Es setzt nun auf einen ganzheitlicheren Ansatz, der die Komplexität der Situation berücksichtigt.

Hinzu kommt: Oft werden inkompetente Manager/innen für ihre »Leistungen« belohnt, wenn Umstände, die außerhalb ihrer Kontrolle liegen, zu einer schlechten Entscheidung mit einem unvorhergesehen positiven Ergebnis führen, während kompetente Führungskräfte für Misserfolge verantwortlich gemacht werden, die ebenfalls außerhalb ihrer Kontrolle liegen. Manchmal fällen wir sogar moralische Urteile über Menschen, die es gut gemeint haben, aber Pech hatten.[29] Das liegt daran, dass wir oft aus Unglücksfällen schließen, dass die Person fahrlässig gehandelt oder falsche Entscheidungen getroffen hat.[30] Dies ist besonders relevant, wenn es darum geht, Menschen für Erfolge zu belohnen, die sie nicht herbeigeführt haben – was nicht nur ein Gerechtigkeitsproblem darstellt, sondern auch unsere Motivation vermindern kann.[31] Führungskräfte sind sich beispielsweise bewusst, dass sie zum Sündenbock gemacht werden könnten, wenn die Leistung sinkt, auch wenn dies hauptsächlich auf externe Faktoren zurückzuführen ist – und so werden extrem hohe Vergütungspakete oft als Versicherung für solche Situationen betrachtet. Wir neigen dazu, Führungskräfte, deren Handeln zum Erfolg geführt hat, als Helden zu behandeln, während diejenigen, deren Entscheidungen zum Scheitern geführt haben, als Schurken behandelt werden – auch wenn ihre Entscheidungen identisch gewesen sind![32]

Normalerweise leiten wir die Qualität der Person von der Qualität des Ergebnisses ab. Das Problem dabei ist allerdings, dass wenn »glücklose« Menschen entlassen werden, das System trotzdem anfällig bleibt – da es Fehler wiederholt.[33] In einer Organisation, an der ich beteiligt war, tauschten wir nach jeder Krise die Führungsteams rigoros aus, ohne das eigentliche Kernproblem anzugehen. Dies führte zu einer ständigen Wiederholung derselben Spannungen und Probleme, nur in anderen Erscheinungsformen.[34] So mancher Konflikt hätte vermieden werden können, wenn wir uns um das Grundproblem und nicht um die Symptome gekümmert hätten. Das Ausmaß des Scheiterns beziehungsweise des Erfolgs sagt oft weniger über die Fähigkeiten der Führungskraft und ihr Glück aus als über die Eigenschaften des Systems.[35]

Natürlich spielt auch das Können Einzelner eine Rolle. Schwache Führungskräfte können Situationen verschlimmern und den Zusammenbruch von Systemen wahrscheinlicher machen. Achtsame Führungskräfte wiederum können Resilienz entwickeln, bevor zusätzlicher Schaden entsteht.[36] Es gibt auch eine viel einfachere Erklärung, warum Menschen Pech mit Misserfolg und Können mit Erfolg in Verbindung bringen: Menschen genießen es, wenn ihre guten Leistungen mit Können und ihre schlechten Leistungen mit Pech in Verbindung gebracht werden.

Daher ist es höflich, einer Person Anerkennung zu zollen, auch wenn sie diese nicht verdient hat. Wie wir wissen, ist die Welt in der Tat nicht gerecht. Positive Resultate sind nur manchmal das Ergebnis von harter Arbeit, denn sie können auch durch pures Glück, ererbten Reichtum oder soziale Kontakte erreicht werden.[37] Aber genau hier liegt der Unterschied zwischen einem Glücksfall, der uns einfach passiert, und dem Glück durch Serendipität, für die wir den Boden bereiten können. Und hier kommt der Erfolgsfaktor Zufall ins Spiel. Sobald wir ihn genauer bestimmen können, geht es nicht mehr nur um Glück versus Fähigkeiten – Serendipität wird zu einer Konstante in allen Bereichen.*

In Anbetracht der Tatsache, dass viele der wichtigsten Voraussetzungen für Erfolg in den nächsten Jahren mit dem Erfolgsfaktor Zufall zusammenhängen werden, werden sowohl Einzelpersonen als auch Arbeitgeber auf ihren Serendipitätsquotienten (SQ) achten. Doch wie können wir ihn erfassen?

Die Berechnung unseres Serendipitätsquotienten (SQ)

Diverse Forschungen in den Kognitionswissenschaften, in der Psychologie, der Wirtschaft und in verwandten Bereichen haben begonnen, Messgrößen zu erkennen und zu validieren, die uns bei der Entwicklung eines Serendipitätsquotienten helfen können. Im Wesentlichen können wir jede Stufe des Prozesses betrachten (Serendipitätsauslöser, Assoziation, Ausdauer) und Fragen finden, die uns helfen, den SQ zu messen.[38]

Sie können damit beginnen, sich selbst auf einer Skala von 1–5 zu bewerten, wobei »stimme voll und ganz zu« = 5 und »stimme überhaupt nicht zu« = 1 ist:

1. Ich spreche manchmal mit Fremden, wenn ich in der Schlange an öffentlichen Orten, wie dem Supermarkt oder der Bank, stehe.
2. Ich versuche zu verstehen, welche Dynamik hinter einem Problem steht.
3. Ich sehe den Wert von unerwarteten Informationen oder Begegnungen.
4. Ich kann mich für ein breites Spektrum an Themen begeistern.
5. Ich habe eine Vorstellung davon, wohin ich will.

* Serendipität liegt im Auge des Betrachters und basiert auf den drei Kernkriterien Überraschung, Wert und Handlungsfähigkeit (surprise, value, agency; Busch, 2022).

6. Ich lasse mich nicht leicht entmutigen, auch wenn ich vor einem schwierigen Problem stehe.
7. Ich bin in der Lage, in Situationen »voll präsent« zu sein.
8. Ich versuche, die tieferen Beweggründe von Menschen zu verstehen.
9. Mir scheinen immer gute Dinge zu passieren.
10. Ich höre auf mein Bauchgefühl.
11. Ich vertraue auf mein Urteilsvermögen.
12. Ich versuche, vom Leben zu bekommen, was ich will.
13. Ich erwarte von den meisten Menschen, die ich treffe, dass sie nett, angenehm und hilfsbereit sind.
14. Ich neige dazu, die positiven Seiten des Lebens zu sehen.
15. Ich gehe davon aus, dass Fehler durch Lernen in etwas Positives verwandelt werden können.
16. Ich neige nicht dazu, auf schlechten Dingen, die mir passiert sind, herumzureiten.
17. Ich versuche, aus Fehlern zu lernen, die ich in der Vergangenheit gemacht habe.
18. Ich halte mich für einen glücklichen Menschen.
19. Ich treffe oft die richtige Person zur richtigen Zeit.
20. Ich gehe regelmäßig zu Veranstaltungen, bei denen ich mit Fremden spreche.
21. Ich bin gut vernetzt in Gruppen und Organisationen, denen ich angehöre.
22. Ich gehöre drei oder mehr verschiedenen Gruppen an.
23. Ich bin oft Gastgeber für andere Menschen.
24. Wenn mir jemand von einem Problem erzählt, überlege ich, wie ich oder jemand anderes helfen könnte.
25. Ich versetze mich in die Lage einer anderen Person, um zu versuchen, eine Situation zu verstehen.
26. Ich bin dankbar für die kleinen Dinge im Leben.

27. Ich denke oft über mein Handeln nach und wie es sich auf andere auswirkt.
28. Ich umgebe mich mit Menschen, die mir das Gefühl geben, dass ich Ideen entwickeln kann.
29. Die Menschen in meinem Umfeld haben das Gefühl, dass sie ihre Ideen und Herausforderungen mit mir teilen können.
30. Ich bitte andere um Hilfe, wenn ich sie brauche.
31. Ich verfolge oft interessante Verbindungen zwischen Themen oder Ideen.
32. Ich neige dazu, Ideen hartnäckig zu verfolgen, auch wenn es Zeit kostet.
33. Ich kann mit Ungewissheit umgehen.
34. Ich glaube, dass nichts in Stein gemeißelt ist.
35. Ich versuche, humorvoll zu sein, um den Ton eines Gesprächs aufzulockern.
36. Ich habe nicht das Gefühl, dass ich in jeder Situation perfekt sein muss.
37. Ich neige dazu, viele Fragen zu stellen.
38. Ich lebe ein Leben, das meinen Werten entspricht.

Zählen Sie Ihre Punkte zusammen. Die maximale Punktzahl ist 190, und je näher Sie diesem Wert kommen, desto näher stehen Sie der Serendipität. (Sie können ihren Wert durch 190 teilen und mit 100 multiplizieren, um ihren Quotienten in Prozent zu erfahren.)

Viele Menschen stellen fest, dass ihre Punktzahl irgendwo zwischen 80 und 100 liegt (also um die 50 Prozent). Wenn sie ihr Leben Schritt für Schritt umstellen, werden sie feststellen, dass sich ihre Punktzahl im Laufe der Zeit auf etwa 140 bis 160 verbessert (also auf rund 80 Prozent), was fantastisch ist. Machen Sie sich keine Gedanken darüber, wie Ihr Ergebnis im Vergleich zu anderen ausfällt; wichtig ist, wie Ihr heutiger Serendipitätsquotient im Vergleich zu Ihren Antworten und Ihrem Ergebnis in einer Woche oder einem Monat ausfällt. Sie können sich diese Fragen regelmäßig stellen und Ihre Ergebnisse notieren.

Ich habe diese Fragen in meinen Seminaren angewandt, und schon nach einer Woche berichten Teilnehmende, dass durch die Änderung ihrer Herangehensweise der Erfolgsfaktor Zufall stärker wird, etwa, dass ihnen persönlich unbekannte hochkarätige Menschen auf spontane E-Mails antworten, dass Menschen unerwartet genau die Person treffen, von der sie glaubten, sie müssten sie treffen, und dass Menschen sich freudiger fühlen und »die Begeisterung für das Leben zurückgewinnen.«

Dies ist in erster Linie eine Übung für Einzelpersonen, kann aber auch in Teams praktiziert werden. Menschen, die sich gegenseitig diese Fragen stellen, können auf spielerische Weise Beziehungen knüpfen und ein Feeling für Serendipität entwickeln. Je nach Kontext können einige der Fragen auch für die interne Praxis bei Leistungsbeurteilungen oder Einstellungen hilfreich sein, um den Fokus auf die Einstellung und Belohnung von Menschen zu legen, die das Unternehmen »glücklicher« machen und in einer sich schnell verändernden Welt zurechtkommen.

Warum ist das wichtig? Weil Serendipität wie eine sich selbst erfüllende Prophezeiung zu wirken beginnt: Je mehr wir uns auf etwas konzentrieren, desto mehr lernen wir darüber, und desto mehr wollen wir es auch verwirklichen. Unternehmen wie Zappos haben diese Idee aufgegriffen und Fragen wie: »Auf einer Skala von eins bis zehn: Wie viel Glück haben Sie?« in ihre Vorstellungsgespräche aufgenommen. Der Gründer Tony Hsieh erklärte, dass Zappos »darauf abzielt, glückliche Menschen einzustellen, die mehr Glück zu Zappos bringen«.[39] Im Fall von Zappos wurde dies durch Richard Wisemans Studien zum Thema Glück inspiriert, die zeigen, dass Menschen, die sich selbst als glücklich bezeichnen, eher auf Hinweise reagieren und in der Zukunft oft mehr Glück haben als Menschen, die sich selbst als unglücklich bezeichnen.

Wiseman und Hsieh haben verstanden, dass es nicht darum geht, dass Menschen von Natur aus Glück oder Pech im Leben haben, sondern dass es darum geht, offen für Möglichkeiten zu sein, die über die eigentliche Aufgabenstellung hinausgehen. Unglückliche Menschen neigen dazu, dem Schicksal die Schuld daran zu geben – glückliche Menschen erreichen Veränderungen, weil sie mit offenen Augen durch das Leben gehen.

Also …

Das Nachdenken über kontrafaktische Ereignisse kann uns besser verstehen helfen, warum wir in einer bestimmten Situation Glück oder Pech hatten. Beruht es auf eigener Anstrengung oder nur auf reinem Glück? Wenn es die eigene Anstrengung war, kann ich dann darauf aufbauen? Unerwünschte Resultate können vermieden werden, indem wir versuchen, die längerfristigen Ergebnisse und nicht nur die kurzfristigen Folgen zu verstehen. Eine zentrale Herausforderung für Individuen und Organisationen besteht darin, Menschen zu bewerten, die auch in Zukunft Glück haben werden – und nicht diejenigen, die nur einmal einen Glücksfall hatten. Der Serendipitätsquotient kann uns einschätzen helfen, wo wir uns auf dieser Reise befinden – und uns bewusster machen, worauf wir unseren Fokus legen könnten. Er ist nicht in Stein gemeißelt.

Serendipity Workout

1. Denken Sie über die Ereignisse in Ihrem Leben nach, die Sie geprägt haben. Was hätte anders geschehen können? Welche Rolle haben Sie dabei gespielt? Waren diese Ereignisse reine Glücksfälle oder Beispiele für Serendipität? Was können Sie aus ihnen lernen?
2. Wer sind die Menschen in Ihrem Leben, die immer wieder für »glückliche Fügungen« sorgen? Was sind die drei Dinge, die Sie von ihnen lernen können?
3. Wie sind die Bewertungssysteme in Ihrer Organisation aufgebaut? Können Sie sie so verbessern, dass sie von puren Zufallsereignissen abstrahieren und sich auf die tatsächliche Leistung konzentrieren (das heißt auf die Frage, wie jemand ihr/sein Ziel erreicht hat)?
4. Wiederholen Sie die Übung zum Serendipitätsquotienten einmal im Monat, um zu sehen, wo Sie stehen. Welche Bereiche können Sie unter Anwendung der Übungen in diesem Buch verbessern?

10

DIE KUNST UND DIE WISSENSCHAFT DES KULTIVIERENS VON SERENDIPITÄT

»Ich glaube fest an Glück und finde,
je härter ich arbeite, desto mehr
habe ich davon.«

Wird oft Thomas Jefferson,
dem früheren Präsident der
Vereinigten Staaten von Amerika,
zugeschrieben

Serendipität kann ein wichtiger Beitrag dazu sein, ein erfülltes und erfolgreiches Leben zu führen. Kurz gesagt, sie kann uns die Begeisterung für das Leben zurückgeben – und das Unerwartete in etwas sinnhaftes verwandeln. Wenn ein gutes Leben die Anhäufung von guten Tagen ist, kann Serendipität diese Tage mit Freude und Sinn erfüllen. Dieses Buch möchte Hoffnung stiften – und Strategien für ein gutes Leben in einer Zeit der Polarisierung und Pandemien an die Hand geben. Es vermittelt eine gemeinsame Geschichte darüber, wie wir unser eigenes Glück gestalten können. Nicht nur die Schönen und Reichen dieser Welt können Glück haben und anderen ein glückliches Umfeld schaffen – wir alle haben diese Möglichkeit.

Auch wenn reine Zufälle eine wichtige Rolle im Leben spielen, gibt es Möglichkeiten, wie wir unser eigenes Schicksal gestalten und für uns selbst und für andere Bedingungen schaffen können, die glückliche Fügungen mit der Zeit wahrscheinlicher machen. Jeder verpasste Flug kann zu einer Möglichkeit werden – für die Liebe, für ein Treffen mit einem Investor, für eine neue Freundschaft, was auch immer –, wenn Sie mit der Person neben Ihnen sprechen. Es ist an der Zeit, sich von der alten Vorstellung zu verabschieden, dass Erfolg nur entweder durch pures Glück *oder* durch Können entsteht. Stattdessen können wir hart daran arbeiten, das Serendipitätsdenken zu schulen und aktiv die Bedingungen für Glück zu entwickeln.

Im Kern geht es vor allem darum, wie wir die Welt sehen – eine starke Motivation zu entwickeln, die relevanten Punkte zu sehen und zu verbinden, sie in Möglichkeiten zu verwandeln und sie (möglicherweise) zu beschleunigen und zu verstärken. Es geht außerdem darum, immer ein Auge auf die möglichen Verzerrungen und Bias zu haben, denen wir alle unterliegen. (Dieses Buch ist da keine Ausnahme – auch wenn ich versucht habe, meine eigenen Bias zu minimieren, bin ich mir sicher, dass ich hier und da kognitiven Verzerrungen, wie etwa dem Survivor Bias oder dem Rückschaufehler, unterliege. Eine Geschichte, die ich heute auf die eine oder andere Art interpretiere, würde ich in 20 Jahren bestimmt anders interpretieren!)[1]

In einer Zeit, in der die Ungewissheit viele Menschen dazu treibt, sich auf Dogmen als Anker zu verlassen, will dieses Buch eine Alternative bieten: die Entwicklung einer Denkungsart und eines damit verbundenen Serendipitätsfeldes, das uns hilft, mit dem fertigzuwerden, was das Leben uns noch präsentiert. Und es ist ein Buch, das sinnstiftende Beziehungen und Humanität in den Mittelpunkt unserer Existenz stellt. Es handelt sich um einen Prozess und nicht um ein Ziel, um eine dynamische Fähigkeit und nicht um eine statische Lösung. Mit Übung wird der Erfolgsfaktor Zufall immer stärker und Teil Ihres Lebensstils. Es sei denn, Sie haben schon immer intuitiv so gehandelt! In diesem Fall ist dieses Buch eine Gelegenheit, einige Strategien zu optimieren und zu reflektieren. In diesem Falle hoffe ich, dass es Ihrem Lebensansatz zusätzliche Legitimität verleiht, insbesondere wenn Sie manchmal »lineare Geschichten« erfinden mussten, um glaubwürdiger zu erscheinen. Ich hoffe, es gibt Ihnen eine aktive Sprache an die Hand und zeigt Ihnen, dass die Kultivierung von Serendipität etwas bewirken kann – dass sie keinen Kontrollverlust bedeutet, sondern ein effektiver Weg ist, sich von der Kontrollillusion zu befreien.

Aber Vorsicht vor dem Optimierungsdilemma! Wenn wir uns zu sehr um etwas bemühen, erreichen wir es oft nicht. Wie reines Glück und die Liebe auf den ersten Blick ist auch Serendipität nichts, was man gezielt suchen kann, sondern etwas, auf das wir uns vorbereiten und für das wir uns fit machen können. Ähnlich wie die Angst, etwas zu verpassen (fear of missing out; FOMO), ist die Angst, Serendipität zu verpassen (fear of missing serendipity; FOMS), etwas, das man am besten vermeidet. Wenn Sie jedoch in der richtigen Geisteshaltung sind, bereit und offen für das Unerwartete, ist es wahrscheinlicher, dass Serendipität aller Art (einschließlich der wahren Liebe) eintritt. Dann nutzen wir den Überraschungsmoment anstatt Überraschungen zu vermeiden.

Per Definition können wir zufällige Ergebnisse nicht im Voraus kennen oder programmieren, sonst wären sie nicht zufällig.[2] Was wir aber tun können, ist, das Unvorhergesehene häufiger und mit besseren Ergebnissen zu uns kommen zu lassen. Es geht nicht nur darum, dass wir uns zeigen, sondern auch darum, wie wir uns zeigen. Wenn Sie ins Fitnessstudio gehen und jemandem begegnen, der/die Liebe Ihres Lebens hätte sein können, Sie aber ein paar Tage lang nicht geduscht haben oder schlecht gelaunt sind, ist die Wahrscheinlichkeit, dass Sie am Ende zusammenkommen, vielleicht geringer, als wenn Sie sich in einer besseren Verfassung befinden. Und wenn wir ein Happy End wollen, hängt es oft davon ab, zu welchem Zeitpunkt wir die Geschichte beenden, aus welcher (und wessen) Perspektive wir sie betrachten und wie wir uns in diesem Moment fühlen. Unter bestimmten Umständen kann eine Liebesbeziehung, die mit einer Trennung endet, immer noch als erfolgreich angesehen werden.

Für Organisationen ist es von entscheidender Bedeutung, ein »kollektives Mindset« oder sogar die dynamische Flexibilität zu entwickeln,[3] die es ermöglicht, interne und externe Kompetenzen zu integrieren, aufzubauen und neu zu konfigurieren, um ein Umfeld zu schaffen, in dem unerwartete Entdeckungen möglich sind und gefördert werden. Wir können einfach nicht wissen, was die Menschen morgen wollen oder brauchen werden – und die Menschen werden es wahrscheinlich auch nicht selbst wissen. Henry Ford hatte zu Beginn des Automobilzeitalters wahrscheinlich Recht, als er sagte, wenn er die Menschen gefragt hätte, was sie wollen, hätten sie nach schnelleren Pferden gefragt. Er bot ihnen stattdessen Autos an, und sie waren begeistert. In Organisationen müssen wir uns darüber bewusst sein, dass wir die Zukunft nicht vorhersagen können und dass es sich lohnt, diejenigen zu fördern, die Bedingungen schaffen, unter denen Serendipität entstehen kann.

Bei der Entwicklung von struktureller Resilienz, sozialer Mobilität und Innovation im 21. Jahrhundert geht es nicht darum, alles kontrolliert zu planen. Das Beste, was wir tun können, ist, Bedingungen zu schaffen, die das Beste aus dem machen, was gerade geschieht und was auch immer passieren mag. Serendipität kann ein wirkungsvoller Mechanismus sein, um das menschliche Potenzial freizusetzen. Wie Joe Kaeser, ehemaliger CEO von Siemens, unserem Leaders-on-Purpose-Team mitteilte: »Die Zukunft ist ungewiss. Sie verändert sich ziemlich schnell, also müssen wir ein anpassungsfähiges Mindset entwickeln. Und diese Anpassungsfähigkeit ist das Kernelement, um den Wandel aktiv zu fördern.«

Aber natürlich ist die Kultivierung von Serendipität kein Allheilmittel. Es gibt strukturelle Dynamiken, insbesondere im Zusammenhang mit Machtstrukturen, die es einigen leichter machen als anderen, dieses Mindset und das damit verbundene Serendipitätsfeld zu entwickeln und von den Ergebnissen zu profitieren. Die Geburtslotterie verteilt den Zugang zu Reichtum, Bildung und Fähigkeiten nicht gleichmäßig, und es gibt komplexe strukturelle Probleme wie Armut, die schwer zu überwinden sind und es in Zukunft immer noch sein werden. Über alle sozialen Schichten und kulturelle Kontexte hinweg kann die Kultivierung von Serendipität jedoch dabei unterstützen, dem

Schicksal ein Schnippchen zu schlagen und selbst Chancen zu schaffen. Für Bildungseinrichtungen – und auch für Eltern – ist die Unterstützung von Kindern bei der Entwicklung eines Serendipitätsdenkens von zentraler Bedeutung, um die nächste Generation in einer unsicheren Welt zu stärken. Dieses Denken und diese Fähigkeiten werden uns auch künftig von Robotern unterscheiden. Es geht nicht mehr nur darum, Wissen zu vermitteln, sondern zu lernen, wie man in einer Welt lebt, die uns von Maschinen unterscheidet.

Dieses Buch ist ein Plädoyer, optimistisch zu bleiben, auch wenn man von Zynikern und Egoisten umgeben ist. Viktor Frankls Einsicht, dass wir als Optimisten beginnen müssen, um Realisten zu werden, wurde von Goethe inspiriert. Er sagt sinngemäß, dass wir eine Person schlechter machen, wenn wir sie so nehmen, wie sie ist, aber wenn wir sie so behandeln, wie sie sein könnte, ermöglichen wir ihr, zu werden, was sie sein könnte. Ich hoffe, dass dieses Buch dazu beitragen kann, uns selbst, unsere Freundschaften und unsere Organisationen so zu entwickeln, dass wir zu dem werden, was wir wirklich werden können. Nicht ein bestimmter Endpunkt oder ein *»Best Self«*, sondern das Ausprobieren von Variationen all dessen, was wir sein könnten.

Vielleicht können wir sogar einen neuen, gesünderen Kapitalismus mitgestalten, einen, in dem diejenigen, die in der Geburtslotterie mehr Glück hatten, denjenigen, die anfangs weniger Glück hatten, Möglichkeiten eröffnen. Damit könnte jede Person in die Lage versetzt werden, gute Voraussetzungen für unerwartetes Glück zu schaffen statt ungünstige Situationen auszuhalten. Dies ist der wahre sechste Sinn: die Wahrnehmung der Serendipität.

+11

DURCH UNGEWISSHEIT NAVIGIEREN

»Alles kann einem [Menschen] genommen werden, außer einer Sache ... die Wahl der eigenen Haltung in jeder gegebenen Situation.«

Viktor Frankl,
österreichischer Psychiater,
Autor und Holocaust-Überlebender

Vom Nahtoderlebnis zur (Wieder-)Geburt

Lexi Montée hatte sich im Frühjahr 2020 in ihrer Wohnung in New York City verschanzt und diese seit Wochen nicht mehr verlassen. Die Stadt steckte wie alle Welt in der Covid-19-Zwangsjacke, im Central Park standen Krankenhauszelte, weil die Krankenhäuser aus allen Nähten platzten, und in geparkten Kühltransportern stapelten sich die Leichen. Es war eine Zeit der tiefen Verzweiflung, sowohl für Lexi als auch für die New Yorker insgesamt. Hubschrauber flogen und Sirenen heulten rund um die Uhr, immer mehr Menschen wurden krank, und sie spürte eine tiefe Bedrücktheit.

An einem heißen Sommertag erhielt sie eine Rundmail von einem Freund, den sie 13 Jahre zuvor kennengelernt hatte. Seitdem waren sie in lockerem Kontakt geblieben, hatten sich aber seit vier Jahren nicht mehr gesehen. Er schlug ein Treffen auf einer Dachterrasse vor. Sie ging zunächst nicht darauf ein. Ein paar Tage später postete derselbe Freund ein Zitat auf Instagram, das besagte, dass die wunderbarsten Menschen diejenigen sind, die Niederlagen, Leiden, Kämpfe und Verluste erlebt haben. Es berührte sie, und sie schickte ihm eine Nachricht, um mitzuteilen, wie viel es ihr bedeutete. Der Freund bekräftigte seinen Wunsch, sie zu treffen. Lexi hatte am Tag zuvor ihre Scheidungsvereinbarung unterschrieben – viel früher als erwartet – und dachte, dass es ein guter Start in ihr neues Leben sein könnte, einen langjährigen Freund zu treffen und vielleicht neue Freunde zu finden. An diesem Abend lernte sie einen interessanten Bekannten des Freundes kennen, mit dem sie sich auf ein Date verabredete.

Eine Woche später verabredeten sich die beiden alten Freunde zu einem Abendessen (bei dem Lexi ihm erzählen wollte, dass sie jemanden Interessantes kennen gelernt hatte). An diesem Morgen machte sie zufälligerweise einen langen Spaziergang am Fluss, bei dem sie nachdachte, was genau sie in einer Beziehung suchte – nicht welchen »Typ Mann«, sondern die Eigenschaften der Beziehung selbst. Beim Abendessen erwähnte sie diese Liste von Eigenschaften gegenüber ihrem Freund, der mehr darüber erfahren wollte.

Er hatte selbst gerade eine schwere Zeit hinter sich. Nachdem er einige Monate zuvor von London nach New York gezogen war, hatte auch er sich allein in seiner Wohnung verkrochen. Er hatte eine schwere Covidinfektion überlebt (inklusive Nahtoderfahrung), und nachdem er jahrelang an seinem ersten Buch gearbeitet hatte, wurde es in einer »Welt im Lockdown« publiziert. Sie zögerte, ihm ihre Liste mit Aspekten der »idealen Beziehung« zu zeigen, willigte aber schließlich ein, sie laut vorzulesen, damit sie unangenehme Passagen auslassen konnte. (Sie las alles vor.) Der alte Freund war verblüfft – Lexis Liste stimmte vollständig mit den Dingen überein, die er sich ebenfalls in einer Beziehung wünschen würde. Einige Punkte, wie »Leidenschaft und Romantik« oder »Lachen und Humor«, waren ziemlich allgemein, aber auch unerwartete Punkte wie »gemeinsam etwas in der Welt bewirken«, »Mitgestalter im Leben sein« und »Liebe, die einen dazu inspiriert, interessante Dinge im Leben zu tun« entsprachen genau seinen Vorstellungen. Lexis Liste ließ ein Funkeln in seinen Augen aufleuchten. Tatsächlich suchten sie nach denselben Dingen! Eine zufällige Berührung ihrer Hände löste Schmetterlinge im Bauch aus.

Der »Freund« in dieser Geschichte bin ich, und ein Jahr später wurde Lexi meine Frau und die Mutter unserer Tochter. Dies war die tiefe Verbindung, die mein Herz immer gesucht hatte. Es dauerte 13 Jahre, bis wir an diesem Punkt angelangt waren. Aber nach einer langen »Inkubationszeit« fühlte sich die Verbindung anders an als die freundschaftlichen Treffen, die wir bis dahin alle paar Jahre hatten. Was mich an dieser Erfahrung am meisten beindruckte, war, dass die Klarheit, mit der Lexi ausdrückte, wonach sie suchte, uns beiden zum ersten Mal die Augen öffnete. Sie ermöglichte es Lexi, das, wonach sie sich sehnte, zu verwirklichen, weil sie es (unbewusst!) als »Haken« für andere – in diesem Fall für mich – zur Verfügung stellte, um sich auf diesem Weg zu verbinden.[1] Sie kultivierte Serendipität und krempelte ihr Leben um. Wie können wir alle Serendipität aus Ungewissheit kreieren?

Das Desorientierungsdilemma

Die Forschung hat gezeigt, dass traumatische Ereignisse oft langanhaltende Auswirkungen haben. So zeigten etwa ein Viertel der Polizeibeamt/innen und fast die Hälfte der Helfer/innen, die nach dem Terroranschlag auf das World Trade Center am 11. September 2001 im

Einsatz waren, noch über ein Jahrzehnt später Symptome einer posttraumatischen Belastungsstörung (PTBS).[2] Um denjenigen, die am stärksten unter Druck standen, bei der Bewältigung der Covid-19-Phase zu helfen, baute David Putrino, Direktor am New Yorker Mount Sinai Hospital, sein Labor in einen Entspannungsraum um. Er arbeitete mit Künstlern zusammen, um multisensorische Räume zur Regeneration einzurichten, die durch ein der Natur nachempfundenes Design die Heilung unterstützten. Immersive Audioerlebnisse schaffen eine alternative Welt mit Waldgeräuschen und Vögeln. Sie versetzen Sie in die Gegenwart des Raums. Jüngste Studien von Putrino zeigen, dass bereits 15 Minuten in diesem Raum den empfundenen Stress um bis zu 60 Prozent reduzieren können.[3]

Ja, Krisen haben oft negative psychologische Auswirkungen, aber im Sinne von Viktor Frankl können diese Erfahrungen auch zu mehr Widerstandskraft und Empathie führen, unseren Geist öffnen und als Weg zu mehr Sinnhaftigkeit im Leben dienen. Als jemand, der zwei Nahtoderfahrungen gemacht hat, habe ich mich oft gefragt: Gibt es eigentlich weniger radikale Wege, die uns zu einem sinnvolleren und glücklichen Leben führen können? Und was kann uns davor bewahren, in alte Muster zurückzufallen und das Potenzial des Augenblicks zu verpassen?

Dies bringt uns zum Desorientierungsdilemma. Es entsteht, wenn eine Erfahrung nicht unseren Erwartungen entspricht. Die Disruption oder der Schock einer Begegnung oder eines Ereignisses regen uns an, unsere Sicht auf die Welt zu überdenken.[4] Nehmen wir einmal den Umgang mit Obdachlosen als Beispiel. Die Forschung hat erschreckenderweise gezeigt, dass Versuchsteilnehmer/innen Obdachlose unbewusst als »weniger menschlich« wahrnehmen.[5] Daher halten es viele offenbar für richtig, ihnen unbekannte Menschen in Not auf der Straße zu ignorieren. Nun stellen Sie sich einmal vor, Sie verbringen einen Tag mit einem Obdachlosen, an dem Sie zuvor an einer Straße achtlos vorbeigegangen sind. Er erweist sich als sehr freundlich, und Sie erfahren, dass er sein Zuhause aufgrund eines tragischen Ereignisses verloren hat. Was ihm passiert ist, könnte durchaus auch Ihnen passieren. Sie stellen im weiteren Gespräch fest, dass sie auch sonst viel gemeinsam haben. Ich wette, das würde Sie dazu bringen, Ihre Vorurteile zu hinterfragen. Je ähnlicher ihre Geschichte der des Obdachlosen ist, desto größer ist das Desorientierungsdilemma. Durch die Neubewertung der

Situation verschieben sich die Maßstäbe. Wir müssen uns dann fragen, wer wir sind und wer wie wir ist. Dadurch werden Gegensätze aufgehoben, und es gilt nicht mehr »Wir gegen andere«.

Chris Jarvis' Organisation Realized Worth schafft Räume, in denen Menschen plötzlich deutlich empfinden, dass es etwas Größeres als ihre unmittelbare Aufgabenliste geben könnte. Der Auslöser ist, dass sie durch ehrenamtliche Arbeit in verschiedene Kontexte eintauchen. Das Team arbeitet mit Unternehmen auf der ganzen Welt zusammen, um Freiwilligenprogramme für Mitarbeitende zu entwickeln und umzusetzen, die dem Unternehmen, der Gemeinschaft und den Mitarbeitenden helfen. Worum geht es?

Vor einigen Jahren, nach einer langen Workshopwoche in der Dominikanischen Republik, wollte das Team das, was es gepredigt hatte, in die Tat umsetzen. Dazu hatte es eine weitere Freiwilligenaktion geplant. Alle begaben sich in ein heruntergekommenes Viertel, wo ihnen gesagt wurde, ihre Aufgabe sei es, den Hausbesitzerinnen und Hausbesitzern beim Streichen zweier Häuser zu helfen. Ihre Erwartungen waren klar: »Wir engagieren uns freiwillig, um etwas zu bewirken und etwas zurückzugeben«. José, der Gastgeber, fragte indes unerwartet: »Warum seid ihr wirklich hier?« Sie zählten ihre Gründe auf, und er antwortete ruhig, dass ihre Anwesenheit völlig unnötig sei. Die Teammitglieder waren schockiert.

José erklärte, dass jede Person diese Häuser streichen könnte und dass dieser Hilfseinsatz das Leben der Menschen sicher nicht verändern würde. In Wirklichkeit waren sie hier, um mit den Menschen vor Ort in Kontakt zu treten. Indem sie dort waren, konnten sie ihnen das Gefühl geben, dass sich irgendwo jemand für sie interessierte. Sie waren dort, um ihren Geist zu öffnen, Kontakte zu knüpfen und zu lernen. Anders gesagt: Das Desorientierungsdilemma ist ein wirkungsvoller Impuls zum Umdenken. Dies kann zu psychologischen Veränderungen führen (»wie ich mich selbst und meinen Platz in der Welt wahrnehme«), zu Veränderungen in der Überzeugung (»was ich von der Welt für wahr halte«) und zu Verhaltensänderungen (»wie ich mich in der Welt verhalte«) – und zu jenen Aha-Momenten, die uns auf neue, sinnvolle Wege führen. Es geht nicht darum, den Menschen zu sagen, was sie denken sollen – stattdessen werden Menschen angeregt, ihre Überzeugungen über die Welt zu hinterfragen. Der Fokus liegt auf den unerwarteten Aspekten von Interaktionen.

Wenn wir unsere versteckten Vorurteile behutsam, aber gezielt aufdecken – und darüber reflektieren –, kann uns das nicht nur helfen, mehr Empathie zu entwickeln, sondern möglicherweise auch, unsere funktionale Fixierung auf Menschen oder Situationen zu überwinden. Wie ist das möglich? Weil unser Gehirn formbarer ist, als wir denken, wie die jüngste neurowissenschaftliche Forschung gezeigt hat.[6] Die Theorie, die diesem Ansatz zugrunde liegt, ist die Theorie des transformativen Lernens. Sie besagt, dass wir nach einer anfänglich desorientierenden Erfahrung – wie der obigen, die eine kognitive Dissonanz erzeugt – unser Verständnis und unsere Überzeugungen selbst überprüfen müssen (Sokrates und Hegel wären stolz!).[7]

Solche Erfahrungen, wie etwa der bewusste Umgang mit einer Person, die wir bis dahin als anders als wir selbst wahrgenommen haben, können als Katalysator für einen Perspektivwechsel dienen und es uns ermöglichen, die Zusammenhänge anders zu betrachten. Das Nachdenken über unerwartete neue Ereignisse hilft uns zu verstehen, dass unsere Perspektive, unsere Umstände und unsere Weltanschauung vielleicht nicht die einzigen möglichen Perspektiven und Erfahrungen der Welt sind.[8] Als Eltern, Führungskräfte oder Lehrer/innen können wir diese Offenheit vorleben, indem wir erzählen, wie sich unsere früheren Sichtweisen und unser Verständnis der Welt verändert haben und wie dies auch unsere Überzeugungen und Annahmen verändert hat. Wir können Aufgaben stellen, die es ermöglichen, eine Vielfalt von Meinungen und Perspektiven zu einem Thema zu erkunden, und idealerweise sogar gegensätzliche Ansichten, um zu zeigen, dass es oft nicht die eine richtige oder falsche Antwort gibt.[9] Und wir beginnen, Einfühlungsvermögen für diejenigen zu entwickeln, die wir für anders als uns selbst halten. Das Experimentieren mit neuen Rollen und das Hineinversetzen in die Lage eines anderen Menschen ermöglicht es uns oft, unsere Lebensperspektive zu erweitern und zu vertiefen. Dazu müssen wir unser Leben oder unsere Karriere nicht komplett ändern – stattdessen kann es in kleinen Schritten geschehen, wie im Beispiel Kristina Balciauskaite.

Helferhoch und inkrementelle Sinnsuche

Vor sechs Jahren arbeitete Kristina Balciauskaite für eines der weltweit führenden Marktforschungsunternehmen in Litauen, ihrem Heimatland. Sie gehörte zu einer Generation in Osteuropa, für die es bei der Berufswahl nicht um Sinnhaftigkeit und *»Purpose«* ging, sondern die sich für einen Mainstreamjob entschied. Zunächst lief es gut: Das Unternehmen war großartig, die Work-Life-Balance motivierend, die Aufgaben und Themen, mit denen sie sich beschäftigte, hielten sie ständig auf Trab. Dennoch fühlte sie sich nach einiger Zeit festgefahren. Ja, sie hatte einen tollen Job und ein gutes Leben – aber irgendetwas schien ihr zu fehlen. Eines Tages unterhielt sie sich mit einer jüngeren Mitarbeiterin, die für Corporate Social Responsibility (CSR), ein Programm zur sozialen Verantwortung in Unternehmen, zuständig war und die zufällig erwähnte, dass sie kündigen wolle, weil das Interesse am Freiwilligenprogramm des Unternehmens so gering sei. Sie war der Meinung, dass die Leute eher bereit wären, sich zu engagieren, wenn die Einladung zur Teilnahme von einem/r älteren Mitarbeiter/in käme. Kristina erkannte, dass sie helfen konnte, und fing an, einen halben Tag pro Woche das CSR-Programm zu koordinieren, indem sie ihre Kollegen/innen und Mitarbeitende mit Freiwilligenangeboten in Kontakt brachte. Sie erkannte, dass die Freiwilligenarbeit eine einschneidende Erfahrung war, die sowohl sie als auch ihre Kollegen daran erinnerte, dass kleine Aktionen einen großen Unterschied machen können.

Die Beteiligungsrate der 200 Mitarbeiter stieg von 25 Prozent auf 60 Prozent. Für Kristina war es eine gute Gelegenheit, die Menschen, mit denen sie arbeitete, auf einer menschlicheren Ebene kennenzulernen. Viele sagten, dass die Teilnahme an diesen Programmen für sie die wichtigste Zeit und Aktivität im Unternehmen war. Andere waren dankbar dafür, dass das Programm ihnen die Möglichkeit gab, ihre Kollegen auf Themen aufmerksam zu machen, die für sie, ihre Familien oder ihren Freundeskreis wichtig waren. Das eröffnete Dialoge und motivierte die Beteiligten, sich zu verbinden und eine verbindende Erfahrung zu teilen.

Kristina war begeistert, dass sie nun über hundert Menschen hatte, die sie für einen guten Zweck einsetzen konnte und die nun das Gefühl hatten, mehr zu tun als nur Marktforschung zu betreiben, einen

Computer zu reparieren oder Diagramme und Tabellen zu erstellen, um den Vertrieb weiter anzukurbeln. Schließlich lernte sie unerwartet den Leiter einer niederländischen NGO kennen, die Freiwillige mit Unternehmen zusammenbringt. Es war kurz vor ihrem geplanten Sabbatical. Was passierte nun? Sie nutzte die freie Zeit, um der NGO beim Aufbau einer Plattform zu helfen und sie der Geschäftswelt vorzustellen. So entstand eine tiefe Beziehung. So sehr, dass sie auch nach ihrer Rückkehr in die Unternehmenswelt weiterhin ehrenamtlich für die NGO tätig war, Mitarbeiter für die Organisation rekrutierte und half, die Lücke zu schließen, indem sie Matchmaking-Veranstaltungen zwischen NGO und Unternehmen organisierte.

Wie bereits erwähnt, besteht die Hoffnung, dass Unternehmen Gewinn und Purpose miteinander verbinden. Die Arbeit an etwas, das von Bedeutung ist, verbessert die Arbeitsleistung und das Engagement. In einer Studie fanden der Organisationspsychologe Adam Grant und seine Kollegen heraus, dass Spendensammler, die für eine Universität um Spenden von Ehemaligen warben, nach einer zehnminütigen Interaktion mit einem/r studentischen Stipendiaten/in mehr als doppelt so viel Geld einbrachten. Nachdem diese gesehen hatten, welchen Einfluss sie auf das Leben eines Menschen haben konnten, wurde das, was einst abstrakt war, greifbar.[10] Wenn wir zum Wohlergehen eines anderen Menschen beitragen, erleben wir oft einen Helferrausch. Die Endorphine, die freigesetzt werden, wenn wir etwas Gutes tun, haben viel mit denen gemeinsam, die beim Sex freigesetzt werden: Studien mit bildgebenden Verfahren haben beispielsweise gezeigt, dass die Lustzentren des Gehirns aufleuchten, wenn Menschen Geld für einen guten Zweck spenden – oder daran denken, es zu spenden.[11]

Wenn wir uns auf die Entwicklung sinnvoller Beziehungen und die Reflexion unserer Erfahrungen konzentrieren, kann es zu Veränderungen kommen, und wir können uns in neue Möglichkeiten und Wege der Sinnfindung hineinfühlen. Dies ermöglicht es uns, verschiedene Dinge auszuprobieren und kann uns für Serendipität vorbereiten. Es ist kein Zufall, dass sich Menschen wie Kristina durch Freiwilligenarbeit unerwartete Gelegenheiten auftun, oder dass Menschen oft ihre nächsten Projekte finden, indem sie im Vorstand von gemeinnützigen Organisationen mitarbeiten. Die Definition dessen, was uns wichtig ist, verstärkt den Orientierungssinn, der es uns ermöglicht, die Punkte zu verbinden. Oft aus der Not heraus.

Nachhaltige Wirkung

Fast jede/r in Deutschland kennt Özlem Türeci. Als sie 2008 das Unternehmen BioNTech mitbegründete, ahnte sie nicht, dass sie im Wettlauf um den Covid-19-Impfstoff 2020 eine Schlüsselrolle spielen würde. Ihr Unternehmen ging eine Partnerschaft mit Pfizer ein, um den ersten in den USA zugelassenen Impfstoff gegen Covid-19 zu entwickeln. Gemeinsam mit ihrem Mann hatte sie mehr als ein Jahrzehnt mit der Entwicklung von Impfstoffen auf der Grundlage der mRNA-Technologie verbracht. Ihr eigentliches Ziel war die Krebsbekämpfung, und sie hatten gelernt, wie mRNA verändert werden kann, um das Immunsystem zu beeinflussen. Als Covid-19 auftauchte, erkannten sie, dass ihre Kenntnisse, Technologien und Fähigkeiten für die Herstellung eines Impfstoffs nützlich sein könnten. Die Zusammenarbeit mit dem Pharmaunternehmen Pfizer – das über zwei Milliarden Dollar in die Entwicklung steckte – half ihnen, den Impfstoff auf den Markt zu bringen. Sie verknüpften die Punkte und verwandelten das Unerwartete in eine Möglichkeit – und lebensrettende Ergebnisse.

Natürlich ist das nicht immer einfach. Viele meiner Studierenden mussten ihre Träume aufgrund von Krisen, darunter die Coronapandemie, auf Eis legen. Jobs, die sie in Aussicht gehabt hatten, lösten sich in Luft auf. Visaanträge wurden abgelehnt oder verzögert. Aber etwas Interessantes passierte trotzdem: Diejenigen, die es sich leisten konnten, orientierten sich grundlegend neu und suchten nach anderen Jobs oder Praktika – und wendeten sich oft von ihrem ursprünglichen Karriereweg ab. Sie bewerteten ihr Leben neu. Sie setzten auf andere Pferde, belegten neue Kurse und erkannten, dass auch andere (Karriere-)Wege für sie funktionieren könnten, sobald sich die Welt wieder öffnete. Ganz im Sinne von Viktor Frankl können wir uns nicht immer die Situation aussuchen, in die wir geraten, aber wir können immer wählen, wie wir auf sie reagieren. Für manche ist das leichter als für andere – sicherlich ist es leichter, wenn man ein finanzielles Polster hat –, aber wir haben immer Möglichkeiten, zu reagieren.

Das Serendipitätsdenken zu Hause einführen

Als frischgebackener Vater mache ich mir viele Gedanken darüber, wie uns das Serendipitätsdenken helfen kann, uns als Eltern in dieser sich schnell verändernden Welt zurechtzufinden. Fast alle Eltern kennen das Gefühl, die Kontrolle zu verlieren. Der berühmte Kinderarzt und Kinderentwicklungsforscher Harvey Karp sagt, wenn er einen Autoaufkleber für frischgebackene Eltern entwerfen könnte, würde er lauten: »Sei flexibel ... oder stirb!« Da hat er Recht. Es ist nicht einfach, ein ruhiges und souveränes Elternteil zu repräsentieren, während man gleichzeitig virtuelle und reale Treffen abhält und Mahlzeiten zubereitet. Irgendetwas wird unweigerlich darunter leiden: Man kommt zu spät zum Zoom-Termin, ruiniert das Abendessen oder vernachlässigt sich selbst. Wenn wir es schaffen, damit so umzugehen, wie Karp vorschlägt, ist es wahrscheinlicher, dass wir einen (oder alle) der oben genannten Punkte überleben, ohne den Verstand zu verlieren. Außerdem können wir in unerwarteten und »unerwünschten« Situationen Serendipität erleben.

Wir neigen von Natur aus dazu, alles kontrollieren zu wollen – aber dadurch verpassen wir die Chance für Verbindungen, die sich im Unerwarteten verbergen. Natürlich ist es besonders beängstigend, die volle Kontrolle aufzugeben, wenn es um die Menschen geht, die wir am meisten lieben. Aber ironischerweise kann das Loslassen unserer Kontrollillusion uns erlauben, uns wirklich mit unseren Lieben zu verbinden. Wie können wir auch zu Hause ein ausgewogeneres, überschaubareres und nachhaltigeres Leben gestalten?

Um Hilfe zu bitten widerspricht oft unserem Instinkt, und als Eltern gehen wir davon aus, dass wir es allein schaffen und vor der Großfamilie, den Nachbarn und Freunden gut dastehen sollten. Karp erinnert uns jedoch daran, dass noch nie von Eltern erwartet wurde, dass sie sich ganz allein um ihre Kinder – insbesondere um Babys – kümmern. Bis vor hundert Jahren oder weniger lebten wir mit Eltern, Geschwistern, Cousins und Cousinen und anderen Verwandten zusammen, und die Mitglieder unserer Großfamilie waren da, um uns zu unterstützen.[12] Wie können wir so viel wie möglich von diesem Familien-»Dorf« wiederherstellen und unsere Verwandten an unserer Reise teilhaben lassen? Wie wir bereits gesehen haben, kann das Eingestehen oder proaktive Mitteilen kleiner Schwächen sehr effektiv sein. Es mag sich beängstigend anfühlen, aber wenn wir ehrlich über unsere Herausforderungen und unsere Schwierigkeiten sprechen, können wir eine sinnvolle Verbindung zu Kernfamilie oder Verwandten herstellen. Eltern mit älteren Kindern können diese in die Familienarbeit einbeziehen, indem sie ihnen anspruchsvollere Aufgaben übertragen. In einigen Familien sind die Kinder beispielsweise an der Planung und Durchführung einer Familienmahlzeit pro Woche beteiligt, waschen ihre eigene Wäsche (waschen, zusammenlegen und einräumen), geben jüngeren Geschwistern Nachhilfe oder passen auf sie auf.

Mind the gap

Glückseligkeit hat oft mit der Freude zu tun, die wir empfinden, wenn wir unser Potenzial entfalten können,[13] und schwierige Situationen können ein Katalysator dafür sein. Überraschenderweise kann die Anerkennung von Ängsten – und die Konzentration auf die Dinge, die wir kontrollieren können, statt auf die, die wir nicht kontrollieren können – uns ein stärkeres Gefühl der Kontrolle vermitteln.

Wir sollten jedoch nicht vergessen, dass sich Krisen je nach sozioökonomischem Status, ethnischer Herkunft und Geschlecht unterschiedlich äußern und auswirken – was oft zu voneinander abhängigen und sich überschneidenden Diskriminierungssystemen führt (»Intersektionalität«). Als die New York University während der Pandemie auf Onlineunterricht umstellte, wurde dies sehr deutlich: Studierende, die aus der großen Villa ihrer Eltern in Florida zoomten, ging es oft gut, aber Studierende, die sich aus den kleinen Wohnungen in verarmten Gegenden zuschalteten, nicht. Onkel und Tanten mussten zur Arbeit gehen und steckten die ganze Familie an. Es fehlte an öffentlichen Räumen, in denen man studieren und sich vom Familientrubel fernhalten konnte. Dies war ein deutlicher Hinweis darauf, dass das Basislevel möglicher positiver Ergebnisse stark von unseren Ressourcen abhängt und dass es weniger riskant ist, sich umzuorientieren, wenn man mehr finanziellen Spielraum hat.

Dies bezieht sich auf einen umfassenderen Punkt: »Virtuell« mag für einige Menschen einfach sein, aber – und das ist erstaunlich – fast

40 Prozent der Weltbevölkerung hat immer noch keinen Zugang zu einem zuverlässigen Internet.[14] Eine Standbesitzerin in den Straßen von Mumbai ohne Internetzugang kann nicht einfach zum Onlineverkauf übergehen. Und vergessen wir nicht die geschlechtsspezifischen Auswirkungen: Frauen sind überproportional benachteiligt, wenn Menschen zu Hause bleiben (müssen), da die Pflege und andere Aufgaben oft auf sie fallen – und sie öfter physischen Übergriffen ausgesetzt sind.[15]

Es ist das Unerwartete, das bestimmt, wer wir sind und was wir werden können – aber gleichzeitig müssen wir dafür sorgen, dass für alle gleiche Bedingungen herrschen, damit das so sein kann.

Serendipity Workout

1. Wenn Sie sich in Ihrem derzeitigen Job nicht wohlfühlen, notieren Sie Ihre Hauptinteressen und bieten Sie Organisationen oder Einzelpersonen in diesem Bereich Ihre Unterstützung an, sei es als Assistent/in, Freiberufler/in, Berater/in, Vorstandsmitglied oder was auch immer. Sie werden anfangen, »auf Menschen zu stoßen«, und beginnen, die Punkte zu verbinden, um neue Möglichkeiten zu schaffen. Anstatt sich nur zu fragen: »Was ist mein potenzielles Risiko, wenn ich das tue?«, fragen Sie stattdessen: »Was könnte ich möglicherweise verlieren, wenn ich das nicht tue? Werde ich es bedauern?« Bei Serendipität geht es um Potenziale.
2. Wenden Sie das Desorientierungsdilemma auf Ihr eigenes Leben an. Gibt es Kontexte, in denen Sie starke Vorurteile und Annahmen haben, die falsch sein könnten? Können Sie sich in einen anderen Kontext versetzen, um Dinge anders wahrzunehmen? Wenn Sie ein Elternteil, eine Führungskraft oder ein/e Lehrer/in sind, leben Sie diese Aufgeschlossenheit vor, indem Sie erzählen, wie sich Ihre Perspektive oder Ihr Verständnis in der Vergangenheit verändert haben und wie dies Ihre Annahmen verschoben hat. Stellen Sie sich Aufgaben, die unterschiedliche Sichtweisen zulassen, und zeigen Sie, dass es oft keine richtige oder falsche Antwort gibt.
3. Bitten Sie Ihre Angehörigen um Hilfe. Wenn Sie Kinder haben, sprechen Sie mit ihnen offen über Herausforderungen. Wenn Ihre Kinder schon etwas älter sind, können Sie ihnen altersgerechte Aufgaben übertragen (zum Beispiel Socken ordnen, beim Essen

helfen, einem jüngeren Geschwisterkind Nachhilfe geben etc.). Fragen Sie die Kinder nach ihren Höhen und Tiefen oder nach dem, was sie heute gelernt haben, um sinnvolle Gespräche anzustoßen und ihnen die Angst vor dem Unerwarteten zu nehmen – und sich vielleicht sogar darauf zu freuen.

Dank

Dieses Buch fasst die letzten 15 Jahre meines Lebens zusammen, und viele der Menschen, die mir am Herzen liegen, waren an diesem Prozess beteiligt. Mein Lektor riet mir, mich kurz zu fassen, daher liegt der Fokus dieses Kapitels auf den wunderbaren Menschen, ohne deren Unterstützung und Geduld dieses Buch nicht zustande gekommen wäre. Kein Danksagungskapitel könnte ihnen und dem Vertrauen, das sie in mich gesetzt haben, jemals gerecht werden, aber es ist hoffentlich ein Anfang.

Meine brillante Frau Lexi Montée Busch – die Verkörperung einer »Zufallsaktivistin« – ist eine ständige Inspiration für mich. Lexi lebt und atmet Serendipität – und hat mir mit ihrer energischen und kreativen Art die Augen dafür geöffnet, was im Leben und in der Liebe wirklich möglich ist. Unsere wunderbare Tochter Lola inspiriert mich konstant, weit über den Tellerrand unserer Generation hinauszuschauen – und ist ein Teil der besten Serendipität, die mir je passiert ist. Ulla, Rainer und Malte Busch sind meine Felsen in der Brandung. Sie haben mir das Gefühl gegeben, dass alles möglich ist, und mir die Grundlagen für ein bewusstes und freudvolles Leben gegeben. Meine Großmutter Leni, die das Erscheinen dieses Buches nicht mehr erleben durfte, war mir ein Vorbild, vor allem in Bezug auf Resilienz und dem Willen, das Beste aus dem zu machen, was das Leben für uns bereithält.

Grace Gould hat mich nach einer schwierigen Zeit wieder an mich selbst glauben lassen, und ich kann ihr nicht genug für ihre Ermutigung und Unterstützung danken. Sophie Johnsson ist mir ebenfalls zur Seite gestanden, und ich bin sehr dankbar dafür, dass sie ein emotionaler Fels in der Brandung war. Gail Rebuck war eine aufrichtige Ratgeberin, eine Inspiration und eine Ideen-Sparringspartnerin, und ich kann ihr nicht genug für ihre Weisheit, ihre Ermutigung und ihre treffsicheren Ratschläge danken.

Mein Agent Gordon Wise hat Berge versetzt. Die Mitarbeitenden im Murmann Verlag haben mir mit ihrer redaktionellen Brillanz geholfen, meine Ideen in ein (hoffentlich!) lesbares Buch zu verwandeln.

Meine Kollegen am Center for Global Affairs der New York University und am Marshall Institute der London School of Economics haben mir die beste intellektuelle Umgebung geboten, die ich mir hätte wünschen können. Meine akademischen Mitstreiter und Mitstreiterinnen, insbesondere Harry Barkema, Saul Estrin und Susan Hill, haben mir die Freude an der Verbindung von Wissenschaft und Praxis vermittelt. Mein Team von »Leaders on Purpose«, insbesondere Christa Gyori, Tatjana Kazakova, Leith Sharp, Maya Brahman und Nicole Belleslie, waren immer wieder eine motivierende Energiequelle.

Stephan Chambers, Michael Hastings, Gerry George, Steven D'Souza, Michael Mayernick und meine Mitgründer von Sandbox waren eine große Inspiration. Phil Kaye und Fabian Pfortmüller haben mich inspiriert und sensibilisiert, vor allem im Hinblick auf strukturelle Dynamiken und Ungleichheiten. Carolin Krenzer, Tuukka Toivonen, Paolo Rigutto, Karin King, Noa Gafni, Tatjana Kazakova, Matthew Grimes, Jim de Wilde, Marlon Parker, Steven D'Souza, Tim Weiss, Arieh und Nachson Mimran, Willem Büchler, Christoph Seckler, Christopher Ankersen und Edward Goldberg opferten ihre Zeit (und wahrscheinlich auch ihre Nerven!), um frühe Entwürfe durchzusehen. Ich kann ihnen nicht genug für ihre Ratschläge danken. Simon Watkins und Shane Richmond unterstützten mich bei der Ausarbeitung der Ideen und Inhalte. Brad Gyori öffnete mir die Augen für die Rolle der Kunst bei der Orchestrierung von Serendipität. Jessica Carson war eine wunderbar inspirierende Ratgeberin.

Die Sandbox, Nexus Summit, Weltwirtschaftsforum, Performance Theatre, MakeSense, Royal Academy of Arts und Global Shapers Communities waren eine ständige Inspiration. Simon Engelke und Seredy.org – eine Plattform, die zufällige Verbindungen erleichtert – haben mich mit fantastischen Menschen bekannt gemacht. Alice Wang, Alexa Wright, Jill Jürgensen, Kelsey Beuning und Michael Junga waren eine große Hilfe bei der Datensammlung und -analyse.

Nicht zuletzt gilt mein herzlicher Dank all den brillanten Köpfen, die ihre Gedanken und Geschichten mit mir geteilt haben. Wir konnten zwar nicht alles in das Buch aufnehmen, aber ich freue mich darauf, die inspirierendsten von ihnen auf andere Weise hervorzuheben.

Dieses Buch ist das Ergebnis einer intensiven Sinnsuche. Natürlich hatte ich Glück mit den Menschen, die ich getroffen habe, und den Ideen, denen ich begegnet bin. Aber was diese Momente zu einem kohärenten Ganzen gemacht hat, ist etwas, das weitaus faszinierender ist als reiner Zufall – der Erfolgsfaktor Zufall. Danke, dass Sie sich mit mir auf diese Reise begeben haben.

Anmerkungen

EINLEITUNG

1 Denrell et al., 2003; Dunbar und Fugelsang, 2005.

2 Burt, 2004; de Rond und Morley, 2010. Serendipität wird entweder als eine Eigenschaft oder als ein Prozess verstanden (McCay-Peet und Toms, 2018). Bei der Serendipität geht es darum, »Paare« von Beobachtungen zu sehen, die möglicherweise nichts gemeinsam haben, außer dass sie in einem sinnvollen Zusammenhang stehen, sodass Definitionen, die sie als reines »pures Glück« bezeichnen, unzutreffend erscheinen (de Rond, 2014). Die Beobachtung ist zufällig, aber es ist die Reaktion darauf, die Klugheit des Beobachters, die aus dem Zufall die Serendipität entstehen lässt.

3 De Rond und Morley, 2010; Gyori, Gyori und Kazakova, 2019.

4 Ich wendete eine systematische Literaturanalyse an, die auf Suchbegriffen wie »Serendipität«, »Zufall«, »Koinzidenz«, »Glück« und »Exaptation« basierte, und nutzte einen Schneeballsystem-Ansatz, um Arbeiten aus anderen Bereichen zu integrieren (Flick, 2009). Von den über 900 Arbeiten aus verschiedenen Disziplinen konzentrierte ich mich auf diejenigen, die einen sinnvollen Bezug zu haben schienen, und ergänzte sie durch Beobachtungen, Archivinformationen und Interviews. In den Interviews und Beobachtungen suchte ich nach sich abzeichnenden Mustern und fasste die gewonnenen Erkenntnisse zu Themen zusammen (siehe Flick, 2009; Yin, 2003). Das Buch integriert eine Reihe meiner Forschungsprojekte und neueren Arbeiten und Studien, darunter Erkenntnisse aus einer *Leaders-on-Purpose*-Studie, in der ich zusammen mit meinen Kolleginnen Christa Gyori, Leith Sharp, Maya Brahman und Tatjana Kazakova über dreißig der »CEOs des Jahres« der *Harvard Business Review* interviewt habe, darunter von Unternehmen wie BMW, Haier, MasterCard, PayPal und Philips (siehe auch Busch, 2019; Busch, 2022; Gyori et al., 2018). Ich folgte in allen Projekten einer ähnlichen Kodierungslogik, um zugrunde liegende Muster zu erkennen. Ich ergänzte diese verschiedenen Datenerhebungsmethoden mit meinen eigenen Erfahrungen aus fünfzehn Jahren der Kultivierung von Serendipität sowie mit Gesprächen mit inspirierenden Menschen auf der ganzen Welt. Eine aktuelle Literaturanalyse mit einem Fokus auf Serendipität ist auch in Busch (2022) verfügbar.

5 Brown, 2005; de Rond, 2014; Napier und Vuong, 2013.

1. MEHR ALS NUR PURER ZUFALL

1 Siehe z. B. Busch (2022). In diesem systematisch Literaturüberblick identifiziere ich die drei Hauptcharakteristiken von Serendipität als »Überraschung«, »menschliches Handeln« und »positivem Ergebnis« (welches abstrakt sein kann). Diese Charakteristiken helfen, Serendipität von ähnlichen Konzepten wie reinem Glück oder geplanter Innovation zu unterscheiden. Siehe auch Merton und Barber, 2004. Der Serendipität-Forscher Pek van Andel (1984) nennt es »die Kunst, etwas Ungesuchtes zu finden«. Andere Definitionen beschreiben Serendipität als »Suche, die zu einer unbeabsichtigten Entdeckung führt« (Dew, 2009) oder als »die einzigartige und zufällige Mischung aus Einsicht und Zufall« (Fine und Deegan, 1996). Ich wende eine weit gefasste Definition von Serendipität an, die sich auf die ursprüngliche Definition stützt und sowohl Arten wie die anfängliche Suche nach etwas anderem als auch die Nicht-Suche (keine aktive Suche nach etwas Bestimmtem) einschließt (siehe Napier und Vuong, 2013). Zum ursprünglichen Briefwechsel von Horace Walpole siehe Lewis, 1965.

2 Abhängig von einer Reihe von Überlegungen (einschließlich möglicher »Pseudo-Serendipität«) unterscheidet die Forschung in der Regel drei bis fünf Formen. Die drei von mir erörterten Formen decken das gesamte Spektrum ab. Während einige Forscher zwischen »echter« und »unechter« Serendipität unterscheiden, haben andere (z. B. Dew, 2009) Aspekte wie die Suche vordefiniert (und sich damit implizit für bestimmte Typen entschieden). Ausgehend von der Annahme, dass der Wert unerwarteter Begegnungen in allen Formen und Ausprägungen auftritt, deckt dieses Buch alle Arten ab (siehe z. B. de Rond, 2014; Napier und Vuong, 2013; und Yaqub, 2018, für ausgezeichnete Diskussionen).

3 Natürlich ist die Reise der Serendipität nicht auf eine einzige zufällige Begegnung beschränkt, sondern umfasst oft eine Reihe von unerwarteten Ereignissen - hier konzentriere ich mich auf die wichtigsten Teile des Prozesses (der weiter dekonstruiert werden könnte).

4 Einige Forscher haben argumentiert, dass Beispiele wie das von Fleming »pseudo-serendipitär« sind. Ihrer Ansicht nach ist »Pseudo-Serendipität« die Situation, in der man bereits nach etwas sucht und dann zufällig auf etwas stößt, das hilft, das ursprüngliche Ziel zu erreichen (also im Wesentlichen ein zufälliger Weg, um dasselbe Ziel zu erreichen). »Echte« Serendipität bezieht sich dann auf etwas völlig Unerwartetes. Nach dieser Logik würde beispielsweise die Entdeckung der DNA als Pseudo-Serendipität gelten, weil das ursprüngliche Ziel relativ klar war, aber zufällige Ereignisse die Entschlüsselung des Moleküls ermöglichten. Und im Falle von Penicillin war Fleming in gewisser Weise auf seine Beobachtung vorbereitet, denn er interessierte sich bereits für die antibiotische Wirkung von Substanzen. Folgt man der Logik dieser Forscher, so hätte die »wahre« Serendipität eine Änderung der Zielsetzung erfordert (Roberts, 1989). Die meisten Forscher (mich eingeschlossen) teilen diese enge Auffassung nicht und betrachten Vorfälle wie die Entdeckung der DNA als Serendipität im weiteren Sinne: ein Auslöser über eine Assoziation führte zu einem überraschenden positiven Ergebnis. Andernfalls würde fast jede Serendipität als Pseudo-Serendipität gelten (siehe auch Copeland, 2018; Sanger Institute, 2019).

5 *The Conversation*, 2015.

6 Die genaue Bezeichnung ist unterschiedlich, aber neuere Arbeiten legen den Fokus auf den Prozess und die wichtigsten Komponenten. Makri et al. (2014) sehen den Prozess zum Beispiel so: Unerwartete Umstände + Einsicht > Verbindung herstellen > Projektwert > Wert verwerten > wertvolles Ergebnis. Andere sprechen von der »Verbindung der Punkte« (z. B. Pina e Cunha et al., 2010; de Rond, 2014). Einige der interessantesten Erkenntnisse in dieser Hinsicht stammen aus Studien im Kontext der Informationswissenschaften und der Informations- und Kommunikations-Technologie. Stephann Makri und Kollegen haben beispielsweise gezeigt, wie in einem informationstechnologischen Umfeld die Wahrscheinlichkeit von Serendipität erhöht werden kann, indem verschiedene Teile des Prozesses angegangen werden, insbesondere durch die Ergreifung der sich bietenden Chancen. Eine unerwartete Begegnung allein reicht nicht aus (Busch, 2022; Makri et al., 2014).

7 Simonton, 2004.

8 Busch, 2018; Busch und Barkema, 2020a; McCay-Peet und Toms, 2018; Napier und Vuong, 2013; Van Andel, 1992.

9 de Rond, 2014; Fine und Deegan, 1996; McCay-Peet und Toms, 2018; Merton und Barber, 2004. Natürlich verläuft dieser Prozess nicht immer völlig »linear.« Zum Beispiel finden Auslöser und Assoziation oft gleichzeitig statt, oder es kann Feedback-Prozesse geben - aber durch die Betrachtung der verschiedenen Schritte können wir wichtige Erkenntnisse gewinnen. Die Serendipität mit ihrem Schwerpunkt auf einem aktiven Prozess unterscheidet sich von der Synchronizität (siehe Jung, 2010) als einer singulären bedeutungsvollen Begegnung.

10 In Teilen der Literatur, die sich auf die Arbeiten von Koestler (1964) und anderen stützt, wird manchmal der Begriff »Bisoziation« verwendet, um darauf hinzuweisen, dass Serendipität oft aus der gleichzeitigen mentalen Assoziation einer Idee oder eines Objekts mit Bereichen entsteht, die normalerweise nicht als verwandt angesehen werden; ich verwende den Begriff »Assoziation« im weitesten Sinne des Wortes, das sowohl »Paare« als auch ganze Konfigurationen von Verbindungen erfasst.

11 Zur (beschleunigten) Serendipität in der kombinatorischen Chemie siehe z. B. McNally et al., 2011; zu qualitativen Methoden siehe z. B. die Arbeiten von Glaser und Strauss (1967) zur »Grounded Theory« und von Merton (1949) zur Sozialtheorie.

2. SERENDIPITÄTSBARRIEREN ÜBERWINDEN

1 Borja und Haigh, 2007; McKinney, 1966. Ich bin Mattan Griffel dafür dankbar, dass er mich auf das Paradoxon aufmerksam gemacht hat und mein erster Partner bei der Anwendung dieser Übung war.

2 Pina e Cunha et al., 2010. Wir neigen auch dazu, kleinere Zufälle zu übersehen, da wir normalerweise von den großen, überraschenden Zufällen angezogen werden.

3 Wiseman, 2003.

4 Zu Arbeiten über »verpasste Serendipität« siehe z. B. Barber und Fox, 1958 und Napier und Vuong, 2013. Ein verwandtes Konzept ist das des »sozialen Versagens« (z. B. Piskorski, 2011), das sich auf soziale Interaktionen bezieht, die nicht stattfinden, aber die Menschen besserstellen würden, wenn sie stattfinden würden.

5 Katz et al., 2017.

6 Surowiecki, 2004.

7 Denrell et al., 2003.

8 Busch, 2019; Sharp, 2019.

9 Coad, 2009; Fildes et al., 2009; Geroski, 2005.

10 Cohen et al., 1972; Hannan et al., 2003; Herndon et al., 2014. Außerdem sind diejenigen, die aufgrund von ein oder zwei »glücklichen Entscheidungen« – wie der Vorhersage einer Börsenkrise – die größten Erfolge erzielt haben, erstaunlich schlecht darin, ähnlich gute Entscheidungen zu treffen. Sie hatten oft »pures Glück«. In diesen Prozessen verwechseln wir pures Glück mit Können, und auf lange Sicht werden aus Spitzenkräften durchschnittliche Leistungsträger. Kurzfristig können diese reinen Glücksprofiteure die Situation jedoch ausnutzen, indem sie ihr Glück als Talent ausgeben und zusätzliche Belohnungen dafür verlangen (Denrell et al., 2019).

11 Liu und de Rond, 2014; McGahan und Porter, 2002; Rumelt, 1991; siehe auch Denrell, 2004; Denrell et al., 2015; Henderson et al., 2012.

12 Roese und Vohs, 2012; Sharp, 2019.

13 Hadjikhani et al., 2009; Jaekel, 2018; Sagan, 1995; Svoboda, 2007; Voss et al., 2012. Zur Jungfrau Maria in gegrillten Käsesandwiches, siehe http://news.bbc.co.uk/2/hi/4034787.stm

14 Siehe auch Conrad, 1958; Mishara, 2010.

15 Siehe auch Mintzberg et al., 1996.

16 Leaders on Purpose 2019 CEO-Studie.

17 LSE-Buchlesung (2019) von Deborah Levy.

18 Adamson und Taylor, 1954; Duncker, 1945.

19 Allen und Marquis, 1964; Arnon und Kreitler, 1984.

20 Dane et al., 2011; siehe auch Arnon und Kreitler, 1984.

21 Ritter et al., 2012.

22 D'Souza und Renner, 2016; siehe auch German und Barrett, 2005; German und Defeyter, 2000.

23 Für einen Überblick über mögliche Modelle siehe: https://fs.blog/mental-models/

24 Weitere Quellen, die in dieses Kapitel eingeflossen sind: Asch, 1951; Busch, 2022; Busch & Grimes, 2022; Kirzner, 1979; Lorenz et al., 2011; Merton und Barber, 2004; Pina e Cunha et al., 2010; Schon, 1983; Spradlin, 2012; von Hippel und von Krogh, 2016.

25 Ich danke Rey Buckman für die Anregung.

3. DER AUFGESCHLOSSENE GEIST

1 Merton und Barber, 2004; Pina e Cunha et al., 2010.

2 Busch und Barkema, 2019; Kirzner, 1979; Merton und Barber, 2004; Pina e Cunha et al., 2010. Siehe auch Dew, 2009.

3 Diese Erkenntnisse sind aus Busch und Barkema, 2020b, übernommen. Unter Anwendung qualitativer Methoden erhoben wir Daten über mehrere Jahre, besuchten die Standorte mehrmals und führten Beobachtungen, Interviews und die Analyse von Archivdaten durch.

4 Siehe auch Busch und Barkema, 2020b.

5 Wiseman, 2003.

6 Die Konkretisierung des Abstrakten gibt uns oft ein Gefühl der Kontrolle. Ich erinnere mich noch gut an die mühsame Zeit, die ich mit meiner Doktorarbeit verbracht habe: Fünf Jahre lang habe ich geforscht und geschrieben, um eine umfassende Fragestellung zu bearbeiten. Es war eine beängstigende und scheinbar unkontrollierbare Zeit in meinem Leben. Aber Gespräche mit Freund/innen ermöglichten es mir, die Arbeit in umsetzbare Punkte zu unterteilen, darunter vier konkrete Artikel, die ich als eigenständige »Projekte« mit klaren Ergebnissen behandelte. Dadurch wurde das Ganze überschaubarer und ich konnte besser schlafen. Sobald ich das Gefühl hatte, die Kontrolle zu haben, machte es mir der entstehende Orientierungssinn leichter, mich im Leben zurechtzufinden.

7 Busch, 2012; Busch, 2020; *Leaders on Purpose* 2019 CEO-Studie.

8 Dies bezieht sich auf die »Fahrradtheorie«, die ein Fortune-500-CEO mit meinem Leaders-on-Purpose-Team teilte. Seiner Ansicht nach liegt der Schlüssel zum Vorankommen einer Organisation darin, Energie zu mobilisieren – wobei er davon ausgeht, dass Energie keine endliche Menge ist, sondern etwas, das man schaffen kann. Es ist wie beim Fahrradfahren: Man stürzt, wenn es im Stillstand ist. Das Wichtigste ist, dass das Fahrrad in Bewegung kommt. Es kommt nicht darauf an, ob das Fahrrad immer genau in die richtige Richtung fährt, sondern darauf, dass es fährt, und dann passt man den Kurs an. Nur wenn man in Bewegung ist, kann man die Richtung des Fahrrads ändern.

9 www.theguardian.com/news/oliver-burkeman-s-blog/2014/may/21/everyone-is-totally-just-winging-it

10 *Leaders on Purpose* 2019 CEO-Studie.

11 Dies deckt sich mit früheren Arbeiten über die Rolle von Bescheidenheit (z. B. Owens, 2012). Anand Mahindra, CEO der Mahindra Group, eines der weltweit führenden Konglomerate, das in fast allen Branchen tätig ist, erzählte mir, wie sein Abfall-zu-Energie-Geschäft auf diese Weise durch Serendipität entstand – und dass »was uns danach beschäftigte, war die Frage, wie wir Serendipität institutionalisieren können, auch wenn das ein Oxymoron ist.«

12 Dweck, 2006.

13 Doidge, 2007; Kolb und Gibb, 2011. Im Hinblick auf Unternehmen hat sich herausgestellt, dass ein Verständnis der eigenen Marktbedürfnisse, des eigenen Zwecks und eine selbstkritische Analyse entscheidend sind, um Möglichkeiten in einem sich ständig verändernden Umfeld nutzen zu können (siehe Danneels, 2011; *Leaders on Purpose* 2019 CEO Study).

14 Wissenschaftler wie Saras Sarasvathy haben gezeigt, dass vor allem Unternehmer in einem sich schnell verändernden Umfeld sich oft zuerst anschauen, was sie vor sich haben – Ressourcen, Fähigkeiten, Verbindungen, den Markt – und darauf aufbauen, in einer ständigen Iteration – anstatt so zu tun, als ob sie von Anfang an alles planen können. Dann müssen wir die Zukunft nicht vorhersagen und so tun, alles zu wissen – und uns auf die Parameter fokussieren, die wir kontrollieren und anpassen können. »Effectuation« basiert auf der Idee der nicht-prädiktiven Kontrolle, d. h. je besser Unternehmen die Zukunft kontrollieren können, desto weniger müssen sie sie vorhersagen (Sarasvathy, 2008).

15 Siehe auch Merrigan, 2019.

16 Van Andel, 1994; Williams et al., 1998.

17 Siehe Diaz de Chumaceiro, 2004; Napier und Vuong, 2013; van Andel, 1994.

18 Wharton Business School, 2017.

19 So hat die Forschung zum Beispiel gezeigt, dass unerfahrene Start-up-Gründer oft aufmerksam sind und einen großen Wissensdurst haben, aber ihre Suche weniger fokussiert ist. Im Gegensatz dazu neigen erfahrenere Manager dazu, das große Ganze im Auge zu behalten (Busenitz, 1996).

20 Miyazaki, 1999; Pina e Cunha et al., 2010; siehe auch Kornberger et al., 2005.

21 Siehe von Hippel und von Krogh, 2016.

22 Siehe zum Beispiel Kurup et al., 2011; Smith und Eppinger, 1997; Thomke und Fujimoto, 2000; Volkema, 1983; von Hippel und von Krogh, 2016.

23 Emirbayer und Mische, 1998; Schwenk und Thomas, 1983; von Hippel und von Krogh, 2016.

24 Eine große Herausforderung besteht dann darin, die Effizienz und Wirksamkeit von Suchstrategien – die »Wirtschaftlichkeit der Suche« – zu erkennen, die in der Regel eher auf Zufriedenstellungs- als auf Optimierungsalgorithmen beruhen, da Ressourcen (wie die Zeit eines Arztes) oft begrenzt und Probleme oft komplex sind (siehe Fleming und Sorenson, 2004; Garriga et al., 2013; Laursen und Salter, 2006).

25 Simon, 1977.

26 Hier wird eine gut strukturierte Problemstellung formuliert und dann wird in einer »Lösungslandschaft« (potenzielle Lösungen für das Problem) gesucht, indem grobmaschige Netze über die gesamte Lösungslandschaft geworfen werden, um die ungefähre Lage potenziell wünschenswerter Lösungs-»Spitzen« zu ermitteln. In weiteren Schritten werden feinmaschigere Netze über die vielversprechendsten Bereiche gezogen, um die zufriedenstellendste Lösung zu finden. Abhängig von den jeweils festgelegten Regeln (z. B. zuerst die Breite oder zuerst die Tiefe) können potenzielle Ergebnisse innerhalb bestimmter Einschränkungen erkannt werden (siehe Ghemewat und Levinthal, 2008; Levinthal und Posen, 2007; von Hippel und von Krogh, 2016). Künstliche Intelligenz kann hier eine große Rolle spielen (siehe auch Busch & Grimes, 2022).

27 Stock et al., 2017; von Hippel und von Krogh, 2016.

28 Tyre und von Hippel, 1997; von Hippel und Tyre, 1996; von Hippel und von Krogh, 2016.

29 Gronbaek, 1989; Thomke und Fujimoto, 2000; von Hippel und von Krogh, 2016. Für ähnliche Ansätze mit Fokus auf »Versuch und Irrtum«, siehe: Hsieh et al., 2007; Kurup et al., 2011; Nelson 2008.

30 Z. B. Ferre et al., 2001; von Hippel und von Krogh, 2016; siehe Conboy, 2009, für eine Übersicht.

31 Toms, 2000; siehe auch Dew, 2009; Graebner, 2004; McCay-Peet und Toms, 2010; Stock et al., 2017.

32 Stock et al., 2017; siehe auch Cosmelli und Preiss, 2014; Schooler und Melcher, 1995.

33 Klein und Lane, 2014.

34 Stock et al., 2017; siehe auch Cosmelli und Preiss, 2014; Schooler und Melcher, 1995.

35 Siehe z. B. Cosmelli und Preiss, 2014; Pelaprat und Cole 2011; Topolinski und Reber, 2010.

36 Beispiel angepasst aus von Hippel und von Krogh, 2016.

37 Von Hippel und von Krogh, 2016. Natürlich ist das, was für uns neu ist, für andere nicht unbedingt neu, und andere haben möglicherweise schon einen »schrittweisen« Prozess durchlaufen (siehe z. B. Felin und Zenger, 2015).

38 Siehe z. B. Bradley et al., 2012; Krumholz et al., 2011.

39 Siehe Merrigan, 2019. Diese Menschen sind oft auch Lead User – Menschen, die neue Methoden oder Produkte frühzeitig anwenden. Der Lead-User-Ansatz und seine Entwicklungen gehen auf den Innovationsexperten von Hippel zurück. Lead User sind die Menschen, die oft die ersten Nutzer eines Systems oder einer Technologie sind. Sie neigen dazu, die Grenzen und Risiken, die in einem System oder einer Technologie lauern, zu erkennen, lange bevor die breitere Gruppe der Nutzer dies tut. Hacker sind auch eine Art von Lead User: Sie erkennen oft ein Problem, bevor ein Unternehmen überhaupt weiß, dass es ein Problem hat – weshalb sie zu wertvollen Mitarbeitenden werden können, vor allem in Sicherheitsbehörden.

40 Busch, 2020; Busch, 2022.

41 Ich danke Georgie Nightingall, der Gründerin von Trigger Conversations, für diesen Gedanken. Ihr zugehöriger TEDx-Talk ist hier zu finden: www.youtube.com/watch?v=ogVLBEzn2rk

4. DER ANGEREGTE GEIST

1 *Leaders on Purpose 2019* CEO-Studie.

2 Für weitere Hintergrundinformationen über intrinsische und extrinsische Motivation, siehe Ryan und Deci, 2000.

3 *Leaders on Purpose 2019* CEO-Studie. Dies gilt auch für Unternehmen: Unternehmen entwickeln oft eine firmenspezifische Theorie der Wertschöpfung, die eine Architektur und ein Bündel von Problemen aufzeigt, die Aufmerksamkeit verdienen. Daraus ergibt sich dann die strategische Ausrichtung, die es zu filtern gilt. Das zentrale Vehikel für die Wertschöpfung liegt also in der Zusammenstellung und Aktualisierung der »Wertschöpfungstheorie« und ihrer Anwendung auf die Formulierung von Problemen, die Organisation der Lösungssuche und die Auswahl unter den verfügbaren Bedürfnis-Lösungs-Paaren (Felin und Zenger, 2015). Ein Grund, warum Unternehmen mehr für neue Produkte verlangen können, ist, dass es auf bestehenden Märkten eine klare Vorstellung davon gibt, wie Produkte zu bepreisen sind. Wenn es um neuartige Probleme oder neuartige Anwendungen geht, können Märkte für neuartige Problem-Lösungs-Paare zu Wertschöpfungsmöglichkeiten führen, die von anderen nicht vorhergesehen wurden – und für die eine neue »Theorie« erstellt werden kann (einschließlich einer Rechtfertigung für höhere Preise!).

4 Grant, 2015; siehe auch Engel et al., 2017.

5 Cohen et al., 1972. Die Idee ist, dass in Entscheidungssituationen wie z. B. in Sitzungen, Teilnehmende Probleme und Lösungen in den Mülleimer werfen – und der Zufall bestimmt oft, welche Lösungen mit welchen Problemen verbunden werden. Aber natürlich wird hier davon ausgegangen, dass wir bereits formulierte Probleme und Lösungen anwenden, während in einer sich schnell verändernden Welt Fragen und Antworten oft eher emergent sind.

6 Kollektivistische Gesellschaften sind eher vertrauens- und beziehungsorientiert, während individuellere Gesellschaften eher vertrags- und abschlussorientiert sind (Hofstede, 1980; Schwartz, 1990). In einem meiner Sommerkurse mit Studierenden im Alter von achtzehn bis fünfundzwanzig Jahren werde ich oft von Studierenden aus Kulturen mit einem eher »deal-orientierten« Fokus (z. B. Deutschland) gefragt, ob der Aufbau von Beziehungen zu kollektivistischeren Kulturen (z. B. Kenia) nicht »Zeitverschwendung« sei. Ich antworte meist mit einem Beispiel aus meiner Arbeit in Kenia: Ich habe lange gebraucht, um ein paar tiefe Freundschaften zu entwickeln, aber jetzt habe ich, wann immer ich nach Kenia fahre, Zugang zu allen, denn, wie ein kenianischer Freund von mir sagte, »jeder ist der Bruder oder die Schwester von jemandem.« Und weil ich von jemandem vorgestellt werde, dem sie vertrauen, geht alles ziemlich schnell. Noch wichtiger ist jedoch, dass es mir (als jemand, der aus einem sehr individualistischen Umfeld kommt) gezeigt hat, dass Geschäfte viel mehr Spaß machen können, wenn man sie als soziales und nicht als rein kommerzielles Umfeld be-

trachtet. Ich habe dadurch viel mehr über Kenia gelernt, und langfristig hat es sich auch in vielerlei anderer Hinsicht ausgezahlt.

7 www.npr.org/sections/health-shots/2019/05/25/726695968/whats-your-purpose-finding-a-sense-of-meaning-in-life-is-linked-to-health

8 Dies ist eine schöne Verbindung zu Simon Sineks Arbeit. Sinek, dessen Arbeit über das »Warum« Einzelpersonen und Organisationen auf der ganzen Welt inspiriert hat, fragt: Warum ist mehr Geld zu haben für viele so wichtig, selbst wenn sie schon genug haben? Er verweist auf die Tatsache, dass die meisten Menschen von klein auf den Wunsch haben, »zu gewinnen«. Aber welchen Standard wenden wir an? Für die einen ist es Ruhm, für die anderen Geld, Macht oder Familie. Der Punktestand hilft uns, das Gefühl zu haben, dass wir vorankommen – eine relative Messung davon, wie die Dinge laufen. Sinek wendet das Beispiel eines Milliardärs an, der eine Million verliert und depressiv wird. Die Veränderung seines Vermögens wirkt sich nicht auf seinen Lebensstil aus, aber er könnte das Gefühl haben, dass er »verloren« hat. Die Rückbesinnung auf das »Warum« hilft uns, uns auf das zu besinnen, worum es ursprünglich ging. Das Schöne an einem Serendipitätsquotient (siehe spätere Kapitel)? Es geht darum, wer wir *im Verhältnis zu uns selbst* werden können.

9 *AOK Fehlzeiten Report*, 2018.

10 Siehe z.B. Dunn et al., 2008.

11 Preethaji und Krishnaji, 2019.

12 Mandi et al., 2013.

13 *Leaders on Purpose 2019* CEO-Studie.

14 Wiseman, 2003.

15 Busch, 2022.

16 Siehe www.theguardian.com/lifeandstyle./2012/feb/01/top-five-regrets-of-the-dying. Diese Episode machte mir auch bewusst, dass Handlungen oft unbeabsichtigte Folgen haben und dass Konflikte gut sein können – wie mein Mitbegründer Fabian Pfortmüller während unserer jüngsten Nachbesprechung bemerkte: »Wälder müssen von Zeit zu Zeit brennen, um den Boden zu verjüngen und neue Bäume wachsen zu lassen.« Im Falle unserer Organisation konnte so eine neue Generation von Führungskräften heranwachsen.

17 Ein hervorragendes Interview zu diesen Themen finden Sie unter: https://medium.com/@farnamstreet/adam-grant-on-intentional-parenting-4e4128a7c03b

18 Laloux, 2014.

19 Dies steht in engem Zusammenhang mit dem Reziprozitätsprinzip (siehe Cialdini, 1984).

20 Grant, 2014; Grant, 2017.

21 Siehe z. B. Dunn, Aknin und Norton, 2008.

22 Dies ist nicht dasselbe, wie die Bereitschaft, Risiken einzugehen. Wie Adam Grant in *Originals* sehr schön dargelegt hat, sind viele originelle Menschen tatsächlich sehr risikoscheu. Für eine tiefere Beschäftigung mit den jeweiligen Themen siehe Erdelez, 1999; Heinstroem, 2006; Stock et al., 2016.

23 Proaktives Verhalten bezieht sich auf selbstinitiiertes und zukunftsorientiertes Handeln, das darauf abzielt, die Situation oder sich selbst zu verändern und zu verbessern (Grant, 2000; Parker et al., 2006). Individuen agieren und handeln antizipatorisch – sie denken, planen, kalkulieren und handeln mit Voraussicht auf zukünftige Ereignisse, bevor diese eintreten (Bandura, 2006; Bindl et al., 2012; Parker et al., 2006).

24 Grant, 2017. Siehe auch Simonton, 2003.

25 Brian Little von der Cambridge University hat hierzu hervorragende Arbeit geleistet; eine kurze Zusammenfassung findet sich in seinem TEDx Talk: www.youtube.com/watch?v=NZ5o9PcHeL0

26 Extrovertiertheit ist eine der fünf großen Persönlichkeitsfaktoren (»Big Five«): Offenheit, Gewissenhaftigkeit, Extroversion, Verträglichkeit und Neurotizismus.

27 Cain, 2013; ihr wunderbarer TED Talk ist hier zu finden: https://ed.ted.com/lessons/susan-cain-the-power-of-introverts

28 Wiseman, 2003.

29 Baron, 2008; Helfat und Peteraf, 2015. Arbeiten zur organisatorischen Kreativität haben gezeigt, dass ein positiver Gefühlzustand es den Menschen erleichtert, neue Assoziationen herzustellen, da er die Beweglichkeit ihres Denkens über verschiedene Themen hinweg fördert (siehe z. B. Isen et al., 1987).

30 Pinker, 2017.

31 Aus der Perspektive der Quanten-Theorie können wir Serendipität verursachen, indem wir »Potenzialität« in »Realität« verwandeln (Busch, 2022).

32 Preethaji und Krishnaji, 2019.

33 Schätzung von Jennifer Hawthorne, zitiert in Preethaji und Krishnaji, 2019.

34 In der Tat ist die Aussetzung des Urteils und insbesondere der Gedanke daran, wie andere uns beurteilen werden, oft der Kern von zentralen Themen wie Kreativität (Amabile et al., 1996).

35 Manche behaupten, dass alte Erinnerungen oft an verschiedenen Stellen in unserem Körper gespeichert sind, z. B. im Rückenmark. Wir können auf sie zugreifen und sogar diejenigen, die in unseren Zellen gespeichert sind, verändern.

36 Preethaji und Krishnaji, 2019; Clip auf www.youtube.com/watch?v=E8aprCNnecU. Einige dieser Prämissen sind mit der Idee des Emotivismus verbunden – nämlich, dass moralische Urteile keine Tatsachenaussagen sind, sondern Ausdruck der Gefühle einer Person (siehe z. B. www.britannica.com/topic/Language-Truth-and-Logic).

37 Zur allgemeinen Bedeutung von Bescheidenheit und Fehlermanagement siehe Seckler et al., 2019.

38 Kahneman (2011) unterscheidet zwischen System 1 – einer oft unbewussten und schnellen Art des Denkens – und System 2 – einer langsamen, aber kontrollierten Art des Denkens.

39 Porges, 2009; Porges, 2011. Dies kann z.B. bei der Traumaheilung eine große Rolle spielen (Van der Kolk, 2014).

40 Zur Beziehung zwischen Achtsamkeit und Serendipität siehe Pina et Cunha et al., 2010.

41 Angepasst von Preethaji und Krishnaji, 2019.

42 Neuere Forschungen haben gezeigt, dass es wirkungsvoll sein kann, den Fokus auf (agile) Gewohnheiten, statt auf spezifische Ziele zu legen – solange sie uns nicht einschränken. Warren Buffett wurde nicht zum Milliardär, indem er sich das Ziel setzte, Milliardär zu werden – er wurde Milliardär, indem er Weisheit und Wissen entwickelte und das Lesen zu einer täglichen Gewohnheit machte (Buffett versucht angeblich, Meetings zu vermeiden und verbringt den größten Teil seines Tages mit Lesen). Anstatt sich nur auf Ziele zu konzentrieren (z.B. »Ich möchte zehn Stunden pro Woche mit meinem Verlobten verbringen«), können wir uns auf eine Gewohnheit konzentrieren (z.B. »Ich möchte jeden zweiten Abend mit meinem Verlobten essen gehen«). Ziele werden uns oft aufgedrängt, während Gewohnheiten zu einer wichtigen Heuristik werden können. Einige inspirierende Weisheiten zu diesen Fragen finden Sie unter www.farnamstreetblog.com/2017/06/habits-vs-goals/ und www.farnamstreetblog.com/2013/05/the-buffett-formula-how-to-get-smarter/

5. SERENDIPITÄTSAUSLÖSER ERKENNEN UND ERMÖGLICHEN

1 McNally et al., 2011; Pirnot et al., 2013. Ein weiteres Beispiel ist die Einführung von Systemen durch Informatiker, die die Zufallselemente bei der Informationsbeschaffung erhöhen, indem sie Data-Mining auf eine Weise anwenden, die unerwartete Links zu neuen interessanten Informationen bietet (Beale, 2007; Liang, 2012).

2 Ein schöner kurzer Clip zu diesem Thema: www.youtube.com/watch?v=U88jj6PSD7w

3 Ein anderes Beispiel ist das Internet, wo eingebettete Suchergebnisse oder »vorgeschlagene Seiten« allesamt Aufforderungen zur Serendipität sein können – es gibt inzwischen eine ganze Branche (und Dutzende von Forschungsarbeiten), die sich darauf konzentriert, Zufallselemente durch die Einbettung unerwarteter Links zu neuen interessanten Informationen zu erhöhen (Beale, 2007; Liang, 2012).

4 www.politico.com/magazine/story/2018/01/20/henry-kissinger-networking-216482

5 Das Schaffen von Auslösern für Serendipität wird zur Selbstverständlichkeit, sobald wir anfangen, Dinge ins Rollen zu bringen. Ein Beispiel ist die Unternehmerin Cara Thomas, die beschloss, drei Monate lang allein durch Südostasien zu reisen. Sie hatte große Angst davor, aber indem sie sich dem Unbekannten öffnete, konnte sie magische Erfahrungen machen – und daraus entstand zufälligerweise ihr Unternehmen, das sich auf alltägliche Serendipität konzentriert. Oder nehmen Sie Keyun Ruan, die wir bereits kennengelernt haben, die während ihres Studiums in Deutschland freitags einen zufälligen Zug nahm, um mit Fremden zu sprechen, wo immer sie auch landete.

6 Aknin et al., 2013; Dunn et al., 2008.

7 Dew, 2009; McCay-Peet und Toms, 2010; Napier und Vuong, 2013.

8 Busch und Mudida, 2018; Granovetter, 1973.

9 Burt, 2004; Yaqub, 2018. Allerdings ist dies nicht über Kulturen hinweg gültig; siehe zum Beispiel Xiao und Tsui (2007) für eine gute Studie darüber, warum Vermittlung im kollektivistischen Kontext Chinas möglicherweise nicht (auf die gleiche Weise) funktioniert, und sogar negative Auswirkungen haben kann.

10 McCay-Peet und Toms, 2010.

11 Catmull, 2008; Lehrer, 2011.

12 Catmull, 2008; Lehrer, 2011.

13 Siehe z.B. https://blog.websummit.com/engineering-serendipity-story-web-summits-growth/ und https://blog.websummit.com/why-you-shouldnt-attend-web-summit/

14 Busch und Lup, 2013.

15 http://graphics.wsj.com/blue-feed-red-feed/

16 Busch und Mudida, 2018.

17 Brown, 2005; Pina e Cunha et al., 2010, Merton und Barber, 2004.

18 http://news.bbc.co.uk/1/hi/magazine/8674539.stm

19 Merton, 1968; Merton und Barber, 2004.

20 Garud et al., 1997; Hargadon and Sutton, 1997.

21 Siehe auch Siehe www.businessinsider.com/salesforce-ceo-marc-benioff-beginners-mind-2018-9

22 de Bono, 1992. De Bono entwickelte das System der sechs Denkhüte, eine Entscheidungsfindungsmethode, die Gruppen hilft, wirkungsvoller zu denken – jeder Hut steht für eine bestimmte Denkweise. Siehe auch Birdi, 2005.

23 Siehe z.B. de Bono, 2015.

24 Gyori, 2018.

25 Wie bei allem kann die Übertreibung (»extreme Disjunktion«) zu einer Musterblindheit führen, bei der das Publikum verwirrt und von unzusammenhängenden Informationen überwältigt ist. Manchmal wollen Künstler diesen Effekt herbeiführen, aber mit der Zeit und bei längeren Arbeiten kann dies die Aufmerksamkeit überfordern und zu Erschöpfung führen (Gyori, 2018).

26 Das Potenzial der Disjunktion besteht darin, Erwartungen zu hinterfragen, wobei vier Arten für die Serendipität relevant sind: Die räumliche Disjunktion bewahrt die zeitliche Kontinuität, verschiebt aber die Perspektive des Betrachters oder der Betrachterin an einen neuen Ort. Im Film würde eine Szene aus verschiedenen Blickwinkeln ge-

filmt werden. In Arbeitsumgebungen würde man den Ort wechseln (z. B. von Café 1 zu Café 2), um eine Auffrischung zu erhalten. Bei der zeitlichen Disjunktion handelt es sich um Zeitsprünge, z. B. indem ein Teil des Filmmaterials aus einer einzigen Einstellung entfernt wird, sodass ein Sprung entsteht. Bei der raumzeitlichen Disjunktion geht es darum, sowohl die Zeit als auch den Raum zu verschieben. So wechselt beispielsweise ein Roman von einem Tagebucheintrag, der abends in der Stadt geschrieben wurde, zu einem Brief, der morgens auf dem Lande geschrieben wurde. Bei der auktorialen Disjunktion geht es um den Wechsel zwischen Autorenperspektiven (z. B. das Experiment der Surrealisten mit der »exquisiten Leiche«), bei der mehrere Künstler gemeinsam Gedichte und Zeichnungen verfassen. Und nicht zuletzt geht es bei der syntaktischen Disjunktion darum, die symbolische Kontinuität zu durchbrechen – zum Beispiel in den Cut-up-Romanen von William S. Burroughs, in denen Seiten linearer Prosa in Abschnitte zerschnitten und auf nichtlineare Weise zusammengesetzt werden.

27 Gyori, 2018; Lessig, 2008; Navas et al., 2014.

28 Für einen guten Überblick über interessenbasierte Verhandlungen siehe Fisher et al., 2011.

29 Marx und Engels, zitiert in Gyori, 2018. Siehe zum Beispiel Marx und Engels, 1998.

30 Eisenstein, 1969.

31 Gjori, 2018. Dasselbe gilt für den akademischen Bereich, wo wir oft unerwartete Assoziationen und Muster finden, wenn wir eine größere Struktur mit neuen Augen betrachten. Die »Grounded Theory« und andere qualitative Methoden wie beispielsweise die Gioia-Methode ermöglichen es, dass sich Ideen organisch entwickeln. Als ich an der RLabs-Studie arbeitete, ging ich zum Beispiel mit einer sehr weit gefassten Forschungsfrage an die Sache heran. Dann versuchte ich, nach überraschenden Erkenntnissen Ausschau zu halten, die sich von dem unterscheiden, was ich (und die aktuelle Forschung) erwarten würde, und begann, diese wahrzunehmen. Ich mischte sie, bis einige interessante Themen auftauchten, die über diesen Kontext hinaus relevant sein könnten (in diesem Fall: dass Bricolage skalierbar ist). Wie immer bei der Serendipität geht es um die Kontrolle des Prozesses und nicht des Ergebnisses – und darum, die Augen für das Unerwartete offen zu halten, wie es Sherlock Holmes tun würde (Busch und Barkema, 2019). Auch die Abduktion – der kreative Akt der Konstruktion von Erklärungen für überraschende Beobachtungen im Laufe der Erfahrung – kann ein wirkungsvoller Ansatz sein, um neue Thesen zu entwickeln. Abduktion hilft, bestehende Konzepte mit neuen Erkenntnissen zu verbinden.

32 Gyori, 2018; Lessig, 2008; Navas et al., 2014.

33 Mintzberg et al., 1996; Pascale, 1996. Diese Geschichte ist jedoch seit Jahrzehnten umstritten, wobei einige behaupten, es sei Emergenz gewesen und andere, dass es Planung war – wir sollten sie also mit Vorsicht genießen.

34 Procter, 2012.

35 Gyori, 2018.

36 Derrida, 1982; Gjori, 2018.

37 Ein interessantes Beispiel sind auch Fan-Edits: Fan-Edits sind Trailer oder Filmszenen, die umgeschnitten werden, um genresprengende Dekonstruktionen zu schaffen. »The 40-Year-Old Virgin« wird von der Farce zum Psychothriller umgeschnitten; der Horrorfilm »The Shining« wird zum Wohlfühlfilm »Shining«. In ähnlicher Weise nahm Derrida Platons »Phaedrus« und dekonstruierte ihn mit der entsprechenden Hingabe (Gyori, 2018).

38 Gyori, 2018; siehe auch Delanty et al., 2013.

39 Das kann verunsichern und Chancen für unterdrückte Menschen schaffen. Ausgestoßene können zu Helden werden, und das Rampenlicht fällt auf den/die Revolutionär/in – die Geschichte ist voll von Beispielen von x bis »post« (Postkolonialismus, Postmoderne usw.) –, der/die die Menschheit vorantreibt (Gyori, 2018).

40 Siehe https://fs.blog/2016/04/munger-operating-system/

41 Davis, 1971.

42 Gentner und Markman, 1997; Gick und Holyoak, 1980; siehe auch Stock et al., 2017. Angesichts der noch relativ seltenen Forschung im Zusammenhang mit Serendipität wende ich in diesem Buch teilweise auch analoges Denken an. Diese Art des Denkens kann durch ungeplante Ereignisse wie die zufällige Beobachtung eines bestimmten Ereignisses oder einer Errungenschaft ausgelöst werden. Assoziatives Denken oder Analogie ist ein Verfahren zur Navigation in komplexen Gelegenheitsräumen. Dieser Ansatz ist jedoch nur möglich, wenn das Zielvorhaben bekannt ist, was bei neu auftauchenden serendipitären Angelegenheiten oft nicht der Fall ist.

43 Gick und Holyoak, 1980. Diese Art des Denkens wird häufig von Experten bevorzugt, da sie dazu neigen, spezifisches Fachwissen zu sammeln, das in der Regel gut organisiert und leicht zugänglich ist (Bedard und Chi, 1992; Ericsson und Staszewski, 1989). Dies kann es Experten ermöglichen, mehr Verbindungen zwischen ihrem jeweiligen aktuellen Zustand und früheren (oder zukünftigen) Erfahrungen zu erkennen (Stock et al., 2017). Man kann eine Anomalie nur erkennen, wenn man ein Verständnis davon hat, was »normal« ist. Experten sind daher eher in der Lage, analoge Übertragungen vorzunehmen, da sie besser in der Lage sind, Parallelen zwischen ihrem Fachgebiet und der jeweiligen Situation zu erkennen. Expertenwissen ist in der Regel abstrakter und konzeptioneller (im Gegensatz zum oberflächlichen Wissen von Laien) und ermöglicht es daher, Parallelen zu ziehen und fehlende Informationen zu erschließen. Wie in Kapitel 2 erörtert, kann dies jedoch auch zu einer »funktionalen Fixierung« führen.

44 de Bono, 1992.

45 Gummere, 1989.

46 Koestler, 1964.

6. ZUFÄLLIGE BEGEGNUNGEN IN MÖGLICHKEITEN VERWANDELN

1 Burgelman, 2003.
2 Barber und Fox, 1958.
3 Christoff et al., 2009; Mason et al., 2007; siehe auch Stock et al., 2017.
4 Ritter und Dijksterhuis, 2015; Van Gaal et al., 2012.
5 Busch, 2022; Busch et al., 2019; Gyori et al., 2018.
6 McCay-Peet und Toms, 2010.
7 Gilhooly und Murphy, 2005
8 Sio und Ormerod, 2009. Siehe auch Stock et al., 2017.
9 Safi Bahcall hat einige interessante Gedanken zu diesen Fragen: https://podcastnotes.org/2019/03/16/bahcall/
10 »Citizenship in a Republic«, Rede an der Sorbonne, Paris, 23. April 1910.
11 Busch und Barkema, 2019; Napier und Vuong, 2013.
12 Siehe auch: https://mastersofscale.com/ev-williams-never-underestimate-your-first-idea/
13 Runde und de Rond, 2010.
14 Siehe z. B. Gilbert und Knight, 2017.
15 Taleb, 2012.
16 David, 2016.
17 Kahneman, 2011; siehe auch www.farnamstreetblog.com/2017/09/adam-grant/
18 White und Carlson, 2015; White et al., 2016. Für einen kurzen Bericht siehe www.weforum.org/agenda/2017/12/new-research-finds-that-kids-aged-4-6-perform-better-during-boring-tasks-when-dressed-as-batman
19 Patterson und Mischel, 1976.
20 www.newyorker.com/science/maria-konnikova/struggles-psychologist-studying
21 Der ehemalige CEO von Turkcell, Kaan Terzioğlu, erzählte mir, wie sein Unternehmen ein digitales Dashboard verwendet, das Ideen überschaubar macht und künstliche Intelligenz anwendet, um Ideen zu filtern und das Unternehmen zu führen. Beispielsweise halfen grundlegende Tools zur künstlichen Intelligenz/Erkennung dabei, die besten Ideen aus Ideenwettbewerben herauszufiltern; die beste Idee wurde umgesetzt, und der/die Gewinner/in erhielt einen Prozentsatz des Gewinns. Dies schuf eine Kultur der Ideen und des Verantwortungsbewusstseins und erwies sich laut Kaan als eines der weltweit erfolgreichsten Projekte seiner Firma. Diese Technologie ermöglichte es den Mitarbeitenden, in großem Umfang Beiträge zu leisten – und in großem Umfang zu filtern. Diese digitalen Dashboards können auch dazu verwendet werden, mehr Transparenz und Verantwortlichkeit zu schaffen, sodass die Leistung sichtbarer wird und sichtbar ist, welche Ergebnisse erzielt werden.
22 McKay-Peet und Toms, 2018.
23 Felin und Zenger, 2015; Schultz, 1998.
24 Felin und Zenger, 2015; Zenger, 2013. Unternehmen entwickeln normalerweise eine einzigartige firmenspezifische Wertschöpfungs-Theorie, die eine Architektur und ein Bündel von Problemen offenbart, die Aufmerksamkeit verdienen. Daraus ergibt sich dann die strategische Ausrichtung und die Möglichkeit, Ideen zu filtern. Das zentrale Instrument der Wertschöpfung liegt also in der Erstellung und Realisierung der Unternehmenstheorie und ihrer Anwendung, um Probleme zu formulieren, eine Lösungssuche zu organisieren und aus den verfügbaren Bedarfs-Lösungs-Paaren auszuwählen. Nehmen Sie Apple (Isaacson, 2011): Steve Jobs stolperte über die Bit-Mapping-Technologie, die »Maus« und die grafische Benutzeroberfläche, die alle entscheidend für den Macintosh waren. Jobs brauchte eine Theorie, um die möglichen Lösungsanwendungen zu erkennen. Auch Xerox war sich des Wertes dieser Technologien bewusst und erhielt die Möglichkeit, sich an Apple zu beteiligen, um im Gegenzug die Möglichkeit zu erhalten, sich die Lösungen und Technologien anzusehen. Doch nur Jobs' Theorie und sein Bündel an Kompetenzen brachten einen wirklichen Wert. Sein Scharfsinn und der seines Teams machten den Unterschied.
25 Wir müssen jedoch Routinen vermeiden, die die Kreativität einschränken. Die Einführung des Managementsystems Six Sigma bei 3M beispielsweise führte zu einer disziplinierten Kultur, die sich auf die Ausführung konzentrierte und die Offenheit für das Unerwartete einschränkte. Routinen sind in der Regel darauf ausgelegt, Ergebnisschwankungen zu verringern – wir wollen oft so sicher wie möglich sein, dass wir ein Ergebnis erreichen, das wir vorhersagen können (Austin et al., 2012). Diese »Vorhersagelogik« schränkt jedoch unseren Handlungsspielraum ein, und wir können Systeme entwerfen, die eine bestimmte Schwankung zulassen, z. B., indem wir Zufallsfaktoren einbauen. Um es mit den Worten von Ed Catmull zu sagen: »Kreativität gedeiht im Unvorhersehbaren!«
26 Iyengar und Lepper, 2000.
27 Viele Organisationen verwenden vor dem Beginn eines Projekts oder der Einführung eines Produkts Anwendungen wie »Go/No-Go«. Sie bewerten Möglichkeiten unter Anwendung von Methoden wie Discounted Cashflow und Net Present Value. Dies führt jedoch zu einer Fixierung auf Ziele, meist in relativ stabilen Umgebungen, in denen man versucht, Misserfolge zu vermeiden und sich auf das zu konzentrieren, was in der Vergangenheit funktioniert hat, und nicht auf das, was in der Zukunft funktionieren könnte. Das kann fatal sein, vor allem in einem sich schnell verändernden Umfeld, in dem Unsicherheit vorherrscht. Das ist nicht ideal, um das Beste aus Zufällen zu machen. In einem dynamischeren Umfeld wird die Vorhersage von Dingen wie Cashflows fast unmöglich, auch wenn wir uns der Kontrollillusion hingeben mögen.
28 David Starck, Professor an der Columbia University, hat in seinen Forschungen verschiedene »Wertordnungen« untersucht. Jeder Bereich (sei es die Wirtschaft, die Philosophie oder das Ingenieurwesen) hat seine eigene Logik dessen,

was wertvoll ist. Ein Beispiel: Eine brillante Kollegin von mir – eine ausgebildete Psychologin – nahm eine Stelle in einem Start-up-Unternehmen an. Sie ist ein äußerst kritischer, reflektierter Mensch und verfügt über Fähigkeiten, die in vielen Kontexten geschätzt würden, die aber in diesem schnelllebigen, entscheidungsfreudigen Start-up-Unternehmen nicht geschätzt wurden. Dies zeigt uns, dass wir sicherstellen müssen, dass wir den Kontext mit der Person in Einklang bringen – und umgekehrt. Oder dass wir den Kontext neu gestalten. In jeder Situation wird es immer unterschiedliche Wertigkeiten geben, die die Kriterien bestimmen, nach denen wir Ideen (und Personen) bewerten.

29 Guy et al., 2015; McKay-Peet und Toms, 2018.

30 Fan et al., 2012; Pariser, 2001.

31 Huldtgren et al., 2014.

32 Dazu gehören auch E-Mails von nigerianischen Prinzen. Haben Sie sich jemals gefragt, warum diese Zufalls-E-Mails, in denen Ihnen Millionen von Dollar angeboten werden, so schlecht geschrieben sind, dass für die meisten Menschen klar ist, dass es sich um Betrug handelt? Nun, eine mögliche Erklärung ist, dass es sich um einen Filter handelt: Es kostet viel Mühe, eine Person an den Punkt zu bringen, der für Betrüger tatsächlich nützlich ist – wie etwa die Bereitschaft, Kreditkartendaten preiszugeben. Deshalb versuchen sie, Skeptiker von vornherein herauszufiltern, um Aufwand zu sparen. Sie wenden einen »harten Filter« an, der nur diejenigen erfasst, die naiv genug sind zu glauben, dass ein nigerianischer Prinz ihnen tatsächlich Millionen vererben will. Auf diese Weise wird die Menge auf diejenigen reduziert, die letztendlich wohl bereit sind, ihre Kreditkartendaten preiszugeben. Damit werden die »Rekrutierungskosten« niedrig gehalten.

33 Pina e Cunha et al., 2010.

34 Meyers, 2007.

35 www.paulgraham.com/makersschedule.html

36 Kain, 2013.

37 Davis et al., 2011; Pejtersen et al., 2011.

38 Je nach kulturellem Kontext kann sich dies unterschiedlich äußern. In eher monochronen Kulturen (z.B. Nordeuropa), in denen Planung eine zentrale Rolle spielt und klare Anfangs- und Endzeiten vorherrschen, kann sich dies anders auswirken als in eher polychronen Kulturen (z.B. in weiten Teilen Afrikas und Lateinamerikas), in denen ein flexibleres Zeitkonzept zu flexibleren Zeitplänen, zur gleichzeitigen Lösung von Aufgaben und – vermutlich – zu einem anderen Umgang mit der Zeit führt.

7. DEN ERFOLGSFAKTOR ZUFALL VERSTÄRKEN

1 Busch, 2014.

2 Eagle et al., 2010.

3 Rowson et al., 2010; siehe auch Bacon et al., 2008.

4 Busch und Barkema, 2019. Für die ganze Geschichte, siehe www.youtube.com/watch?v=M1qsexQYAsc&t=9s

5 Granovetter, 1983.

6 Busch und Barkema, 2020a; Busch und Mudida, 2018.

7 Für Community-Builder stellt sich damit die Frage nach den Grenzen der Community. Es ist schwer, Vertrauen oder »stellvertretendes Vertrauen« in einer Gruppe zu entwickeln, in der jeder ein Mitglied sein kann. Eine Gemeinschaft ist oft nur so stark wie ihr »schwächstes« Glied (auf eine nicht-darwinistische Weise). Wenn es zu viele Menschen gibt, die nicht vertrauenswürdig sind, steht die gesamte Gemeinschaftsdynamik auf dem Spiel, insbesondere wenn es keine wirkungsvollen Mechanismen zur Konfliktlösung gibt (z.B. einen Gemeinschaftsrat oder ein Beschwerdekomitee). Vertrauen und Zugehörigkeit sind aus mehreren Gründen von zentraler Bedeutung und könnten auch für allgemeinere Themen wie die Bekämpfung der »Einsamkeitsepidemie« wichtig sein (https://hbr.org/cover-story/2017/09/work-and-the-loneliness-epidemic).

8 www.gsb.stanford.edu/insights/how-invest-your-social-capital?utm_source=Stanford+Business&utm_medium=email&utm_campaign=Stanford-Business-Issue-160-4-21-2019&utm_content=alumni

9 Busch und Barkema, 2019.

10 Busch und Lup, 2013.

11 Siehe zum Beispiel: http://www.independent.co.uk/news/uk/home-news/police-stop-search-cannabis-marijuana-smell-drug-policy-guidance-hmic-report-a8105061.html

12 Boyd, 1998.

13 Siehe z.B. die *GLOBE*-Studie (House et al., 2004); Hofstede, 1980.

14 Einige Schulen legen beispielsweise einen ausdrücklichen Fokus auf die Integration einer Vielzahl von Kindern aus unterschiedlichen sozioökonomischen Schichten und mit unterschiedlichem kulturellen Hintergrund, was eine der wenigen Strategien zu sein scheint, die die Testergebnisse tatsächlich verbessert.

8. SERENDIPITÄTSBEDINGUNGEN FÖRDERN

1 de Rond, 2014; Pina e Cunha et al., 2010. In einer globalisierten Welt gehen wir manchmal davon aus, dass sich die Menschen ähnlicher sind als sie es wirklich sind – und viele Fallstricke hindern uns an Serendipität, weil Dinge in der Umsetzung verloren gehen. An dieser Stelle kommt der nationale Hintergrund ins Spiel – ein wichtiger Einflussfaktor. Die (nationale) Kultur prägt unsere Werte, was wiederum unsere Einstellungen und Verhaltensweisen beeinflusst. Es

handelt sich um ein Muster gemeinsamer Grundannahmen, das sich dann in Werte und beobachtbare Errungenschaften wie Verhalten, Kleidung und Symbole wie Logos, physische Strukturen (z. B. offene Büroräume), Redewendungen, Rituale usw. übersetzt. Wichtig ist jedoch, dass Kultur zwar etwas ist, das von allen oder fast allen Mitgliedern einer sozialen Gruppe (z. B. Schule, Organisation, Familie, Land, Berufsgruppe usw.) geteilt wird, aber nicht statisch und nicht monolithisch ist. Kulturelle Missverständnisse kommen ständig vor, auch wenn wir uns dessen nicht bewusst sind. Was wie ein kleines Missverständnis aussieht, passiert überall und jederzeit. Wir können unsere kulturelle Intelligenz steigern, indem wir unser Wissen erweitern und eine metakognitive Fähigkeit entwickeln, uns selbst zu beobachten und auf der Grundlage von Erfahrungen zu überarbeiten und anzupassen.

2 de Rond, 2014; Napier und Vuong, 2013; Pina e Cunha et al., 2010.

3 Edmondson, 1999; siehe auch https://hbr.org/ideacast/2019/01/creating-psychological-safety-in-the-workplace

4 https://hbr.org/ideacast/2019/01/creating-psychological-safety-in-the-workplace

5 https://hbr.org/2017/10/research-for-better-brainstorming-tell-an-embarrassing-story

6 Meyers, 2007; Sutton, 2001.

7 Busch, 2019; Gyori et al., 2018.

8 Busch, 2022; Busch und Barkema, 2019.

9 Pina e Cunha et al., 2010; Meyers, 2007.

10 Isaacson, 2011; siehe auch https://heleo.com/conversation-the-one-key-trait-that-einstein-da-vinci-and-steve-jobs-had-in-common/17410/

11 Zahra und George, 2002.

12 Czarniwaska, 2008.

13 Austin et al., 2012.

14 https://deloitte.wsj.com/cio/2015/06/02/singularitys-ismail-on-disruptive-exponentials/

15 Sting et al., 2019.

16 Austin et al., 2012.

17 Jeppesen und Lakhani, 2010; von Hippel und von Krogh, 2016.

18 Regner, 2003.

19 https://work.qz.com/1174504/why-its-smart-to-let-employees-lunch-with-Konkurrenten-und-bezahlen-dafür/

20 Busch, 2022; Hargadon und Bechky, 2006; Napier und Vuong, 2013.

21 Foster und Ford, 2003.

22 Bunge, 1996.

23 Dunn et al., 2008.

24 Dazu gehören das Arbeitsumfeld und die Art der Arbeit selbst (McCay-Peet und Toms, 2010).

25 www.nytimes.com/2013/04/07/opinion/sunday/engineering-serendipity.html

26 Silverman, 2013; www.nytimes.com/2013/04/07/opinion/sunday/engineering-serendipity.html

27 Burt, 2004.

28 www.nytimes.com/2013/04/07/opinion/sunday/engineering-serendipity.html

29 Hallen und Eisenhardt, 2012.

30 Guy et al., 2015; McKay-Peet und Toms, 2018.

31 www.nytimes.com/2013/04/07/opinion/sunday/engineering-serendipity.html

32 Zum Beispiel: Adner und Kapoor, 2010; Kapoor und Agarwal, 2017; Nambisan und Baron, 2013.

33 Brafman und Beckstrom, 2006.

34 Für eine ausgewogene Perspektive, siehe https://hbr.org/2016/07/beyond-the-holacracy-hype

35 www.wsj.com/articles/SB118841662730312486; Hagel et al., 2012.

36 Baldwin und von Hippel, 2011; Stanek et al., 2017.

37 Siehe auch: The Economist Intelligence Unit, 2016.

38 Alstyne et al., 2016. Allerdings gibt es oft einen Kompromiss zwischen Größe und Zusammenhalt; oft können wir nur zu einer kleineren Anzahl von Menschen Vertrauen entwickeln.

39 Die bisherige Innovationsforschung geht von zwei Arten von Innovation aus: schrittweise Innovation, die am meisten von starken Bindungen an die Mutterorganisation profitiert, und radikale Innovation, die am meisten davon profitiert, sich von der Mutterorganisation zu lösen und neue und heterogenere Kontakte in ihr Netzwerk aufzunehmen. Da die Ressourcen, die für beide benötigt werden, unterschiedlich sind, besteht die Aufgabe der zentralen Organisation oft darin, schrittweise Innovatoren bei der Nutzung von Ressourcen innerhalb des Unternehmens zu unterstützen, während sie radikalen Innovatoren oft hilft, Ressourcen außerhalb des Unternehmens zu aufzutun. »Schwache Bindungen« sind tendenziell wirksamer für die Ideen- und Chancengenerierung, während »starke Bindungen« tendenziell wirksamer für die Nutzung von Ressourcen sind (Elfring und Hulsink, 2012). Negative Netzwerkeffekte, wie z. B. Überlastung, treten auf, wenn es zu viele Nutzer einer Ware oder Dienstleistung gibt.

40 Gould und Vrba, 1982.

41 Siehe Gould und Vrba, 1982; siehe auch Andriani und Cattani, 2016; Austin et al., 2012.

42 Ernst und Young, 2016. Natürlich kann Innovation auch andersherum stattfinden, getrieben durch die Aktivitäten eines Unternehmens – aber in einer sich schnell verändernden Welt sind oft die Kunden der Motor der Innovation.

43 Chen, 2016.

44 Der Ansatz des Experimentierens kann auf ganze Märkte angewendet werden. Carlos Brito, CEO von AB Inbev, einem der weltweit größten Konsumgüterunternehmen erklärte unserem Leaders on Purpose-Team, dass das Wachstum

einer Marke in einem bestimmten Markt oft darauf zurückzuführen ist, dass die Kunden ihnen sagen, auf welchen Markt sie setzen sollen: »Man muss zuhören, die Kunden wissen es besser als wir.« Dies hängt oft von der Fähigkeit der Mitarbeitenden ab, Dinge zu erkennen – in den Worten von Unternehmenslenker Anand Mahindra: »Meine erste Lektion in Sachen Organisationsverhalten war, dass man alle Kästchen aufstellen kann, aber wer in das Kästchen gesetzt wird, wird es formen. Die Person wird diese Aufgabe neu definieren. Ich habe nie geglaubt, dass Organisationen so hierarchisch sind, wie wir denken. Sie sind immer flexibel genug, sie sind nicht unveränderlich – es gibt ständige Bewegung.«

45 Siehe auch www.centreforpublicimpact.org/the-serendipity-of-impact/
46 Hagel et al., 2012.
47 http://www.cnbc.com/2016/08/09/zappos-ceo-tony-hsieh-what-i-regret-about-pouring-350-million-into-las-vegas.htm
48 Hallen und Eisenhardt, 2012; Westphal und Zajac, 1998.
49 Rowson et al., 2010.
50 Meyers, 2007; Pina e Cunha et al., 2010.

9. SERENDIPITÄT BEWERTEN: DER SERENDIPITÄTSQUOTIENT (SQ)

1 Durand und Vaara, 2009; Liu und de Rond, 2014.
2 Byrne, 2005; Kahneman und Miller, 1986.
3 Denrell et al., 2013; Liu und de Rond, 2014.
4 Siehe Pritchard, 2005; Pritchard und Smith, 2004; Teigen, 2005.
5 Barnsley et al., 1985; Gladwell, 2008.
6 Pierson et al., 2014.
7 Liu und de Rond, 2014; Pierson et al., 2014.
8 Gould, 2002; Lynn et al., 2009; Samuelson, 1989.
9 März, 2010.
10 Denrell, 2003.
11 Madsen und Desai, 2010; Tinsley et al., 2012; siehe auch Liu und de Rond, 2014.
12 Liu und de Rond, 2014.
13 Cornelissen und Durand, 2012; Durand und Vaara, 2009; Tsang und Ellsaesser, 2011.
14 Liu und de Rond, 2014.
15 Harrison und March, 1984; Liu und de Rond, 2014.
16 Liu und de Rond, 2014. Für Schriften zur Attributionstheorie siehe Hewstone, 1989; Weiner et al., 1971.
17 Camerer und Lovallo, 1999; Hogarth und Makridakis, 1981. Zur selbstwertdienlichen Verzerrung und ähnlichen Attributionsverzerrungen siehe Miller und Ross, 1975.
18 Ayton und Fischer, 2004; Maltby et al., 2008; Tversky und Kahneman, 1974.
19 Gilbert und Malone, 1995; Liu und de Rond, 2014.
20 Kahneman, 2011.
21 Goldstein und Gigerenzer, 2002.
22 Siehe Liu und de Rond, 2014. Obwohl dies, wie wir gesehen haben, natürlich keine Entweder-Oder-Frage sein muss.
23 Benabou und Tirole, 2006; Gromet, Hartson, und Sherman, 2015; Liu und de Rond, 2014.
24 Dillon und Tinsley, 2008; Hilary und Menzly, 2006; Liu und de Rond, 2014.
25 Barnett, 2008; March und March, 1977.
26 Zeitoun, Osterloh, und Frey, 2014.
27 Biondo et al., 2013; Pluchino et al., 2010; Thorngate et al., 2008.
28 Liu und de Rond, 2014.
29 Liu und de Rond, 2014; Pritchard, 2006; Williamson, 1981.
30 Young et al., 2010.
31 Bebchuk und Fried, 2009; Wade, O'Reilly, und Pollock, 2006.
32 Dillon und Tinsley, 2008; zum HALO-Effekt siehe Rosenzweig, 2007.
33 Liu und de Rond, 2014; die Unfalltheorie (Perrow, 1984) legt nahe, dass gescheiterte Führungskräfte dazu neigen, übermäßig beschuldigt zu werden.
34 Merrigan, 2019.
35 Alesina et al., 2001; Liu und de Rond, 2014; siehe auch Dillon und Tinsley, 2008; Vaughan, 1997.
36 Weick und Sutcliffe, 2006; Langer, 1989
37 Piketty, 2014.
38 Serendipität ist ein komplexer Prozess, und dieser Wert ist natürlich nicht das letzte Wort zur Messung von Serendipität – er dient lediglich als Richtschnur auf unserer Serendipitätsreise. Viele Forscher sind davor zurückgeschreckt, Serendipität zu messen: Es ist schwierig, einen Prozess zu messen. Tatsächlich wird Studierenden oft gesagt, sie sollten sich nicht mit Serendipität befassen, da sie »zu komplex« oder »zu abstrakt« sei. Es wird bei der Serendipität schwierig, aber nicht unmöglich sein, sie zu erforschen und schließlich zu messen. Ich hoffe, dass dieses Buch zu fruchtbaren zukünftigen Messungen und Operationalisierungen anregen kann. Vielversprechende erste Versuche, Serendipität und verwandte Konzepte zu konzeptualisieren und/oder zu messen (von denen ich einige

Messinstrumente integriere), finden sich in Busch, 2022; Erdelez, 1995; McCay-Peet und Toms, 2012; Makri und Blandford, 2012; McCay-Peet, 2013; Wiseman, 2003; Künftige Skalen könnten sich an der Absorptionsfähigkeit (z. B. Zahra und George, 2002), der Unerwartetheit (z. B. Adamopolos und Tuzhilin, 2014), der Originalität (z. B. Koh et al., 2007), der Interessantheit (Andre et al., 2009) und der Neuartigkeit (Toms, 2000) orientieren. Einige sind »objektiv« oder inter-subjektiv, andere subjektiv.

39 Tjan, 2010.

10. DIE KUNST UND DIE WISSENSCHAFT DES KULTIVIERENS VON SERENDIPITÄT

1 Ich habe versucht, dies durch die Anwendung von Qualitätskriterien zu minimieren, die für qualitative Methoden entwickelt wurden (siehe z. B. Flick, 2009).

2 van Andel, 2014.

3 Busch and Barkema, 2019; de Rond et al., 2011.

11. DURCH UNGEWISSHEIT NAVIGIEREN

1 Für einen Überblick über Ansätze im Zusammenhang mit Serendipitätshaken, die es uns ermöglichen, »die Punkte zu verbinden« – oder sie von anderen für uns verbinden zu lassen – siehe Busch, 2020. Für eine umfassendere Literaturanalyse siehe Busch, 2022 und Busch und Grimes, 2022.

2 Chen et al., 2020.

3 Putrino et al., 2020; Roberts, 2021.

4 Mezirow 1991, 2000, 2003.

5 Harris und Fiske, 2006.

6 Siehe z. B. Eagleman, 2020.

7 Mezirows Ansatz des transformativen Lernens umfasst Aspekte wie des Desorientierungsdilemmas, Selbstprüfung, Bewertung der erkenntnistheoretischer Annahmen, Erkundung neuer Rollen und Handlungen, Erwerb von Wissen und Fertigkeiten, Ausprobieren neuer Rollen, Aufbau von Kompetenz und Selbstvertrauen in neuen Rollen, Reintegration in das eigene Leben auf der Grundlage neuer Perspektiven (Mezirow 1991, 2000, 2003; siehe auch Taylor, 2000). Ich konzentriere mich auf die Aspekte, die für Serendipität am relevantesten sind.

8 Siehe zum Beispiel Nohl, 2015; Taylor, 2001.

9 Siehe z. B. Haidt, 2013.

10 Grant et al., 2007; siehe auch Grant, 2008.

11 Moll et al., 2006.

12 Für einen kurzen Überblick, siehe www.happiestbaby.com/blogs/parents/modern-parenting-struggle. Siehe auch Karp, 2002.

13 Achor, 2010. Für eine interessante Diskussion über Glück siehe: www.psychologytoday.com/us/blog/give-and-take/201305/does-trying-be-happy-make-us-unhappy

14 Für eine aktuelle Diskussion siehe zum Beispiel www.weforum.org/agenda/2020/04/coronavirus-covid-19-pandemic-digital-divide-internet-data-broadband-mobbile/

15 https://www.sueddeutsche.de/politik/gewalt-frauen-maenner-partnerschaft-1.5471226

Literaturverzeichnis

Adamson, R. E., and Taylor, D. W., 1954. Functional Fixedness as Related to Elapsed Time and to Set. *Journal of Experimental Psychology*, 47(2): 122–26.

Adner, R., and Kapoor, R., 2010. Value Creation in Innovation Ecosystems: How the Structure of Technological Interdependence Affects Firm Performance in New Technology Generations. *Strategic Management Journal*, 31(3): 306–33.

Aknin, L. B., Dunn, E. W., Sandstrom, G. M., and Norton, M. I., 2013. Does Social Connection Turn Good Deeds into Good Feelings? On the Value of Putting the »Social« in Prosocial Spending. *International Journal of Happiness and Development*, 1(2): 155–71.

Alesina, A., Glaeser, E., and Sacerdote, B., 2001. Why Doesn't the US Have a EuropeanStyle Welfare System? *Brookings Papers on Economic Activity*, 3(1): 1–66.

Allen, T. J., and Marquis, D.G., 1964. Positive and Negative Biasing Sets: The Effects of Prior Experience on Research Performance. *Administrative Science Quarterly*, 35(4): 604–33.

Alstyne, M., Parker, G., and Choudary, S., 2016. Pipelines, Platforms and the New Rules of Strategy. *Harvard Business Review*, 22 April.

Altshuller, G., 1998. *40 Principles: TRIZ Keys to Technical Innovation*. Worcester, MA: Technical Innovation Center.

Amabile, T., Conti, R., Coon, H., Lazenby, J., and Herron, M., 1996. *Assessing the Work Environment for Creativity. Academy of Management Journal*, 39(5): 1154–84.

Andre, P., Cazavan-Jeny, A., Dick, W., Richard, C., and Walton, P., 2009. Fair Value Accounting and the Banking Crisis in 2008: Shooting the Messenger. *Accounting in Europe*, 6(1): 3–24.

Andriani, P., Ali, A., and Mastrogiorgio, M., 2017. Measuring Exaptation and Its Impact on Innovation, Search and Problem Solving. *Organization Science*, 28: 320–38.

Andriani, P., and Cattani, G., 2016. Exaptation as Source of Creativity, Innovation and Diversity: Introduction to the Special Section. *Industrial and Corporate Change*, 25(1): 115–31.

AoK Fehlzeiten Report, 2018 (WIdO, Universität Bielefeld, Beuth Hochschule für Technik); www.wiwo.de/erfolg/beruf/fehlzeiten-report-sinnlose-arbeit-macht-krank/22993760.html.

Arnon, R., and Kreitler, S., 1984. Effects of Meaning Training on Overcoming Functional Fixedness. *Current Psychological Research and Reviews*, 3(4): 11–24.

Asch, S. E., 1951. Effects of Group Pressure Upon the Modification and Distortion of Judgments, in H. Guetzkow (ed.), *Groups, Leadership and Men*. Pittsburgh, PA: Carnegie Press, 222–36.

Austin, R. D., Devin, L., and Sullivan, E. E., 2012. Accidental Innovation: Supporting Valuable Unpredictability in the Creative Process. *Organization Science*, 23(5): 1505–22.

Ayton, P., Fischer I., 2004. The Hot Hand Fallacy and the Gambler's Fallacy: Two Faces of Subjective Randomness? *Memory and Cognition*, 32(8): 1369–78.

Bacon, B., Daizullah, N., Mulgan, G., and Woodcraft, S., 2008. *Transformers: How Local Areas Innovate to Address Changing Social Needs*. London: NESTA.

Baldwin, C., and von Hippel, E., 2011. Modeling a Paradigm Shift: From Producer Innovation to User and Open Collaborative Innovation. *Organization Science*, 22(6): 1399–417.

Bandura, A., 2006. Toward a Psychology of Human Agency. *Perspectives on Psychological Science*, 1(2): 164–80.

Barber, B., and Fox, R. C., 1958. The Case of the Floppy-Eared Rabbits: An Instance of Serendipity Gained and Serendipity Lost. *American Journal of Sociology*, 64(2): 128–36.

Barber, R. K., and Merton, E., 2006. *The Travels and Adventures of Serendipity: A Study in Sociological Semantics and the Sociology of Science*. Princeton, NJ: Princeton University Press.

Barnett, W. P., 2008. *The Red Queen Among Organizations: How Competitiveness Evolves*. Princeton, NJ: Princeton University Press.

Barnsley, R. H., Thompson, A. H., and Barnsley, P. E., 1985. Hockey Success and Birth-Date: The Relative Age Effect. *Canadian Association for Health, Physical Education and Recreation Journal*, 51(1): 23–28.

Baron, R. A., 2008. The Role of Affect in the Entrepreneurial Process. *Academy of Management Review*, 33(2): 328–40.

Beale, R., 2007. Supporting Serendipity: Using Ambient Intelligence to Augment User Exploration for Data Mining and Web Browsing. *International Journal of Human-Computer Studies*, 65: 421–33.

Bebchuk, L. A., and Fried, J. M., 2009. Paying for Long-Term Performance. *University of Pennsylvania Law Review*, 158: 1915–59.

Bédard, J., and Chi, M. T. H., 1992. Expertise. *Current Directions in Psychological Science*, 1(4): 135–9.

Beitman, B., 2016. *Connecting with Coincidence: The New Science for Using Synchronicity and Serendipity in Your Life*. Boca Raton, FL: Health Communications.

Bénabou, R., and Tirole, J., 2006. Incentives and Prosocial Behavior. *American Economic Review*, 96(5): 1652–78.

Benjamin, D. J., Heffetz, O., Kimball, M. S., and Szembrot, N., 2014. Beyond Happiness and Satisfaction: Toward Well-Being Indices Based on Stated Preference. *American Economic Review*, 104(9): 2698–2735.

Bindl, U. K., Parker, S. K., Totterdell, P., and Hagger-Johnson, G., 2012. Fuel of the Self-Starter: How Mood Relates to Proactive Goal Regulation. *Journal of Applied Psychology*, 97(1): 134–50.

Biondo, A. E., Pluchino, A., Rapisarda, A., and Helbing, D., 2013. Reducing Financial Avalanches by Random Investments. *Physical Review*, 6, September.

Birdi, K. S., 2005. No Idea? Evaluating the Effectiveness of Creativity Training. *Journal of European Industrial Training*, 29(2): 102–11.

Borja, M. C., and Haigh, J., 2007. The Birthday Problem. *Significance*, 4(3): 124–7. Boyd, W. 1998. *Armadillo: A Novel.* New York: Vintage.

Bradley, S. E. K., and Casterline, J. B., 2014. Understanding Unmet Need: History, Theory and Measurement. *Studies in Family Planning*, 45(2): 123–50.

Brafman, O., and Beckstrom, R., 2006. *The Starfish and the Spider: The Unstoppable Power of Leaderless Organizations*. New York: Penguin.

Bridgman, T., Cummings, S., and Ballard, J., 2019. Who Built Maslow's Pyramid? A History of the Creation of Management Studies' Most Famous Symbol and Its Implications for Management Education. *Academy of Management Learning and Education*, 18(1): 81–98.

Brown, S., 2005. Science, Serendipity and Contemporary Marketing Condition. *European Journal of Marketing*, 39: 1229–34.

Bunge, M., 1996. *Finding Philosophy in Social Science*. New Haven, CT: Yale University Press.

Burgelman, R. A., 2003. Practice and You Get Luckier. *European Business Forum*, 1(16): 38–39.

Burt, R., 2004. Structural Holes and Good Ideas. *American Journal of Sociology*, 110(2): 349–99.

Busch, C., 2012. Building and Sustaining Impact Organizations. TEDxLSE; www.youtube.com/watch?v=mfGb1qZ7bW0.

–. 2014. Substantiating Social Entrepreneurship Research: Exploring the Potential of Integrating Social Capital and Networks Approaches. *International Journal of Entrepreneurial Venturing*, 6(1): 69–84.

–. 2018. How to Make Serendipity Happen at Work. Geneva: World Economic Forum; www.weforum.org/agenda/2018/07/how-to-make-serendipity-happen-at-work/

–. 2019. Fit for the Future: Integrating Profit and Purpose at Scale. In Gyori, C., Gyori, B., and Kazakova, T. (eds), *Purpose-Driven Leadership for the 21st Century: How Corporate Purpose Is Fundamental to Reimagining Capitalism*. London: Leaders on Purpose.

–. 2020. How to create your own career luck. *Harvard Business Review Digital Articles* (August 24, 2020).

–. 2020. Toward an Enlightened Form of Capitalism: The Changing Role of Private Organizations in the Context of Global Affairs. In: Ankersen, C., & Sidhu, W.P.S. (eds), *The Future of Global Affairs*: 97-122. New York: Palgrave Macmillan.

–. 2022. Towards a theory of serendipity: A systematic review and conceptualization. *Journal of Management Studies*, forthcoming.

Busch, C., and Barkema, H. G., 2016. How and Why Does the Network of Social Entrepreneurs in Low-Income Contexts Influence Performance? *Academy of Management Proceedings*, 2018(1).

– 2019. Social Entrepreneurs as Network Orchestrators. In George, G., Tracey, P., Baker, T., and Havovi, J., (eds.), *Handbook of Inclusive Innovation*. London: Edward Elgar, 464–86.

–, 2020a. Planned Luck: How Incubators Can Facilitate Serendipity for Nascent Entrepreneurs through Fostering Network Embeddedness. *Entrepreneurship Theory & Practice*, 46(4): 884–919. (https://doi.org/10.1177/1042258720915798).

–, 2020b. From Necessity to Opportunity: Scaling Bricolage Across Resource-constrained Environments. *Strategic Management Journal*, 42: 741–773. (https://doi.org/10.1002/smj.3237).

–, 2022. Align or Perish: Social Network Orchestration in Sub-Saharan Africa. *Journal of Business Venturing*, 37(2): 1–26.

Busch, C., & Hehenberger, L., 2022. How to Evaluate the Impact of Corporate Purpose. *MIT Sloan Management Review*, Fall Issue.

Busch, C., and Lup, D., 2013. The Role of Communities in Social Innovation. Paper presented at the International Social Innovation Research Conference, Said Business School, University of Oxford.

Busch, C., and Mudida, R., 2018. Transcending Homophily: Navigating Institutional Change in Ethnically Fragmented Societies. *Academy of Management Proceedings*, 2018(1).

Busenitz, L. W., 1996. Research on Entrepreneurial Alertness. *Journal of Small Business Management*, 34(4): 35–44.

Byrne, D., 2005. Complexity, Configurations and Cases. *Theory, Culture and Society*, 22(5): 95–111.

Cain, S., 2013. *Quiet: The Power of Introverts in a World That Can't Stop Talking*. New York: Broadway Books.

Camerer, C., and Lovallo, D. A. N., 1999. Overconfidence and Excess Entry: An Experimental Approach. *American Economic Review*, 89(1): 306–18.

Carpenter, E., 2015. *Art of Creation: Essays on the Self and Its Powers* (Classic Reprint). London: Forgotten Books.

Catmull, E., 2008. How Pixar Fosters Collective Creativity. *Harvard Business Review*, September.

Chalmers, A., 1982. *What Is This Thing Called Science?* (2nd ed.) St Lucia: University of Queensland Press.

Chanan, G., and Miller, C., 2010. The Big Society: How It Could Work: A Positive Idea at Risk from Caricature. PACES; http://www.pacesempowerment.co.uk/pacesempowerment/Publications.html.

Chen, L. Y., 2016. Tencent Using Internal Competition in App Push: www.bloom berg.com/news/videos/2016-09-14/tencent-using-internal-competition-in-app-push.

Chopra, D., 1994. *Seven Spiritual Laws of Success.* San Rafael, CA: Amber-Allen. Christoff, K., Gordon, A. M., Smallwood, J., Smith, R., and Schooler, J. W., 2009.

Christoff, K., Gordon, A. M., Smallwood, J., Smith, R., and Schooler, J. W., 2009.

Experience Sampling During fMRI Reveals Default Network and Executive System Contributions to Mind Wandering. *Proceedings of the National Academy of Sciences,* 106(21): 8719–24.

Churchill, J., von Hippel, E., and Sonnack, M., 2009. Lead User Project Handbook: A Practical Guide for Lead User Project Teams; https://evhippel.files.wordpress.com/2013/08/lead-user-project-handbook-full-version.pdf.

Cialdini, R. B., 1984. *Influence: The Psychology of Persuasion.* New York: HarperBusiness.

Clegg, S. R., Vieira da Cunha, J., and Pina e Cunha, M., 2002. Management Paradoxes: A Relational View. *Human Relations,* 55(5): 483–503.

Coad, A., 2009. *The Growth of Firms: A Survey of Theories and Empirical Evidence.* Cheltenham: Edward Elgar.

Cohen, M. D., March, J. G., and Olsen, J. P., 1972. A Garbage Can Model of Organizational Choice. *Administrative Science Quarterly,* 17(1): 1–25.

Conboy, K., 2009. Agility from First Principles: Reconstructing the Concept of Agility in Information Systems Development. *Information Systems Research,* 20(3): 329–54.

Conrad, K., 1958. *Die beginnende Schizophrenie. Versuch einer Gestaltanalyse des Wahns [The Onset of Schizophrenia: An Attempt to Form an Analysis of Delusion].* Stuttgart: Georg Thieme Verlag.

Copeland, S. M., 2017. Unexpected Findings and Promoting Monocausal Claims, a Cautionary Tale. *Journal of Evaluation in Clinical Practice,* 23(5): 1055–61.

–, 2018. »Fleming leapt upon the unusual like a weasel on a vole«: Challenging the Paradigms of Discovery in Science. *Perspectives on Science,* 26(6): 694–721.

Cornelissen, J. P., and Durand, R., 2012. Moving Forward: Developing Theoretical Contributions in Management Studies. *Journal of Management Studies,* 51(6): 995–1022.

Cosmelli, D., and Preiss, D. D., 2014. On the Temporality of Creative Insight: A Psychological and Phenomenological Perspective. *Frontiers in Psychology,* 5(1184): 1–6.

Crant, J., 2000. Proactive Behavior in Organizations. *Journal of Management,* 26(3): 435–62.

Crawford, L., 1984. Viktor Shklovskij: Différance in Defamiliarization. *Comparative Literature,* 36(3): 209–19.

Czarniawska-Joerges, B., 2014. *A Theory of Organizing.* Cheltenham: Edward Elgar. D'Souza, S., and Renner, D., 2016. *Not Knowing: The Art of Turning Uncertainty into Opportunity.* London: LID Publishing.

Dane, E., 2010. Paying Attention to Mindfulness and Its Effects on Task Performance in the Workplace. *Journal of Management,* 37(4): 997–1018.

Danneels, E., 2011. Trying to Become a Different Type of Company: Dynamic Capability at Smith Corona. *Strategic Management Journal,* 32(1): 1–31.

David, S., 2016. *Emotional Agility: Get Unstuck, Embrace Change, and Thrive in Work and Life.* New York: Avery.

Davis, M. S., 1971. That's Interesting! Towards a Phenomenology of Sociology and a Sociology of Phenomenology. *Philosophy of the Social Sciences,* 1: 309–44.

Davis, M. C., Leach, D. J., and Clegg, C. W., 2011. The Physical Environment of the Office: Contemporary and Emerging Issues. In Hodgkinson, G. P., and, J. K. Ford (eds.), *International Review of Industrial and Organizational Psychology,* 26: 193–237.

De Bono, E., 1985. *Six Thinking Hats: An Essential Approach to Business Management.* London: Little, Brown.

–, 1992. *Serious Creativity: Using the Power of Lateral Thinking to Create New Ideas.* New York: HarperBusiness.

–, 2015. *Serious Creativity: How to Be Creative Under Pressure and Turn Ideas into Action.* London: Random House.

De Rond, M., 2014. The Structure of Serendipity. *Culture and Organization,* 20(5): 342–58.

De Rond, M., Moorhouse, A., and Rogan, M., 2011. Make Serendipity Work for You; https://hbr.org/2011/02/make-serendipity-work.

De Rond, M., and Morley, I., 2009. *Serendipity.* Cambridge: Cambridge University Press.

Delanty, G., Giorgi, L., and Sassatelli, M. (eds.), 2013 (reprint). *Festivals and the Cultural Public Sphere.* London: Routledge.

Denrell, J., 2003. Vicarious Learning, Undersampling of Failure, and the Myths of Management. *Organization Science,* 14(3): 227–43.

Denrell, J., Fang, C., and Liu, C., 2015. Chance Explanations in the Management Sciences. *Organization Science,* 26(3): 923–40.

–, 2019. In Search of Behavioral Opportunities from Misattributions of Luck. *Academy of Management Review* (in press).

Denrell, J., Fang, C., and Winter, S. G., 2003. The Economics of Strategic Opportunity. *Strategic Management Journal,* Special Issue 24(10): 977–90.

Denrell, J., Fang, C., and Zhao, Z., 2013. Inferring Superior Capabilities from Sustained Superior Performance: A Bayesian Analysis. *Strategic Management Journal,* 34(2): 182–96.

Denrell, J., and March, J., 2001. Adaptation as Information Restriction: The Hot Stove Effect. *Organization Science* 12(5): 523–38.

Derrida, J., 1982. *Margins of Philosophy* (1st British ed.). Belfast: Prentice Hall/Harvester Wheatsheaf.

Dew, N., 2009. Serendipity in Entrepreneurship. *Organization Studies*, 30(7): 735–53.

Diaz de Chumaceiro, C. L., 2004. Serendipity and Pseudoserendipity in Career Paths of Successful Women: Orchestra Conductors. *Creativity Research Journal*, 16(2–3): 345–56.

Dillon, R. L., and Tinsley, C. H., 2008. How Near-Misses Influence Decision Making Under Risk: A Missed Opportunity for Learning. *Management Science*, 54(8): 1425–40.

Doidge, N., 2007. *The Brain That Changes Itself: Stories of Personal Triumph from the Frontiers of Brain Science*. New York: Viking.

Duckworth, A., 2016. *Grit: The Power of Passion and Perseverance*. New York: Scribner.

Dunbar, K., and Fugelsang, J., 2005. Causal Thinking in Science: How Scientists and Students Interpret the Unexpected. In Gorman, M. E., Tweney, R. D., Gooding, D., and Kincannon, A., (eds.), *Scientific and Technological Thinking*. Mahwah, NJ: Lawrence Erlbaum, 57–79.

Duncker, K., 1945. On Problem Solving. *Psychological Monographs*, 58(5): i–113.

Dunn, E. W., Aknin, L. B., and Norton, M. I., 2008. Spending Money on Others Promotes Happiness. *Science*, 319(5870): 1687–88.

Durand, R., and Vaara, E., 2009. Causation, Counterfactuals and Competitive Advantage. *Strategic Management Journal*, 30(12): 1245–64.

Dweck, C., 2006. *Mindset: The New Psychology of Success*. New York: Random House.

Eagle, N., Macy, M., and Claxton, R., 2010. Network Diversity and Economic Development. *Science*, 328(5981): 1029–31.

Edmondson, A., 1999. Psychological Safety and Learning Behavior in Work Teams. *Administrative Science Quarterly*, 44(2): 350–83.

Eisenstein, S., 1969. *Film Form: Essays in Film Theory by Sergei Eisenstein*. New York: Harcourt.

Elfring, T., and Hulsink, W., 2003. Networks in Entrepreneurship: The Case of HighTechnology Firms. *Small Business Economics*, 21(4): 409–22.

Emirbayer, M., and Mische, A., 1998. What Is Agency? *American Journal of Sociology*, 103: 962–1023.

Engel, Y., Kaandorp, M., and Elfring, T., 2017. Toward a Dynamic Process Model of Entrepreneurial Networking Under Uncertainty. *Journal of Business Venturing*, 32: 35–51.

Erdelez, S., 1999. Information Encountering: It's More Than Just Bumping into Information. *American Society for Information Science*, 25: 25–29.

Ericsson, K. A., and Staszewski, J. J., 1989. Skilled Memory and Expertise: Mechanisms of Exceptional Performance. In Klahr, D., and Kotovsky, K. (eds.), *Complex Information Processing: The Impact of Herbert A. Simon*. Hillsdale, NJ: Erlbaum, 235–67.

Ernst and Young, 2016. The Upside of Disruption: Megatrends Shaping, 2016 and Beyond; https://assets.ey.com/content/dam/ey-sites/ey-com/en_gl/top ics/disruption/ey-megatrends-final-onscreen.pdf.

Fan, J., Zhang, J., and Yu, K., 2012. Vast Portfolio Selection with Gross-Exposure Constraints. *Journal of the American Statistical Association*, 107: 498, 592–606.

Felin, F., and Zenger, T. R., 2015. Strategy, Problems and a Theory for the Firm. *Organization Science*, 27(1): 207–21.

Ferré, J., Brown, S. D., and Rius, F. X., 2001. Improved Calculation of the Net Analyte Signal in Inverse Multivariate Calibration. *Journal of Chemometrics*, 15(6): 537–53.

Fildes, R., Goodwin, P., Lawrence, M., and Nikolopoulos, K., 2009. Effective Forecasting and Judgmental Adjustments: An Empirical Evaluation and Strategies for Improvement in Supply-Chain Planning. *International Journal of Forecasting*, 25(1): 3–23.

Fine, G. A., and Deegan, J. G., 1996. Three Principles of Serendip: Insight, Chance and Discovery in Qualitative Research. *International Journal of Qualitative Studies in Education*, 9(4): 434–47.

Fisher, R., Ury, W. L., and Patton, B., 2011. *Getting to Yes: Negotiating Agreement Without Giving In*. New York: Penguin.

Fleming, L., and Sorenson, O., 2004. Science as a Map in Technological Search. *Strategic Management Journal*, 25(8–9): 909–28.

Flick, U., 2009. *An Introduction to Qualitative Research* (4th ed.). London: Sage.

Foster, A., and Ford, N., 2003. Serendipity and Information Seeking: An Empirical Study. *Journal of Documentation*, 59(3): 321–40.

Frank, R., 2016. *Success and Luck: Good Fortune and the Myth of Meritocracy*. Princeton, NJ: Princeton University Press.

Garriga, H., von Krogh, G., and Spaeth, S., 2013. How Constraints and Knowledge Impact Open Innovation. *Strategic Management Journal*, 34(9): 1134–44.

Garud, R., Hardy, C., and Maguire, S., 2007. Institutional Entrepreneurship as Embedded Agency: An Introduction to the Special Issue. *Organization Studies*, 28(7): 957–69.

Gentner, D., and Markman, A. B., 1997. Structure Mapping in Analogy and Similarity. *American Psychologist*, 52(1): 45–56.

German, T. P., and Barrett, H. C., 2005. Functional Fixedness in a Technologically Sparse Culture. *Psychological Science* 16(1): 1–5.

German, T. P., and Defeyter, M. A., 2000. Immunity to Functional Fixedness in Young Children. *Psychonomic Bulletin and Review*, 7(4): 707–12.

Geroski, P. A., 2005. Understanding the Implications of Empirical Work on Corporate Growth Rates. *Managerial and Decision Economics*, 26(2): 129–38.

Gesteland, R. R., 2005. *Cross-Cultural Business Behavior*. Copenhagen: Copenhagen Business School Press.

Ghemawat, P., and Levinthal, D. A., 2008. Choice Interactions and Business Strategy. *Management Science*, 54(9): 1638–51.

Gick, M. L., and Holyoak, K. J., 1980. Analogical Problem Solving. *Cognitive Psychology*, 12(3): 306–55.

Gilbert, D. T., and Malone, P. S., 1995. The Correspondence Bias. *Psychological Bulletin*, 117(1): 21–38.

Gilbert, J., and Knight, R., 2017. *Dirt Is Good: The Advantage of Germs for Your Child's Developing Immune System*. London: St Martin's Press.

Gilchrist, A., 2009. *The Well-Connected Community* (2nd ed.). Cambridge: Polity Press.

Gilhooly, K. J., and Murphy, P., 2005. Differentiating Insight from Non-Insight Problems. *Thinking and Reasoning*, 11(3): 279–302.

Gladwell, M., 2008. *Outliers: The Story of Success*. London: Allen Lane.

Glaser, B. G., and Strauss, A. L., 1967. *The Discovery of Grounded Theory*. Chicago: Aldine.

Goldstein, D. G., and Gigerenzer, G., 2002. Models of Ecological Rationality: The Recognition Heuristic. *Psychological Review*, 109(1): 75–90.

Gould, R. V., 2002. The Origins of Status Hierarchies: A Formal Theory and Empirical Test. *American Journal of Sociology*, 107(5): 1143–78.

Gould, S. J., and Vrba, E. S., 1982. Exaptation—A Missing Term in the Science of Form. *Paleobiology*, 8(1): 4–15.

Graebner, M. E., 2004. Momentum and Serendipity: How Acquired Leaders Create Value in the Integration of Technology Firms. *Strategic Management Journal*, 25(89): 751–77.

Granovetter, M. S., 1973. The Strength of Weak Ties. *American Journal of Sociology*, 78(6): 1360–80.

Grant, A., 2014. *Give and Take: Why Helping Others Drives Our Success*. New York: Penguin.

–, 2015. No, You Can't Pick My Brain, But I'll Talk to You Anyway; www.huffingtonpost.com/adam-grant/no-you-cant-pick-my-brain_b_8214120.html.

–, 2017. *Originals: How Non-Conformists Move the World*. New York: Penguin.

Gromet, D. M., Hartson, K. A., and Sherman, D. K., 2015. The Politics of Luck: Political Ideology and the Perceived Relationship Between Luck and Success. *Journal of Experimental Social Psychology*, 59: 40–46.

Grønbæk, K., 1989. Rapid Prototyping with Fourth Generation Systems: An Empirical Study. DAIMI Report Series 17(270).

Gummere, R. M., 1989. *Seneca Epistulae Morales*. Boston: Loeb.

Guy, J. H., Deakin, G. B., Edwards, A. M., Miller, C. M., and Pyne, D. B., 2014. Adaptation to Hot Environmental Conditions: An Exploration of the Performance Basis, Procedures and Future Directions to Optimise Opportunities for Elite Athletes. *Sports Medicine*, 45(3): 303–11.

Gyori, B., 2018. Creating Kismet: What Artists Can Teach Academics About Serendipity. In Goggin, M. D., and Goggin, P. N. (eds.), *Serendipity in Rhetoric, Writing and Literacy Research*. Louisville, CO: Utah State University Press, 247–56.

Gyori, B. Gyori, C., and Kazakova, T. (eds.). Leaders on Purpose Study 2019: Purpose-driven Leadership for the 21st-Century – How Corporate Purpose Is Fundamental to Reimagining Capitalism. London: Leaders on Purpose.

Gyori, C., Sharp, L., Busch, C., Brahmam, M., Kazakova, T., Gyori, B. (eds.). Leaders on Purpose CEO Study 2018: Purpose-driven Leadership for the 21st Century—North Star. Washington, DC: Leaders on Purpose.

Hadjikhani, N., Kveraga, K., Naik, P., and Ahlfors, S. P., 2009. Early (M170) Activation of Face-Specific Cortex by Face-Like Objects. *Neuroreport*, 20(4): 403–7.

Hagel III, J., Brown, J., and Davison, L. 2012. *The Power of Pull*. New York: Basic Books.

Hall, E. T., 1976. *Beyond Culture*. New York: Anchor Books/Doubleday.

Hallen, B. L., and Eisenhardt, K. M., 2012. Catalyzing Strategies and Efficient Tie Formation: How Entrepreneurial Firms Obtain Investment Ties. *Academy of Management Journal*, 55(1): 35–70.

Hannan, M. T., Pólos, L., and Carroll, G. R., 2003. Cascading Organizational Change. *Organization Science*, 14(5): 463–82.

Hargadon, A. B., and Bechky, B. A., 2006. When Collections of Creatives Become Creative Collectives: A Field Study of Problem Solving at Work. *Organization Science*, 17(4): 484–500.

Hargadon, A., and Sutton, R. I., 1997. Technology Brokering and Innovation in a Product Development Firm. *Administrative Science Quarterly*, 42(4): 716–49.

Harrison, J. R., and March, J. G., 1984. Decision Making and Postdecision Surprises. *Administrative Science Quarterly*, 29(1): 26–42.

Heinstroem, J., 2006. Psychological Factors Behind Incidental Information Acquisition. *Library and Information Science Research*, 28: 579–94.

Henderson, A. D., Raynor, M. E., and Ahmed, M., 2012. How Long Must a Firm Be Great to Rule Out Chance? Benchmarking Sustained Superior Performance Without Being Fooled by Randomness. *Strategic Management Journal*, 33(4): 387–406.

Hernando, A., Villuendas, D., Vesperinas, C., Abad, M., and Plastino, A., 2009. Unravelling the Size Distribution of Social Groups with Information Theory on Complex Networks. *The European Physical Journal B*, 76(1): 87–97.

Herndon, T., Ash, M., and Pollin, R., 2014. Does High Public Debt Consistently Stifle Economic Growth? A Critique of Reinhart and Rogoff. *Cambridge Journal of Economics*, 38(2): 257–79.

Hewstone, M., 1989. *Causal Attribution: From Cognitive Processes to Collective Beliefs*. London: Wiley-Blackwell.

Hilary, G., and Menzly, L., 2006. Does Past Success Lead Analysts to Become Overconfident? *Management Science*, 52(4): 489–500.

Hofstede, G., 1984. *Culture's Consequences: International Differences in Work-Related Values*. Newbury Park, CA: Sage.

Hogarth, R. M., and Makridakis, S., 1981. Forecasting and Planning: An Evaluation. *Management Science*, 27(2): 115–38.

House, R. J., Hanges, P. J., Javidan, M., Dorfman, P. W., and Gupta, V., 2004. *Culture, Leadership and Organizations: The GLOBE Study of 62 Societies*. Thousand Oaks, CA: Sage.

Hsieh, C., Nickerson, J.A., and Zenger, T. R., 2007. Opportunity Discovery, Problem Solving and a Theory of the Entrepreneurial Firm. *Journal of Management Studies*, 44(7): 1255–77.

Huldtgren, A., 2014. Design for Values in ICT. In van den Hoven, J., Vermaas, P., and van de Poel, I. (eds.), *Handbook of Ethics, Values and Technological Design*. Dordrecht: Springer, 1–24.

Huldtgren, A., Mayer, C., Kierepka, O., and Geiger, C., 2014. Towards Serendipitous Urban Encounters with SoundtrackOf YourLife. *Proceedings of the 11th Conference on Advances in Computer Entertainment Technology*. New York: ACM.

Isaacson, W., 2011. *Steve Jobs*. New York: Simon and Schuster.

Isen, A. M., Daubman, K. A., and Nowicki, G. P., 1987. Positive Affect Facilitates Creative Problem Solving. *Journal of Personality and Social Psychology*, 52(6): 1122–31.

Ishikawa, K., 1968. International Electrotechnical Commission, 2006. Fault Tree Analysis (FTA), International Standard IEC 61025. Geneva: IEC, Geneva.

Iyengar, S. S., and Lepper, M. R., 2000. When Choice Is Demotivating: Can One Desire Too Much of a Good Thing? *Journal of Personality and Social Psychology*, 79(6): 995–1006.

Jaekel, P., 2018. Why We Hear Voices in Random Noise; http://nautil.us/blog/why-we-hear-voices-in-random-noise, retrieved August 2018.

Jeppesen, L. B., and Lakhani, K. R., 2010. Marginality and Problem-Solving Effectiveness in Broadcast Search. *Organizational Science*, 21(5): 1016–33.

Jung, C. G., 2010. *Synchronicity: An Acausal Connecting Principle*. (From Vol. 8 of *The Collected Works of C. G. Jung*). Princeton: Princeton University Press.

Kahneman, D., 2011. *Thinking, Fast and Slow*. London: Penguin.

Kahneman, D., and Miller, D. T., 1986. Norm Theory: Comparing Reality to Its Alternatives. *Psychological Review*, 93(2): 136–53.

Kapoor, R., and Agarwal, S., 2017. Sustaining Superior Performance in Business Ecosystems: Evidence from Application Software Developers in the iOS and Android Smartphone Ecosystems. *Organization Science*, 28(3): 531–51.

Kasarda, J., and Lindsay, G., 2012. *Aerotropolis: The Way We'll Live Next*. London: Penguin.

Katz, D. M., Bommarito II, M. J., and Blackman, J., 2017. A General Approach for Predicting the Behavior of the Surpreme Court of the United States. *Plos One*, 12(4): 1–18.

Khan, W., 1990. Psychological Conditions of Personal Engagement and Disengagement at Work. *Academy of Management Journal*, 33(4): 692–724.

Kirzner, I., 1979. *Perception, Opportunity, and Profit*. Chicago: University of Chicago Press.

Klein, G., and Lane, C., 2014. *Seeing What Others Don't*. Grand Haven, MI: Brilliance Audio.

Kolb, B., and Gibb, R., 2011. Brain Plasticity and Behaviour in the Developing Brain. *Journal of the Canadian Academy of Child and Adolescent Psychiatry*, 20(4): 265–76.

Kornberger, M., Clegg, S. R., and Rhodes, C., 2005. Learning/Becoming/Organizing. *Organization*, 12(2): 147–67.

Krumholz, H. M., Curry, L. A., and Bradley, E. H., 2011. Survival After Acute Myocardial Infarction (SAMI) Study: The Design and Implementation of a Positive Deviance Study. *American Heart Journal*, 162(6): 981–87.

Kurup, U., Bignoli, P. G., Scally, J. R., and Cassimatis, N. L., 2011. An Architectural Framework for Complex Cognition. *Cognitive Systems Research*, 12(3–4): 281–92.

Laird, J. D., Wagener, J., Halal, M., and Szegda, M., 1982. Remembering What You Feel: Effects of Emotion on Memory. *Journal of Personality and Social Psychology*, 42(2): 646–57.

Laloux, F., 2014. *Reinventing Organizations: A Guide to Creating Organizations Inspired by the Next Stage of Human Consciousness*. Millis, MA: Nelson Parker.

Langer, E. J., 1989. *Mindfulness*. Cambridge, MA: Addison-Wesley Reading.

Laursen, K., and Salter, A. J., 2006. Open for Innovation: The Role of Openness in Explaining Innovation Performance Among UK Manufacturing Firms. *Strategic Management Journal*, 27(2):131–50.

Leaders on Purpose, 2019. The CEO Study; www.leadersonpurpose.com/the-ceo-study.

Lehrer, J., 2011. Steve Jobs: »Technology Alone is Not Enough.« *New Yorker*, October 7.

Lederman, L., and Teresi, D., 1993. *The God Particle: If the Universe is the Answer, What Is the Question?* Boston: Houghton Mifflin.

Lessig, L., 2008. *Remix: Making Art and Commerce Thrive in the Hybrid Economy*. New York: Bloomsbury Academic.

Levinthal, D., and Posen, H. E., 2007. Myopia of Selection: Does Organizational Adaptation Limit the Efficacy of Population Selection? *Administrative Science Quarterly*, 52(4): 586–620.

Levy, M., 2003. Are Rich People Smarter? *Journal of Economic Theory*, 110(1): 42–64. Lewis, W. S., 1965. Foreword to Remer, T. G. (ed.), *Serendipity and the Three Princes, from the Peregrinaggio of 1557*. Norman: University of Oklahoma Press.

Liang, R. H., 2012. Designing for Unexpected Encounters with Digital Products: Case Studies of Serendipity as Felt Experience. *International Journal of Design*, 6(1): 41–58.

Liu, C., and de Rond, M., 2014. Good Night and Good Luck: Perspectives on Luck in Management Scholarship. *Academy of Management Annals*, 10(1): 1–56.

Lorenz, J., Rauhut, H., Schweitzer, F., and Helbing, D., 2011. How Social Influence Can Undermine the Wisdom of Crowd Effect. *Proceedings of the National Academy of Sciences*, 108(22): 9020–25.

Luke, D., 2011. Experiential Reclamation and First Person Parapsychology. *Journal of Parapsychology*, 75: 185–99.

Lynn, F. B., Podolny, J. M., and Tao, L., 2009. A Sociological (De)Construction of the Relationship Between Status and Quality. *American Journal of Sociology*, 115(3): 755–804.

Madsen, P. M., and Desai, V., 2010. Failing to Learn? The Effects of Failure and Success on Organizational Learning in the Global Orbital Launch Vehicle Industry. *Academy of Management Journal*, 53(3): 451–76.

Makri, S., and Blandford, A., 2012. Coming Across Information Serendipitously– Part 1. *Journal of Documentation*, 68(5): 684–705.

Makri, S., Blandford, A., Woods, M., Sharples, S., and Maxwell, D., 2014. »Making My Own Luck«: Serendipity Strategies and How to Support Them in Digital Information Environments. *Journal of the Association for Information Science and Technology*, 65(11): 2179–94.

Maltby, J., Day, L., Gill, P., Colley, A., and Wood, A.M., 2008. Beliefs Around Luck: Confirming the Empirical Conceptualization of Beliefs Around Luck and the Development of the Darke and Freedman Beliefs Around Luck Scale. *Personality and Individual Differences*, 45(7): 655–60.

Mandi, A., Mullainathan, S., Shafir, E., and Zhao, Z., 2013. Poverty Impedes Cognitive Function. *Science*, 341(6149): 976–80.

March, J. C., and March, J. G., 1977. Almost Random Careers: The Wisconsin School Superintendency, 1940–1972. *Administrative Science Quarterly*, 22(3): 377–409.

March, J. G., 2010. *The Ambiguities of Experience*. Ithaca, NY: Cornell University Press.

Marsh, C., 2019. How *Chef's Table* Turned Food TV into Mouthwatering Art. *Vulture*, May 1; www.vulture.com/2019/05/chefs-table-food-tv-mouth-watering-art.html.

Marx, K., 2009. *Das Kapital: A Critique of Political Economy*. Washington, DC: Regnery Publishing Inc.

Marx, K., and Engels, F., 1998. *The German Ideology*. Amherst, NY: Prometheus Books.

Mason, M.F., Norton, M.I., Van Horn, J.D., Wegner, D.M., Grafton, S.T., and Macrae, C.N., 2007. Wandering Minds: The Default Network and Stimulus-Independent Thought. *Science*, 315(5810): 393–95.

McCay-Peet, L. and Toms, E. G., 2010. The Process of Serendipity in Knowledge Work. *Association for Computing Machinery, Information Interaction in Context Symposium*, August.

–, 2012. The Serendipity Quotient. *Proceedings of the American Society for Information Science and Technology.*

–, 2018. Researching Serendipity in Digital Information Environments. *Synthesis Lectures on Information Concepts Retrieval and Services* 9(6): 1–91.

McCay-Peet, L., Toms, E. G., and Kelloway, E. K., 2015. Examination of Relationships Among Serendipity, the Environment and Individual Differences. *Information Processing and Management*, 51: 391–412.

McGahan, A. M., and Porter, M. E., 2002. What Do We Know About Variance in Accounting Profitability? *Management Science*, 48(7): 834–51.

Mckinney, E. H., 1966. Generalized Birthday Problem. *American Mathematical Monthly*, 73(4): 385–87.

McNally, A., Prier, C. K., and Macmillan, D. W. C., 2011. Discovery of an α-Amino C-H Arylation Reaction Using the Strategy of Accelerated Serendipity. *Science*, 334: 1114–17.

McGrath, R. G., 1999. Falling Forward: Real Options Reasoning and Entrepreneurial Failure. *Academy of Management Review*, 24(1): 13–30.

Mendoca, S., Pina e Cunha, M., and Clegg, S. R., 2008. Unsought Innovation: Serendipity in Organizations. Paper Presented at the Entrepreneurship and Innovation– Organizations, Institutions, Systems and Regions Conference, Copenhagen, June 17–20.

Merrigan, T. W., 2019. How a Global Social Network Seeks Connection in Decentralization. Stanford e-Corner, Stanford University: https://ecorner.stan ford.edu/articles/how-a-global-social-network-seeks-connection-in-decentralization/.

Merton, R., 1949. *Social Theory and Social Structure*. New York: Free Press.
–, *Social Theory and Social Structure* (enlarged ed.). New York: Free Press.
Merton, R. K., and Barber, E., 2004. *The Travels and Adventures of Serendipity: A Study in Sociological Semantics and the Sociology of Science*. Princeton, NJ: Princeton University Press.
Miller, D. T., and Ross, M., 1975. Self-Serving Biases in the Attribution of Causality: Fact or Fiction? *Psychological Bulletin*, 82(2): 213–25.
Mintzberg, H., Pascale, R. T., Rumelt, R. P., and Goold, M., 1996. The »Honda Effect« Revisited. *California Management Review*, 38(4): 78–79.
Mirvis, P. H., 1998. Variations on a Theme: Practice Improvisation. *Organization Science*, 9(5): 586–92.
Mishara, A., 2010. Klaus Conrad, 1905–1961: Delusional Mood, Psychosis and Beginning Schizophrenia. *Schizophrenia Bulletin*, 36(1): 9–13.
Miyazaki, K., 1999. Building Technology Competencies in Japanese Firms. *Research Technology Management*, 42(5): 39–45.
Mulnix, J. W., 2010. Thinking Critically About Critical Thinking. *Educational Philosophy and Theory*, 44(5): 464–79.

Nambisan, S., and Baron, R. A., 2013. Entrepreneurship in Innovation Ecosystems: Entrepreneurs' Self-Regulatory Processes and Their Implications for New Venture Success. *Entrepreneurship: Theory and Practice*, 37(5): 1071–97.
Napier, N. K., and Vuong, Q.-H., 2013. Serendipity as a Strategic Advantage? In Wilkinson, T. J., and Kannan, V. R. (eds.), *Strategic Management in the 21st Century, Vol. 1: Operational Environment*, Oxford: Blackwell, 175–99.
Navas, E., Gallagher, O., and Burrough, E. (eds.), 2014. *The Routledge Companion to Remix Studies*. London: Routledge.
Nelson, R. R., 2008. Bounded Rationality, Cognitive Maps, and Trial and Error Learning. *Journal of Economic Behavior & Organization*, 67(1): 78–89.
Nonaka, I., 1991. The Knowledge-Creating Company, *Harvard Business Review*, November–December.

Owens, B., and Hekman, D., 2006. Modeling How to Grow: An Inductive Examination of Humble Leader Behaviors, Contingencies and Outcomes, *Academy of Management Journal*, 55(4): 787–818.

Pariser, E., 2012. *The Filter Bubble: What the Internet Is Hiding from You*. New York: Penguin.
Parker, S. K., Williams, H. M., and Turner, N., 2006. Modeling the Antecedents of Proactive Behavior at Work. *Journal of Applied Psychology*, 91(3): 636–62.
Pascale, R. T., 1996. Reflections on Honda. *California Management Review*, 38(4): 112–17.
Patterson, C. J., and Mischel, W., 1976. Effects of Temptation-Inhibiting and Task-Facilitating Plans on Self-Control. *Journal of Personality and Social Psychology*, 33(2): 209–17.
Pejtersen, J. H., Feveile, H., Christensen, K. B., and Burr, H., 2001. Sickness Absence Associated with Shared and Open-Plan Offices – A National Cross Sectional Questionnaire Survey. *Scandinavian Journal of Work, Environment & Health*, 37(5): 376–82.
Pelaprat, E., and Cole, M., 2011. »Minding the Gap«: Imagination, Creativity and Human Cognition. *Integrative Psychological and Behavioral Science*, 45(4): 397–418.
Pentland, A., 2015. *Social Physics: How Social Networks Can Make Us Smarter*. New York: Penguin Books.
Perrow, C., 1984. *Normal Accidents: Living with High-Risk Technologies*. New York: Basic Books.
Pershing, R., 2015. Quantum Mechanics Reveals How Human Mind Can Influence the Physical World. Learning Mind: www.learning-mind.com/mind-influence-physical-world.
Pierson, K., Addona, V., and Yates, P., 2014. A Behavioural Dynamic Model of the Relative Age Effect. *Journal of Sports Sciences*, 32(8): 776–84.
Piketty, T., 2014. *Capital in the Twenty-First Century*. Cambridge, MA: Harvard University Press.
Pina e Cunha, M., 2005. Serendipity: Why Some Organizations are Luckier Than Others. *Universidade Nova de Lisboa, FEUNL Working Paper Series*.
Pina e Cunha, M., Clegg, S. R., and Mendonca, S., 2010. On Serendipity and Organizing. *European Management Journal*, 28(5): 319–30.
Pinker, S., 2017. What Scientific Term or Concept Ought to Be More Widely Known? *The Edge*, January.
Pirnot, M. T., Rankic, D. A., Martin, D. B. C., and Macmillan, D. W. C., 2013. Photoredox Activation for the Direct β-Arylation of Ketones and Aldehydes. *Science*, 339: 1593–96.
Piskorski, M., 2011. Social Strategies That Work. *Harvard Business Review*, November.
Pitsis, T. S., et al., 2003. Constructing the Olympic Dream: A Future Perfect Strategy of Project Management. *Organization Science*, 14(5): 574–90.
Plous, S., 1993. *The Psychology of Judgment and Decision Making*. New York: McGraw-Hill.
Pluchino, A., Rapisarda, A., and Garofalo, C., 2010. The Peter Principle Revisited: A Computational Study. *Physica A: Statistical Mechanics and Its Applications*, 389(3): 467–72.
Porges, S. W., 2009. The Polyvagal Theory: New Insights into Adaptive Reactions of the Autonomic Nervous System. *Cleveland Clinic Journal of Medicine*, 76: S86–S90.

–, 2011. *The Polyvagal Theory: Neurophysiological Foundations of Emotions, Attachment, Communication, and Self-Regulation.* New York: W. W. Norton.

Preethaji and Krishnaji, 2019. *The Four Sacred Secrets.* New York: Simon and Schuster. Pritchard, D. H., and Smith, M., 2004. The Psychology and Philosophy of Luck. *New Ideas in Psychology*, 22(1): 1–28.

Pritchard, D., 2005. *Epistemic Luck.* Oxford: Oxford University Press.

–, 2006. Moral and Epistemic Luck. *Metaphilosophy*, 37(1): 1–25.

Procter, W., 2012. What is a Reboot? Pencil, Panel, Page; https://pencilpanelpage.wordpress.com/2012/10/04/what-is-a-reboot.

Race, T. M., and Makri, S. (eds.), 2016. *Accidental Information Discovery: Cultivating Serendipity in the Digital Age.* Cambridge, MA: Elsevier.

Regner, P., 2003. Strategy Creation in the Periphery: Inductive Versus Deductive Strategy Making. *Journal of Management*, 40(1): 57–82.

Ritter, S. M., and Dijksterhuis, A., 2015. Creativity–the Unconscious Foundations of the Incubation Period. *Frontiers in Human Neuroscience*, 8(215): 1–10.

Ritter, S. M., et al., 2012. Diversifying Experiences Enhance Cognitive Flexibility. *Journal of Experimental Social Psychology*, 48(4): 961–64.

Roese, N. J., and Vohs, K. D., 2012. Hindsight Bias. *Perspectives on Psychological Science*, 7: 411–26.

Root-Bernstein, R. S., 1988. Setting the Stage for Discovery. *The Sciences*, 28(3): 26–34.

Rosenzweig, P., 2007. Misunderstanding the Nature of Company Performance: The Halo Effect and Other Business Delusions. *California Management Review*, 49(4): 6–20.

Rowson, J., Broome, S., and Jones, A., 2010. Connected Communities: How Social Networks Power and Sustain the Big Society. RSA; www.thersa.org/dis cover/publications-and-articles/reports/connected-communities-how-social-networks-power-and-sustain-the-big-society.

Rumelt, R. P., 1991. How Much Does Industry Matter? *Strategic Management Journal*, 12(3): 167–85.

Runde, J., and de Rond, M., 2010. Assessing Causal Explanations of Particular Events. *Organization Studies*, 31(4): 431–50.

Russell, B., 2012. *The Problems of Philosophy.* N.P.: Createspace Independent Publishing Platform.

Ryan, R., and Deci, E., 2000. Self-Determination Theory and the Facilitation of Intrinsic Motivation, Social Development and Well-Being. *American Psychologist*, 55(1): 68–78.

Sagan, C., 1995. *The Demon-Haunted World–Science as a Candle in the Dark.* New York: Random House.

Samuelson, P. A., 1989. The Judgment of Economic Science on Rational Portfolio Management. *Journal of Portfolio Management*, 16(1): 4–12.

Sanger Institute, 2019. *Breaking the Mould–the Story of Penicillin.* Sanger Institute Blog.

Sarasvathy, S. D., 2008. *Effectuation: Elements of Entrepreneurial Expertise.* Cheltenham: Edward Elgar.

Schon, D. A., 1983. *The Reflective Practitioner: How Professionals Think in Action.* New York: Basic Books.

Schooler, J. W., and Melcher J., 1995. The Ineffability of Insight, in Smith, S. M., Ward, T. B., and Finke, R. A. (eds.), *The Creative Cognition Approach.* Cambridge, MA: MIT Press, 97–133.

Schultz, H., 1998. *Pour Your Heart into It: How Starbucks Built a Company One Cup at a Time.* New York: Hyperion.

Schwartz, S. H., 1990. Individualism-Collectivism: Critique and Proposed Refinements. *Journal of Cross-Cultural Psychology*, 21(2): 139–57.

Schwenk, C., and Thomas, H., 1983. Effects of Conflicting Analyses on Managerial Decision Making: A Laboratory Experiment. *Decision Sciences*, 14(4): 447–612.

Seckler, C., Fischer, S., and Rosing, K., 2019. Who Adopts an Error Management Mindset? Individual Differences and Its Impact on Performance in Professional Service Firms. *Professional Service Firms Annual Conference*, Boston, August 15.

Sharp, L., 2019. Leading Organizational Agility and Flow to Deliver on Organizational Purpose, in *Purpose-Driven Leadership for the 21st Century: How Corporate Purpose Is Fundamental to Reimagining Capitalism.* London: Leaders on Purpose, 49–60.

Shermer, M., 2007. The (Other) Secret. *Scientific American*, 296(6): 39.

Shklovsky, V., 2016. *A Reader* (ed. and trans. Alexandra Berlina). London: Bloomsbury.

Silverman, D., 2013. *Doing Quantitative Research.* London: Sage.

Simon, H. A., 1977. *The New Science of Management Decision.* Englewood Cliffs, NJ: Prentice-Hall.

Simonton, D. K., 2003. Scientific Creativity as Constrained Stochastic Behavior: The Integration of Product, Person and Process Perspectives. *Psychological Bulletin*, 129(4): 475–94.

–, 2004. *Creativity in Science: Chance, Logic, Genius, and Zeitgeist.* Cambridge: Cambridge University Press.

Sio, U. N., and Ormerod, T. C., 2009. Does Incubation Enhance Problem Solving? A Meta-Analytic Review. *Psychological Bulletin*, 135(1): 94–120.

Smith, R. P., and Eppinger, S. D., 1997. Identifying Controlling Features of Engineering Design Iteration. *Management Science*, 43(3): 276–93.

Sommer, T. J., 1999. »Bahramdipity« and Scientific Research. *The Scientist*, 13(3): 13. Spradlin, W., 2012. Are You Solving the Right Problem? *Harvard Business Review*, September.

Stanek, W., Valero, A., Calvo, G., and Czarnowska, L., 2017. *Thermodynamics for Sustainable Management of Natural Resources*. New York: Springer International.

Sting, F., Fuchs, C., Schlickel, M., and Alexy, O., 2019. How to Overcome the Bias We Have Toward Our Own Ideas. *Harvard Business Review*, May.

Stock, C. A., et al., 2017. Reconciling Fisheries Catch and Ocean Productivity. *Proceedings of the National Academy of Sciences*, 114(8): E1441–E1449.

Stock, R. M., von Hippel, E., and Gillert, N. L., 2016. Impacts of Personality Traits on User Innovation Success. *Research Policy*, 45(4): 757–69.

Surowiecki, J., 2004. *The Wisdom of Crowds: Why the Many Are Smarter Than the Few and How Collective Wisdom Shapes Business, Economies, Societies, and Nations*. New York: Doubleday.

Sutton, A., et al., 2001. A Novel Form of Transcriptional Silencing by Sum1-1 Requires Hst1 and the Origin Recognition Complex. *Molecular and Cellular Biology*, 21(10): 3514–22.

Svoboda, E., 2007. Facial Recognition–Brain–Faces, Faces Everywhere. *The New York Times*, February 13; www.nytimes.com/2007/02/13/health/psychology/13face.html.

Taleb, N., 2012. *Antifragile: Things That Gain from Disorder*. New York: Random House.

Teigen, K. H., 2005. When a Small Difference Makes a Large Difference: Counterfactual Thinking and Luck, in Mandel, D., Hilton, D., and Catelani, P. (eds.), *The Psychology of Counterfactual Thinking*. London: Routledge, 130–46.

The Conversation, 2015. Stealth Attack: Infection and Disease on the Battlefield. https://theconversation.com/stealth-attack-infection-and-disease-on-the-battlefield-42541, retrieved August 2018.

The Economist Intelligence Unit, 2016. Connected Capabilities: The Asian Digital Transformation Index. London: The Economist Intelligence Unit.

Thomke, S. H., and Fujimoto, T., 2000. The Effect of »Front-Loading« Problem-Solving on Product Development Performance. *Journal of Product Innovation Management*, 17(2): 128–42.

Thompson, L., 2014. *The Mind and Heart of the Negotiator* (4th ed.). New York: Pearson. Thorngate, W., Dawes, R., and Foddy, M., 2008. *Judging Merit*. New York: Psychology Press.

Tinsley, C. H., Dillon, R. L., and Cronin, M. A., 2012. How Near-Miss Events Amplify or Attenuate Risky Decision Making. *Management Science*, 58(9): 1596–1613.

Tjan, A., 2010. Four Lessons on Culture and Customer Service from Zappos CEO, Tony Hsieh. *Harvard Business Review*, July; https://hbr.org/2010/07/four-lessons-on-culture-and-cu.

Toms, E. G., 2000. Serendipitous Information Retrieval. *Proceedings of the 1st DELOS Network of Excellence Workshop on Information Seeking, Searching and Querying in Digital Libraries*. Sophia Antipolis, France: European Research Consortium for Informatics and Mathematics: 11–12.

Toms, E. G., McCay-Peet, L., and Mackenzie, R. T., 2009. Wikisearch: From Access to Use, in Agosti, M. et al. (eds.), *Research and Advanced Technology for Digital Libraries*. Berlin: Springer Verlag.

Topolinski, S., and Reber, R., 2010. Gaining Insight into the »Aha« Experience. *Current Directions in Psychological Science*, 19(6): 402–405.

Tsang, E. W., and Ellsaesser, F., 2011. How Contrastive Explanation Facilitates Theory Building. *Academy of Management Review*, 36(2): 404–19.

Tversky, A., and Kahneman, D., 1974. Judgment Under Uncertainty: Heuristics and Biases. *Science*, 185(4157): 1124–31.

Tyre, M., and von Hippel, E., 1997. The Situated Nature of Adaptive Learning in Organizations. *Organization Science*, 8(1): 1–107.

Van Andel, P., 1992. Serendipity; Expect Also the Unexpected. *Creativity and Innovation Management*, 1(1): 20–32.

–, 1994. Anatomy of the Unsought Finding. Serendipity: Origin, History, Domains, Traditions, Appearances, Patterns and Programmability. *British Journal for the Philosophy of Science*, 45(2): 631–48.

Van der Kolk, B., 2014. *The Body Keeps the Score: Brain, Mind, and Body in the Healing of Trauma*. New York: Viking.

Van Gaal, S., de Lange, F. P., and Cohen, M. X., 2012. The Role of Consciousness in Cognitive Control and Decision Making. *Frontiers in Human Neuroscience*, 6(121): 1–15.

Vaughan, D., 1997. *The Challenger Launch Decision: Risky Technology, Culture, and Deviance at NASA*. Chicago: University of Chicago Press.

Volkema, R. J., 1983. Problem Formulation in Planning and Design. *Management Science*, 29(6): 639–52.

Von Hippel, E., 1986. Lead Users: A Source of Novel Product Concepts, *Management Science*, 32(7): 791–805.

Von Hippel, E., and Tyre, M. J., 1996. How Learning by Doing Is Done: Problem Identification in Novel Process Equipment. *Research Policy*, 24(1): 1–12.

Von Hippel, E., and von Krogh, G., 2016. Identifying Viable »Need–Solution Pairs«: Problem Solving Without Problem Formulation. *Organization Science*, 27(1): 207–21.

Voss, J. L., Federmeier, K. D., and Paller, K. A., 2012. The Potato Chip Really Does Look Like Elvis! Neural Hallmarks of Conceptual Processing Associated with Finding Novel Shapes Subjectively Meaningful. *Cerebral Cortex*, 22(10): 2354–64.

Wade, J. B., O'Reilly, C. A., and Pollock, T. G., 2006. Overpaid CEOs and Underpaid Managers: Fairness and Executive Compensation. *Organization Science*, 17(5), 527–44.

Walia, A., 2018. »Nothing Is Solid, Everything Is Energy«: Scientists Explain the World of Quantum Physics. Collective Evolution; www.collective-evolution.com/2018/11/18/nothing-is-solid-everything-is-energy-scientists-explain-the-world-of-quantum-physics.

Walters, K., 1994. *Re-Thinking Reason*. Albany: The State University of New York Press.

Weick, K. E., and Sutcliffe, B. T., 2006. *Managing the Unexpected: Assuring High Performance in an Age of Complexity*. London: John Wiley.

Weiner, B., Frieze, I. H., Kukla, A., Reed, L., Rest, S., and Rosenbaum, R. M., 1971. *Perceiving the Cause of Success and Failure*. New York: General Learning Press.

Westphal, J. D., and Zajac, E. J., 1998. The Symbolic Management of Stockholders: Corporate Governance Reforms and Shareholder Reactions. *Administrative Science Quarterly*, 43(1): 127–53.

Wharton Business School, 2017. Authors@Wharton: Adam Grant in Conversation with Walter Isaacson. Wharton Business School Online: https://knowledge.wharton.upenn.edu/article/leonardo-da-vinci-steve-jobs-benefits-misfit/.

White, R. E., and Carlson, S. M., 2015. What Would Batman Do? Self-Distancing Improves Executive Function in Young Children. *Developmental Science*, 19(3): 419–26.

White, R. E., et al., 2016. The »Batman Effect«: Improving Perseverance in Young Children. *Child Development*, 88(5): 1563–71.

Williams, M., Malhi, Y., Nobre, A.D., Rastetter, E.B., Grace, J., and Pereira, M. G. P., 1998. Seasonal Variation in Net Carbon Exchange and Evaportransportation in a Brazilian Rain Forest: A Modelling Analysis. *Plant, Cell and Environment*, 21(10): 953–68.

Williamson, B., 1981. *Moral Luck*. Cambridge, UK: Cambridge University Press. Wiseman, R., 2003. *The Luck Factor*. London: Random House.

Xiao, Z., and Tsui, A. S., 2007. When Brokers May Not Work: The Cultural Contingency of Social Capital in Chinese High-Tech Firms. *Administrative Science Quarterly*, 52: 1–31.

Yaqub, O., 2018. Serendipity: Towards a Taxonomy and a Theory. *Research Policy*, 47(1): 169–79.

Yin, R. K., 2003. *Case Study Research: Design and Methods* (3rd ed.). Thousand Oaks, CA: Sage.

Young, L., Nichols, S., and Saxe, R., 2010. Investigating the Neural and Cognitive Basis of Moral Luck: It's Not What You Do but What You Know. *Review of Philosophy and Psychology*, 1(3): 333–49.

Zahra, S. A., and George, G., 2002. Absorptive Capacity: A Review, Reconcepualization and Extension. *Academy of Management Review*, 27(2): 185–203.

Zeitoun, H., Osterloh, M., and Frey, B. S., 2014. Learning from Ancient Athens: Demarchy and Corporate Governance. *Academy of Management Perspectives*, 28(1): 1–14.

Zenger, T. R., 2013. What Is the Theory of Your Firm? *Harvard Business Review*, June.

Personen- und Sachregister

R

S

T

U

V

W

Y

Z

Bibliografische Information der Deutschen Nationalbibliothek
Die Deutsche Nationalbibliothek verzeichnet diese Publikation in der Deutschen Nationalbibliografie; detaillierte bibliografische Daten sind im Internet über http://dnb.de abrufbar.

5. Auflage 2024

Druck und Bindung: CPI books GmbH, Leck
Printed in Germany

ISBN 978-3-86774-754-7

Besuchen Sie unseren Webshop: www.murmann-verlag.de
Ihre Meinung zu diesem Buch interessiert uns!
Zuschriften bitte an info@murmann-publishers.de
Den Newsletter des Murmann Verlages können Sie anfordern unter
newsletter@murmann-publishers.de